高等学校软件工程专业系列教材

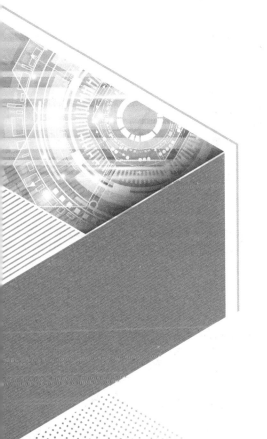

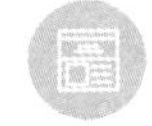

IT项目管理

——理论、方法与实践（题库版）

于本海　编著

清華大學出版社
北京

内容简介

本书是上海市应用型本科试点建设专业与国家一流本科专业(信息管理与信息系统)的建设成果之一。本书基于笔者近三十年从事IT项目管理、管理信息系统方面的科研、教学以及为大中型企业开发软件项目的实践经验,根据PMBOK最新的知识体系,从IT项目全生命周期维度和项目管理十大知识体系维度进行内容的组织设计,并增加了IT项目配置管理内容,以"山东方硕电子销售管理信息平台"的真实项目作为贯穿全书的案例,从应用型人才培养视角,系统讲述了IT项目管理的全过程涵盖的理论和方法,注重理论和实践的有机结合。

本书共13章,包括IT项目管理概述、集成管理、范围管理、IT项目工作量估计、IT项目进度管理、IT项目成本管理、质量管理、风险管理、IT项目资源管理、IT项目沟通管理、合同(采购)管理、项目干系人管理、配置管理。其中,IT项目工作量估计和配置管理部分是大多数IT项目管理教材中缺少的内容。

本书适合作为高等院校信息管理与信息系统、软件工程、计算机科学与技术、大数据管理与应用及相关专业的本科生、研究生教材,也可作为IT企业的项目经理等管理人员的培训教材和参考书。

图书在版编目(CIP)数据

IT项目管理:理论、方法与实践:题库版/于本海编著.—北京:清华大学出版社,2022.1(2024.8重印)
高等学校软件工程专业系列教材
ISBN 978-7-302-59450-5

Ⅰ.①I… Ⅱ.①于… Ⅲ.①IT产业—项目管理—高等学校—教材 Ⅳ.①F49

中国版本图书馆CIP数据核字(2021)第219024号

责任编辑:付弘宇 薛 阳
封面设计:刘 键
责任校对:焦丽丽
责任印制:宋 林

出版发行:清华大学出版社
网 址:https://www.tup.com.cn, https://www.wqxuetang.com
地 址:北京清华大学学研大厦A座 **邮 编**:100084
社 总 机:010-83470000 **邮 购**:010-62786544
投稿与读者服务:010-62776969, c-service@tup.tsinghua.edu.cn
质量反馈:010-62772015, zhiliang@tup.tsinghua.edu.cn
课件下载:https://www.tup.com.cn, 010-83470236
印 装 者:三河市君旺印务有限公司
经 销:全国新华书店
开 本:185mm×260mm **印 张**:19 **字 数**:464千字
版 次:2022年2月第1版 **印 次**:2024年8月第5次印刷
印 数:4101~5600
定 价:59.00元

产品编号:090032-01

前　言

21世纪中国软件和信息技术服务业取得了很大的发展，产业规模越来越大，2020年的产业收入占当年GDP的比重达8.03%。但项目开发没有达到用户需要的标准或失败的案例也不少，有研究表明，IT项目开发失败多是由于项目管理不善，而非技术原因。由于企业数字化转型、人工智能、大数据技术与应用等新兴或复兴的IT领域快速发展以及由组织内向组织外转换，IT项目的规模越来越大，项目复杂度越来越高，开发团队规模也越来越大，因此，加强IT项目管理理论与方法的研究和教学实践具有重要意义。

IT项目表现形态多样，有以实体为表现形式的硬件开发项目，有以无形知识产品为表现形式的软件开发项目，有以服务为表现形式的硬件设施布局安装及IT运维项目。IT项目管理具有一般项目管理的特征，同时也具有IT项目的独特特征，笔者综合近五十个IT项目开发的实践体会，编写了本书。

全书共分为13章，第1章简要介绍了IT项目管理的基本概念，第2章、第3章、第5～12章详细分析了项目管理的10个知识域，第4章系统讲述了IT项目工作量估计，第13章介绍了IT项目配置管理。

本书特点如下。

(1) 立足于培养应用型IT项目管理人才的需要，注重IT项目管理理论与管理实践的良好结合，在讲解IT项目管理基本理论的同时配备了大量的教学案例，帮助学生更好地理解IT项目管理的理论知识。

(2) 根据笔者多年的IT项目管理经验及高校学生缺乏项目管理实践的特征，更加合理地安排了章节次序。大多数教材按照项目管理知识体系(PMBOK)安排章节，而本书在首先介绍集成管理、范围管理两章后，加入了IT项目工作量估计，可以使学生更好地学习后续的进度管理、成本管理、资源管理、合同管理等内容。

(3) 以笔者研究团队为某公司开发的“企业分销管理信息系统”为例，将该项目的管理过程、应用的各种管理手段和开发方法、记录的过程数据贯穿全书始终，便于教师授课以及学生从整体上掌握IT项目管理的各个环节知识点。

(4) 教学内容设计兼顾本科生和研究生教学的需要。在本科教学层面，结合软件开发生命周期以及项目管理的5个过程组，侧重10个知识域、工作量估计及配置管理的应用性学习，旨在培养本科生应用所学知识完成项目管理实操性工作的能力。在研究生教学层面，侧重于集成管理、范围管理、进度管理、成本管理、质量管理、风险管理、资源管理研究方法，以及各个知识域间的相互影响关系的教学，尤其是对项目范围、进度、成本、质量目标冲突平衡方法四个核心的知识域的阐述，旨在培养研究生发现项目管理中的科学问题并制定解决方案的能力。

本书各章执笔者如下：第 1～3 章、第 5 章、第 6 章、第 8 章、第 10 章、第 12 章由于本海编写，第 4 章由于泽川编写，第 7 章由何闯编写，第 9 章由刘玉青编写，第 11 章由姜海虹编写，第 13 章由吴恒亮编写。史贝贝、伊西平、梁春晓、金婷婷、汪婷、刘雯琪、袁倩、蒋佳佳完成了习题和案例的编写、校对等工作。

本书在编写过程中引用了业界专家的大量研究成果，在此一并表示感谢；参考文献中如有疏漏之处，请联系我们进行补充更正。特别感谢清华大学出版社在本书出版过程中给予的意见和建议。

本书得到上海市应用型本科试点专业“信息管理与信息系统”建设项目的资助支持。

与本书配套的电子课件、教学大纲等资源可以从清华大学出版社官方微信公众号“书圈”(见封底)下载。扫描封底的“题库”二维码、绑定微信账号，即可使用本书的在线题库。本书及资源使用的相关问题请联系 404905510@qq.com。

编　者

2021 年 8 月于上海

目　录

第1章 IT项目管理概述

软件已经应用到政治、经济、军事和文化生活等各个方面，成为人类发展不可或缺的工具。随着软件产品的规模越来越庞大，越来越复杂，软件项目开发也越来越受到产业界和学术界的重视。

据IDC统计，全球软件业的年均增长率一直保持在15%～20%，在许多经济发达国家，软件产业的地位被提升到空前的高度。然而，软件项目开发效果却不容乐观，Standish Group曾公布一项软件行业的调查报告：1995年，美国共取消总经费达810亿美元的软件项目，其中，30%的项目被中途取消，53%的软件项目的交付时间超出原计划的一半以上，只有9%的软件项目能够按预算及时交付；1998年失败的项目投入大约为750亿美元，成本超支220亿美元；2004年仅有29%的软件项目按时、按预算以及按最初的规划完成。在中国，大约70%的软件项目超出预定的开发周期，大型项目的交付时间平均超出计划20%～50%，90%以上的软件项目开发费用超出预算，并且项目越大，超出项目计划的程度越高。国内外许多专家学者试图从不同的角度研究解决问题的理论和方法。

1968年，在NATO的科技委员会组织计算机科学家和工业界巨头召开的国际会议上，专家们认为借鉴工程学的原理，按照工程化的原则和方法组织开发工作，是摆脱软件危机的主要途径之一，因此，提出了软件工程(Software Engineering,SE)理论。此后，软件业将注意力集中到软件开发的方法、技术、工具和环境等问题上，提出了各种软件开发模型，如瀑布模型、演化模型和螺旋模型等，软件工程方法有效地缓解了软件危机。但随着软件结构日益复杂，应用范围越来越广，规模越来越大，在当时的应用环境下，软件项目开发要求多团队协同合作开发，侧重于技术的软件工程理论的各种软件开发模型，对于项目开发过程中的管理、控制、团队协调以及质量管理显得无能为力，渐渐显露出其局限性。20世纪70年代以来，在传统工业质量管理理论及方法日益成熟的背景下，软件行业意识到软件系统的质量决定于软件的生产过程，国际软件工程界于1987年在英国召开了第一届国际软件过程讨论会(International Software Process Workshop)，标志着面向任务的软件项目开发思维方式向基于过程的思维开发方式的转变。

多年来，软件开发人员习惯了面向任务的软件项目开发思维方式，同时软件生产过程的可预见性和可视性差，使软件过程改进成为一件十分困难的事情。卡内基·梅隆大学软件工程研究所(CMU/SEI)的Watts S. Humphrey认为，解决软件危机问题，重要的是将整个软件开发任务看作一个可控的、可度量的以及可改进的过程。从20世纪90年代开始，软件生产方式从小规模、作坊式的生产方式向规模化、工业化的生产方式转变。软件过程的有效管理成为制约提高软件产品质量和改善软件生产率的瓶颈。人们认识到在现代化的软件生产方式下，要高效率、高质量、低成本地开发软件，必须在原有的过程思想上增加过程改进的概念,对软件过程进行有效的管理。

近年来,在软件工业化思潮的推动下,软件过程改进(Software Process Improvement, SPI)成为学术界和产业界研究的热点,寻求在预定的时间内,以较低的成本完成高质量的软件项目成为软件组织追求的目标。有关统计数据表明,大多数软件开发项目的失败,并不是由于软件项目开发技术方面的原因,往往是由不适当的过程管理造成的。从管理的角度来看,软件项目开发常常处于一种缺乏完整计划、缺乏对整个开发过程的理解和把握、缺少一个定义良好的管理框架的状态。软件项目开发最根本的问题是管理而非技术,管理是影响软件项目全过程的主要因素,而技术只影响项目的局部。由于软件项目的成功不只取决于技术,因此,人们在狭义技术下的诸多努力未取得相应成效后,不得不转而求助于管理技术。

20世纪80年代末期,W. Edwards Deming 和 J. M. Juran 博士提出,通过改进人们的工作方法来提高产品的质量。1987年,Watts S. Humphrey 等进行了改进软件组织中过程能力的研究,认为软件过程是一个受人和技术约束的过程,项目绩效水平的高低取决于软件组织的过程能力,过程改进是提高项目绩效水平的主要手段之一。由于软件项目开发是一个受人员、技术、环境等因素影响的高度动态的过程,从而增加了过程管理的复杂性;传统的过程度量方法只是给出了建立度量的基本方法和步骤以及一些基本的原则,缺少建立度量的形式化支持和度量过程的算法支持,无法实现度量过程的重复性和自我优化改进;现有的过程改进模型考虑因素过于单一(如质量、时间、成本等),缺乏对软件项目绩效的整体目标的研究,同时忽略了项目本身的特征(如复杂程度、技术难度等)、项目组织的不同状况和过程改进的持续性、渐进性方面的内容,因此,过程改进很难达到预期的效果。2011年的资料显示,在当时的美国,开发大型软件项目的失败率与5年或15年前、甚至25年前相比没有明显的改善。

1.1 项　　目

1.1.1 项目内涵

1. 项目定义

项目是为创造某项特定产品、服务或成果所做的临时性工作。项目是在特定环境下、在一定的时间里,利用组织有限的人力、物力和财力等资源,完成满足一定性能、质量、数量和技术指标要求的特定产品。

2. 项目成果

(1) 一个产品,可能是其他产品的组成部分、某个产品的升级,也可能是最终产品,如计算机硬件设备、信息系统、软件等。

(2) 一项服务或提供某种服务的能力,如婚礼、旅游、野餐、支持生产或配送的业务职能等。

(3) 对现有产品线或服务线的改进,如软件企业实施CMMI项目,达到提高效率和降低软件缺陷率的目的。

(4) 一项成果,某研究项目所创造的知识,如研究报告、咨询报告等。

3. 项目特征

(1) 目的性,指项目都是为实现特定的组织目标而服务。

(2) 独特性，指项目开发的产品或提供的服务与其他产品或服务相比有一定的独特之处。项目产出可能是有形的，如教学楼、桥梁、公路等；也可能是无形的，如婚礼、软件产品等。尽管某些项目可交付成果或活动中可能存在重复的元素，但这种重复并不会改变项目本质上的独特性，例如，即便采用相同或相似的材料，由相同团队来开发，每个建筑项目也都因不同位置、不同设计、不同环境、不同干系人等而具备独特性。

(3) 一次性，也被称为"时限性"，指项目有明确的开始时间和结束时间，都是有始有终的，而不是不断重复、周而复始的。当完成项目目标时，或当项目目标无法实现不得不终止时，或当项目需求发生重大变化时，项目就结束了。如果客户(项目发起人或项目倡导者)希望终止项目，那么项目也可能被终止。临时性并不一定意味着项目的持续时间短，它是指项目的参与程度及其长度。项目所创造的产品、服务或成果一般不具有临时性。大多数项目都是为了创造持久性的成果。项目所产生的社会、经济和环境影响，也往往比项目本身长久得多。

(4) 资源约束性，指项目开发的时间、成本、人力资源和相关资源都在一定程度上受客观条件的制约，因此，有效地利用有限资源，最大限度地实现项目的目标，是项目管理工作的主要目标。

(5) 其他特征，包括项目的不确定性、项目的风险性、项目过程的渐进性、项目成果的不可挽回性、项目组织的临时性和开放性等。

4. 项目分类

1) 按项目来源分类

按项目来源分类分为企业项目、政府项目和非营利机构的项目。企业项目是由企业提供相关项目的资源，并实施项目的验收和应用；政府项目是由国家或地方政府提供投资或资源，并作为业主或用户；非营利机构的项目是指学校、社团、社区等组织提供投资或资源，为满足这些组织的需要而开展的各种项目。

2) 按项目规模分类

根据项目投入的人力资源、持续时间、投资额度和复杂程度分为大型、中型、小型项目。其中，大型项目(program)是一系列相关联项目(project)构成的集合，需要综合协调管理各个项目，也称为项目群，如奥运会、三峡工程、Office 系统软件。一个大型项目可以组合分解成各种不同层次的子项目；子项目(sub-project)是一个项目的子集或者组成部分，往往不需要单独立项。

在《项目管理知识体系指南》(*Project Management Body Of Knowledge*，PMBOK)第六版中提出了项目组合、项目集和项目的关系。其中，项目组合是为了实现组织的战略目标而组合在一起管理的项目、项目集、子项目组合和运营工作的集合。项目集可以包含需要协调管理的子项目集、项目或其他工作。单个项目无论属于还是不属于项目集，都是项目组合的组成部分。虽然项目组合中的项目或项目集不一定彼此依赖或直接相关，但是它们都通过项目组合与组织战略规划联系在一起。

组织战略与项目开发优先级相关联，项目组合、项目集、单个项目三者之间都存在联系。组织规划通过对项目的优先级排序来影响项目，而项目的优先级排序则取决于组织战略规划、资金、风险与相关的其他考虑，如图 1-1 所示。

3) 按开发内容分类

按开发内容分类分为工程项目、产品研发项目和 IT 项目。工程项目是以工程建设为

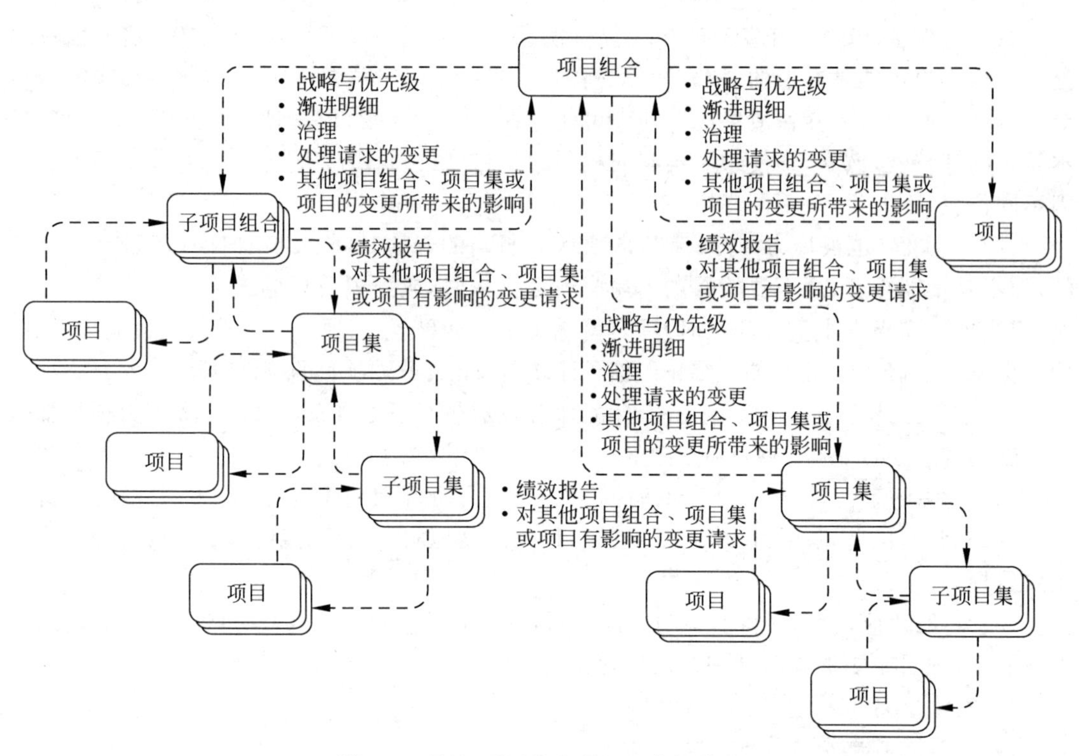

图 1-1　项目、项目集和项目组合的关系

载体、以建筑物或构筑物为目标产出物的项目。产品研发项目是通过一定的技术手段设计开发符合质量要求的新产品的项目。IT 项目分为软件项目和硬件项目,软件项目包括应用软件项目和系统软件项目。除特殊说明外,后文中的 IT 项目均指软件项目。

4）定制化项目和商品化项目

定制化项目由专业的项目公司开发、满足用户特定需求的项目,如某企业人力资源管理信息系统项目;商品化项目指组织根据市场需求,由专业公司开发的通用性产品的项目,如 Windows、Office 等。

1.1.2　项目与日常运营的区别

项目是在相对开放和不确定的环境下开展的独特性、一次性活动,如开发一个新产品、新服务或成果,企业流程重组,开发或升级一套新软件,建一座大桥或一栋大楼等。

日常运营(operation)是在相对封闭和确定的环境下所开展的重复性的、周而复始的、持续性的活动,如定型产品的生产与销售、影院与宾馆的日常营业、政府的日常办公等。

1. 工作性质与内容不同

日常运营中存在着大量的常规性、不断重复的工作或活动,而在项目中则存在较多创新性、一次性的工作或活动。

2. 工作环境与方式不同

项目是在组织外部环境下开展的,环境相对开放,同时项目具有一次性和独特性特征,导致项目的高度不确定性,开发人员很难预先全面认识和预测项目的未来和发展。例如,一个软件开发项目只能在组织外的用户应用环境中完成或者针对外部市场新的需求开发。运营工作一部分是在组织内部开展，运营环境相对封闭，如企业生产活动主要是在企业内部完成；另一部分面向企业外部展开，如企业产品销售，虽然企业的外部环境会有一些变化和竞争，但从相对的角度而言，还是比较确定的。

3. 组织与管理方式不同

项目是一次性的和相对不确定的，项目组织是相对变化的和临时性的，项目的组织形式多数是团队性的。项目管理基本上是按照项目建议书、系统分析、系统设计和系统实施完工交付的过程以及其中的各项具体活动展开的。

运营工作具有重复性和相对确定的特征，运营工作组织是相对不变的，运营的组织形式基本上是分部门、成体系的。运营的组织构架以职能型为主，而项目组织管理模式以矩阵式为主。

1.2 项目管理

1.2.1 项目管理定义

1. 项目管理

项目管理是将知识、技能、工具与技术应用于项目活动，以满足项目的要求。项目管理是对达成项目目标的所有活动，进行全面监控和管理，包括策划、进度计划和维护组成项目的活动的进展。

2. 项目集管理

项目集管理是一组相互关联的项目、子项目集和项目集活动，以便获得分别管理所无法获得的效益。

项目集管理是在项目集中应用知识、技能、工具与技术，以满足项目集的要求。项目集管理重点关注项目间的依赖关系。

3. 项目组合管理

项目组合管理是指为了实现战略目标而组合在一起管理的项目、项目集、子项目组合和运营工作。项目组合中的项目或项目集不一定具有彼此依赖关系。例如，以投资回报最大化为战略目标的某IT公司，可以把硬件（服务器）、应用软件、系统软件、中间件、IT咨询等项目混合成一个项目组合。在这些项目中，公司又可以把相互关联的项目作为项目集来管理，所有硬件项目合成硬件项目集，所有应用软件项目合成应用软件项目集。如此，硬件项目集和软件项目集就是该IT公司企业级项目组合中的基本组成部分。

项目组合管理是指为了实现组织战略目标而对一个或多个项目组合进行的集中管理。项目组合管理重点关注：通过审查项目和项目集，来确定资源分配的优先顺序，并确保对项目组合的管理与组织战略协调一致。

1.2.2 项目管理发展

随着项目规模越来越大，管理越来越复杂，迫切需要一套管理方法，20世纪30年代在美国产生了项目管理的思想。20世纪60年代，在西方工业发达国家，项目管理广泛应用于建筑工程、能源开发、道路交通、航空航天和汽车工业等领域；美国"阿波罗计划"首次全面系统地运用项目管理的方法，初步奠定了项目管理的体系；20世纪70年代，项目管理在大型国防企业中得到进一步应用;20 世纪 80 年代,项目管理理论体系进一步完善,民营企业开始应用项目管理;进入 20 世纪 90 年代后,项目管理知识体系已发展成熟,成为现代企业、政府部门和各类组织的管理模式。

我国项目管理起步比较晚,从 20 世纪 60 年代起,我国项目管理实践起源于钱学森推广的系统工程理论和方法、著名数学家华罗庚教授推广的"统筹法"等。1984 年,鲁布革水电站开发,开始应用项目管理方法。中国的项目管理协会于 1991 年成立,对项目管理的发展起了很大的促进作用,但当前我国项目管理水平与发达国家的差距仍然很大。

1.2.3 项目管理知识体系

美国项目管理协会(Project Management Institute,PMI)成立于 1969 年,致力于项目管理领域的研究工作,是全球项目管理倡导者,是项目管理专业领域中由从业人员、研究人员、顾问和学者组成的全球性的专业组织机构,其组织编写的《项目管理知识体系指南》(*Project Management Body Of Knowledge*,PMBOK)已经成为项目管理领域最权威的教科书,其推出的项目管理专业人员资格(Project Management Professional,PMP)认证已经成为国际权威的项目管理资格认证。我国外国专家局于 2000 年首次引进 PMP 认证,目前包括以下认证。

(1) 项目管理助理认证(Certified Associate in Project Management,CAPM)。

(2) 项目管理专业人士认证(Project Management Professional,PMP)。

(3) 项目集管理专业人士认证(Program Management Professional,PMP)。

(4) PMI 敏捷从业者认证(PMI Agile Certified Practitioner,PMI-ACP)。

(5) PMI 风险管理专业人士认证(PMI Risk Management Professional,PMI-RMP)。

1983 年,PMI 总结了项目管理实践中成熟的理论、方法、工具和技术,首次提出项目管理知识体系。2017 年发布《项目管理知识体系指南》(PMBOK® 指南)第 6 版(以下简称 PMBOK6),并且首次发布《项目管理知识体系指南——敏捷实践指南》(以下简称 PMBOK 敏捷实践指南)。PMBOK6 把项目管理知识划分为 10 个知识领域(集成管理、范围管理、进度管理、成本管理、质量管理、资源管理、沟通管理、风险管理、采购管理和干系人管理)和 5 个项目管理过程组(启动过程组、规划过程组、执行过程组、监控过程组和收尾过程组,涵盖 49 个管理过程),各知识领域包括数量不等的项目管理过程,帮助项目经理取得卓越的项目绩效。

知识领域是某个专业领域、项目管理领域或其他特定领域完整的概念、术语和活动的集合,详细描述各项目管理过程的输入、输出和常用的工具与技术。项目管理构架如图 1-2 所示。

1.2.4 项目管理办公室

项目管理办公室(Project Management Office,PMO)是对与项目相关的治理过程进行标准化,并促进资源、方法论、工具和技术共享的一个组织部门,也称作项目管理部或项目管理中心等。PMO 的职责范围可大可小,从提供项目管理支持服务,到直接管理一个或多个项目。

PMO 是在组织内部将实践、过程、运作形式化和标准化的部门,是提高组织管理成熟度的核心部门,它根据业界最佳实践和公认的项目管理知识体系,并结合企业自身的业务和

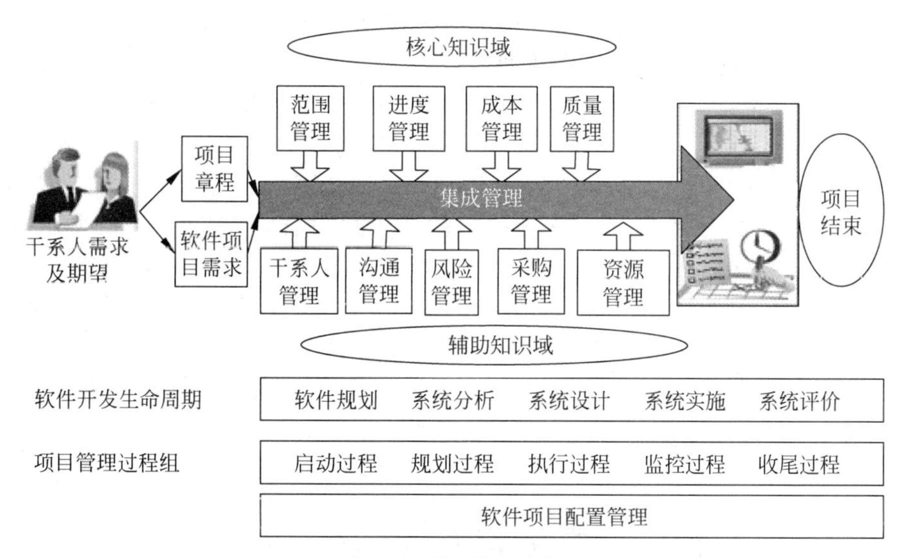

图 1-2 项目管理构架

行业特点，为组织规范项目管理标准、定制项目管理流程、组织项目评审、总结最佳实践、培养项目经理团队、解决资源冲突，确保项目成功率。

根据不同组织文化、组织结构、项目管理成熟度，PMO 分为以下三种类型。

1. 支持型 PMO

PMO 在建立的初始阶段，为项目经理提供管理支持，提供咨询、技术服务、模板、知识管理、最佳实践和培训。PMO 角色以辅助者的身份出现，容易得到项目经理的认可，不容易引起太多的反对和权力之争，在 PMO 刚刚起步阶段，这种方式容易得以实施和执行，对项目的控制程度低。

2. 控制型 PMO

这种类型属于管理级 PMO，适用于强矩阵结构的项目组织。在支持型 PMO 的基础上，实现对于项目整体的管理和控制，包括项目经理任命、资源的协调、立项结项审批、项目的检查和数据分析、项目经理培训等，可独立向总经理汇报。这种类型的 PMO 对项目的控制程度属于中等。

3. 战略型 PMO

战略型 PMO 是 PMO 发展的高级阶段，实施项目群管理(Project Portfolio Management，PPM)，确保所有项目能够围绕着组织的目标，直接管理和控制项目，这种类型的 PMO 对项目的控制程度很高。

PMO 从建立到成熟需要 3～5 年时间。企业建立初期往往采用支持型 PMO，随着项目管理经验的丰富、组织管理成熟度的提升，PMO 逐步将行政的职能分解到行政部门，专注于多项目的监控分析、项目管理体系建设，进入到控制型 PMO 阶段。当 PMO 数据分析对公司决策与流程重组、市场开拓起到重要指导作用，实现组织战略分解与项目筛选时，进入到战略型 PMO 阶段。

1.2.5 项目成功

由于项目具有不可重复的特征，如何定义项目成功，对于项目验收具有重要意义。通常认为项目成功的标准为：①项目达到了预定的范围、时间和成本目标；②满足项目发起人要求或达到用户满意度。甲乙双方期望的项目成功标准有所不同，甲方希望以最小的成本获取最大的项目价值，乙方则希望在用户满意的前提下付出的成本最小，利润最高。因此，项目的成功要在范围、时间、成本、质量和用户满意度之间取得平衡，如图1-3所示。

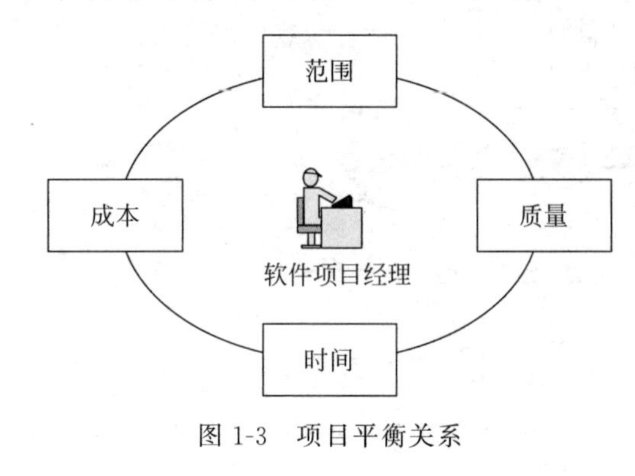

图1-3　项目平衡关系

项目开始前一般要预计成本和进度，开发工作结束后经常超出时间和成本的预算，组织的管理层认为项目团队没有很好地完成项目，事实上，组织应该反思预算方法的准确性和合理性，总结经验，调整预算方法，为组织开发新项目奠定基础。

1.3　IT项目与IT项目管理

1.3.1　IT项目内涵

1. 软件项目定义

软件是控制硬件并指挥其运行的程序，是一系列按照特定顺序组织的计算机数据和指令的集合，分为系统软件、应用软件和介于这两者之间的中间件。其中，系统软件为计算机使用提供最基本的功能，但是并不针对某一特定应用领域；应用软件根据用户和所服务的领域提供相应的功能；中间件是连接两个独立应用程序或独立系统的软件。

软件项目是以开发软件产品为目标的项目，具备项目的所有属性。

2. 软件项目特征

软件项目和一般项目相比具有很多特殊性。

1）软件是无形的知识产品

软件是软件项目的产品，是逻辑实体，不是具体的物理实体，具有抽象性，不利于软件项目目标量化和质量度量。

2）软件项目需求具有不确定性

开发前期，受开发人员对软件需求认知渐进明晰的影响，软件开发过程具有一定的风险。

3）软件项目开发是智力密集活动

软件项目依靠开发人员的脑力劳动，是开发人员认知过程的产品。

4）软件发展快，经验失效快

软件产品随着管理模式和社会需求变化而变化，复杂度越来越高，开发人员的知识、应用的软件过程、方法和工具不断发展和更新。

5）开发过程可见性差、自动化程度低、结果难以测试

软件过程依托于开发人员的手工劳动，容易出错，软件项目监控困难，近年来开展了计算机辅助软件工程(Computer Aided Software Engineering，CASE)研究，但由于软件的高度个性化以及构架的复杂性，总体上软件开发自动化程度还很低。

6）开发成本高，复用成本低廉

软件项目开发成本较高，其复制成本低廉，一旦开发成功，组织能获取高额收益，因此具

有高风险、高回报的特征。软件成果的推广应用，具有复用性、非零和性，如 Windows 系统，其开发成本近百亿美元，而复制成本接近于零。

3. 软件项目的项目、项目集和项目组合间的关系

软件项目多以单个开发项目为主，随着大型软件 ERP 的开发应用，产生了项目集以及项目组合的概念，如图 1-4 所示。

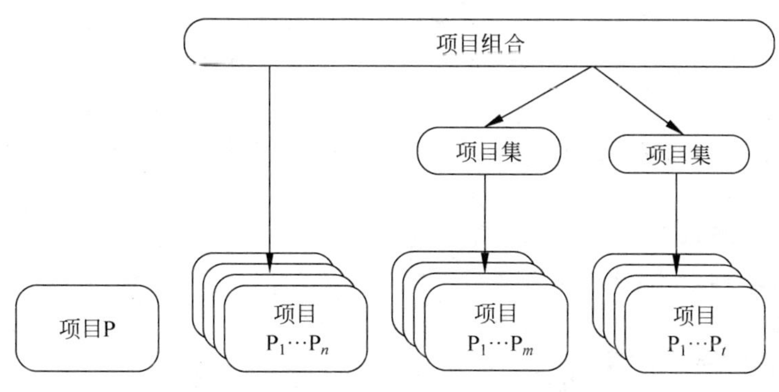

图 1-4　软件项目、项目集和项目组合的关系

4. 事业环境因素

事业环境因素是组织经过多年积累形成的文化、制度、资源和环境等因素，对项目开发带来影响、约束的各种条件。事业环境因素是大多数计划过程的输入，可能提高或限制项目管理的灵活性，并可能对项目结果产生积极或消极的影响。事业环境因素是多种多样的，例如：

(1) 组织机构、组织文化氛围。

(2) 基础设施(如现有的硬件条件、软件环境)。

(3) 现有人力资源状况(如开发人员在系统分析、系统设计、系统开发、合同和采购等方面的技能、知识水平与人文素养)。

(4) 人事管理制度(如人员招聘和录用规则、员工绩效评价与培训记录、奖励与加班政策以及考勤制度)。

(5) 政府或行业标准(如监管机构条例、行为准则、产品标准、质量标准)。

(6) 组织已有的沟通渠道。

(7) 市场条件。

(8) 公司的工作授权系统。

(9) 干系人风险承受力。

(10) 商业数据库(如标准化的成本估算数据、行业风险研究资料和风险数据库)。

(11) 项目管理信息系统(如包括进度计划软件、配置管理系统、信息收集与发布系统等自动化工具)。

1.3.2 IT 项目的有关概念

1. 软件需求规格说明书

软件需求规格说明书(Software Requirements Specification，SRS)是描述用户需求的文档，包括功能性需求、非功能性需求、接口需求、保密安全需求等主要内容，目的是为了使用户和软件开发者双方对软件的初始需求有一个共同的理解，为开发工作奠定基础。

2. 软件功能性需求

功能性需求指用户业务需求,即软件应实现满足用户应用的功能。

3. 软件非功能性需求

非功能性需求指为满足用户业务需求而必须具有的、除功能需求以外的特性,是用户对软件质量属性、运行环境、资源约束、外部接口等方面的要求或期望,包括:

(1) 性能需求,如软件响应速度、结果精度、运行时资源消耗量等方面的要求。

(2) 可靠性需求,如软件失效的频率、严重程度、易恢复性,以及故障可预测性等方面的要求。

(3) 易用性需求,如界面的易用性、美观性以及对面向用户的文档和培训资料等方面的要求。

(4) 安全性需求,如用户在身份认证、授权控制、私密性等方面的要求。

(5) 运行环境约束,如软件系统运行环境的要求。

(6) 外部接口,如软件系统与其他软件系统或硬件设备之间接口的要求。

4. 组织过程资产

组织过程资产包括组织使用的计划、过程、政策、程序(组件)、最佳实践和知识库,也包括已完成项目的进度计划、风险数据和挣值数据。项目开发和管理人员可以对组织过程资产进行必要的更新和增补。组织过程资产可分成以下两大类:流程与程序,即组织用于执行项目工作的流程与程序,如指南和标准、模板、变更控制程序、问题与缺陷管理程序、项目收尾指南或要求等;共享知识库,即组织用来存取信息的知识库,包括配置管理知识库、历史信息与经验教训知识库、问题与缺陷管理数据库、过程测量数据库、已完成项目的项目档案(如范围、成本、进度与绩效测量基准,进度网络图,风险源信息,风险应对计划和风险影响评价)。

1.3.3 IT 项目管理

1. 软件工程

IEEE 认为软件工程是将系统性的、规范化的、可定量的方法应用于软件的开发、运行和维护实践。软件工程是一门将计算机科学、数学、工程学和管理学等基本原理应用于软件的开发与维护中的交叉学科,目的在于为大型软件的分析、设计和演化提供支持,同时为涉及质量标准、管理创新、个人技能、团队合作和最佳实践等提供原理和方法,包括软件开发、软件过程改进、软件项目管理,如图 1-5 所示。

2. 软件开发

完成需求分析、系统设计、实施和维护的工程化过程。软件工程涵盖了软件生命周期中所有的工程方法、技术和工具,包括需求工程、设计、编程、测试和维护等工作。

3. 软件过程改进

对组织的软件开发过程进行优化改进,规范组织进行计划(措施)的制订以及实施的过程。过程改进受限于技术和项目的部分干系人,如开发人员、项目管理人员、测试人员等,如图 1-6 所示。

4. 软件项目管理

软件项目管理是按照预定的成本、进度、范围完成既定质量的软件,对人员、技术和过程进行计划和管理的活动,如图 1-7 所示。

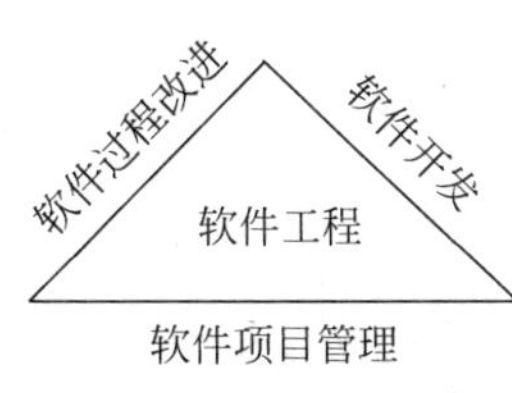

图 1-5　软件开发

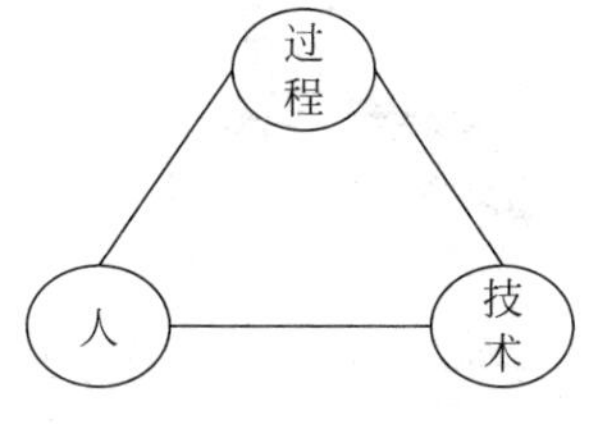

图 1-6　软件过程改进

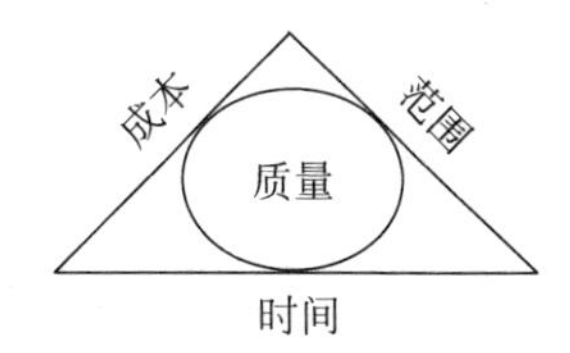

图 1-7　软件项目管理

1.4　项目管理过程和IT项目管理过程

1.4.1　项目管理过程

过程是为创建预定的产品、服务或成果而执行的一系列相互关联的行动和活动。项目管理过程是对项目开发过程的行动和活动协调管理，包括以下两个层面的工作。

1. 项目管理内容

项目管理涉及项目的范围管理、进度管理、成本管理、质量管理、风险管理、资源管理、采购管理、沟通管理、干系人管理、集成管理10个知识领域，为了有效管理各个领域产生的知识和满足项目变更的需要，还需要配置管理，尤其是对于软件项目管理。不同项目涉及的管理知识体系也有所不同，如定制化开发软件大多不涉及采购管理。

2. 项目管理活动

项目管理过程包括启动、规划、执行、监控以及收尾五项活动。

(1) 启动过程，主要是立项或者批准项目，做好项目开发的前期准备工作。不同项目有不同的生命周期阶段，启动过程是项目每个生命周期阶段的初始过程。项目经理应该在项目生命周期的每个阶段开始前，总结分析上一个阶段的经验教训，检查项目业务需求是否发生变化，构建或调整下一阶段的开发方案。

(2) 规划过程，制订和维护一个可执行的计划，以保证项目开发成功，包括范围管理、进度管理、成本管理等分项计划。如项目经理必须制订开发工作计划，安排相关活动，估计开发成本，计算所需资源情况。由于项目开发活动的动态性，项目经理经常需要在生命周期的每个阶段修改项目计划。

(3) 执行过程，协调人力和其他资源来执行项目的计划，完成项目或者项目阶段产品、服务或者成果。如组织项目团队、执行质量保证、发布信息和管理项目干系人的期望等。

(4) 监控过程，度量和监控项目进展，度量项目计划和实际的偏差，并分析偏差产生的原因，调整项目计划。

(5) 收尾过程，包括对项目阶段的总结、终止或者正式验收。如项目文档归档、完成合同、总结经验教训，以及作为阶段或者项目的一部分交付工作的验收确认。

五个过程活动相互关联，如监控过程贯穿于项目启动、规划、执行、收尾四个过程，见图1-8。

1.4.2　IT项目管理过程

《ISO/IEC 12207—系统和软件工程—软件生命周期过程》描述了软件生存期的各个过程及其关系，成为当前关于软件质量管理和软件过程评估与改进方面国际标准的主要参考文献，也是美国、欧洲等发达国家和地区软件工程标准的基本参考文献。ISO/IEC 12207—2008包括7个过程组和43个过程，见表1-1。PMBOK知识域和项目管理过程组的关系见表1-2。

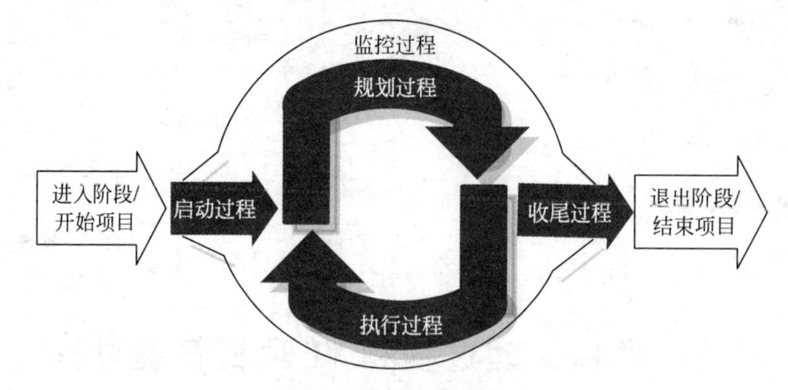

图 1-8　项目管理过程组

表 1-1　ISO/IEC 12207—2008 项目生命周期过程组

系统一般过程				特定软件过程		
协议过程	组织项目启动过程	项目过程	技术过程	软件实施过程	软件支持过程	软件复用过程
采集过程(条款6.1.1) 供应过程(条款6.1.2)	生命周期管理过程(条款6.2.1) 基本结构管理过程(条款6.2.2) 项目组合管理过程(条款6.2.3) 人力资源管理过程(条款6.2.4) 质量管理过程(条款6.2.5)	项目计划过程(条款6.3.1) 项目评估和控制过程(条款6.3.2) 决策管理过程(条款6.3.3) 风险管理过程(条款6.3.4) 配置管理过程(条款6.3.5) 信息管理过程(条款6.3.6) 测量过程(条款6.3.7)	利益相关者需求定义过程(条款6.4.1) 系统需求分析过程(条款6.4.2) 系统架构设计过程(条款6.4.3) 实施过程(条款6.4.4) 系统集成过程(条款6.4.5) 系统资格测试过程(条款6.4.6) 软件安装过程(条款6.4.7) 软件验收支持过程(条款6.4.8) 软件操作过程(条款6.4.9) 软件维护过程(条款6.4.10) 软件处理过程(条款6.4.11)	软件实施过程(条款7.1.1) 软件需求分析过程(条款7.1.2) 软件架构设计过程(条款7.1.3) 软件详细设计过程(条款7.1.4) 软件构成过程(条款7.1.5) 软件集成过程(条款7.1.6) 软件资格测试过程(条款7.1.7)	软件文档管理过程(条款7.2.1) 软件配置管理过程(条款7.2.2) 软件质量保证过程(条款7.2.3) 软件验证过程(条款7.2.4) 软件确认过程(条款7.2.5) 软件评审过程(条款7.2.6) 软件审核过程(条款7.2.7) 软件问题解决过程(条款7.2.8)	领域工程过程(条款7.3.1) 重用资产管理过程(条款7.3.2) 重用程序管理过程(条款7.3.3)

表 1-2　PMBOK 知识域和项目管理过程组的关系

知识领域	项目管理过程组				
	启动过程组	规划过程组	执行过程组	监控过程组	收尾过程组
4. 集成管理	4.1 制定项目章程	4.2 制订项目管理计划	4.3 指导与管理项目工作 4.4 管理项目知识	4.5 监控项目工作 4.6 实施整体变更控制	4.7 结束项目或阶段
5. 范围管理		5.1 规划范围管理 5.2 收集需求 5.3 定义范围 5.4 创建 WBS		5.5 确定范围 5.6 控制范围	
6. 进度管理		6.1 规划进度管理 6.2 定义活动 6.3 排列活动顺序 6.4 估算活动持续时间 6.5 制订进度计划		6.6 控制进度	
7. 成本管理		7.1 规划成本管理 7.2 估算成本 7.3 制订预算		7.4 控制成本	
8. 质量管理		8.1 规划质量管理	8.2 实施质量保证	8.3 控制质量	
9. 资源管理	9.1 规划资源管理 9.2 估算活动资源	9.3 获取资源 9.4 建设团队 9.5 管理团队	9.6 控制资源		
10. 沟通管理	10.1 规划沟通管理	10.2 管理沟通	10.3 监督沟通		
11. 风险管理		11.1 规划风险管理 11.2 识别风险 11.3 实施定性风险分析 11.4 实施定量风险分析 11.5 规划风险应对	11.6 实施风险应对	11.7 监督风险	

续表

知识领域	项目管理过程组				
	启动过程组	规划过程组	执行过程组	监控过程组	收尾过程组
12. 采购管理		12.1 规划采购管理	12.2 实施采购	12.3 控制采购	
13. 相关方管理	13.1 识别相关方	13.2 规划相关方参与管理	13.3 管理相关方参与	13.4 监督相关方参与	

1.5 软件项目生命周期模型

软件项目生命周期模型是指项目开发、应用和维护的总体过程思路，表述的是各个阶段的次序限制以及各个阶段活动准则，为项目开发活动提供了统一的政策保证。目前有很多的生命周期模型，如瀑布模型、原型模型、增量模型、螺旋模型和基于知识的模型，下面分别详细介绍。

1.5.1 瀑布模型

瀑布模型(Waterfall Model)是 Winston Royce 于 1970 年提出的，到 20 世纪 80 年代早期，它一直是唯一被广泛采用的软件开发模型。瀑布模型将软件项目的生命周期划分为项目规划、项目需求分析、系统设计、编码、系统测试和运行维护六个阶段，各阶段间存在着严格的顺序性和依赖性，前一个阶段的输出作为下一阶段的输入，如同瀑布流水，逐级下落，如图 1-9 所示。

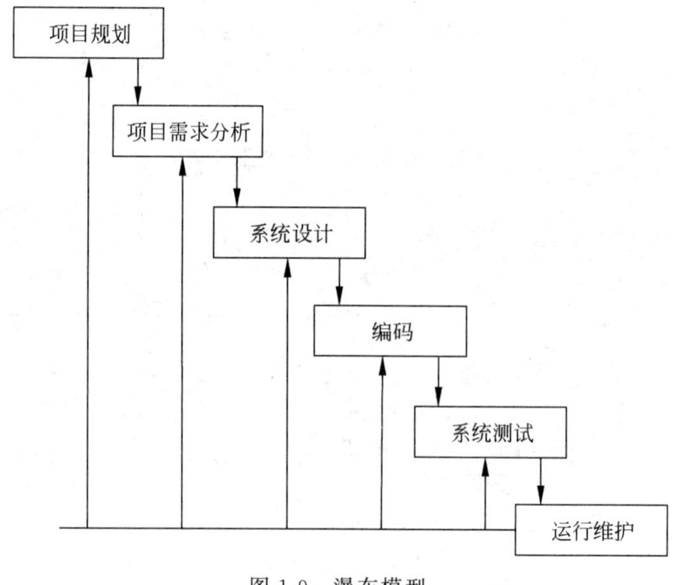

图 1-9　瀑布模型

瀑布模型生命周期每一阶段工作的完成都需要确认，若出现了问题则要对前一阶段进行追溯。它强调前期设计与规划的重要性，并尝试在较长时间跨度内为一个软件开发项目制订严格而详尽的计划，然后交由具备相应技能的软件人员分阶段依次达到目标。

1. 优点

为软件开发和软件维护提供了一种有效的管理框架，在消除软件开发的非结构化因素、降低软件的复杂度和促进软件的工程化方面起到了显著作用。

2. 缺点

对于大规模和日益复杂的软件系统，用户需求很难在项目初期一次性明确，在项目过程中也会不断发生变化。由于过分依靠项目初期的需求分析，而需求一旦确定后便不再改变，瀑布模型缺少适应需求变化的灵活性。另外，由于采用前后相继的线性开发模式，软件产品的适用性要到项目中后期才能显现，因此，风险也往往到项目后期才显露，导致失去及早纠正的机会，有可能造成严重的后果。

3. 适用范围

对于业务流程较为熟悉的领域，由于需求比较容易明确，可以使用瀑布模型来加快开发速度，并有利于开发过程的规范化和标准化。而对于陌生领域或规模较大、需求较为复杂的软件项目，若需求不是很明确且易发生变化，则不适于采用瀑布模型。

1.5.2 原型模型

20 世纪 80 年代，为了弥补传统的结构化生命周期法的不足，缩短开发周期，减少开发风险，快速开发系统，软件人员推出了原型模型(Prototyping Model)法。

原型模型是指在获取一组基本的用户需求定义后，快速地建立一个目标系统的最初版本，并把它交给用户试用、补充和修改，再进行新的版本开发，反复进行这个过程，如图 1-10 所示，直到完全符合用户的最终需求为止。经过这样一个反复补充和修改的过程，应用软件的"最初版本"就逐步演变为软件的"最终版本"。

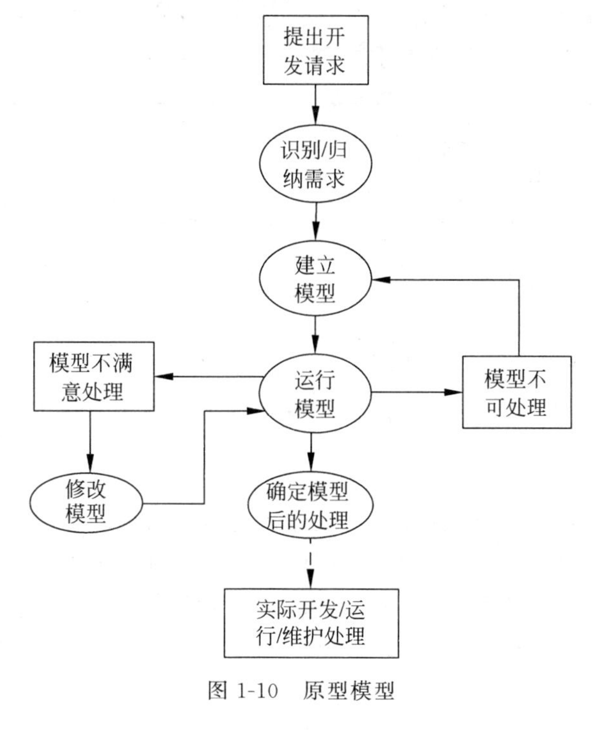

图 1-10 原型模型

从流程来看,原型法无论是原理还是流程都十分简单,并无任何高深的理论和技术,给开发人员和用户的沟通带来了极大的方便。用户面对的是直观的软件模型,在演示或使用过程中容易发现问题、提出需求,使系统开发真正实现面向用户。同时,也便于开发人员熟悉业务流程与功能需求,能更加目标明确地工作。

1. 优点

增进用户的参与程度,能及早进行需求的确认,减少由于需求获取的初始阶段软件需求不明确而给开发工作带来的不确定性。原型模型系统可作为培训环境,有利于对用户的培训和开发同时进行,可降低开发费用,缩短开发时间,并易于生成用户理想的界面。

2. 缺点

不利于开发过程的标准化,缺乏控制,增加额外的费用。仅解决了初始阶段的需求获取问题,没有解决可能发生的需求变更的问题。

3. 适用范围

主要针对在需求分析阶段,对用户的实际需求认识不够清晰的情况。

1.5.3 增量模型

增量模型(Increment Model)融合了瀑布模型的重复应用和原型模型的迭代特征,采用随着日程和时间进展而交错的线性序列,每一个线性序列产生软件的一个可发布的“增量”,是一种循序渐进的开发方法。此模型先利用较少的业务用例来实现基本需求和核心功能,构建一个原始的系统架构雏形,经过验证确认后,每次通过在原有基础上增加一部分用例,进行下一步开发,得到一个可运行架构,实现一个阶段性小目标,从而使构架逐步向目标系统接近,如图 1-11 所示。

在使用增量模型时,第一个增量往往是实现基本需求的核心产品。核心产品交付用户使用后,经过评价形成下一个增量的开发计划,它包括对核心产品的修改和一些新功能的发布。这个过程在每个增量发布后不断重复,直到产生最终的完善产品。

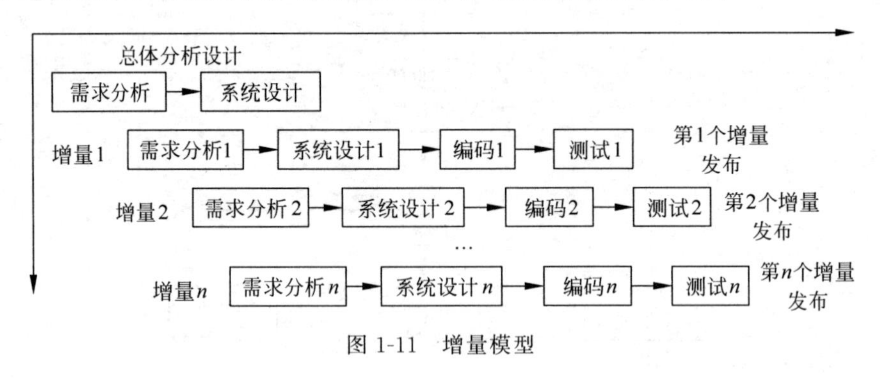

图 1-11 增量模型

1. 优点

增量模型的优点是比较真实地反映了软件开发循序渐进的过程,每次迭代都可以看到一定的改进;使软件项目在开发过程中是可见和可验证的;使项目开发中的问题不至于完全遗留到项目的末期,问题可以及时得到解决;在较短时间内向用户提交部分功能产品,使用户能及时看到阶段性成果,这比长时间等待一个大目标的实现要好得多,可以增加用户的满意度;逐步增加产品功能,使用户有较多的时间学习和适应新产品;开发早期问题反馈及时,易于维护;软件开发可以较好地适应变化,用户可以不断地看到所开发的软件,从而降低开发风险。

2. 缺点

增量模型的缺点是增加了管理工作的复杂性和管理成本。把每个新增的构件集成到现有软件体系结构中时,会对原有系统造成破坏。需要开放式体系结构,可能会出现设计差、效率低等问题。

(1) 由于各个构件是逐渐并入已有的软件体系结构中的,所以加入构件必须不破坏已构造好的系统部分,这需要软件具备开放式的体系结构。

(2) 在开发过程中,需求的变化是不可避免的。增量模型的灵活性可以使其适应这种变化的能力大大优于瀑布模型和快速原型模型,但也很容易退化为边做边改模型,从而使软件过程的控制失去整体性。

3. 适用范围

增量模型主要适用于规模较大,功能较复杂,开发周期较长的软件项目。

以上几种开发模型都以用户需求为主线,说明软件项目是以满足用户需求为目标的。同时也反映出需求信息的传递加工过程是一个意识对物质的反映过程,是一个不断深入的演化过程。尤其是对较为复杂的事物的认识过程更是如此。几种模型都强调软件开发的演化过程,并且都有各自的适用范围。

1.5.4 螺旋模型

螺旋模型(Spiral Model)(见图 1-12)由 Barry Boehm 于 1988 年提出,是瀑布模型与原型模型相结合并增加两者所忽略的风险分析而产生的一种模型,该模型通常用来指导大型软件项目的开发计划、产品开发和用户评议三类活动。它将每一个螺旋周期分为确定目标与约束,识别、评估与控制风险,开发、验证下一阶段的产品,下一阶段的计划四个阶段。每个周期中都要根据上一周期用户评议的结果进行新的规划和风险分析,所以开发者和用户能够更好地理解和对待每一个演化级别上的风险。螺旋模型要求在项目的所有阶段直接考虑技术风险,如果应用得当,能够在风险变成问题之前降低它的危害。沿着螺旋线每转一圈,表示开发出一个新的更完善的软件版本,直到得到满意的软件产品。

1. 优点

螺旋模型允许和强调不断地判断、确定、修改用户的需求,用户需求的变化可以动态地体现出来,以风险管理为导向,进行全过程的风险管理。

2. 缺点

对于小型软件项目管理成本相对较高,管理过程较为复杂。对于不太熟悉的领域,可能会把次要部分当作主要框架,从而做出不切题的原型,不断修改原型使得原型偏离预定目标。

3. 适用范围

不太复杂的软件项目。

1.5.5 敏捷开发

如何快速响应用户需求的变化,是信息系统开发方法的主要研究课题之一。结构化方

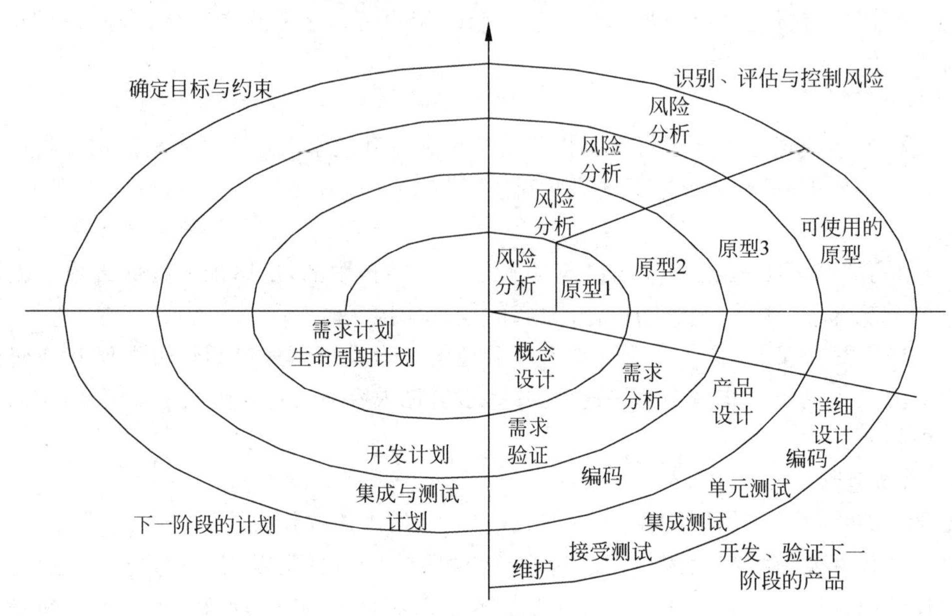

图 1-12 螺旋模型

法、面向对象的方法以及原型法都要经历一定的固定环节,属于重量级的系统开发方法,而敏捷开发方法(Agile Development, AD)是一种以人为核心、迭代、循序渐进的开发方法,是一种轻量级的软件开发方法,其主要特征是能适应组织环境变化和需求变化,充分发挥开发人员的创造积极性。

敏捷开发避免了传统瀑布方式的弊端,主要吸收了各种新型开发模式的"动态"特性,关注点从开发过程到文档,从用户到系统的开发者,管理方式也从传统工厂的生产线到信息项目团队的松散型组织。总结敏捷开发与瀑布模式的不同,主要是下面几个"敏捷"的关注点。

(1) 迭代:软件的功能是用户的需求,界面的操作是用户的"感觉",对迭代的强调缩短了软件版本的周期。

(2) 用户参与:以人为本,用户是软件的使用者,是业务理解的专家,没有用户的参与,开发者很难理解客户的真实需求。

(3) 小版本:快速功能的展现,看似简单,但对于复杂的客户需求,合理的分割与总体上的统一,要很好地二者兼顾是不容易的。

1. 敏捷开发的基本原理

2001 年,17 名编程大师分别代表极限编程(Extreme Programming,XP)、Scrum 团队开发模式、特征驱动开发、动态系统开发方法、自适应软件开发、实用编程等开发流派,发表了"敏捷软件开发"宣言,标志着敏捷软件开发思想体系的成熟。

敏捷软件开发宣言内容如下。

(1) 强调个体和友好交互胜过好的过程管理和工具。

人是系统开发成功最为重要的因素。如果没有优秀的开发团队,即便是有好的过程管理和工具项目也很难取得成功。敏捷开发首先致力于构建团队,然后再让团队基于需要来配置环境。

(2) 开发有效工作的信息系统胜过完善的文档。

系统开发的目的是有效工作的信息系统，而不是完善的文档，结构化方法编制众多的文档需要花费大量的时间，并且要使这些文档和代码保持同步，就要花费更多的时间。如果文档和代码之间失去同步，那么文档有可能给系统的维护带来误导，因此，在代码上投入更多精力，要比整理烦琐的文档更具有意义。

(3) 开发人员和用户的良好合作胜过合同谈判。

系统的需求经常处于一个持续变化的状态，有时还会有较大的变更，如功能块被整合，增加新的功能。成功的信息系统项目需要有序、频繁的用户和系统开发人员的交流。然而，系统的开发双方都应该接受这些变更，并调整合同，合同是对于系统开发的有效指导，而不应成为束缚系统开发的主要障碍，成功的关键在于开发人员和用户之间有效协作。

(4) 开发人员响应变化胜过遵循计划。

响应变化的能力常常决定着信息系统开发的成败，系统开发人员在构建计划时，应该确保计划是灵活的，并且易于适应组织需求和环境方面的变化。

敏捷软件开发是一个开发软件的管理新模式，用来替代阶段式开发的瀑布开发模式。敏捷方式也称为轻量级开发方法。敏捷开发集成了新型开发模式的共同特点，它重点强调：

(1) 以人为本，注重编程中人的自我特长发挥。

(2) 强调系统开发的最终信息系统，而不是文档。文档是为系统开发服务的，而不是开发的主体。

(3) 用户与开发者的关系是协作，而不单纯是合同的甲乙双方关系。开发者不精通用户的业务，因此，要适应用户多变的需求，要求用户积极配合，不是为了开发系统，把开发人员应努力变成用户业务管理的专家，而是开发人员和用户相互协作配合，共同完成系统的开发任务。

(4) 设计周密是为了最终软件的质量，但不表明设计比实现更重要，要适应客户需求的不断变化，设计也要不断跟进，所以设计应不断地根据环境变化，完善优化设计方案，指导开发方向是敏捷开发的目标。

2. 敏捷开发的实践

敏捷开发的核心实践被总结为四类：迭代和递增、团队协作、验证和简单性。

1) 迭代和增量建模的实践

在用于迭代和增量的方式建模中需要贯彻四种实践：选用合适的开发模型、增量建模、迭代和循环。使用这个模型，这样可以把系统更快地交付到用户手中。

2) 有效团队协作的实践

团队协作的实践内容主要包括与他人一起建模、项目干系人(Stakeholder)的积极参与、公开演示模型。

3) 简单性的实践

使用最简单的工具，建立最简单的模型，创建最简单的系统。

4) 验证工作的实践

为了提高信息系统的开发质量，需要考虑到系统的可测试性，通过代码验证，使抽象的模型可行性得以检验。

5) 提高生产率的实践

在提高系统开发生产率的实践中，主要包括以下三个方面。

(1) 应用建模标准,所有信息系统开发人员应该同意并遵从一套共同的建模标准集。

(2) 渐进地应用模式,在模型中恰当地应用那些通用的架构、分析和设计模式。

(3) 复用已有的模块,系统中可以复用的模块,包括代码、模型、构件和文档模块等。

6) 文档的实践

文档实践中涉及的主要方面如下。

(1) 丢弃临时模型,如设计草图、索引卡片、初始的设计方案等,让文档和代码之间保持一种同步和互相补偿的关系。

(2) 合同模型正式化,目标是使系统的合同模型数目最小化。

(3) 在有错误时才更新模型,经常维护或更改模型无疑会造成资源的浪费。

7) 有关动机的实践

在有关动机的建模实践中,理解和交流被认为是最重要的两个方面。用户和系统开发人员往往需要图示模型,来理解系统模型;为了优化与团队之外的人交流,需要使用 UML 用例图或者工作流程图就项目预期的范围与组织的管理人员进行交流。

敏捷开发的各个实践有着紧密的内在联系,各个实践之间协同工作,相互支持,有效运用敏捷开发的前提是要理解这些实践是如何结合到一起的。敏捷开发实践的内在关系,如图 1-13 所示。

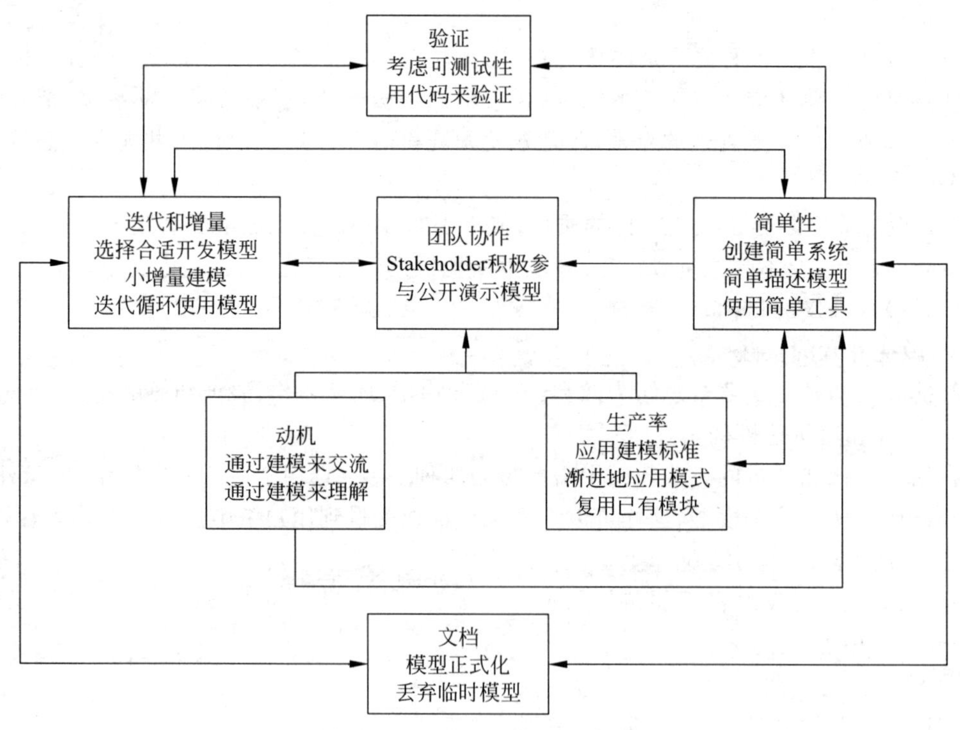

图 1-13 敏捷开发七种实践关系

3. 敏捷开发的优缺点

1) 优点

(1) 敏捷开发是通过尽早地、持续地交付有价值的软件来使用户满意,即使到了开发的后期,也欢迎改变需求。

（2）经常性地交付可以工作的软件，交付的间隔可以从几周到几个月，交付的时间间隔越短越好。

（3）在团队内部，最具有效果并且富有效率的传递信息方法，就是面谈。在整个项目开发期间，业务人员和开发人员必须天天都在一起工作，围绕被激励起来的个人来构建项目。

（4）不断地关注优秀的技能和好的设计会增强敏捷能力，敏捷过程提倡可持续的开发速度。

（5）每隔一定时间，团队会在如何才能更有效地工作方面进行反省，然后对自己的行为进行相应的调整。

2）缺点

（1）在典型的敏捷方法中，多数没有重视文档的作用，这使得软件开发人员在文档编撰过程中没有形成一套行之有效的方法，甚至是敷衍过去，当成一项可有可无的任务。

（2）对不明确、不清楚优先权的需求较难适应。

（3）敏捷适应目前社会的快节奏，充分发挥个人的个性思维多一些，个性思维的增多，虽然通过团队编程、代码共有、团队替补等方式能减少个人对软件的影响力，但也会造成软件开发继承性的下降，因此，敏捷开发是一个新的思路，但不是软件开发的终极选择。

（4）对于历时长、团队规模较大的大型信息系统应用的开发，文档的管理与衔接作用是不可替代的。

3）适用范围

敏捷开发技术的适用项目团队的人数不能太多，但项目的需求经常发生变更，高风险的项目实施，以及开发人员可以参与决策的项目。

1.5.6 极限编程

为了更好地理解敏捷开发，本节介绍敏捷开发的主要方法——极限编程。极限编程的创始者是肯特·贝克（Kent Beck）、沃德·坎宁安（Ward Cunningham）和罗恩·杰弗里斯（Ron Jeffries），他们在为克莱斯勒汽车公司综合报酬系统（Chrysler Comprehensive Compensation System，C3S）的薪水管理系统项目工作时提出了极限编程方法。Kent Beck在1999年10月出版的《极限编程解析》中对这一方法进行了详细的解释，自此极限编程成为软件行业较为流行的开发方法。

在极限编程的项目开发中，主要监控系统项目的四个要素：成本、时间、质量和范围，通过研究要素之间的相互作用，将项目开发分析得更加透彻，确保信息系统的开发成功。

1. 极限编程制定的四个准则

1）交流

在极限编程中注重的不是文档、报表和计划，而是口头的无缝交流，这是其核心价值观，让开发人员集体负责所有代码并结对工作，鼓励与用户以及团队内部的不断沟通。

2）简单

专注于最小化解决方案，鼓励只开发当前需要的功能，摒弃过多的文档，做好为变更需求而改变设计、在公共代码规范的指导下不断地做好系统重构工作。

3）反馈

有关信息系统开发状态的问题是通过持续、明确的反馈来反映的。为确保准确性和质量,开发小组快速地编写软件,然后向用户演示,通过单元测试和功能测试获得快速反馈意见。在编码之前先写测试用例,并在设计改变或集成之后重新测试。用户应积极参与系统功能的测试,这对于系统开发人员获取用户反馈意见是至关重要的。

4) 勇气

勇气指的是快速工作,并在需求发生变更时,具有重新进行分析、设计、开发的信心以及积极面对现实和处理问题的勇气,如放弃已有代码,改进系统设计。

2. 极限编程制定的有效实践内容

1) 完整团队

项目的所有参与者应工作在一个开放的场所中,这个场所具有组织文化的一些标志,如明显地显示系统开发进度的图表。

2) 规划游戏

极限编程不强求统一的用户需求分析,也不是由开发人员调研,而是以用户故事的形式获取用户的需求,让用户主动编写系统的需求,然后由系统开发人员进行分析,设定优先级别,并进行技术实现。当然游戏规则可进行多次,每次迭代完毕后再行修改。用户故事是开发人员与用户沟通的焦点,也是版本设计的依据,所以其管理一定是有效和沟通顺畅的。计划是持续的、循序渐进的适合系统的实际需要。开发人员每周估算一次系统开发的成本,而用户则根据成本和系统的商务价值来选择要实现的特性。

3) 简单设计

团队保持设计和当前的系统功能相匹配,它通过了所有的测试,表达了用户的需求,并且包含尽可能少的代码。

4) 结队编程

大多数的子系统任务的编写都是由两个程序员并排坐在一起,在同一台机器上构建的。

5) 测试驱动开发

编写单元测试是一个验证行为,更是一个设计行为,它也是一种编写文档的行为,通过系统的测试结果,可以判断系统开发的正确程度。

6) 重构

随时利用重构方法改进错误的代码,保持代码尽可能正确,具有表达系统需求的能力。

7) 持续集成

在确保系统运行的所有单元测试通过之后,进行系统完整的集成,频繁的集成可以尽早发现系统失败的原因,使得团队能够以最快速度完成系统的开发工作。

8) 集体代码所有权

团队中的每个成员都应该拥有对代码进行修改的权利。这意味着每个人都要对其参与的代码负责任,每个人都可以参与任何其他方面的开发。

9) 编码标准

在极限编程里没有严格的文档管理,代码为开发团队所共有,团队负责人结合项目特性为系统的编码制定统一标准,这样有利于开发人员的流动管理,因为所有的人都熟悉所有的编码。

10) 隐喻

极限编程中系统隐喻为开发团队提供了一致的规划,是将整个系统联系在一起的全局视图，它是系统的未来影像，使得所有模块间的关系明显直观。如果模块的外观与整个隐喻不符，开发人员很容易知道哪些模块有错误。隐喻是让项目参与人员都必须对一些抽象的概念理解一致，也就是常说的行业术语，因为若开发人员不熟悉业务本身的术语，用户会更不会理解，因此，开始要明确双方使用的隐喻，避免歧义。

3. 极限编程的开发过程

极限编程把软件开发过程重新定义为聆听、设计、编码、测试的迭代循环过程，系统开发过程总遵循重构（设计）、编码、测试的软件开发管理思路，如图 1-14 所示。

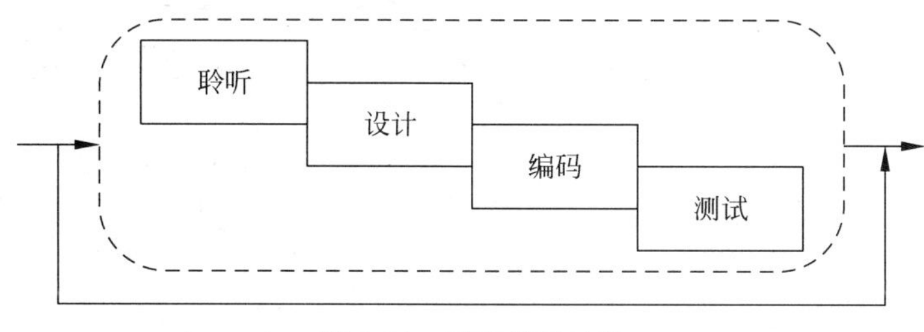

图 1-14 极限编程过程

4. 极限编程的特点

1）极限编程的优点

极限编程诞生于一种加强开发者与用户的沟通需求，让客户全面参与软件的开发设计，保证变化的需求及时得到修正。

极限编程承诺降低软件项目风险，改善业务变化的反应能力，提高开发期间的生产力，为软件开发过程增加乐趣。

2）极限编程的缺点

（1）以编写程序代码为中心，忽略了软件系统设计，对编码人员的经验要求高。

（2）开发过程不详细，缺乏详细设计文档，影响后期的应用与维护。

（3）质量保证依赖于测试，对已完成的开发任务检查步骤缺乏清晰的结构。

（4）没有提供数据的收集和使用的指导。

5. 极限编程的适用范围

极限编程适用规模小、进度紧、需求变化大、质量要求严的项目。方法因变化而制定，出发点就是希望以最高的效率和质量来解决用户眼前的问题，以最大的灵活性和最小的代价来满足用户未来的需要。

1.6 项目组织结构

组织是为了完成一定的目标对人员或部门的系统化布局或安排。组织结构是组织的总体构架，组织结构的类型包括职能型、项目型及位于这两者之间的各种矩阵型结构。

1.6.1 职能型组织

职能型组织是一种明晰的层级结构，按专业的相关性紧密程度划分部门，每位开发人员都有明确的部门，如图 1-15 所示。各个部门相互独立地开展各自的项目工作。例如，最高层可分为人力资源部、财务部、研发部等。各部门还可进一步分成更专业的职能小组,例如,人力资源部进一步分为调配科、劳资科、保险科等。

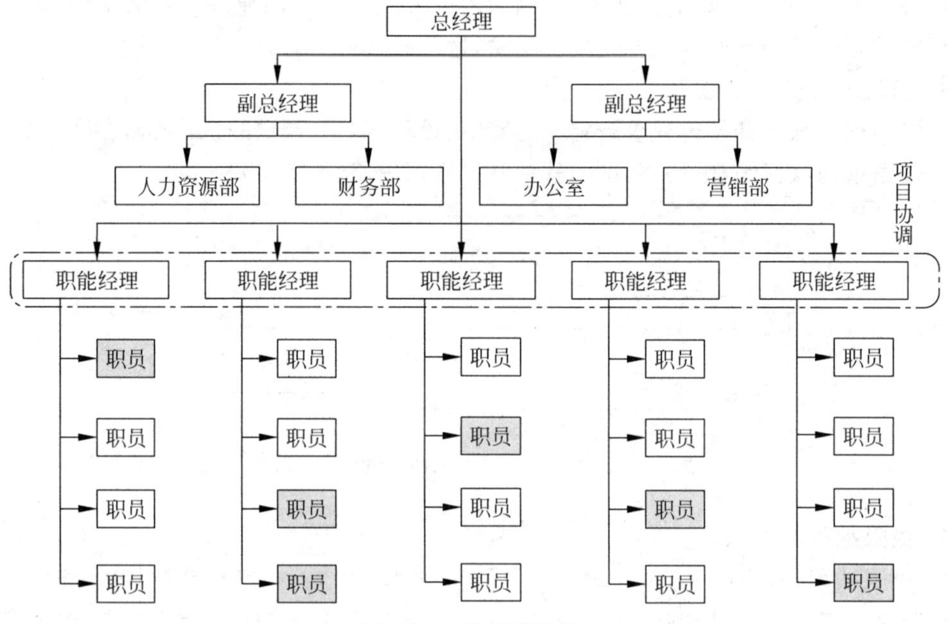

图 1-15 职能型组织

1.6.2 项目型组织

项目型组织按照项目需要组建项目团队,项目经理拥有决策权。项目型组织也拥有相应的部室,为项目提供支持服务,如图 1-16 所示。组织中也经常采用虚拟协同技术来获得集中办公的效果。

1.6.3 矩阵型组织

矩阵型组织具有职能型和项目型组织的特征。根据职能经理和项目经理之间的权力和影响力,矩阵型组织可分为弱矩阵型、强矩阵型和平衡矩阵型。

1. 弱矩阵型组织

弱矩阵型组织具有职能型组织的大部分特征,项目经理角色为协调员或联络员,如图 1-17 所示。项目联络员作为开发人员的助理和沟通联络员,不能制定或推行决策。项目协调员有一定的职权,有权做一些决策,向较高级别经理汇报。

2. 强矩阵型组织

强矩阵型组织具有项目型组织的许多特征,拥有掌握较大职权的全职项目经理和全职项目开发人员,如图 1-18 所示。

3. 平衡矩阵型组织

平衡矩阵型组织承认全职项目经理的必要性,但并未授权其全权管理项目和项目资金,如图 1-19 所示。

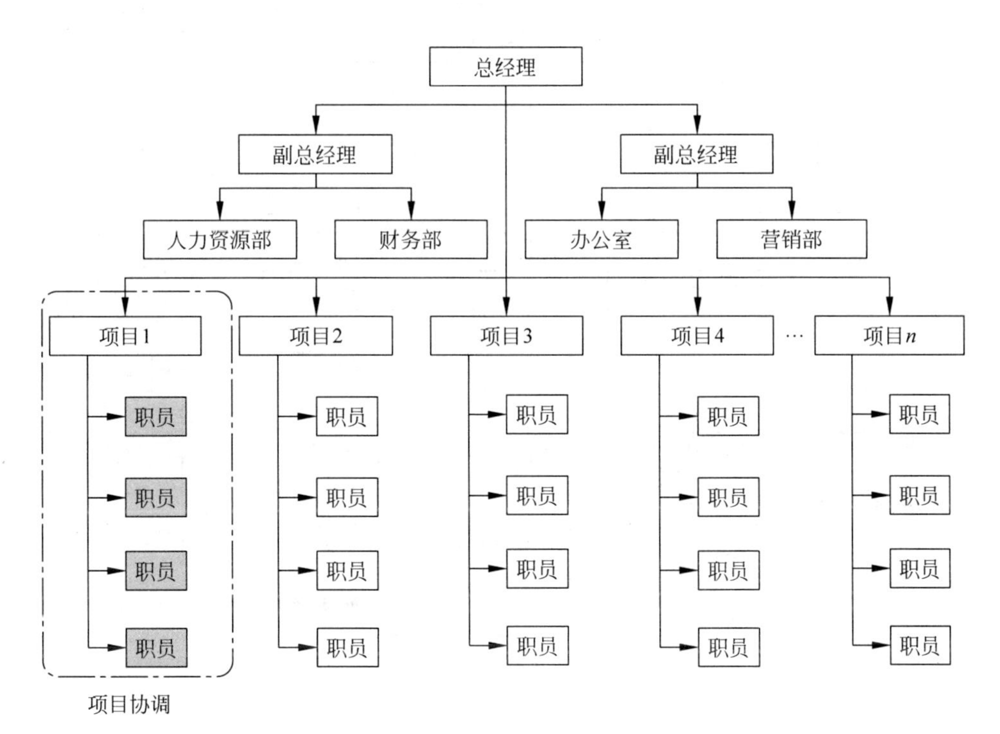

图 1-16　项目型组织

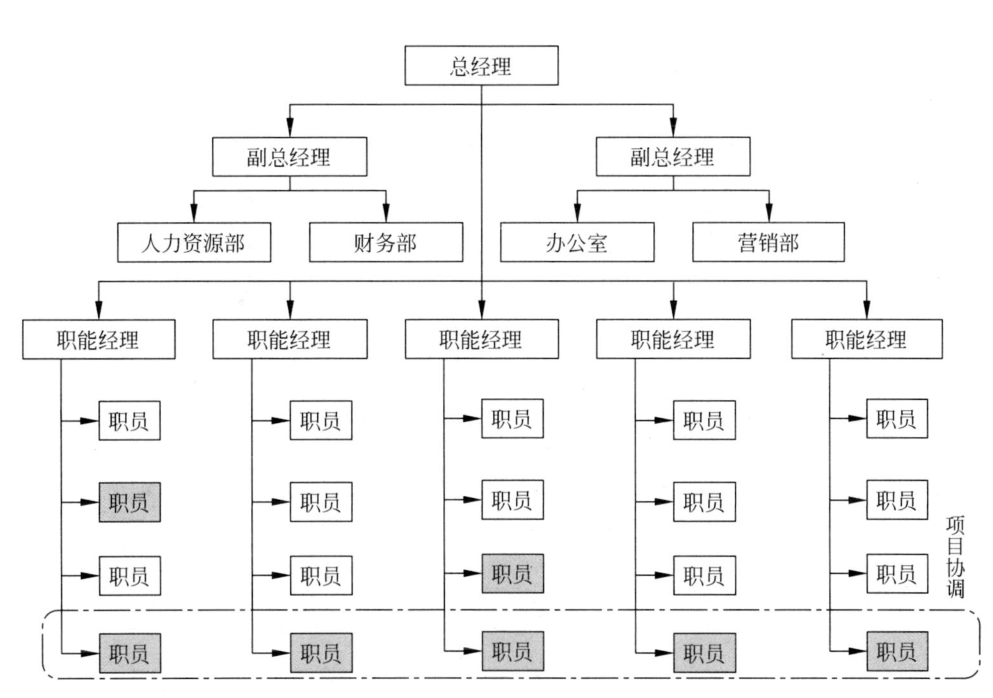

图 1-17　弱矩阵型组织

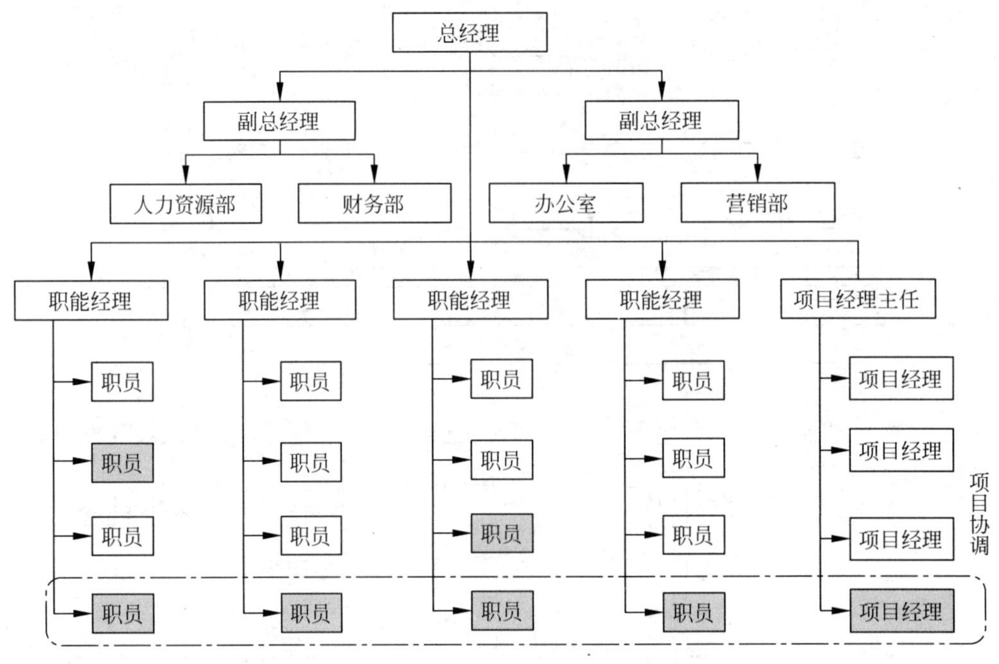

图 1-18　强矩阵型组织

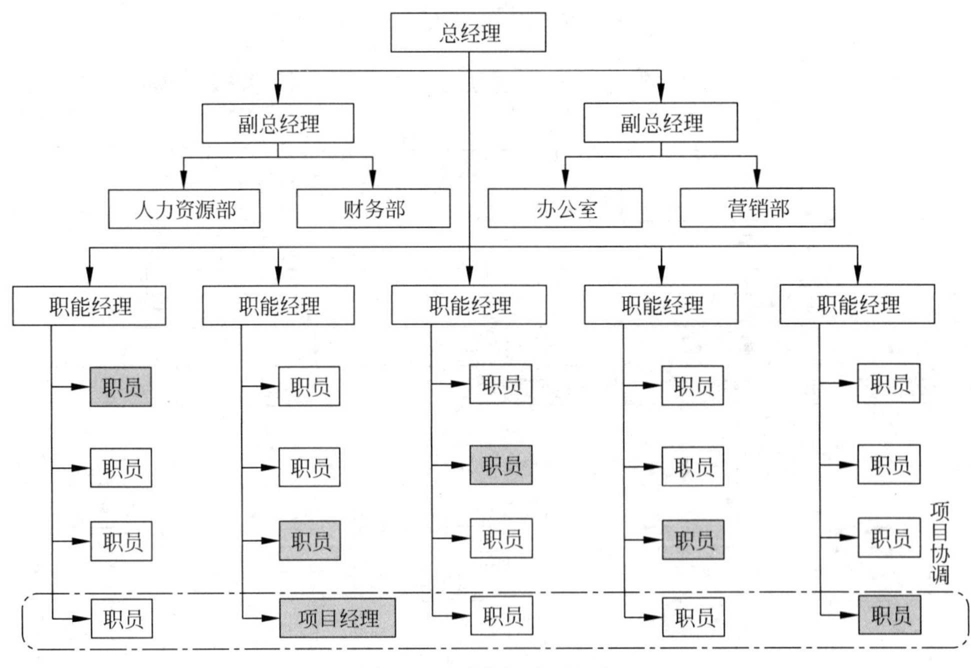

图 1-19　平衡矩阵型组织

1.6.4　复合型组织

很多组织在不同的组织层级上用到上述所有的结构，这种组织通常被称为复合型组织，如图 1-20 所示。例如，即使那些典型的职能型组织，也可能建立专门的项目团队，来开发要求较高的项目。该团队可能具备项目型组织中项目团队的许多特征。在项目期间,它可能拥有来自各职能部门的全职人员,可以制定自己的开发流程,甚至可以在标准化的正式汇报结构之外运作。同样,一个组织可以采用强矩阵结构管理其大多数项目,而小项目仍由职能部门管理。

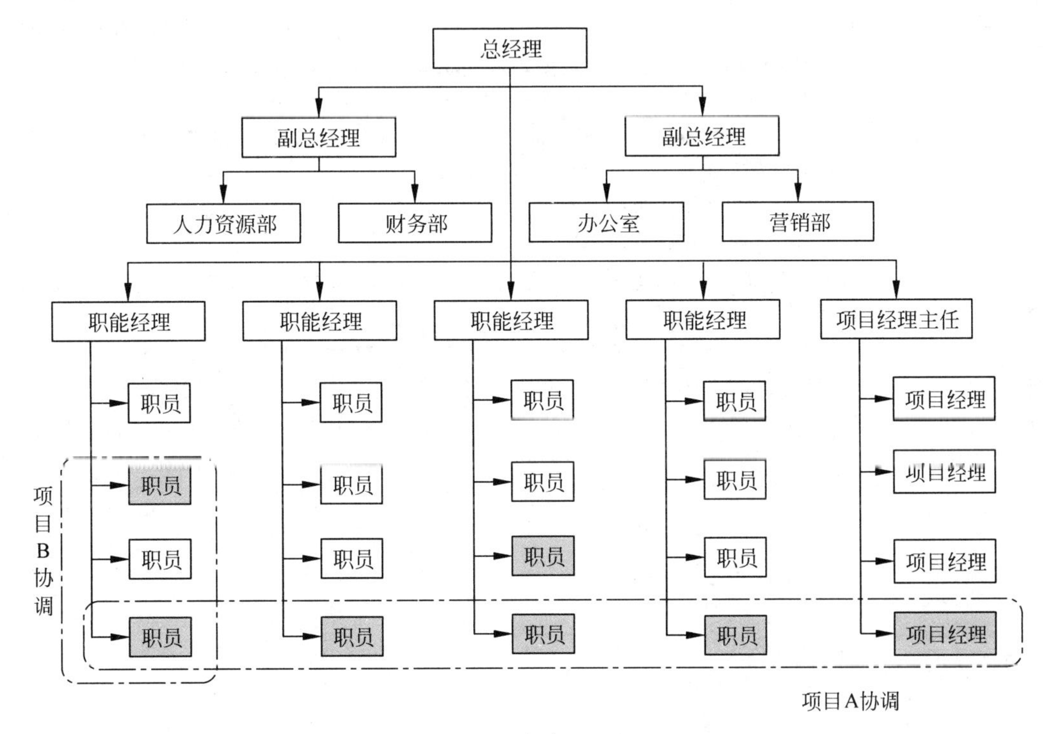

图 1-20　复合型组织

1.6.5　各种组织形式的比较分析

各种组织形式的比较分析见表 1-3。

表 1-3　各种组织形式的比较分析

组织形式	优　　点	缺　　点
职能型组织	(1) 直线管理,信息垂直传递,员工只有一个上级; (2) 专业化领域内有清晰的职业发展道路; (3) 更容易管理专业人士; (4) 内部相似的资源更集中,部门按专业划分,同一职能部门内的协调和沟通比较容易,对本专业范围内的问题可以迅速响应	(1) 员工更专注部门或专业的利益,职能工作优先于项目工作; (2) 没有全职的项目经理,项目经理权力很小; (3) 项目管理领域内没有职业发展道路; (4) 与其他职能部门之间没有沟通,容易忽略其他部门在项目上的利益; (5) 由于跨部门使用资源较困难,资源利用不充分

续表

组织形式	优　点	缺　点
矩阵型组织	(1) 有专职的项目经理和高度清晰的项目目标; (2) 资源使用率高,能最大限度地利用稀缺资源; (3) 项目经理控制资源的能力加强; (4) 仍然有专业分工,专业知识也可以积累; (5) 能够从职能组织得到更多支持; (6) 有利于更好地跨部门协调; (7) 比职能型组织更有利于信息的水平传递; (8) 团队成员在行政关系上仍隶属于职能部门,项目结束后,有"家"可归(相比项目型组织)	(1) 双重汇报,员工有一个以上的上级; (2) 沟通复杂,结构复杂,管理难度大; (3) 项目经理和职能经理之间容易产生权力斗争和优先级冲突; (4) 项目工作和职能工作对资源的争夺; (5) 职能部门之间的斗争(为争夺项目利益); (6) 不同项目争夺资源,资源分配的难度加大; (7) 需要更多的规章制度、政策和程序来配合; (8) 项目经理对项目成员没有足够的权力(相比项目型组织)
项目型组织	(1) 项目组织简单、有效; (2) 项目经理权力充分; (3) 项目成员对项目忠诚; (4) 沟通更有效; (5) 决策速度快; (6) 便于项目团队的建设	(1) 项目结束后,项目成员不知道自己的下一个归属在哪里,会有无"家"可归的忧虑; (2) 缺乏专业化分工,不利于成员的专业技术发展(成员忙于项目工作,失去与项目外同行沟通的机会); (3) 设备和职位重复设置; (4) 资源被项目占用,使用效率低; (5) 不同的项目团队,成员不能共享知识

案例分析

华夏银行的软件测试外包项目是以招投标的方式进行的,在招投标的过程中,一些规模大的服务商刻意追求规模效应,故意压低报价成本,造成恶意竞争,而忽略了软件项目的知识密集型特点。而在招投标过程中的甲方一味奉行"成本至上"原则,使得一些本应特别注意的问题没有得到应有的考虑。因此,在实践中往往忽略了以下问题,给项目工作带来困难。

第一,外包的性质不明确。现行的技术外包服务按照形式来划分可以分为项目外包和人力资源外包两种模式,两者有着本质上的不同。华夏银行在选择外包服务供应商的时候并没有明确区分是项目外包还是人力资源外包,导致项目范围不明确,也使得项目组成员无所适从,心生抱怨。

第二,意向的提出没有进行统筹规划。在项目启动时把意向提出作为一个独立阶段来进行管理,有助于确保整个项目的合理性。对于非集中规划的项目意向,往往会影响项目的整体规划与计划，导致项目范围不确定，从而影响项目的资源规划以及项目计划的合理性。

第三，对业务需求没有进行详细的调研与分析。随着信息化进程的加快与理财业务的蓬勃发展，银行的业务系统日渐繁杂，除核心业务系统外，银行还会大量采购外围业务系统，因此，需要对业务需求进行详细的调研与分析。但实际上，在项目启动时却只是笼统地提出了业务测试的概念，而缺少必要的需求分析程序，导致技术与需求脱节，为项目的正常开展埋下隐患。

第四，毫无头绪的项目启动会。启动会议的召开宣告着项目的正式开工，参与者应该在项目组织机构中发挥关键作用，在项目启动会中需要说明项目存在的背景、项目所要达到的目标及项目的价值；对项目的可交付成果进行介绍；介绍项目的组织形式和主要项目成员；对项目进行风险分析，并制订初步的项目计划；制定项目管理制度；明确项目将要使用的工作方式。

由于项目启动时，甲乙双方没有进行充分的沟通交流、对项目缺少统筹规划、没有对项目进行详细的调研与分析，以及项目成员没有及时到位等原因，导致对上述本需要介绍的事项没有进行介绍或介绍得过于简略，以至于在项目开始后一些项目组成员仍一头雾水。

思考题：IT项目管理包括哪些活动？结合案例中对华夏银行软件测试外包项目启动管理的问题的分析和所学知识，谈谈对IT项目管理中启动过程的认识。

习　　题

一、单选题

1. 关于项目组合管理、项目集管理和项目管理下列描述正确的是(　　)。

   A. 项目组合管理是为了实现特定的战略业务目标，对一个或多个相互关联的项目组合进行集中管理

   B. 项目集就是将所需技术相同的项目合在一起进行管理，有利于资源调配

   C. 项目集是一组相似的项目被协调管理

   D. 一个项目可能属于某个项目集，也可能不属于任何一个项目集，但任何一个项目集中都一定包含若干个项目

2. 关于项目生命周期特征下列描述正确的是(　　)。

   A. 成本与人力的投入关系，随着时间的推移越来越高

   B. 不同的项目规模、不同的项目复杂性，项目生命周期不尽相同

   C. 干系人的影响力，在项目开始时最小，随着时间推移逐渐增大

   D. 风险产生后的影响度，在项目开始时最大，随着时间推移逐渐减少

3. 一个正在实施的工程项目，经过绩效分析，项目经理发现项目中人员不足，于是向职能经理申请资源。该组织最有可能属于哪一种组织结构形式？(　　)

   A. 项目型　　B. 职能型　　C. 矩阵型　　D. 兼容型

4. 为了取得项目成功，项目团队应该做如下工作，除了(　　)。

   A. 以项目团队的利益为主

   B. 选择适用的过程来实现项目目标

   C. 使用经定义的方法来满足要求

D. 遵守要求以满足干系人的需要和期望

5. 跟踪、审查和调整项目进展与绩效、识别必要的计划变更并做出相应变更的一组过程是(　　)。

A. 计划过程组　　B. 实施过程组　　C. 监控过程组　　D. 收尾过程组

二、判断题

1. 由于项目的独特性,决定了项目和项目之间不可能存在重复的元素。(　　)

2. 项目管理方法仅适用于独特的临时性的项目活动,而不适用于周而复始的运作。(　　)

3. 项目阶段是按顺序完成的,不能出现重叠。(　　)

4. 组织过程资产包括组织的标准流程、模板、配置管理知识库和行业规定。(　　)

5. 识别项目干系人是属于计划过程组。(　　)

三、简答题

1. 简述项目和日常运营的区别。

2. 简述项目管理活动的具体内容。

3. 本章介绍的瀑布模型有什么优缺点?适合什么样的项目?

4. 职能型组织结构有什么优缺点?

第2章 集成管理

集成管理贯穿于软件项目开发的整个周期，协调管理其他九个知识域，目的是为有效完成项目，见图 2-1。

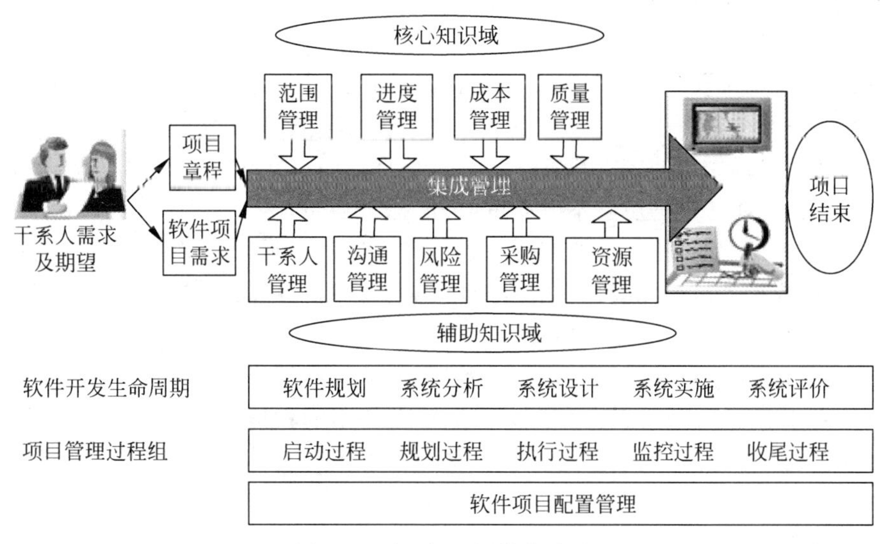

图 2-1 项目知识领域关系图

2.1 集成管理概述

2.1.1 集成管理定义

集成管理是具有全局性和系统性的管理工作，是保证项目各要素协调发展需要的工作。集成管理的作用是解决九个知识域的冲突，识别和协调项目管理过程组中的不同过程和活动，满足干系人的期望。

2.1.2 平衡项目目标

由于项目干系人视角不同和期望值不同，引致项目有很多目标，并且目标间相互冲突，项目目标之间的关系见图 2-2。

(1) 软件项目开发是一项系统工程，范围变更导致进度失控，成本超支，质量失控。

(2) 进度过快，导致软件产品产生过多缺陷，引发质量问题。

(3) 成本过低，导致项目开发的各个环节工作质量低下，最终产生质量问题。

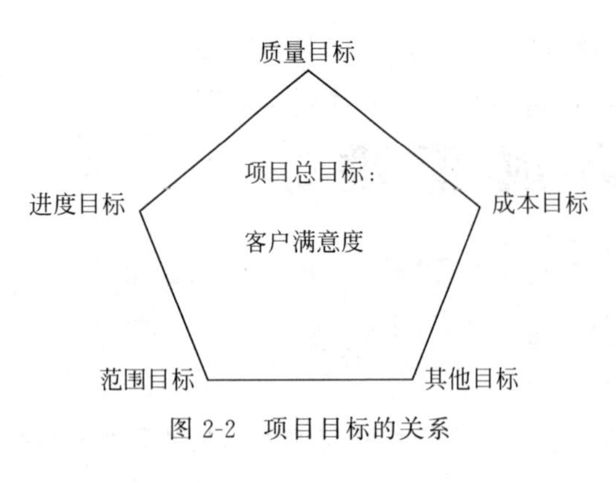

图 2-2　项目目标的关系

因此，如何平衡项目进度、成本和质量，是项目经理的主要工作。

项目控制主要内容包括进度控制、成本控制和质量控制三个维度，在这三大控制中，进度控制是主要矛盾和主线，成本控制是基础和关键，质量控制是命脉。项目的进度、成本和质量三大目标存在对立统一关系，它们是一个相互关联的整体，因此，实施项目控制必须充分考虑项目三大目标之间的对立统一关系，统筹兼顾。

1. 项目主要目标间的关系

1）对立关系

项目进度、成本和质量三大目标之间存在着矛盾和对立的关系，这种对立关系集中体现在它们之间的制约关系和相互影响关系上。在很多情况下，为了实现其中某一项目目标，往往会使其余两项目标做出一定的牺牲。为了避免将它们对立起来，项目管理团队不能“单打一”地实行控制，不能考虑进度就不顾质量，不能抓了质量就不惜成本。处理三者之间的矛盾时，不能简单地用“加减法”，而要充分考虑三者之间的矛盾辩证关系。缩短项目工期、加快进度，势必需要增加资源的投入，相应地也就需要增加项目成本。如果不采取任何防范措施，项目质量往往会降低。如果对质量有较高的要求，那么就要投入较多的资金及花费较长的时间。进度不能无限制地压缩，有些工序是有最低时间要求的，否则就会影响质量，团队成员的技术水平、管理水平、过程资产的质量都有基本的标准和要求，因此，如果要降低成本，节约费用，也势必会降低质量标准。此外，压低开发成本会延缓项目进度、降低项目质量。

2）统一关系

软件项目进度、成本和质量三大目标之间也存在着统一的关系，体现在三者之间的平衡和促进关系上。首先，三大目标的平衡关系是指如果改变 T、C、Q(Time、Cost、Quality)三个目标中任意一个目标，其余两个目标便随之发生变化，因此，它们之间是一种动态的平衡关系。其次，三个目标之间的促进关系是指项目的 T、C、Q 之间存在着相互作用的因果关系；如增加工时会提高质量水平，增加投入会加快进度、提高质量水平。通常情况下，适当增加投资数量，即可加快项目建设进度、缩短工期，使项目尽早交工、投资尽早回收、项目的经济效益也得到提高。适当提高项目功能要求和质量标准，虽然会造成一次性投资和开发进度的延长，但能够节约项目投入使用后的运营成本和维护成本，从长远看，能获得更好的投资经济效益；如果项目进度计划制定既科学又合理，使项目进展具有连续性和均衡性，不但可以缩短建设工期，而且有可能获得更好的项目质量并降低项目成本。

2. 平衡项目目标的控制方法

项目部分指标实现不能说明项目总体目标实现，要在进度、成本和质量三项计划构成的约束三角形内完成项目目标才能说明该项目成功完成。因此，项目管理团队必须用系统的方法对项目的三大控制进行权衡分析。

三大目标中质量应该是第一位，在项目质量、进度满足要求的情况下，才能降低成本。

项目控制追求的目标：①合乎规范的质量目标；②合理的进度目标；③在达到以上两个目的的前提下，尽可能降低成本、提高经济效益。

项目管理始终追求三大目标的循环平衡，三项目标中任何一项目标没有达到规范要求都无法完整地反映项目实施的目标成果。进度、成本和质量三大目标之间的关系具有相关性和不确定性等特点，三大目标很难同时达到最优，在项目的快进度、低成本和高质量之间，只能三者取其一或其二，要根据项目的具体特点和要求，在权衡三大目标的前提下确定三大目标优先级，实现三大目标的权衡控制与优先控制有机结合，如表 2-1 所示。

表 2-1　项目三大目标的权衡控制与优先控制次序

目标要求	进度控制	成本控制	质量控制	适用条件
A	符合合同要求	最低	符合验收标准	软件开发组织薄利
B	符合合同要求	未超预算	最佳	提高软件组织信誉，开拓市场，增加用户的信任
C	最短	未超预算	符合验收标准	获得较高奖励奖金
D	比合同提前但非最短	比预算少但非最低	符合验收标准	质量要求较低，而进度、成本要求高
E	符合合同要求	比预算少但非最低	符合验收标准	质量、成本要求高、但进度要求较低
F	比合同提前但非最短	未超预算	符合验收标准	质量、进度要求高，成本有保障

2.1.3　PMBOK6 及软件分册定义的项目集成管理过程

甲方目标为以较低成本，在较大范围内获得用户的满意度，乙方希望范围越小越好，集成管理通过调整资源分配，在相互冲突的目标之间取得平衡。PMBOK6 及软件分册中定义的项目集成管理过程及活动见表 2-2。

表 2-2　PMBOK6 及软件分册对软件项目集成管理活动的描述

活动	启动(Initiating)	规划(Planning)	执行(Executing)		监控(Controlling)		收尾(Closing)
	制定项目章程	制订项目管理计划	指导与管理项目工作	管理项目知识	监控项目工作	实施整体变更控制	结束项目或阶段
输入	1. 商业文件 2. 协议 3. 事业环境因素 4. 组织过程资产	1. 项目章程 2. 其他过程的输出 3. 事业环境因素 4. 组织过程资产	1 项目管理计划 2. 项目文件 3. 批准的变更请求 4. 事业环境因素 5. 组织过程资产	1. 项目管理计划 2. 项目文件 3. 可交付成果 4. 事业环境因素 5. 组织过程资产	1. 项目管理计划 2. 项目文件 3. 工作绩效信息 4. 协议 5. 事业环境因素 6. 组织过程资产	1. 项目管理计划 2. 项目文件 3. 工作绩效报告 4. 变更请求 5. 事业环境因素 6. 组织过程资产	1. 项目章程 2. 项目管理计划 3. 项目文件 4. 验收的可交付成果 5. 商业文件 6. 协议 7. 采购文档 8. 组织过程资产

续表

活动	启动(Initiating)	规划(Planning)	执行(Executing)		监控(Controlling)		收尾(Closing)
	制定项目章程	制定项目管理计划	指导与管理项目工作	管理项目知识	监控项目工作	实施整体变更控制	结束项目或阶段
工具和技术	1. 专家判断 2. 数据收集 3. 人际关系与团队技能 4. 会议	1. 专家判断 2. 数据收集 3. 人际关系与团队技能 4. 会议	1. 专家判断 2. 项目管理信息系统 3. 会议	1. 专家判断 2. 知识管理 3. 信息管理 4. 人际关系与团队技能	1. 专家判断 2. 数据分析 3. 决策 4. 会议	1. 专家判断 2. 变更控制工具 3. 数据分析 4. 决策 5. 会议	1. 专家判断 2. 数据分析 3. 会议
输出	1. 项目章程 2. 假设日志	1. 项目管理计划	1. 可交付成果 2. 工作绩效数据 3. 问题日志 4. 变更请求 5. 项目管理计划更新 6. 项目文件更新 7. 组织过程资产更新 8. 演示工作,交付软件(软件分册)	1. 经验教训登记册 2. 项目管理计划更新 3. 组织过程资产更新	1. 工作绩效报告 2. 变更请求 3. 项目管理计划更新 4. 项目文件更新	1. 批准的变更请求 2. 项目管理计划更新 3. 项目文件更新	1. 项目文件更新 2. 最终产品、服务或成果移交 3. 最终报告 4. 组织过程资产更新

2.2 IT项目规划

软件项目分为定制化项目和商品化项目。定制化项目源于企事业单位的个性化需求,由企事业单位发起并提供资金支持;商品化项目需要软件组织根据自身的战略规划、技术、市场预测、国家政策和产业导向,选择项目投资机会。

2.2.1 识别潜在项目

识别项目首先要了解组织的战略规划,熟悉企业的优势和劣势,以及项目在商业环境中潜在的机会和威胁。软件组织的决策者洞悉行业和组织内外的发展动态,善于识别为组织带来利益的项目,项目经理在项目选择中具有重要的作用。

项目的选择过程大体上分为5个过程:①分析组织的战略规划,搞清组织的发展方向;②制订IT战略计划,将组织发展战略和IT战略相结合,制定项目的推广和应用战略;③业务领域分析,分析可能从软件获益的关键过程;④制订项目计划,定义潜在的项目,包括项目的范围、进度、成本和质量，以及项目的收益和约束条件；⑤资源分配，根据选定的项目需要，分配必要的人力、物力资源支持。选择软件项目过程，如图 2-3 所示。

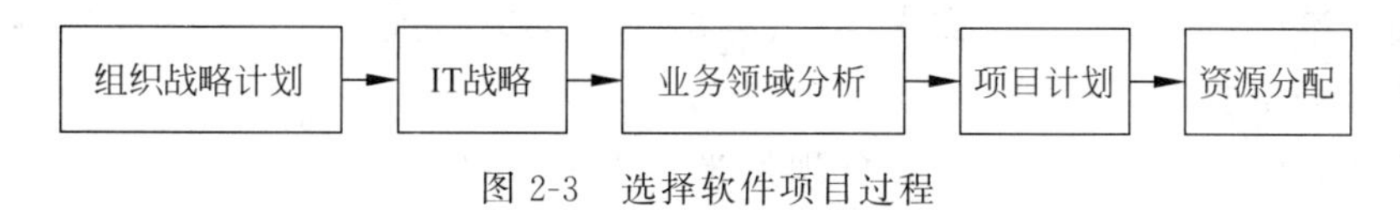

图 2-3 选择软件项目过程

2.2.2 选择项目的方法

1. 从国家政策导向中寻找项目

根据国家经济发展的状况，国家从宏观层面做出的政策导向，近几年国家提倡的“互联网＋传统企业”、大数据开发与应用，改造传统企业和完成企业升级转型，围绕两项应用产生了大量的软件项目。

2. 从市场需求中寻找项目

分析市场运行现状，发现市场中存在的问题，捕捉软件开发项目机会，电子商务实现了用户和商家跨越时空的交易，但用户对商品网上视觉体验和收到商品的现实体验偏差较大，因此，随着 O2O 理论的进一步成熟，软件组织研究开发 O2O 平台，是符合当前市场需求的项目。

3. 从新技术应用中寻找项目

随着管理模式和交易模式变迁，引发了新的应用模式产生，带来新的软件应用，如管理扁平化的需要以及软件安装存在的诸多缺陷，产生了 B/S 和 C/S 系统模式，带来了软件项目开发的新机会；新的技术应用也会产生许多新的软件应用，如微信的应用、微营销等。

2.2.3 制定项目章程

项目立项后，为了让组织的各个部门了解项目基本情况，项目立项部门需要下发项目章程给相关部门和人员，在项目执行组织与需求组织之间建立联系。

项目章程是由项目启动者或发起人发布的，确认项目存在，授权项目经理规划和执行项目，并明确项目目标和项目管理的文件。章程应明确项目开始和项目边界，高级管理层对项目支持，经批准的项目章程意味着项目的正式启动。项目经理应该参与项目章程的制定，以便对项目需求有基本的了解，在项目活动中更有效地调度分配资源。

项目边界指的是一个项目或项目阶段从获得授权的时间点到得以完成的时间点。

项目章程是项目启动的规范性文件，但也有一些组织通过使用简单的项目协议、正式合同替代项目章程的形式启动项目。

项目章程制定的主要依据是项目工作说明书、合同或协议、环境与组织的因素及组织过程资产。

(1) 项目工作说明书(Statement Of Work，SOW)。描述项目需要交付的软件产品、服务或成果，包括：

① 业务需求，通过分析组织面临的市场需求、技术进步、法律要求、政府法规或环境，论证项目是否满足组织的业务需求。

② 产品范围界定，描述项目的业务需求，明确项目产生的产品、服务或成果的特征，作

为项目验收的依据。

③ 战略计划,描述组织的愿景、目的和目标,确认项目符合战略计划。

(2) 商业论证。通过对市场需求、组织需要、客户要求、社会需要分析,从商业和经济效益视角判断项目的投资可行性。

(3) 合同或协议。对于商品化软件项目采用内部协议,对于定制化开发的项目采用合同,作为项目章程的依据。

(4) 事业环境因素。制定项目章程时,需要分析影响项目成功的环境与组织因素,如组织文化与组织结构、各类标准、规章、基础设施、人力资源、市场条件等。

(5) 组织过程资产。分析影响制定项目章程过程的组织过程资产,如组织的标准过程、政策和过程定义,模板(如项目章程模板),已完工项目历史信息与经验教训知识库。

项目章程的主要内容包括业务需求、假设条件、制约因素、用户需求和组织战略规划理解,以及需要交付的新产品、服务或成果。具体如下。

(1) 项目编号、名称。

(2) 项目授权日期。

(3) 项目经理基本信息。

(4) 项目的开始时间和结束时间,项目的主要阶段和里程碑事件。

(5) 项目的计划成本(预算)。

(6) 项目目标描述。

(7) 项目概要需求分析。

(8) 项目的验收说明(项目成功标准)。

(9) 项目管理方法,干系人的期望、重要假设、约束条件。

2.3 IT 项目管理计划

2.3.1 项目范围分析

为了制订 IT 项目管理计划,首先要分析 IT 项目需要开发的具体内容,确定项目的开发范围。因此,项目组织要对即将开发的项目进行软件需求初步分析,通过分析得到项目章程、技术合同、项目工作说明书,形成软件初步规格说明书。具体内容如下。

(1) 项目目标。

(2) 项目主要内容。

(3) 项目可交付成果,具体要求和形式。

(4) 项目验收标准。

(5) 项目假设条件和约束因素。

(6) 项目初步工作分解结构。

(7) 项目开发阶段划分和里程碑事件。

(8) 项目成本费用估算。

(9) 项目配置管理要求。

2.3.2 项目管理计划

项目管理计划是用于协调所有项目计划的文档，指导项目的执行和控制文件。计划是在对未来诸多情况的假设前提下制订的，这些假设对于项目干系人了解项目、定义关键事件或里程碑事件具有指导作用。项目管理计划是范围管理、进度度量、成本控制的基准。

项目管理计划具有动态特征，随着项目的推进，项目渐进明晰，管理计划也需随之调整。在制订集成管理计划时，项目经理需要根据项目实际情况，和项目干系人进行充分讨论和交流，综合平衡项目管理的十个知识体系领域计划，使计划更贴近实际情况。

1. 项目管理计划的分项计划

项目管理计划的分项计划包括范围管理、进度管理、成本管理、质量管理、资源管理、风险管理、沟通管理、采购管理、干系人管理和集成管理十项主要计划。其他计划可以作为整个计划的辅助计划，如配置管理计划、过程改进计划、变更管理计划。

2. 项目管理计划的内容

1）项目基本信息

（1）项目编号和项目名称：组织为了便于管理，应给每个项目设计唯一标识，并根据项目特征或者项目合同为项目命名。

（2）发起人名称：发起单位（部门）名称或发起人姓名。

（3）项目经理信息：项目经理姓名、职称以及主要业绩信息。

（4）关键术语：项目涉及行业的术语或缩略语。

（5）主要参考文献和资料：计划制订过程中引用的相关文献和参考资料。

2）项目组织形式

（1）项目组织结构：项目采用职能型、项目型还是矩阵型结构。

（2）团队成员信息：参与项目的开发人员、管理人员以及辅助人员的基本信息。

（3）项目任务分配：描述项目应完成的任务和活动，并且分配完成任务的相关人员。

（4）项目沟通机制：对于定制化项目需要甲乙双方明确沟通渠道，对于商品化项目更多的是团队内部和项目干系人的沟通机制确定。

3）项目范围描述

（1）项目工作包：根据工作分解结构（WBS）得到的工作包，详细描述项目的开发范围。

（2）可交付成果：根据项目的工作内容，确定项目的可交付成果。

4）项目管理计划过程

（1）管理目标：各类计划要体现项目管理目标，资源分配、开发顺序优先考虑对项目主要目标有影响的活动。

（2）项目控制：通过采集项目实际进展数据和计划对比分析，了解项目动态，及时纠正影响项目进度、成本和质量的偏差，确保项目顺利完成。

（3）技术过程：软件项目开发应用的技术方法和相应工具。

（4）风险管理：项目团队识别、控制、规避风险的计划。

5）项目计划执行具体信息

对于进度计划，应找到项目关键路径，明确项目总体进度、活动和任务的详细进度等；对于成本计划，应明确项目的预算和项目活动的估算成本；质量计划包括质量体系、质量保证和质量控制的各节点信息。

2.4 指导与管理项目工作

指导与管理项目工作贯穿整个项目开发过程中,管理各项计划中确定的任务,确保项目计划得以正确实施。项目经理是指导与管理项目工作的主要责任人,注重管理项目干系人、团队建设、沟通等工作。

2.4.1 管理项目工作的活动

管理项目工作的活动包括:

(1) 实现项目目标开展的所有活动。

(2) 实施经过批准的各类计划、方法和标准。

(3) 创建、验证和确认项目或项目阶段(里程碑)的可交付成果。

(4) 管理变更和风险跟踪。

(5) 获取资源支持。

(6) 收集项目的进展、成本、任务完成情况等信息,监控项目的总体进展情况。

(7) 有效地管理项目干系人。

2.4.2 项目管理的执行过程

1. 执行项目计划

项目经理根据项目计划,确定合适的行动方案,指导项目管理团队实施应完成的项目活动,并管理项目计划外活动,最终完成相应的可交付成果。

2. 收集工作绩效数据

工作绩效数据是在项目开发活动中观察到的实际结果和测度值,和项目计划数据对比分析,可以得到项目进展情况的信息,为调整项目计划和计划变更奠定基础。例如,工作绩效数据包括已完成的工作进度、实际成本、关键绩效指标、技术绩效测量结果、活动进度偏差、变更请求的数量、缺陷的数量等。收集工作绩效数据还包括可交付成果的完成情况和其他与项目绩效水平相关的数据。

3. 变更请求

通过对工作绩效数据和计划对比分析,对于有偏差的项目活动要实施变更,对项目范围、需求、进度、成本等项目计划进行修改。变更请求是关于修改任何文档、可交付成果或基准的正式提议。变更请求可以是直接的或间接的,可以由项目开发团队或委托方等项目干系人提出,变更请求被批准之后将会引起对相关文档、可交付成果或基准的修改,也可能导致对项目管理计划其他相关部分的更新。

为控制变更带来的影响,变更请求还要包括以下几个方面。

(1) 纠偏措施:为使有偏差的项目活动重新满足项目管理计划要求而进行的有目的的活动。

(2) 预防措施:为确保项目活动的未来绩效符合项目管理计划而进行的有目的的活动。

(3) 缺陷补救：为了修正不一致的产品或产品组件而进行的有目的的活动。

4. 批准变更请求

变更控制委员会(Configuration Control Board,CCB)通过分析变更请求的合理性和对项目的影响以及相应的补救措施,实施批准变更请求。项目团队把批准的变更请求列入进度计划并付诸实施,对正式受控的项目文件或计划等进行变更,以反映修改或增加的意见与内容。

2.5 项目跟踪与监控

项目实施就是执行项目计划,由于项目计划具有前瞻性,项目实际结果与项目计划经常出现偏差。为了确保顺利完成项目目标,需要对偏差采取相应措施,因此,跟踪和控制项目计划,是项目开发过程中的重要活动之一。

2.5.1 项目监控的目的

项目监控工作贯穿项目开发工作的全部过程,目的是让干系人了解项目的当前状态、已完成的工作,以及对范围、进度的掌握和成本的预测。

项目监控工作包括监督和控制两部分。监督工作采集项目活动的数据,分析测量结果和预测趋势;控制工作跟踪行动计划的实施过程,采取纠偏措施和预防措施,有效解决开发工作存在的问题,确保项目按照计划执行,同时为软件过程改进提供依据。

2.5.2 项目监控活动

(1) 比较分析项目实际绩效与项目管理计划的偏差。

(2) 判断项目绩效偏差是否属于合理的范围,决定是否采取纠偏或预防措施,并制定相应的措施。

(3) 按计划分析、跟踪和监测项目风险,识别新风险,报告风险状态,并执行适当的风险规避策略。

(4) 维护项目信息库和配置库,反映项目产品及相关文件的情况,为状态报告、进展测量和预测提供信息;项目管理信息系统是监控项目工作的主要工具,记录项目进度、成本、资源使用、绩效指标、项目记录和财务数据等。

(5) 监督已批准变更的实施情况,以更新当前的成本与进度信息。

2.5.3 项目跟踪

1. 项目跟踪的内涵

项目跟踪是为及时了解项目计划的实际执行情况,对影响项目进展(包括范围、成本、进度、承诺以及风险等)的组织内外部因素进行及时地、系统地记录和报告偏差的一系列活动过程。跟踪的主要目的是给项目经理一个开发活动的参考,是为了了解项目的实际进展情况而进行的,如了解成员工作完成情况、整个项目计划完成情况等内容。

项目跟踪实施人应该是项目经理,因为项目经理负责制订项目计划,并且有权进行工作的协调和调动。

2. 项目跟踪的特征

1) 项目跟踪主体的多样性

项目跟踪对象包括项目计划、任务活动、项目团队及成员三个方面。其中,项目计划是项目跟踪的行动指导。项目跟踪验证项目计划制订得是否科学合理,是否可执行,是否可被完成;跟踪过程中,会发现大量的不合理计划,因此,需要进行计划完善和过程改进。每项任务活动都有明确的开始和结束时间、资源配置、明确的输入和输出、使用的技术和方法,以及可交付成果,这些都需要跟踪。项目计划实施和项目目标实现是所有项目管理团队通力合作的结果,项目管理团队及成员要全程跟踪其负责的任务,发现问题、分析问题和解决问题。项目跟踪是一个系统的过程,它涉及项目实施过程的每一个环节,每一个环节都要求有相关项目管理团队负责。

2) 项目跟踪的周期性

项目跟踪始于项目计划开始实施,终于项目目标实现或项目结束,项目跟踪贯穿项目整个生命周期。

3) 项目跟踪内容的多样性

项目跟踪工作包括收集项目开发过程信息、记录、报告、建议和变更等一系列活动,追踪对项目目标实现的所有影响因素。

3. 项目跟踪的目的

(1) 了解团队成员任务完成情况。

项目经理按照计划或者不定期地跟踪了解团队成员任务进展情况,存在的问题,所需的支持和帮助,将问题解决在萌芽状态,确保成员高效率地完成开发任务。

(2) 调整任务安排,合理配置资源。

项目组包括几个或者几十个团队成员,由于开发任务分配的不均衡性,可能出现有的成员完成任务早,有的成员完成任务晚的情况,需要项目经理进行任务的调整。跟踪结果和数据可以帮助项目经理完成这个工作。

(3) 促进完善计划内容。

项目规模较大,参与的开发人员多,要求项目经理做出详细跟踪计划,明确任务和负责人、开始和结束时间。项目经理的跟踪促使项目组成员更加详细、合理地制订自己的工作计划。

(4) 促进项目经理对团队成员的认识,有利于人员绩效考核。

工作分解后,应该按照个人的特长分配工作,所以项目经理必须了解项目成员的情况。即使在开始时不了解这种情况,这种信息在跟踪中也会很快地被体现出来。跟踪促使项目经理对成员进行评估,了解项目成员的工作能力,有利于对开发人员进行绩效考核。

(5) 促进对项目工作量的估计。

工作量的估计总是很不准确,这个问题在跟踪中表现为没有完成计划/任务,或者工作超前。这种情况的发生会促使项目经理去考虑工作量的评估问题,包括整个项目的工作量、各个任务的工作量,为项目计划变更奠定基础。

(6) 统计并了解项目总体进度。

项目组在同一时间进行不同阶段的工作。这时对于工作进度的把握,尤其是总体进度的把握就比较困难。如果项目经理把阶段划分得很清楚,并且阶段工作量也很明确,而项目成员也能对自己的工作量进行评估(完成了任务的百分数),那么项目经理就能很好地把握项目的总体进度。

从跟踪方面来说,项目经理应主动去了解项目的情况。合格的项目成员应主动向项目经理汇报开发工作进展情况以及存在的问题,更有助于完善项目的跟踪工作。

2.5.4 项目控制

1. 项目控制的内涵

项目控制是以事先制订的计划和标准为依据,定期或不定期地对项目实施的所有环节进行调查、统计和分析,找出项目活动与标准计划之间的偏差,分析原因,研究纠偏对策,提出切实可行的纠偏方案。

由于项目开发过程中的不确定性和实施过程中诸多因素的干扰,项目实施可能会偏离前期制订的计划,项目控制是监督项目计划实施状态的过程,是一种特定的、有选择的动态过程。

2. 项目控制内容

项目控制主要内容是项目的范围、进度、成本和质量,还包括沟通、采购、风险、干系人参与等控制。

1) 项目范围控制

随着项目开发过程的推进,项目内容渐进明晰,为满足项目的整体目标,经常会出现范围改变或增加,软件项目尤其如此,因此,需要有效地控制项目范围。

项目具有渐进明细的特征,项目范围不可能在开始的时候就非常清晰,需要不断地补充、细化、完善,这是客观规律。项目渐进明细一般要在项目的边界之内进行,以避免渐进明细演变成范围潜变。

(1) 范围蔓延指的是在项目开发过程中,用户提出变更需求,项目开发团队没有执行变更控制程序,擅自直接进行修改,导致成本增加和进度迟缓,最后使得项目的可交付物和范围定义中的不一致,造成了范围蔓延;同时,没有进行变更的记录和跟踪,有可能引起项目的其他功能需求的不一致。

(2) 镀金是项目开发人员为了"讨好"用户,而做的不解决实际问题、应用价值不大或没有应用价值的项目活动。如开发人力资源系统软件时,开发人员增加了一些小的实用工具(如列车时刻表、航班信息等)。

(3) 范围潜变是指用户不断提出小的、不易察觉的范围改变,如果不加控制,累计起来导致项目严重偏离既定的范围基准,导致项目范围失控。

项目管理协会(Project Management Institute,PMI)提倡给用户提供开发人员承诺的项目范围,而不要多提供一些额外的范围、额外的功能、更高的质量等。不管最终客户对可交付成果认可与否,任何发生范围蔓延、镀金、范围潜变行为的项目,都应该严格禁止,而且项目资源是有限的,把资源花在满足项目既定的范围上更合适。范围变更控制通过变更控制系统和配置管理来实施。

2) 项目进度控制

项目进度控制是为了使项目的实际进度符合项目进度计划要求而展开的相关监督管理活动。项目进度控制是在与范围、成本和质量目标协调的基础上,实现进度目标。

由于项目进度计划实施过程中目标明确,资源有限,不确定因素多,干扰因素多,这些因素有客观的,也有主观的,主客观条件不断变化,进度计划也随着改变。因此,在项目开发过程中必须不断掌握计划的执行状况,并将实际情况与计划进行对比分析,必要时采取有效措施,使项目进度按预定的目标进行,确保目标的实现。

为了有效地实施项目进度控制,必须协调相关组织的工作,这种组织协调是有效实现进度控制的关键。在项目进度计划的执行过程中,必须采取系统的进度控制措施,形成健全的进度报告采集制度并以此来收集数据,采用有效的检测手段来发现问题,以及应用行之有效的进度调整方法来解决问题。项目进度控制的措施主要包括项目进度检测系统和项目进度调整系统。

进度控制一般通过对原始数据采集和数据处理,利用甘特图、折线图、比较法等技术对项目的实际进度与计划进度进行对比分析,来预计完工日期。如果进度偏差对后续开发活动和总工期产生影响,则详细分析影响进度计划的约束因素,制定调整决策和更新进度计划,项目团队执行新的进度计划。在挣值分析中用进度偏差(Schedule Variance,SV)和进度绩效指数(Schedule Performance Index,SPI)两个参数衡量进度计划执行情况。

3) 项目成本控制

项目成本控制是指保证各项工作在成本预算范围内进行。成本控制的基础是成本预算。项目成本控制涉及对于各种能够引起项目成本变化因素的控制(事前控制),项目实施过程的成本控制(事中控制)和项目实际成本变动的控制(事后控制)三个方面。

成本控制的主要内容有:确认成本基线是否发生变更,当变更发生时进行管理;对造成成本基线变更的因素施加影响,确保变更是有益的。

成本控制过程中,项目管理团队要经常检查成本执行情况,并找出其与成本计划直接的偏差,以确保将所有适当的变更精确地记录在成本变更中,并将已核准的变更告知成本变更的干系人。

项目成本控制一般采用实际成本与计划成本的差异,来预计项目的最终成本。在挣值分析中用成本偏差(Cost Variance,CV)和成本绩效指数(Cost Performance Index,CPI)度量成本计划的执行情况。

4) 项目质量控制

项目质量控制是指为满足项目总体质量要求所展开的监督和管理活动。

主要内容包括:项目质量度量,项目实际质量与项目质量标准或计划对比分析,项目质量偏差与问题确认,采取纠偏措施以消除项目质量偏差等活动。项目质量控制应贯穿项目控制的始终,有利于准确、高效地实现项目的最终目标。

2.5.5 项目监控过程

通过专家判断或借助各种分析技术,预测项目状态和发现潜在的问题,项目经理与项目管理团队一起制定所需措施,确保项目绩效达到预期要求。常用的分析技术包括回归分析、故障树分析、挣值管理、因果分析等。

(1) 根据预订计划实现项目控制应做好以下工作。

① 制订详细的项目控制计划,包括范围、进度、成本、质量、工作任务定义、资源计划等。

② 利用工作分解结构(Work Breakdown Structure,WBS)制订监控计划。

③ 定义可交付成果，根据项目范围和 WBS 定义项目各阶段以及项目的可交付成果；定义和计划项目度量阶段、里程碑或特定事件。

④ 项目跟踪，为了捕捉和跟踪项目开发过程信息，定义和运行项目跟踪计划。

⑤ 分析各类项目目标的进展数据，如进度、成本、质量等。

⑥ 定期评审。

⑦ 建立信任机制和良好的沟通机制。

⑧ 建立表扬和激励机制。

⑨ 建立以项目经理为核心的领导机制。

（2）确定项目跟踪程序。

确立跟踪对象后，还要确定跟踪过程，才能实现项目跟踪的价值。建立规范的项目跟踪程序是实现项目跟踪的关键。项目跟踪程序包括四个基本过程，具体如下。

① 观察：在项目阶段、里程碑或特定事件节点上，采集并分析项目状态的原始数据，发现与计划的偏差。

② 度量：根据采集的原始数据和项目监控的要求，度量项目的实测数据，并给出项目状态报告，记录任务实际进度（成本、质量）的内部报告、每周状态报告、每周任务报告、项目总结报告等。

③ 分析：根据度量的结果和项目状态报告，提出项目存在的问题和相应的解决方案。

④ 报告：报告通过表格形式，并辅以概要报告信息，见表 2-3。

表 2-3　项目进度跟踪表

序号	项目阶段名称	计划完成时间	实际完成时间	实际进度偏差	预计完成时间	预计进度偏差	主要偏差原因/进度风险	跟踪确认依据
1	需求分析							
2	系统设计							
3	系统开发							
4	系统实施							
5	项目验收							
跟踪人：				项目经理：			高层管理人员：	
跟踪时间：				签字时间：			签字时间：	

2.6　实施集成变更控制

由于项目开发过程中，开发人员或用户对项目的目标认识越来越清晰，以及环境的变化，都可能导致需求的修改。某些环节或需求的变更，都可能对项目的其他环节或计划带来影响，因此，项目集成变更控制是指在项目生命周期的整个过程中对变更进行识别、评价和管理。

变更请求在项目中是常有的，并以多种不同的形式出现，尤其是软件产品具有知识性和逻辑性特征，因此集成变更控制的好坏，对于软件项目的成功与否具有重要意义。变更是客观存在的，但应在可控的范围内。

2.6.1 项目集成变更控制原则

项目变更对于项目集成控制带来很大影响,应遵循以下原则。

1. 项目变更的集成性

项目开发是一项系统工程,需求的变更或者一个单项任务活动的变更都会影响到项目其他开发活动环节。因此,在项目集成变更控制的同时,不仅要关注变更的部分,还要协调好受到项目变更影响的其他开发活动,从项目整体视角协调好受影响的相关环节开发活动。从集成的角度考虑记录在案的项目变更,从而降低因未考虑变更对整个项目目标或计划的影响而产生的项目风险。

2. 保持原有的项目考评指标体系

软件项目绩效考核体系是一个组织的系统化、标准化体系,软件项目变更也不能对其进行修改,避免项目执行绩效标准的不统一,造成项目可交付成果评价与验收困难。

3. 项目计划变更必须体现出相应项目结果的变更

项目需求或活动的变更,同时也是项目可交付成果的变更,变更控制必须反映到项目的集成计划中,要按照项目的可交付成果变更项目开发计划,保持项目计划与成果的同步和一致性。

2.6.2 项目变更控制委员会

项目变更控制委员会(Configuration Control Board,CCB)由项目干系人代表组成(包括用户、开发方的管理人员和决策人员),是项目的所有者权益代表,以评估范围变更对项目或组织带来的影响,负责裁定接受或拒绝项目变更。软件组织应明确规定变更控制委员会的角色和职责,并经相关干系人一致同意后,记录在变更管理计划中。CCB 的工作是通过评审手段来决定项目是否变更,但不提出变更方案,CCB 是决策机构,不是变更的执行机构。

制订项目的启动计划时就要建立项目 CCB,并将 CCB 成员记录到配置管理系统中,当基线正式建立或发生变更时,需召开 CCB 会议,并进行会议记录,会后形成《CCB 会议纪要》放入项目配置库,并发送给 CCB 成员及相关项目开发团队。

项目变更控制委员会具体工作如下。

1. 变更影响评估

CCB 收到变更请求后,首先评估变更来源、变更原因、变更影响、变更代价以及变更对其他项目开发活动或可交付物的影响;对于原因不明确、表述不清楚的变更请求,返回给申请者补充相关信息。

2. 变更决策

CCB 根据变更影响评估结果进行决策:同意变更请求,安排相关联的协作组织和变更实施负责人;拒绝变更请求,给出拒绝理由;对于影响小的变更(内部来源)可以建议直接分配人员处理。项目变更控制是一个动态过程,它开始于项目的变化,结束于变更验证。要对整个变更过程进行详细的记录,以便于对项目进行总结。

2.6.3 项目集成变更控制过程

项目的集成变更控制就是通过项目集成计划和项目实际进展报告,分析存在的偏差,判断偏差是否影响项目目标的完成，如影响则考虑实施变更。另外，对于软件项目而言，有可能用户提出变更、开发人员提出变更或者项目其他干系人提出变更。项目开发团队对变更带来的影响做好分析，在范围(S)、进度(T)、成本(C)和质量(Q)等方面进行平衡；通过项目变更控制系统进行项目的集成变更，根据变更结果修改项目开发计划，制定变更行动方案。

2.6.4 项目集成变更控制依据

项目集成变更控制就是协调贯穿整个项目过程的变更，必须书面提出变更依据，才能申请对项目进行变更。

1. 项目计划

项目计划包括项目集成管理计划、九个知识领域单项管理计划和其他计划。项目集成计划是项目变更集成控制的基线，而项目其他单项计划则对项目的其他计划控制做出详细的说明。例如，项目进度计划书要对项目的活动任务起止时间做出详细的说明，成本计划书要对项目的成本做出安排。如果项目的实际开发状态与项目计划不一致，产生的偏差超过了允许的上限，就应当考虑是否提出变更申请。

2. 项目进度报告

项目进度报告提供了项目的实际开发进展情况，是严格按照项目的开发状态做出的记录，它包括项目工期进度情况报告、成本耗费情况报告和项目质量报告等。它不仅说明了当前的项目进度，也为项目经理提出了项目未来开发可能出现的问题。

3. 变更申请

变更请求可以来自用户，也可以来自于开发方(项目团队内部)，变更必须形成书面文件，写清变更的原因，分析变更影响，提出变更实施方案，申请经批准后方可实施变更工作。

2.6.5 项目集成变更控制的输入和输出

集成变更控制输入包括项目计划、执行绩效报告和变更请求。输出包括更新项目计划、纠偏行动和经验教训文档。

集成变更的 3 个主要输入说明如下。

(1) 项目计划描述项目应执行的活动、项目可交付成果以及质量要求，为项目变更和控制提供了基线。例如，项目进度计划列出项目活动完成起止时间、里程碑节点，项目成本计划列出项目活动资金消耗。项目组对计划确认后，应按照计划要求来完成项目开发活动。

(2) 执行绩效报告描述了项目执行的实际情况信息和项目绩效信息，有助于项目经理和团队掌握项目的进展情况、存在的问题等。

(3) 变更请求以书面形式提出项目存在的偏差、更正措施以及变更方案。

集成变更的 3 个主要输出说明如下。

(1) 更新项目计划指根据项目偏差对项目计划所做的变更，需要将这些变更通知有关的干系人，尤其是相关的项目开发人员。

(2) 采取纠偏措施，给出纠正项目偏差而采取的纠偏方案。

(3) 经验教训总结，分析项目偏差产生的原因，说明已采取的纠偏方案理由，所有经验教训都应记录在案，成为已完成项目历史数据库的组成部分，给后续其他项目提供经验。

2.6.6 项目整体变更控制工具和方法

1. 专家判断

项目管理团队的专家、项目干系人以及变更控制委员会(Configuration Control Board, CCB),处理变更引发的各种技术和管理问题,评审判断变更带来的影响,决定接受或拒绝变更。

2. 变更控制会议

对产生较大影响的变更,一般需要变更控制委员会审查变更请求,并做出批准、拒绝或其他决定。

3. 变更控制工具

为了有效地记录项目变更过程,软件组织应当引进或开发配置管理工具,汇集资料,创建变更文件程序,管理变更请求和跟踪后续工作。

2.6.7 项目集成变更控制的结果

项目集成变更控制的结果是形成书面报告,变更内容主要包括以下几个方面。

1. 变更后的项目计划

项目整体变更控制以后,要修改原来的项目计划,对变更的地方以及变更所涉及的其他单项计划进行调整,调整为符合项目现状的新项目计划,一般来讲,需要对项目的单项计划以及支持性计划内容做出调整和更新。

2. 项目变更的行动方案

根据调整后项目计划,制定新的项目开发行动方案,满足项目的开发目标。

3. 变更总结

项目变更总体控制的结果不仅是建立新的项目计划,更主要的是要找出变更的原因,吸取项目变更的经验教训,预防在项目的开发中继续出现对项目不利的变更,确保项目顺利完成。

2.7 阶段收尾或项目结束

阶段收尾或项目整体结束是 IT 项目集成管理的最后活动,是将已经完成的工作或取消的工作移交给相关人员或组织的过程。

阶段收尾是软件项目完成某个开发阶段任务,按照阶段各类计划评审可交付成果,总结阶段的经验教训,并转入下一个阶段开发任务的过程。

项目结束指按照计划完成项目所有开发阶段任务,项目目标已经实现,并提交项目可交付成果的活动过程。在结束项目时,项目经理需要全面审查各开发阶段的收尾信息,确保所有项目开发工作都已完成。如果项目提前终止,项目结束或阶段收尾过程还需要按照约定程序,审查提前终止的原因,并安排好后续的收尾工作。

本过程的主要目的是提交项目可交付成果,总结软件开发的最佳实践以及经验教训,正式结束阶段或项目工作,释放项目占用的组织资源。

2.7.1 收尾过程主要依据

1. 项目管理计划

项目开始时制订的各个知识域的计划，以及开发过程中所做的变更记录。

2. 合同或协议

项目组织和项目发起人之间的针对特定项目签订的合同或协议，其中规定了项目的范围和验收标准。

3. 验收的可交付成果

验收的可交付成果包括软件开发过程中的中间产品（软件需求规格说明书、设计说明书以及一些中间组件等）、最终的软件产品和相应开发过程文件。阶段实施的项目或被取消的项目中，包括未全部完成的可交付成果或中间可交付成果。

4. 组织过程资产

能够影响结束项目或阶段收尾的组织过程资产，如项目或阶段收尾指南或要求（如项目审计、项目评价和验收标准），历史信息与经验教训知识库（如项目记录与文件、完整的项目收尾信息与文档、风险管理活动中得到的经验做法）。

2.7.2 收尾过程主要活动

项目收尾过程的主要活动包括行政收尾规程、合同收尾规程、最终可交付成果、更新组织过程资产等。

1. 行政收尾规程

行政收尾规程包括项目阶段收尾和项目结束所涉及的所有活动。项目团队将软件产品移交给甲方上线运行，完成了项目所有开发活动，确认项目干系人所有的可交付成果已完成。

2. 合同收尾规程

包含合同收尾过程所涉及的所有活动、项目团队和其他项目干系人的相关职责，以及正式结束项目或项目阶段的所有相关合同所要求采取的措施。

3. 最终可交付成果

正式验收移交项目授权时要求提交的最终产品、服务或成果。

4. 更新组织过程资产

利用配置管理系统更新该项目开发过程中形成的新的过程资产：①正式验收文件，用户确认项目产品、服务或成果已经实现，同意验收并结束项目；②项目档案，项目开发过程形成的所有资料或文件，包括项目章程、项目管理计划、风险规避策略及效果等信息；③项目最佳实践，项目开发过程采用的有效方法，以及经验教训等。

案例分析

随着我国信息系统工程建设的日趋发展，建设单位（甲方）和实施单位（乙方）的项目管理水平也在逐步提高。信息系统工程项目建设的全过程，主要包括立项、可行性研究、招投标、设计、建设准备、开发、实施、竣工、交付使用、维护等。在建设过程中，有关项目的变更是经常发生的。由于项目变更范围对项目建设的影响关系,且变更常伴随着建设合同价格和实施进度的调整,是合同双方利益的焦点,所以合理确定并及时处理好项目变更,既可以减少不必要的纠纷,又可以保证合同的顺利实施。

在信息系统项目的实施过程中,项目变更是指按照建设合同约定,甲乙双方对项目的部分或项目的全部功能、性能、架构、技术指标、集成方法、项目进度等方面做出的改变,可以是合同实施过程中由于各种原因引起的设计变更、投资变更、进度计划变更、实施条件变更、需求变更等。项目变更的范围很广,而各种原因引起的变更最终表现形式为执行合同的明示变更和隐含变更。

执行合同的明示变更是指合同相关方或项目关系人在执行合同的过程中,对合同中明示的合同标的、合同义务和权利、合同约定等进行变更。例如,合同中约定原采购两台服务器,变更为采购一台服务器等。

执行合同的隐含变更是指合同相关方或项目关系人为了达到合同目标,对实现方法和管理手段进行变更。例如,开发一套应用系统,原设计采用原型法进行开发设计,变更为用瀑布法进行开发设计,最后开发出来的应用系统不变。

A 公司曾经在实施某项目时,进行了一次项目变更工作。该项目是为某市级机关单位开发、部署一套应用系统。合同标的一千多万。在该项目合同清单中原采购 40 台 ThinkPad 笔记本和 20 台 Dell PC 服务器。采购笔记本主要目的是在系统上线部署后发给部分工作人员作为移动办公使用。Dell PC 服务器主要作为部署应用系统的前台业务机的备份使用。合同签署日期为 2013 年上半年,计划应用系统交付使用为 2013 年年底。根据以往的经验,IT 设备的采购价格随着时间的推移而下降,为了追求最高利润,系统集成公司在签订合同后,设备的采购、交付往往拖到在合同约定的设备交付日期之前的最后几天,甚至不惜通过与甲方沟通的方式,在不影响大方向的前提下,突破合同约定的设备交付期限。A 公司也采取了类似的方法,结果在设备的采购工程中出现了意外。原合同中应采购的该型号 ThinkPad 笔记本和 Dell PC 服务器停产。A 公司迅速通过采购部门与原厂商的渠道取得联系,试图通过渠道分销商采购流通渠道中的存货。然而,渠道中的存货要么保修不能满足要求,要么价格超出预算,基本上不能满足要求。原厂商停产该类型设备后,下一代的同规格产品价格比较高,远超项目预算。经过初步统计,如采购新一代 ThinkPad 笔记本,增加采购成本 40 000 元。采购新一代同规格 Dell PC 服务器,增加采购成本 100 000 元。由于笔记本和 PC 服务器的利润本身很低,经计算,如进行这两部分设备的采购和销售,将出现亏损。项目组的采购工作一时陷于困境。A 公司认为进行一次项目变更是无法避免的。

进行项目变更主要从两方面考虑:第一,变什么;第二,怎么变。

经过项目组的反复讨论和计算,并经公司领导和采购部门许可,A 公司建议 ThinkPad 笔记本可以在不增加费用的情况下向用户提供新一代产品。考虑到笔记本产品出货量大,可以与总代协商,利用市场“潜规则”,将此项采购单填充到某一个大批量采购单中,可以有效地降低进货价格。总代虽然从订单中未实现即时利益,但他可以通过积累批量,从厂商处获得“返点”,于是交易达成。这样,笔记本的变更问题有了与甲方谈判的基础。

PC 服务器由于型号新且价格高,无法通过上述方法进行。经过慎重研究,A 公司认为采购服务器的目的主要是为了按照内部规定,进行系统备份封存处理,其目的不同于系统热备份或冷备份，是贴封条封存5年。针对这样的要求，实际上该需求对服务器的计算能力并无苛刻要求，A公司建议在不增加费用的情况下可以向用户提供新一代服务器产品，但原采购的服务器为两个单核"至强"CPU，拟变更为一个双核"至强"CPU。调整后，服务器整体进货价格总计反而下降10 000元。节省下来的费用A公司建议纳入合同的培训费用中，让甲方得到"实惠"。

项目组与甲方进行了良好的沟通。甲方认为在不增加费用的情况下如能获得新一代笔记本，表示非常满意；对服务器的变更请求，原则上表示同意，但为了尽量不承担责任，甲方召集了一次专家论证会，采用专家论证的方式通过了该项变更的请求。通过一系列的项目操作过程，项目组比较成功地进行了项目变更的各项准备和沟通工作，解决了"变什么"的问题。

根据信息系统项目变更的要求，A公司继续按照拟定的变更流程开展工作，解决了"怎么变"的问题，最终取得了双方满意的结果。

思考题：结合本案例，讨论项目集成变更控制的重要性。

习　　题

一、单选题

1. 项目的进度、成本和质量三大目标之间的关系是(　　)。

A. 相互独立的　　B. 相互关联和制约的

C. 质量目标最重要　　D. 同等重要的

2. 软件项目的选择过程包括(　　)。

A. 组织战略计划、IT战略、业务领域分析、项目计划、资源分配

B. 组织战略计划、业务领域分析、项目计划、资源分配、人员分配

C. 组织战略计划、市场预测分析、业务领域分析、项目计划、人员分配

D. 组织战略计划、IT战略、市场预测分析、国家政策分析、资源分配

3. "用户不断提出小的、不易察觉的范围改变，如果不加控制，累计起来导致项目严重偏离既定的范围基准，导致项目范围失控"是对下列选项(　　)的描述。

A. 渐进明细　　B. 镀金　　C. 范围蔓延　　D. 范围潜变

4. 下列选项(　　)是指，在项目生命周期的整个过程中对变更进行识别、评价和管理。

A. 指导与管理项目工作　　B. 项目跟踪与监控

C. 项目集成变更控制　　D. 以上都不是

5. 以下角色(　　)是项目的所有者权益代表，以评估范围变更对项目或组织带来的影响，负责裁定接受或拒绝项目变更。

A. 用户　　B. 项目开发团队

C. 项目管理人员与决策人员　　D. 项目变更控制委员会

二、判断题

1. 加快项目进度势必要增加项目成本，而减小项目成本势必会降低项目质量。(　　)

2. 商品化项目源于企事业单位的个性化需求，由企事业单位发起并提供资金支持的项目。(　　)

3. 项目监控工作包括监督和控制两部分，其中，控制工作是采集项目活动的数据，分析测量结果和预测趋势。(　　)

4. 项目跟踪程序包括观察、度量、分析、报告四个基本过程。(　　)

5. 集成变更控制输出包括更新的项目计划、纠偏行动、经验教训文档和执行绩效报告。(　　)

三、简答题

1. 什么是集成管理?

2. 简述项目控制的主要内容以及追求目标。

3. 简述项目跟踪的内涵、特征以及目的。

4. 简述项目集成变更控制的原则。

5. 简述项目收尾过程的主要依据。

第3章　范围管理

范围管理是有效地控制软件开发内容在合理范围内的主要方法，是IT项目管理的核心知识域之一。

3.1　范围管理概述

3.1.1　项目范围管理

项目范围是IT项目开发的具体内容，包括最终软件产品或者服务，以及实现该软件产品或者服务所需要执行的全部工作。在项目范围以外的工作，则不属于项目的开发范畴。

在软件项目环境中，范围有两种含义：①产品范围，即某项软件产品、服务或成果所具有的特性和功能；②项目范围，即为交付具有规定特性与功能的产品、服务或成果而必须完成的工作。项目范围有时也包括产品范围。

范围管理是指对项目应完成内容和开发过程进行界定的过程，明确哪些方面是项目应该完成的，哪些是不应该做的。也可以说是开发项目产品或服务包含的所有内容及所用的开发过程。项目干系人必须在项目要开发的产品规格方面取得一致意见，也要在如何开发这些产品方面达成共识；包括：制订范围管理计划、确定项目需求、定义项目范围、创建工作分解结构(WBS)、项目范围验证、项目范围控制等。

(1) 制订范围管理计划：确定项目范围管理和需求管理的方法和过程以及相应的管理计划，项目经理和相关干系人共同创建范围管理计划和需求管理计划。

(2) 确定项目需求：收集用户业务需求以及对软件产品未来功能的预期。

(3) 定义项目范围：通过项目范围管理计划、项目章程、需求规格说明书和组织过程资产创建范围说明书。

(4) 创建工作分解结构：将项目可交付成果和项目工作分解为较小的、更易于管理的组件的过程。

(5) 项目范围验证：验收已完成项目可交付成果的过程，用户或项目发起人通过审查正式接受项目的可交付成果；如果拒绝接受，项目发起人会提出变更请求。

(6) 项目范围控制：对范围变更进行控制，监督项目和产品的范围状态的过程。

3.1.2　软件项目需求

软件需求是指用户对软件系统在功能、行为、性能等方面的期望。IEEE-STD-610软件工程标准词汇表(1997年)中定义需求为：

(1) 用户解决问题或达到目标所需的条件或功能。

(2) 系统或系统部件要满足合同、标准、规范或其他正式规定文档所需具有的条件或功能。

(3) 反映上面(1)或(2)所描述的条件或功能的文档说明。

软件需求就是软件为用户解决业务领域问题而提供的系统功能,软件需求分为业务需求、用户需求和功能需求,如图 3-1 所示。

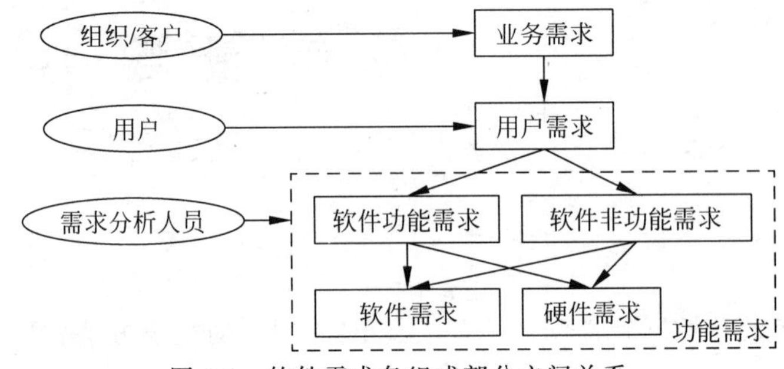

图 3-1 软件需求各组成部分之间关系

(1) 业务需求反映了组织机构或客户对系统软件高层次的目标要求,属于战略层面的要求,在范围管理计划中予以说明。创建项目的目的是解决现实中存在问题或是发掘新的商业机会。通常,运行项目的人和申请项目的人是不同的。从项目发起人到项目经理关于需要什么内容的想法的转移被称作项目愿景。当得到项目发起人的认可,关于愿景的详细描述就是项目业务需求。项目发起人将想法传递给项目经理来执行。项目经理从一开始就必须能够说明项目的高层目标,必须为预期的项目结果制定一组清晰的描述特征。

(2) 用户需求描述了用户要求软件必须要完成的具体任务,一般在需求分析报告或者需求规格说明书中予以说明。用户需求要做什么事情是由项目发起人和软件的最终用户提出的,如客户信息管理需求包括保存和查找客户信息。

(3) 功能需求根据组织和用户的业务需求和功能需求,定义软件必须实现的功能,满足了组织和用户的业务需求。功能需求易于确定,但不同的项目干系人可能会指定不一致的需求,每一个功能需求都会演变为一系列详细的需求,如客户信息管理包括客户的编号、单位名称、联系人、联系方式等信息的增加、修改、删除和查询等功能。

(4) 非功能性需求描述软件展现给用户的行为和执行操作效率等,包括软件执行的标准、规范、性能指标要求、外部需求等。其中,软件开发过程需求包括交付需求、实现需求、遵循的标准;软件性能需求包括软件执行速度、同时在线的人数、可靠性等;外部需求包括互操作性、保密性、安全性等。

3.1.3 软件需求和范围的关系

清晰地定义项目范围是项目成功的基础。软件需求通过开发人员的开发工作演变成软件工程,软件功能决定了项目的主要范围,交付满足用户需求的软件是项目开发的目标之一,因此,软件需求是软件项目范围的基础。软件范围还包括项目的开发过程和软件项目过程中的中间产品;开发过程包括软件规划、系统分析、系统设计、系统实施等;软件过程中的产品包括软件需求规格说明书、系统设计报告、系统实施说明书等。

项目具有明确的开始时间和结束时间,存在着一个清晰的项目目标,但由于软件项目的特殊性,项目范围很难定义清晰,模糊的需求引发了项目范围不明确;同时软件需求变更频繁,也大大增加了软件项目范围管理的工作量和复杂度。

3.1.4 PMBOK6 及软件分册定义的项目范围管理过程

项目范围具有渐进明晰的特征,PMBOK6 及软件分册中定义的项目范围管理过程及活动见表 3-1。

表 3-1　PMBOK6 及软件分册对软件项目范围管理活动描述

活动	启动(Initiating)	规划(Planning)				执行(Executing)	监控(Controlling)		收尾(Closing)
		规划范围管理	收集需求	定义范围	创建 WBS		确认范围	控制范围	
输入		1. 项目管理计划 2. 项目章程 3. 事业环境因素 4. 组织过程资产 5. 为规划范围管理发布计划(软件分册)	1. 范围管理计划 2. 需求管理计划 3. 干系人管理计划 4. 项目章程 5. 干系人登记册	1. 范围管理计划 2. 项目章程 3. 需求文件 4. 组织过程资产	1. 范围管理计划 2. 项目范围说明书 3. 需求文件 4. 事业环境因素 5. 组织过程资产		1. 项目管理计划 2. 需求文件 3. 需求跟踪矩阵 4. 核实的可交付成果 5. 工作绩效数据 6. 适应性软件项目的输入规划(软件分册)	1. 项目管理计划 2. 需求文件 3. 变更跟踪矩阵 4. 工作绩效数据 5. 组织过程资产	
工具和技术		1. 专家判断 2. 会议	1. 访谈 2. 焦点小组 3. 引导式研讨会 4. 群体创新技术 5. 群体决策技术 6. 问卷调查 7. 观察 8. 原型法 9. 标杆对照 10. 系统交互图 11. 文件分析	1. 专家判断 2. 产品分析 3. 备选方案生成 4. 引导式研讨会	1. 分解 2. 专家判断 3. 活动导向的 WBS(软件分册) 4. WBS 的滚动式规划(软件分册) 5. 适应性生命周期项目的滚动式规划(软件分册)		1. 检查 2. 群体决策技术	1. 偏差分析 2. 评审和会议输入规划(软件分册)	
输出		1. 范围管理计划 2. 需求管理计划	1. 需求文件 2. 需求跟踪矩阵	1. 项目范围说明书 2. 项目文件更新 3. 其他注意事项规划(软件分册)	1. 范围基准 2. 项目文件更新		1. 验收的可交付成果 2. 变更请求 3. 工作绩效信息 4. 项目文件更新	1. 工作绩效信息 2. 变更请求 3. 项目管理计划更新 4. 项目文件更新 5. 组织过程资产更新	

3.2 范围管理规划

规划范围管理是创建范围管理计划,定义、确认和控制项目范围的过程。通过对项目章程、项目管理技术中已批准的子计划、组织过程资产分析,借鉴组织过去已经完成的相类似项目经验,规划范围管理。项目范围管理计划应说明如何确定项目范围,编制项目范围说明书,确定工作分解结构,核实项目范围,以及控制项目范围。

项目范围管理计划是"制订范围计划"过程的主要成果,包括范围管理计划和需求管理计划。

3.2.1 范围管理计划

范围管理计划是项目管理计划的组成部分,描述将如何定义、编制、控制和确认项目范围。包括编制详细项目范围说明书,根据详细项目范围说明书创建WBS,维护和批准WBS,定义项目可交付成果,处理项目范围变更。

范围定义的最终结果是项目范围说明书,在很多软件项目中,可能不会有独立的范围说明文档,而是把系统分析说明书或者需求规格说明书作为项目范围说明的主要文档,配合其他文档来共同说明项目范围。在制订范围管理计划时,需要考虑清楚如何综合需求说明书等文档以清晰且详细地表述项目的工作任务。

3.2.2 需求管理计划

需求管理计划是项目管理计划的组成部分,描述将如何分析、记录和管理需求。生命周期模型的选择对如何管理需求有很大影响。需求管理计划的许多内容都是以生命周期模型为基础的。需求管理计划的主要内容包括:规划、跟踪和报告各种需求活动,配置管理活动(如需求变更,追溯、跟踪需求以及需求变更审批),需求开发优先级排序过程,软件度量指标,编制需求跟踪矩阵等。

软件需求工程包括需求开发和需求管理,如图3-2所示。

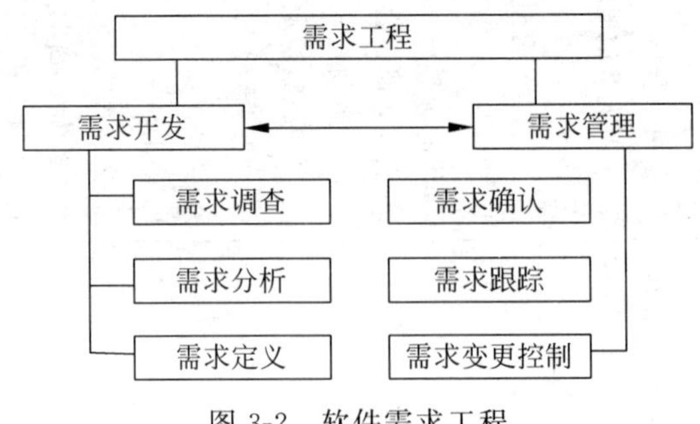

图3-2 软件需求工程

软件需求开发和需求管理的关系及涵盖的活动,如图3-3所示。

1. 需求开发

需求开发是通过调查与分析,获取用户需求并定义产品需求,是为实现项目目标而确定、记录、管理干系人需求的过程。需求开发首先对用户进行调查,收集用户的需求信息;

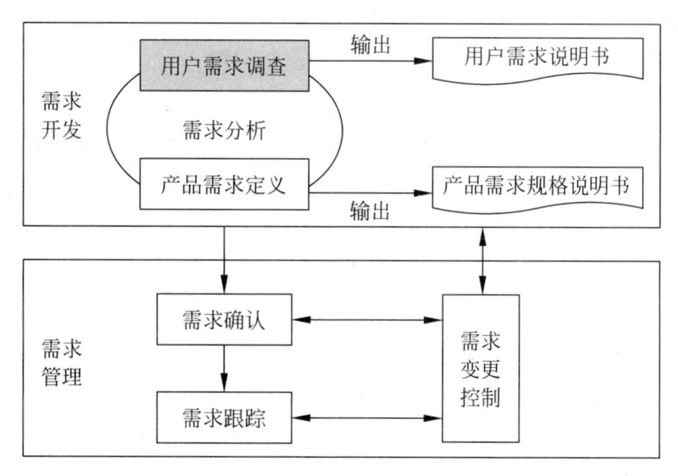

图 3-3　软件需求工程主要活动关系

其次，项目开发人员对收集的用户需求信息进行系统的分析，理清用户的真实需求和潜在需求；最后系统地描述项目的需求。

1）需求调查

需求调查通过与用户的交流、访谈，了解用户的组织机构、现有业务或系统的运行情况、存在的问题以及用户对未来系统的期望。调查的主要内容包括用户业务流程、人员分工与偏好、各类信息载体、业务处理流程、系统边界和系统的资源与约束条件。调查方法如下。

（1）面谈。

在明确信息收集的目的之后，面谈是一种比较有效的方式，一般采用问与答的方式进行。在面谈之前需要进行深思熟虑，制定面谈提纲，准备提出哪些问题，以及如何取得面谈成功的方法。面谈需要获得面谈对象所处理的具体业务内容，还应了解其对当前系统状态、组织和个人目标的观点。

（2）开调查会。

调查会由组织的管理人员、业务人员、管理专家、计算机专家和系统开发人员共同参加，系统地听取业务人员和管理人员介绍业务的内容、范围、现行系统存在的问题以及对新系统的要求和想法；管理专家对于系统存在的问题和现行管理模式提出建设性意见；计算机专家从技术的层面进行合理的规划；系统开发人员可以介绍目标系统的国内发展现状，也可做一些启发性、介绍性发言，通过多轮讨论使开发人员对业务有所了解，使管理人员了解系统的预期效果。

（3）参加业务实践。

系统分析员像业务人员一样参加业务实践，可以较深层地掌握现行系统的业务运作流程，信息的产生、传递、加工、存储和输出的具体过程和方法，充分了解现有系统的功能、效率以及存在的问题，参加业务实践需要完成一个业务周期的工作流程，才能全面地了解系统的真实概貌。这是较好的系统调查的方法，但缺点是需要系统分析人员耗费较长的时间，完成一个周期的业务实践，这种方式适合组织自主开发方式的系统开发模式。

（4）问卷调查表。

问卷调查表往往是一种固定格式的调查方式，可以让很多业务人员回答相同的问题，系统分析员通过对问卷进行统计分析,得到问题的规律性答案或不同业务人员对待同一问题的差异性答案,引导系统分析员发现系统存在的隐含问题。

2) 需求分析

系统需求分析是系统分析员按照系统的思想结合自身的软件开发经验,根据收集的资料,对系统目标进行分析,对组织的信息需求、功能需求以及业务中存在的问题等进行系统的分析,抽取现行系统本质的、整体的需求,为编写需求文件奠定坚实的基础。

常用的需求分析方法有结构化分析法、原型法和面向对象分析法。

3) 需求定义

需求定义是根据需求调查和需求分析的结果,进一步定义准确无误的软件产品需求,编写需求文件。需求文件是描述各种单项需求将如何满足与项目相关的业务需求,只有明确的(可测量和可测试)、可跟踪的、完整的、一致的、通过主要干系人认可的需求,才能作为基准。

需求文件的主要内容包括以下内容。

(1) 业务需求:包括业务目标和项目目标、组织的业务规则、组织的指导原则。

(2) 干系人需求:包括项目对组织其他领域的影响、对执行组织内部或外部团体的影响、干系人对沟通和报告的需求。

(3) 解决方案需求:包括功能和非功能需求、技术和标准合规性需求。

2. 需求管理

需求管理是在开发人员和用户之间建立对需求的共同理解,维护需求与其他工作成果的一致性,并控制需求变更的过程。需求管理过程包括:需求确认、需求跟踪与需求变更控制等三个过程。

(1) 需求确认

需求确认是指开发方和客户共同对需求文档进行评审,双方对需求达成共识后做出书面承诺,使需求文档具有商业合同效果。

(2) 需求跟踪

需求跟踪是指通过比较需求文档与后续工作成果之间的对应关系,建立与维护需求跟踪矩阵,确保软件依据需求文档进行开发。

需求跟踪矩阵中记录每项需求关键信息的相关属性,包括标识、需求描述、收录该需求的理由、所有者、来源、优先级别、版本、当前状态(如活跃中、已取消、已推迟、新增加、已批准、被分配和已完成)和状态日期,见表 3-2。为确保干系人满意,可能需要增加一些补充属性,如稳定性、复杂性和验收标准。

表 3-2 需求跟踪矩阵示例

<table>
<tr><td colspan="2">项目名称</td><td colspan="2"></td><td>项目编号</td><td></td><td>项目经理</td><td colspan="2"></td></tr>
<tr><td colspan="2">项目描述</td><td colspan="7"></td></tr>
<tr><td>编号</td><td>关联编号</td><td>需求描述</td><td>业务需求、机会</td><td>WBS 可交付成果</td><td>需求分析</td><td>系统设计</td><td>系统实施</td><td>测试用例</td></tr>
<tr><td rowspan="4">001</td><td>1.0</td><td></td><td></td><td></td><td></td><td></td><td></td><td></td></tr>
<tr><td>1.1</td><td></td><td></td><td></td><td></td><td></td><td></td><td></td></tr>
<tr><td>1.2</td><td></td><td></td><td></td><td></td><td></td><td></td><td></td></tr>
<tr><td>1.2.1</td><td></td><td></td><td></td><td></td><td></td><td></td><td></td></tr>
</table>

续表

项目名称				项目编号		项目经理	
项目描述								
编号	关联编号	需求描述	业务需求、机会	WBS可交付成果	需求分析	系统设计	系统实施	测试用例
002	2.0							
	2.1							
	2.1.1							
003	3.0							
	3.1.5							
	3.2.7							

3）需求变更控制

需求变更控制是指依据"变更申请—CCB审批—变更实施—重新确认"的流程处理需求的变更，确保需求的变更不会失去控制而导致项目发生混乱。需求跟踪控制的主要内容包括：项目目标、业务需求和机会、项目范围、可交付成果、软件分析与设计过程、软件实施、顶层需求到详细需求的演化过程。

3.3 范围定义

范围定义界定具体的项目范围，明确所获取的需求哪些将包含在项目范围内，哪些将排除在项目范围外，从而明确项目最终成果或服务的边界。由于在获取需求过程中识别出的所有需求不一定都包含在项目中，所以范围定义过程就要从需求文件中确定最终的项目需求，然后对软件项目及其成果或服务进行详细描述。在项目规划过程中，随着对项目了解的逐渐深入，可以更加详细地定义和描述项目范围。

3.3.1 WBS的作用

项目范围说明书旨在确定项目的边界，工作分解结构旨在明确边界内有什么具体内容。

（1）详细说明为完成项目目标必须完成各项工作，防止项目开发工作被遗漏，也防止项目无谓的镀金。

（2）有助于项目经理及时了解项目的分工和进展情况，有益于项目团队成员沟通，开发人员能清晰地掌握自己负责开发的工作包以及与其他任务的关系。

（3）为项目估算提供依据，如成本估算、进度安排和质量计划。

（4）展现项目全貌，可清晰表示项目开发任务之间的层级关系。

（5）帮助分析项目风险，防止不必要的变更。

3.3.2 范围定义的主要依据

项目范围定义是以范围规划的成果为依据，把项目的主要可交付产品和服务划分为更小的、更容易管理的单元，即WBS。因此，范围定义的输入主要有以下几个方面。

（1）范围管理计划：项目管理计划的组成部分，是项目范围规划过程中的主要输出成果，明确了制定、监督和控制项目范围的各种活动，是范围定义过程的主要依据之一。

(2) 制约因素：对软件开发过程中限制的因素或条件，如项目范围、进度、成本等。

(3) 前提条件：为了制订项目计划而必须假设能够在将来获得或解决的一些条件，这些前提条件一般都是真实的、现实的、肯定的，也是可以解决的，但也有可能出现不能解决的风险。

(4) 其他计划结果：其他领域内的结果也可以作为确定范围定义时的一个参考因素。

(5) 历史资料：组织完成的其他软件项目或者相关项目及相关领域内项目的历史资料。

3.3.3 范围定义的主要工具

在进行范围定义时，经常使用的工具和技术有以下几种。

(1) 产品分析，通过系统分析方法把高层级的软件范围描述转变为切实的可交付的成果。系统分析的方法包括结构化分析、原型法、面向对象分析等。

(2) 设计多个可选方案，根据系统的约束条件和项目干系人的需求，设计出多个项目范围可选方案。

(3) 专家判断法，根据领域专家经验和判断，定义详细的项目范围说明书。

3.3.4 范围定义的主要成果

1. 项目范围说明书

项目范围说明书是对项目范围、主要可交付成果、假设条件和制约因素的描述。

(1) 项目范围说明书记录了整个范围，包括项目范围和产品范围。

(2) 项目范围说明书详细描述项目可交付成果，以及为开发可交付成果而必须开展的工作。

(3) 项目范围说明书是项目干系人之间就项目范围所达成的共识。

(4) 为了更加明确地说明项目的范围，项目范围说明书可明确指出哪些工作不属于本项目范围。

(5) 项目范围说明书为项目团队能进行更详细的规划提供了依据，在执行过程中指导项目团队的工作，并为评价变更需求或增加额外工作是否超过项目边界提供基准。

项目范围说明书描述详细程度，决定着项目管理团队控制整个项目范围的有效程度，见表 3-3。

表 3-3 项目范围说明书内容及示例

项　目	说　明	举　例
项目目标	项目成功的标准，包括范围、费用、进度、质量等标准	项目范围：满足公司客户信息管理需要；项目工期：9 个月；项目成本：180 万元；质量目标：3 年先进，5 年不落后
产品范围说明	业务需求、功能需求、非功能需求及其他需求	管理销售商信息，销售商信息录入、保存、查询
项目要求	组织遵循的技术保准，项目交付物必须满足的条件	软件安全遵循 ISO/IEC 27000 标准，软件通过测试、试运行和用户认可

续表

项　　目	说　　明	举　　例
项目边界	对于容易模糊的内容，明确哪些属于项目范围，哪些不属于项目范围	将甲方原系统数据迁移到新系统，属于项目范围；对所有异地系统用户的系统应用培训，不属于项目范围
项目可交付成果	项目中交付的各种产品	经过测试和试运行的软件产品，软件使用说明书
软件验收规则	定义验收项目交付物的原则	系统功能满足《需求规格说明书》的定义
项目制约因素	同项目范围相关的制约因素	项目范围不准确，项目团队对业务领域了解不完整
项目假设	一些同项目范围相关的假设因素，由于这些假设尚未实现，故这些假设都构成项目风险	项目团队核心成员在项目开发期间不离职；甲方软件运行环境在项目移交时能够准备好
项目组织	项目组织情况	项目经理：张东风，项目技术开发人员：李文军，刘丽娟，……QA：马海波……
风险管理	识别、分析、控制、规避风险	风险：人员离职风险；控制：监控核心人员；策略：做好人员或技术储备
进度里程碑	项目阶段划分、里程碑等	项目阶段：软件分析、软件设计；里程碑：功能结构设计，代码设计等
资金限制	项目在经费方面的限制	差旅费成本不超过 180 万元；人力成本不超过 110 万元
费用估算	根据对项目估计的结果，预计项目的费用情况	项目总成本 12 万元，技术人员成本 90 万元，项目管理成本 8 万元
配置管理要求	在项目中使用的配置管理系统	使用组织定义的配置管理系统，版本控制工具使用 CVS

详细的项目范围说明书包括以下内容。

(1) 产品范围描述：逐步细化在项目章程和需求文件中所述的产品、服务或成果特征。

(2) 验收标准：可交付成果通过验收前必须满足的一系列条件。

(3) 可交付成果：在项目开发阶段或项目结束时，产生的产品(中间产品)、成果或服务。可交付成果也包括各种辅助成果，如软件需求规格说明书、系统设计报告等。

(4) 项目边界：明确说明哪些开发内容不属于项目范围，有助于管理干系人的期望。

(5) 制约因素：对项目计划或过程执行的限制性因素。描述与项目范围有关且影响项目执行的各种内外部制约或限制条件，例如，成本、阶段工作起止时间或进度里程碑、合同条款等。

(6) 假设条件：描述项目某些开发因素不成立时可能造成的潜在影响。在项目规划过程中，项目团队应该经常识别、记录并确认假设条件。

2. 项目文件更新

可能需要更新的项目文件如下。

(1) 更新干系人登记册：范围确定后，保证干系人期望与项目目的的一致性，要再次识别那些将相互作用并影响项目总体结果的内外部干系人，并更新干系人名册。

(2) 更新需求文件：调整业务需求、干系人需求和解决方案需求。

(3) 更新需求跟踪矩阵：根据确定的详细项目范围说明书，补充和修改需求跟踪矩阵。

3.3.5 项目章程和项目范围说明书关系

项目章程和项目范围说明书的内容存在一定程度的重复，但它们的详细程度不同。项目章程包括高层级的项目开发信息，而项目范围书说明则是对项目范围的详细描述。项目范围在项目开发过程中渐进明晰。

3.4 建立工作分解结构

3.4.1 工作分解结构

由于软件项目规模较大，尤其是大型软件项目其结构、开发内容较为复杂，为了能够有效地分解项目、估算项目规模、合理分工，需要对软件项目按一定的原则分解，项目分解成任务，任务再分解成工作包。WBS 是归纳、分解和定义项目范围的常用工具，其中，工作是指作为活动结果的工作产品或可交付成果，而不是活动本身。WBS 把项目逐步分解成更小的部分，直至一系列的工作包，这样能更好地理解它。工作包是评估所需人力和资源的最小单元。这些工作包的集合就是 WBS。

WBS 也是验证项目范围的一个工具。可以检查发现项目范围的隐性任务。项目经理和技术及业务团队创建 WBS，除了进行全面考虑以外，还要寻找隐性的缺陷，以求尽早地处理它们。

1. WBS 基础

工作分解结构是对完成客户需求所需的所有工作的分层描述，在 WBS 设计中，要考虑的关键点有以下几个。

(1) 事件：时间点，如任务的开始或结束。

(2) 任务：跟踪一系列活动的重要工作单元。完成处理具体功能的一个模块，就是一项任务。任务是层层分解的结果，分解就是把一个广义的活动分解成各自独立活动的过程。项目定义被“拆分”成更小的单元，直到这些更小的单元能被合理地评估它们各自所需的资金、时间、人员以及其他资源。如果任务分解得太小了，就是微观管理；如果分解的太大了，有可能导致管理不到位。在计划的进度设计阶段，应该进行资源分配。

(3) 任务序列化：工作包可以在制订项目进度计划时，进一步分解为活动。设计一个可实现的进度，确定活动的逻辑顺序。序列化就是在合理的序列中安排这些活动。设计活动序列的逻辑性，并说明它们能否并行。这个工作有时会漏掉 WBS 中的一些活动。

2. 工作包

工作包是 WBS 最低层次的一项足够小的任务，是项目可交付成果，具有以下特点。

(1) 工作包可以分配给另一位项目经理进行计划和执行。

(2) WBS 的工作包，小到可以评估完成它所需的人力和其他资源。通常，工作包的定义应考虑 80 小时法则或两周法则，即任何工作包的完成时间应当不超过 80 小时。在 80 小时或少于 80 小时结束时，报告该工作包是否完成。

(3) 工作包由唯一的一个团队、项目小组或承包商负责。用于在组织之外分包时，称为委托包。

(4) WBS 应该小于 250 个工作包，从这一点看，项目太大就不能进行有效管理，应该将它分解成子项目，每个子项目有自己的项目经理。

(5) WBS 的工作包或任务必须文档化，以确保准确理解已包括和未包括的工作范围。

工作包必须包含可以交付给项目经理的成果，它比任务实现的百分率更容易管理。工作包的一个重要部分是描述发布产品的形态，以及它的功能如何。

3.4.2 建立工作分解结构的过程

在项目工作结构分解过程中，项目经理、项目成员及其他职能经理都须考虑项目的方方面面。制定 WBS 的过程如下。

(1) 获取范围管理计划、项目范围说明书、需求文件。

(2) 召集有关人员，集体讨论项目主要工作，确定项目工作分解的方式以及使用的模板。

(3) 识别任务。

应该考虑创建 WBS 和开始活动中的各项工作之间的时间。一旦 WBS 识别了一项任务，相关信息必须在团队中讨论。避免重复分析每一个任务，记录团队讨论时又一次提起的任务的要点。

项目经理应该考虑工作包文档格式，工作包应该包括以下内容。

① 任务描述：描述这项任务包含什么内容，以及完成这项任务需要什么资源。

② 进度说明：完成每个任务所需要的时间，以及计划的开始和结束时间。

③ 任务依赖关系：明确说明任务间的前置和后续关系。

④ 任务的可交付成果：描述这项任务可交付成果，并进行附加说明。

⑤ 约束和假设：这项任务的所有约束和假设都是唯一的，不要包含该项目中大的部分相同的假设。

⑥ 任务风险：这项任务的所有风险都是唯一的，不要包含该项目中大的部分相同的风险。

⑦ 所需的资源：评估完成这项任务所需的人员、技术和成本等。如果对于团队来说该模块所需的技术是新的，还需要进行培训。

(4) 画出 WBS 的层次结构图或列出 WBS 清单。

(5) 将主要项目可交付成果细分为更小的、易于管理的分组或工作包。工作包必须详细到可以对该工作包进行进度计划、估算成本、分配开发人员。

(6) WBS 验证：在 WBS 第一次设计时，需要特别关注实现项目的关键路径，而不是完成项目所需的其他所有项目。WBS 完成后，项目团队应该从总体上进行审核，验证项目分解的正确性和完整性。这样做的目的是识别缺陷、不可靠的假设以及所有其他在 WBS 中漏掉的内容。

(7) 建立 WBS 标识：为识别的每个任务或活动编制标识符号。

随着其他计划活动的进行，需要不断地对 WBS 更新或修正，通过这种定期检查的方法,可以控制项目的变化,直到覆盖所有工作。

3.4.3 建立工作分解结构的方法

1. 类比法

类比法就是以组织已完成的类似项目的 WBS 为基础,编制新项目的工作分解结构。

2. 自上而下

自上而下法是构建 WBS 的常用方法,从项目的顶层开始,逐步将它们分解成下一级的多个子项,逐级分解项目活动,细化工作任务,直到识别定义的最底层任务。这种方法需要具备广泛的技术知识和对项目的整体视角。该方法可以将项目工作定义在适当的细节水平,适用于组织较为熟悉的项目,对于项目工期、成本和资源需求的估计可以比较准确。

3. 自下而上

自下而上法是要让项目团队成员从开始调研分析时,关注确定项目有关的各项具体任务细节或者工作包,然后将各项具体任务细节进行分类整合,按照活动的相近程度,并归总成一个整体活动,逐级汇总到 WBS 的上一层级,直至完成项目的全部内容。

自下而上不需要考虑 WBS 制定的指导方针或参考其他类似项目的 WBS,应尽可能列出项目经理或项目组成员认为完成项目需要做的各项任务或工作包。在列出详细的任务清单后,对所有任务按照功能相关度进行分组,将这些详细任务归并到上一级更加综合的活动中。如软件需求分析人员需要确定用户对项目的要求以及该项目的开发具体内容,开发人员确定对软件开发需求和对软件功能的需求。项目团队将这多项任务都归入到软件项目的总体功能构架中去。自下而上法创建的 WBS 效果好,缺点是耗时长。该方法适用于组织从未开发过的新软件项目。

4. 使用模板

如果存在 WBS 的指导方针,那就必须遵循这些方针。有些项目要求按照甲方提供的 WBS 模板提交项目建议书。建议书包括针对 WBS 中每一项任务或工作包的成本估算、进度安排、人员安排等,既有明细估算项,也有汇总估算项。项目整体的成本估算必须是通过汇总 WBS 底层各项任务成本而得到的。

WBS 分解类型按照可交付成果分解和按照项目活动(生命周期阶段)分解为两种类型;表现形式为清单式(见表 3-4 和表 3-5)和图表式(见图 3-4 和图 3-5)。

表 3-4 按生命周期划分进销存系统 WBS(清单式)

1. 项目投招标		
1.1 项目开发请求	1.1.1	管理和信息需求
	1.1.2	原系统存在的问题
1.2 项目立项	1.2.1	可行性分析
	1.2.2	招投标与签订合同
1.3 项目规划	1.3.1	战略目标集转化分析
	1.3.2	关键成功因素分析
	1.3.3	企业系统计划分析

续表

2. 系统分析与设计		
2.1 系统分析	2.1.1	系统详细调查与需求分析
	2.1.2	组织机构与功能分析
	2.1.3	业务流程分析
	2.1.4	数据流程分析
	2.1.5	数据字典
	2.1.6	处理过程分析
	2.1.7	数据综合查询分析
	2.1.8	系统开发方案确定
	2.1.9	编写系统分析报告
2.2 系统设计	2.2.1	系统总体功能结构设计
	2.2.2	模块结构设计
	2.2.3	系统流程设计
	2.2.4	代码设计
	2.2.5	数据库设计
	2.2.6	输出设计
	2.2.7	界面与输入设计
	2.2.8	系统物理配置方案设计
	2.2.9	编写设计说明书
3. 系统实施		
3.1 开发与测试	3.1.1	软件编程
	3.1.2	系统测试
3.2 试运行与移交	3.2.1	初始运行数据准备
	3.2.2	系统试运行
	3.2.3	系统验收移交

表 3-5　按可交付成果划分进销存系统 WBS(清单式)

0. 项目前期	
0.1	合同签订
0.2	系统调研分析
1. 系统维护	
1.1	系统基础维护
1.2	系统权限管理
1.3	基础数据管理
2. 库存管理	
2.1	入库管理
2.2	出库管理
2.3	盘点管理
3. 客户关系管理	
3.1	销售管理
3.2	客服管理

续表

4. 财务管理	
4.1	采购付款
4.2	应收账款
5. 统计分析	
5.1	库存统计分析
5.2	销售统计分析
5.3	财务统计分析
6. 客户关系管理	
6.1	软硬件选型及采购
6.2	硬件环境安装调试
6.3	软件环境安装调试
7. 软件测试	
7.1	模块测试
7.2	系统测试
7.3	集成测试
8. 系统移交验收	
8.1	初始运行数据准备
8.2	系统试运行
8.3	系统验收移交

以项目生命周期的各个阶段作为分解的第二层，把产品和项目可交付成果放在第三层，如表 3-4 和图 3-4 所示；以项目可交付成果作为分解的第二层，如表 3-5 和图 3-5 所示。

3.4.4 WBS 字典

WBS 字典是工作分解结构的辅助说明性工具，用来对 WBS 中的控制单元或工作包做进一步详细说明。说明选项或详细程度可以根据项目具体需要确定。控制单元是 WBS 中的要素，是项目团队对项目的管理控制点，即针对控制单元的要素对项目执行情况进行控制与考核。可以把工作包作为控制单元，也可以把多个工作包或更高层的要素作为控制单元。

1. WBS 字典内容

WBS 字典主要由项目工作的技术性陈述组成。WBS 字典可以用来将定义好的工作任务与负责这部分工作的组织联系起来，形成所谓的“责任分配矩阵”(Responsibility Assignment Matrix，RAM)。WBS 字典还可以作为编制合同工作说明书(Statement Of Work，SOW)的基础，帮助用户与项目经理进行沟通。

2. WBS 字典属性

WBS 字典主要属性包括：负责人、项目名称、版本号、工作包编号、工作包描述(内容)、质量要求、成本预算、时间要求、部门或外部单位(委托项目)、资源配置情况和其他属性等。

3. 实例

WBS 字典实例见表 3-6。

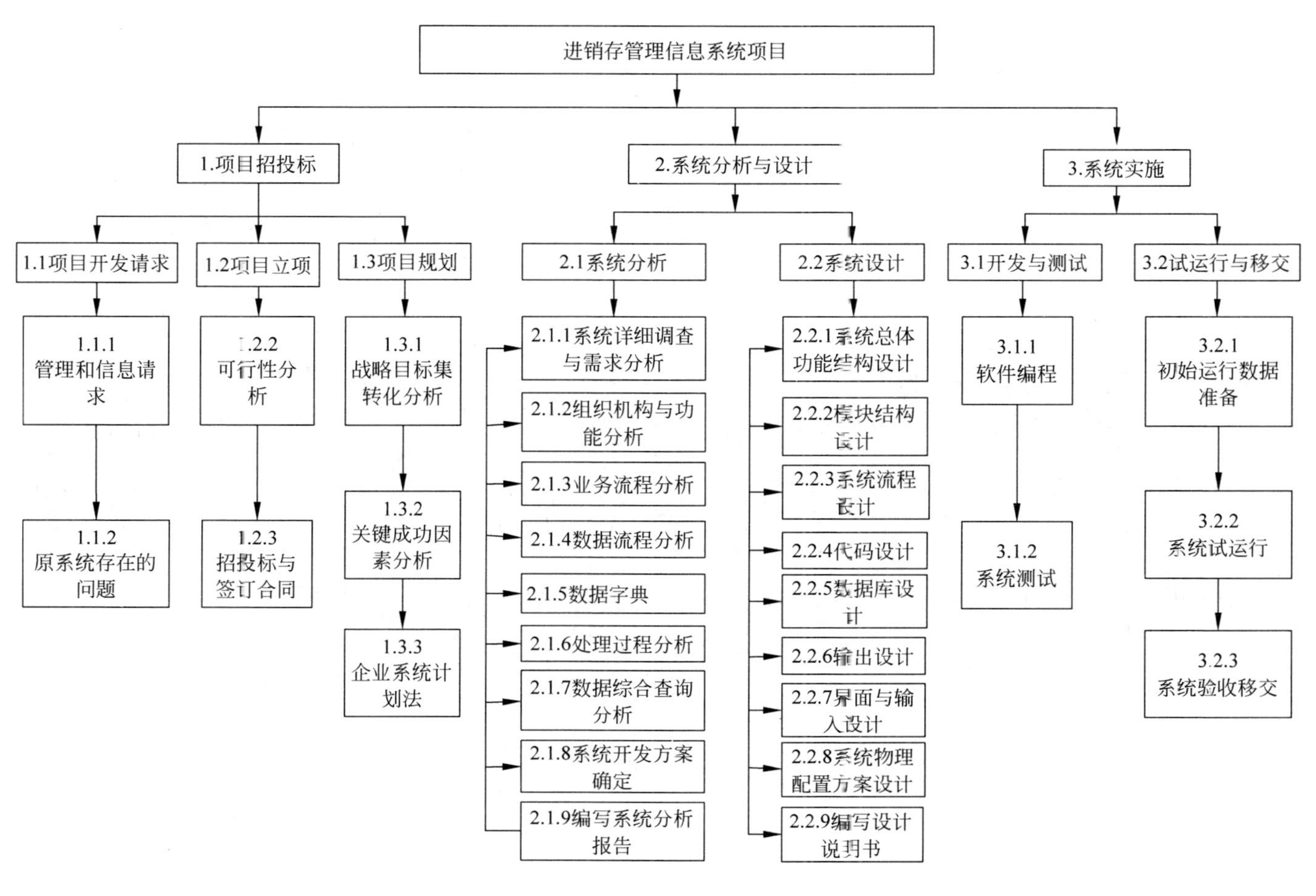

图 3-4　按生命周期划分进销存系统 WBS(图表式)

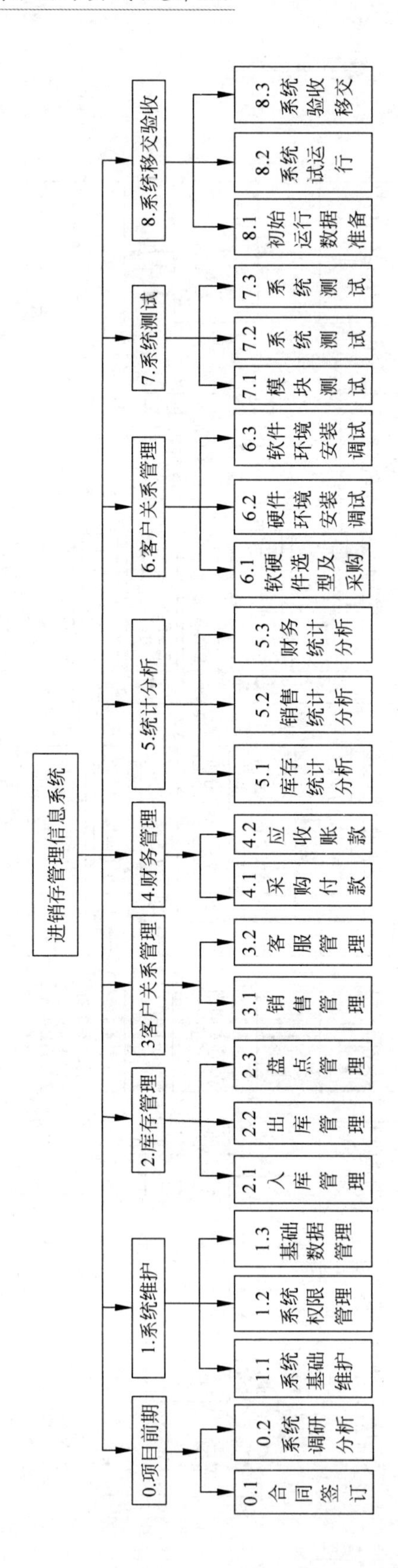

图 3-5 按可交付成果划分进销存系统 WBS(图表式)

表 3-6　WBS 字典实例

项目名称		项目编号	
版本号		工作包编号	
工作包		上层任务	
负责人	赵建伟	团队成员	李宝力、赵强、张悦
工作内容			
质量要求			
时间要求			
成本要求	0.6 万元		
项目经理(签字)		负责人(签字)	

3.5　范围确认

范围确认(Scope Verification)是由项目团队在将项目最终交付成果交给用户之前,用户对已经完成的开发任务进行验收,审查项目计划规定范围内的各项工作或活动是否已经完成,应交付成果是否达到要求。

如果项目提前终止,则应审查有哪些工作已经完成,也要验证项目完成所达到的程度,并将核查结果记录在案,形成确认文件。

范围确认过程与控制质量过程的不同之处在于,前者关注可交付成果的验收,而后者关注可交付成果的正确性及是否满足质量要求。控制质量过程通常先于确认范围过程,但二者也可同时进行。

3.5.1　范围确认的依据

在项目实施过程中,收集有关项目阶段已经完成的工作信息,并将这些信息编入项目进度报告中,进度报告明确哪些可交付成果已经完成,哪些未完成,达到质量标准的程度等。范围确认的依据如下。

1. 项目管理计划

项目管理计划包含范围管理计划和范围基准。范围管理计划定义了项目已完成可交付成果的正式验收程序。范围基准包含批准的范围说明书、WBS 和 WBS 字典,明确可验收成果。如果范围发生变更,以变更后的范围基准作为验收依据。

2. 需求文件

需求文件给出了项目业务需求、产品需求、其他需求以及验收标准。

3. 需求跟踪矩阵

需求跟踪矩阵描述了项目功能需求、变更记录以及需求的实现状态,可以作为范围确认的依据。×××项目需求跟踪矩阵案例,见表 3-7。

4. 核实可交付成果

核实的可交付成果是指已经完成,并被控制质量过程检查为正确、符合质量标准的可交付成果。

表 3-7　×××项目需求跟踪矩阵

用户需求项标号	用户需求标题	用户需求变更标识	软件需求功能编号	软件需求功能标题	软件需求变更标识	需求状态	变更序号	优先级	优先级说明	当前状态	概要设计
1	管理员										
1.1.1	添加用户	原始	1.1	添加用户,包括批量添加和单个添加,并且设置用户使用期限	原始	已批准		高	是老师和学生用户功能执行必须实现的		
1.1.3	删除用户	原始	1.2	删除用户,删除选中的一个或多个用户	原始	已批准		高	关键功能,必须实现		
1.1.4	修改用户使用期限	原始	1.4	修改用户使用期限	原始	已批准		中	可用默认值,但最终必须实现		
(以下略)											
1.2	修改自己密码	原始	1.7	修改自己密码	原始	已批准		高	关键功能,必须实现		
1.3	登录系统	原始	1.8	登录系统	原始	已批准		高	关键功能,必须实现		
1.4	退出系统	原始	1.9	退出系统	原始	已批准		高	关键功能,必须实现		
2	匿名用户										
2. 1	查看课程建设资源	原始	2. 1	查看课程建设资源	原始	已批准		高	关键功能,必须实现		
2. 2	查看课内学习资源	原始	2. 1	查看课内学习资源	原始	已批准		高	关键功能,必须实现		
(以下略)											
3	教师用户										
3. 1	修改首页内容	原始	3. 1	修改首页内容	原始	已批准		高	关键功能,必须实现		
(以下略)											

5. 工作绩效数据

工作绩效数据包括项目功能、项目符合需求的程度、不一致的数量、不一致的严重性或在某时间段内开展确认的次数。

3.5.2 范围确认的方法

范围确认的方法是对所完成可交付成果的数量和质量进行检查。检查的方法主要包括：

(1) 检查是指对项目需求实现开展审查和确认等活动，来判断工作过程和项目可交付成果是否符合范围说明书中约定的需求和产品验收标准。IT 项目检查包括过程检查和产品检查。

(2) 试运行是指采用测试用例或到用户单位进行试运行的方式，对完成的可交付成果进行试运行，给出试运行报告。

(3) 专家评定是用户按合同约定的项目范围、标准、程序和方法，组织用户和相关领域的专家对可交付成果进行评定。

(4) 第三方评定，按合同约定委托双方一致认可的、具有相应资质的、独立的第三方，运用专业方法，对可交付成果进行评定。

范围确认通常包括三个步骤：①测试，应用测试用例对已完成的工作进行测试和实验；②评估，就是把测试的结果与双方在合同中约定的预期结果或测试标准进行对比分析，判断是否符合合同要求；③处理，即决定被检查的工作结果是否可以接受，如果不予接受，采取何种补救措施。

3.5.3 范围确认的结果

范围确认的结果就是对可交付成果的正式接受。用户根据合同中可交付成果接受的有关规定，一次或分几次接受完成。确认文件需要客户或发起人以签字或会签的形式进行批准。

对已经完成但未通过正式验收的可交付成果及其未通过验收的原因，应该记录在案；并对这些可交付成果提出变更请求以进行缺陷补救。

3.6 范围控制

范围控制是在项目生命周期内监控项目和产品的范围状态，管理范围基线变更的过程。

范围控制确保所有变更请求、纠正策略或预防措施都通过实施整体变更控制过程进行处理。在变更实施过程中，要采用范围控制过程来管理和跟踪变更。范围控制应该与其他控制过程协调开展。未经控制的产品或项目范围的扩大(未对进度、成本和资源做相应调整)被称为范围蔓延。软件项目变更频繁，因此，必须强制实施某种形式的变更控制。

3.6.1 范围控制主要内容

(1) 按照项目范围计划和 WBS 实施项目范围控制。

(2) 在范围控制过程中，及时跟踪检查，记录检查结果，建立范围控制报告。

(3) 判断工作范围有无变化,分析范围变更的影响,并实施相应策略。

3.6.2 项目范围变更管理要求

(1) 项目范围变更要有严格的审批程序和手续。

(2) 范围变更后应调整相关的计划。

(3) 组织应对重大的项目范围变更提出影响报告。

(4) 在项目的结束阶段,应验证项目范围,检查项目范围规定的工作是否完成和交付成果是否完备。

(5) 项目结束后,组织应对项目范围管理的经验教训进行总结。

3.6.3 项目范围控制的主要步骤

(1) 在收集到已完成活动的实际范围和项目变更带来影响的有关数据,并据此更新项目范围后,对范围进行分析并与原范围计划进行比较,找出要采取纠正的地方。

(2) 确定需要采取的措施。

(3) 估计所采取的纠正措施的效果,如果所采取的纠正措施仍无法获得满意的范围调整,则重复以上步骤。

3.6.4 控制偏差分析

偏差分析是一种确定实际绩效与基准的差异程度及原因的技术。可利用项目绩效测量结果评估偏离范围基准的程度。确定偏离范围基准的原因和程度,并决定是否需要采取纠正或预防措施,是项目范围控制的重要工作。

案 例 分 析

A 集团是正克信息技术有限公司多年的客户,正克已为其开发了多个信息系统。最近,A 集团又和正克签订了新的开发合同,以扩充整个企业的信息化应用范围,陈工担任该项目的项目经理。陈工组织相关人员对该项目的工作进行了分解,并参考了公司同 A 集团曾经的合作项目。经过评估,得到该项目总工作量 60 人月,计划工期 6 个月。项目刚刚开始不久,陈工的高级经理 J 找到陈工。

J 表示,由于公司运作的问题,需要在 4 个月内完成项目,考虑到压缩工期的现实,可为该项目增派 4 名开发人员。陈工认为,整个工作量是经过仔细分解后评估得到的,评估过程也参考了历史类似项目,该项目工作量是客观真实的。

目前项目已经开始,增派的人手还需要一定时间熟悉项目情况,因此即使增派 4 人也很难在 4 个月内完成。如果强行要求项目组成员经过加班等方式追逐 4 个月完成的目标,肯定会降低项目的质量,造成用户不满意。因此,陈工提出将整个项目分为两部分实现,第一部分使用三个半月的时间,第二部分使用三个月的时间,分别制定出两部分的验收标准,这样不增派开发人员也可完成。高层经理认为该方案可以满足公司的运作要求,用户也同意按照这种方案实施。

6 个月后,项目在没有增加人员的前提下顺利完成,虽然比最初计划延长了半个月的工期，但既达到了公司的要求，又使客户对最终交付的系统满意，项目组成员也没有感受到很大的压力。

问题1：请用不超过500字，指出陈工是如何保证项目成功完成的？

问题2：请用不超过500字，试结合案例指出项目范围管理的工作要点。

习　　题

一、单选题

1. 用来衡量产品范围完成情况的文件是(　　)。

A. 项目管理计划　　B. 项目范围说明书
C. 项目工作分解结构　　D. 产品需求文件

2. 过程(　　)会直接影响到创建工作分解结构。

A. 定义范围，控制范围　　B. 定义范围，收集需求
C. 控制范围，确认范围　　D. 收集需求，确认范围

3. 下列文件(　　)详细描述了项目的可交付成果，以及为提交这些可交付成果而必须开展的工作。

A. 项目管理计划　　B. 项目章程
C. 工作分解结构　　D. 项目范围说明书

4. 项目范围说明书不包括(　　)。

A. 产品范围描述　　B. 项目制约因素和假设条件
C. 项目的除外责　　D. 项目总体预算

5. 项目范围说明书的意义在于(　　)。

A. 开展更详细规划的基础　　B. 提供了项目简要的说明
C. 为干系人审批项目　　D. 为成本核算提供了标准

二、判断题

1. 工作包是带有特定标识符的任务。(　　)
2. 工作分解结构应该细化到能进行可靠估算的层面。(　　)
3. 工作分解结构不是必需的。(　　)
4. 确认范围应该在项目开始时进行。(　　)
5. 范围蔓延的一种表现形式是镀金。(　　)

三、简答题

1. 需求管理有哪几个过程？
2. 范围定义的主要依据是什么？
3. 请简要说明建立工作分解结构自上而下法和自下而上法分别适用于什么情况？
4. 控制范围与确认范围的区别是什么？

第4章 IT项目工作量估计

IT项目工作量估计是项目管理的核心内容之一，工作量估计的准确与否直接影响项目进度和成本估算准确性，从而影响开发工作是否能够在预定的时间和预算范围内高质量地完成。软件项目具有需求不确定性、智力密集活动、无形知识产品特征，从而导致IT项目工作量估计非常复杂和困难。工作量估计涉及估计人员本身的经验、软件本身特征、估算方法选择等多重因素，这可能导致在估算IT项目工作量时出现较大偏差。IT开发项目工作量不准确的估算会导致一系列的问题，如果工作量估算过低，可能会使开发项目资源不足，从而影响项目的进度和软件的质量；如果工作量估算过高，则会导致资源浪费，增加了软件的开发成本，减少了项目收益。所以，工作量估算不准确将会对项目产生不利的影响。

4.1 IT项目工作量估计概述

4.1.1 IT项目工作量估计的概念

IT项目工作量就是软件规模的大小，是指软件规模可以量化的结果。IT项目工作量估计是根据软件功能、复杂度、开发工具等因素，预测软件规划、需求分析、软件设计、编码、测试、试运行等整个开发过程所需的工作量。在IT项目开发的各个阶段，估计的动机和所用的方法都有所不同。

1. 战略规划阶段

项目组合管理涉及与其相关的IT项目估计，以帮助确定每个IT项目开发的优先顺序。这种估计还可能影响组织雇佣各类开发人员的数量。

2. 可行性研究

可行性研究确定系统潜在的效益来证明成本是合理的。

3. 软件需求规格说明

软件开发方法对用户需求的定义、设计和实现方法不同，不同生命周期模型的工作量估计结果也不同。设计阶段的估计还将确认可行性研究是否仍有效。

4. 评价软件开发商

对于软件用户来说，可以通过估计软件工作量，评价软件开发商报价是否合理，这有助于用户合理地选择软件开发商。

5. 做好项目计划

当项目策划和实现进展到更详细的层次时，就可以对较小的工作组件进行更详细的估计，有助于编制更详细的项目计划，尤其是资源分配。随着软件项目的进展，对软件项目特征认识得越充分,估计结果就越准确。

因估计方法不同,软件项目工作量的度量单位也有所不同。例如,代码行估计方法工作量的度量单位采用源代码行数(如 SLOC,或者是千行代码 KLOC)来表示软件开发的工作量;参数法通常采用"人月""人时(小时)"表示软件工作量;功能点估计法则采用折合后的功能点数表示软件工作量。

4.1.2 IT 项目工作量估计的主要步骤

IT 项目工作量估计主要包括:项目开发环境分析、项目目标和范围分析、项目特征分析、项目产品和活动分析、估算活动工作量、活动风险估计、分配项目资源、评审发布计划、执行计划、制订更详细的计划,如图 4-1 所示。

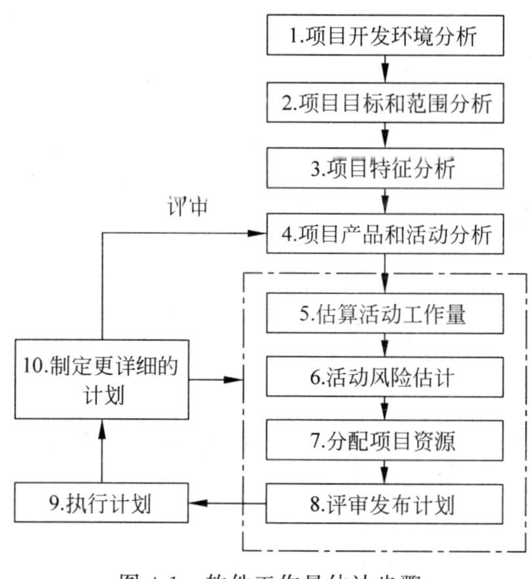

图 4-1 软件工作量估计步骤

1. 项目开发环境分析

了解项目的硬件环境和软件环境。硬件环境主要是软件项目的基础设施情况,包括用户硬件配置、网络构架和软件预期运行环境的符合程度。软件环境包括:①用户的软件系统整体规划情况,即将开发的软件和其他软件系统的关系;②软件开发生命周期模型和质量标准的选择,以及变更控制系统和配置管理流程的确定情况;③项目组织结构,包括项目经理、团队成员能力和水平。

2. 项目目标和范围分析

通过项目目标分析,确保项目开发的各个部门目标一致,获得各部门为实现项目目标而努力的承诺。主要包括:①项目经理资历和水平;②标识项目中所有干系人和他们的利益;③根据项目干系人的需求调整项目目标;④了解部门间、干系人之间的沟通渠道和方法。

3. 项目特征分析

根据项目简要的需求分析,了解项目的特征。主要包括:①软件项目开发内容的复杂度;②软件项目类型,如是管理类软件还是控制系统,系统安全是否是关键因素,系统故障是否会威胁人的安全；③软件项目质量要求；④标识项目活动的风险等级，主要包括开发环境风险、技术特性和软件类型等；⑤评审整体资源估计，结合活动风险，估计项目整体工作量和其他资源需求。

4. 项目产品和活动分析

早期的活动划分是宽泛和概括性的，越到项目后期各项活动划分得越详细。主要包括：①标识和描述项目的阶段(或中间)可交付物和最终可交付物；②根据可交付物设计相关开发活动；③构建项目活动网络图，并且设置合理的项目检查点或里程碑事件。

5. 估算活动工作量

采用自底向上的方法估计每个活动所需的工作量、活动历时以及活动的资源情况。活动历时是指项目的工期，工作量是指需要做的工作总量，如项目测试活动需要4个测试人员，测试历时5天，则测试活动的所需工作量为20人天，活动历时为5天。

6. 活动风险估计

活动风险影响项目活动工作量估算，如需求分析需要3个分析人员5周时间完成，这是基于用户能够准确描述需求，并对需求分析无疑义的前提下的理想时间，但是如果用户不能完整描述需求，就需要增加额外工作量，致使原来估计工作量不准确。因此，应对项目活动的风险有充分的估计。

7. 分配项目资源

分析活动的内容和组织的资源可利用情况，合理地配置资源；根据资源约束修改项目计划和工作量估计。

8. 评审发布计划

计划要文档化，根据约定的标准，评审计划是否合理，工作量估计是否科学准确，并取得干系人一致意见。

9. 执行计划

按照项目计划，实施项目开发活动，并记录活动的实际工作量发生情况。

10. 制订更详细的计划

根据当前阶段的项目计划和实际情况对比分析，发现偏差，寻找原因，制定纠偏措施，并修改后续活动的工作量信息；越临近项目开发阶段，其活动信息越充分，工作量估计越准确。

4.1.3 IT项目工作量估计的基础数据

软件工作量估计的基础数据如下。

1. 组织的已完工项目信息

软件组织已经完成软件项目的工作量记录，是当前即将开发的软件项目工作量估计的主要参考依据。

2. 项目范围信息

项目范围和WBS反映了项目的活动构成，是软件项目工作量估计的基础。

3. 软件项目特征信息

软件项目分类、复杂程度以及开发环境等特征都会对软件项目工作量估计产生较大影响。

4.2 软件工作量估计方法

软件工作量估计的方法较多，主要的估计方法包括：自底向上法、专家判断法、类比法、自顶向下法和代码行估计法。

4.2.1 自底向上法

自底向上法是根据 WBS 分解结果，首先估计每个工作包的工作量，然后按照工作包的隶属关系，自底向上逐级汇总活动的整个项目工作量估计值。对于一个大型软件项目来讲，将项目分解成任务的过程是一个重复的过程：每个任务被分解成子任务，再依次进一步分解这些子任务，直到得到的每个子任务能被一个人或一个小组在一周或两周内完成为止。自底向上法最适合于后期更详细的项目策划阶段。如果在项目周期的早期使用这个方法，估计人员将不得不确定与最终系统有关的假设以及项目的工作方法。如果软件项目完全是新颖的或者没有可用的历史数据，建议估计人员最好使用自底向上法。

4.2.2 自顶向下法

自顶向下法通常与参数(或算法)模型相关。首先由参数法计算项目的总工作量，依据工作分解结构、产品功能以及实现该功能的子功能组成形式，按照各个阶段、各个步骤以及每个工作单元逐层分配工作量。对于组织非常熟悉的软件项目，建议估计人员最好使用自顶向下法。

4.2.3 专家判断法

专家判断法是邀请应用领域或开发环境领域有丰富知识的专家，对软件项目所需要的工作量做出估计。当要对变更软件的已有部分所需要的工作量进行估计时，最可能使用这个方法。估计人员也要对项目的影响因素进行分析，以便判断受影响开发内容的比例，并做出估计。专家判断法是一种简单的推测方法，通常与类比法和自底向上法相结合使用。

4.2.4 类比法

在项目的早期，缺乏项目的详细信息，项目工作量估计人员收集组织已经完成类似项目的历史信息，以过去类似项目的项目工作量为基础，并且依据自己的经验和判断，估算当前项目的工作量的方法就是类比法。

类比法是基于案例推理(Case-based Reasoning，CBR)技术的工作量估计方法，从已经完成的项目(源案例)中找出与新项目(目标案例)有类似特征的项目，然后将匹配的源案例的工作量作为目标案例的估计参考，分析目标案例和源案例的不同之处，对新项目的基本工作量估计做出判断。为了解决不同属性的量纲不一致，导致部分属性对于项目相似度作用过大的问题，采用归一化的方式，将有量纲属性值转换为无量纲属性间的对比值。根据项目特征确定目标案例和源案例的相似度，欧式距离算法是软件项目案例相似度的常用算法，项目相异度为：

$$\mathrm{distance}(P_i, P_j) = \sqrt{\frac{\sum_{k=1}^{n} \delta(P_{ik}, P_{jk})}{n}}$$

$$\delta(P_{ik}, P_{jk}) \begin{cases} \dfrac{|P_{ik} - P_{jk})|}{\max P_k - \min P_k}, & \text{如果 } k \text{ 为连续型数据} \\ 0, & \text{如果 } k \text{ 为离散型数据,且 } P_{ik} = P_{jk} \\ 1, & \text{如果 } k \text{ 为离散型数据,且 } P_{ik} \neq P_{jk} \end{cases}$$

其中,P_k 是软件项目的第k 个属性值,i、j 为对比的两个项目。

项目 i 和项目 j 的相似度定义为:

$$\mathrm{sim}(P_i, P_j) == 1 - \mathrm{distance}(P_i, P_j)$$

例如,某软件组织将要开发云环境下的进销存系统P_{new},该软件组织过去已经完成类似项目为通用进销存系统项目P_1 和 HK 公司全国分销系统P_2,三个项目特征信息及已经完成两个项目的工作量,见表 4-1。试估计新开发项目P_{new} 的工作量。

表 4-1 项目特征信息

项目编号	项目名称	开发语言 1	团队规模 2	数据库表数量 3	可靠性要求 4	工作量(人月)5	备注
P_{new}	云环境下的进销存系统	J2EE	12	115	高		
P_1	通用进销存系统	J2EE	8	100	低	600	已完成
P_2	HK 公司全国分销系统	J2EE	10	120	高	900	已完成

项目间的相似度计算结果,见表 4-2。

表 4-2 项目间的相似度计算

P_{new} 和 P_1 对比	P_{new} 和 P_2 对比
$\delta(P_{new1}, P_{11}) = \delta(\mathrm{J2EE}, \mathrm{J2EE}) = 0$	$\delta(P_{new1}, P_{21}) = \delta(\mathrm{J2EE}, \mathrm{J2EE}) = 0$
$\delta(P_{new2}, P_{12}) = \delta(12, 8) = [(12-8)/(12-8)]^2 = 1$	$\delta(P_{new2}, P_{22}) = \delta(12, 10) = [(12-10)/(12-8)]^2 = 0.25$
$\delta(P_{new3}, P_{13}) = \delta(110, 100) = [(115-100)/(120-100)]^2 = 0.56$	$\delta(P_{new3}, P_{23}) = \delta(100, 120) = [(115-120)/(120-100)]^2 = 0.06$
$\delta(P_{new4}, P_{14}) = \delta(\text{高}, \text{低}) = 1$	$\delta(P_{new4}, P_{24}) = \delta(\text{高}, \text{高}) = 0$
$\mathrm{distance}(P_{new}, P_1) = ((0+1+0.56+1)/4)^{1/2} = 0.8$	$\mathrm{distance}(P_{new}, P_2) = ((0+0.25+0.06+0)/4)^{1/2} = 0.28$
$\mathrm{sim}(P_{new}, P_1) = 1 - \mathrm{distance}(P_{new}, P_1) = 0.2$	$\mathrm{sim}(P_{new}, P_1) = 1 - \mathrm{distance}(P_{new}, P_2) = 0.72$

项目P_{new} 和项目P_1、P_2 的相似度分别为 0.2 和 0.72,由此可见,P_{new} 和P_2 相似,P_{new} 的工作量可以定义为 900 人月,并由项目经理或专家判断做适当调整即可。

类比法能够基于软件组织过去开发项目经验,通过分析新项目(即将开发)和已经完成项目相似度,确定新项目的工作量。

4.2.5 代码行估计法

代码行估计法通过 WBS 把项目逐层划分为若干个功能模块和工作包,分别计算每个功能的代码行数(Line of Code,LOC),所有功能代码行之和即项目的源代码行数,是一种直观简单的软件工作量估算方法,通常以千代码行数(Thousand Lines Of Code,KLOC)来估计。具体步骤如下。

1. 预计最终软件产品的功能模块数量和类型

软件是由操作功能构建的,如增加、修改、删除、查询和打印等。根据项目范围和 WBS 预计构成软件的功能模块、数量和类型。

2. 估计每个模块的源代码行数

根据软件模块的功能,考虑组织已经完成有类似功能描述模块的源代码行数,标识未来开发软件的代码行数。

3. 调整源代码行数

根据各功能模块复杂度和实现的技术难度,在源代码行数估计基础上乘以一个复杂度和技术难度因子,得到调整后的代码行数。复杂度因子主要取决于估计人员的主观判断。例如,满足特定的较高性能目标约束的需求会极大地增加编程工作量。

4. 估计工作量

参考以往完成软件项目的代码行信息,设置权重,将代码行转换为软件工作量。

4.3 功能点工作量估计方法

功能点分析法(Function Point Analysis,FPA)是 1979 年 A. J. Albercht 在 IBM 公司工作时设计的一种自顶向下的软件工作量估计法。随后被国际功能点用户组织(International Function Point Use Group,IFPUG)继承,1999 年发布了 4.1 版,并于 2003 年被国际标准化组织接受为国际标准。2003 年 10 月,国际标准化组织正式接纳认可了《国际功能点协会(IFPUG) 4.1 版本未调整功能点计算手册》,目前有五个标准(IFPUG 标准、COSMIC 标准、MARKII 标准、NESMA 标准、FISMA 标准)被国际标准化组织(ISO)确定为软件功能点度量标准。其中,IFPUG 出版了功能点计算实践手册 4.2 版,定义了功能点分析包含的五个度量组件:外部输入、外部输出、外部查询、内部逻辑文件及外部接口文件。

代码行法(SLOC)估计软件项目工作量和所使用的开发语言相关,开发工具不同,估算的工作量也不同。功能点估算(FPA)法侧重于从软件功能的视角来分析软件的规模大小。FPA 得出的软件功能点数是软件的逻辑规模,这正是用户所关心并能理解的,而代码行估算法估计得出的源代码行数反映的是软件的物理规模,这难以为用户所理解。

4.3.1 功能点的软件构成要素

在 FPA 中,软件都被看作是由外部输入处理(External Input,EI)、外部输出处理(External Output,EO)、外部查询处理(External Inquiry,EQ)、内部逻辑文件(Internal Logical File,ILF)和外部接口文件(External Interface File,EIF)五种要素组成,如图 4-2 所示。功能点分为两大类:ILF 和 EIF 属于数据类型的功能点,EI、EO、EQ 属于人机交互的功能点。ILF、EIF 要与 EI、EO、EQ 分开计算。对 ILF 和 EIF 复杂度的计算可以简单理解为对数据库复杂度的计算。对 EI、EO、EQ 复杂度的计算可以理解为对程序开发复杂度的计算。一般软件项目都是由数据和程序构成的,因此,计算 ILF、EIF 和计算 EI、EO、EQ 之间没有任何关系。

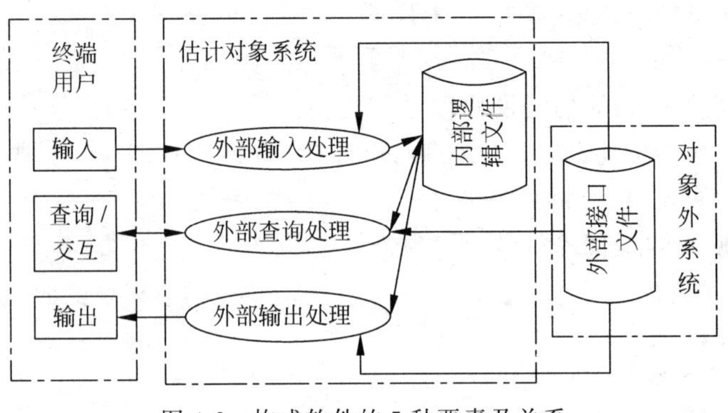

图 4-2　构成软件的 5 种要素及关系

1. 外部输入处理

EI 是处理来自于应用程序边界外部的一组数据的输入,它的主要目的是使用户可以根据需要通过增、删、改来维护内部逻辑文件。

2. 外部输出处理

EO 是输送数据到应用程序边界外部的过程,通过逻辑处理过程向用户呈现信息,一个 EO 可以维护一个或多个 ILF,通常这些数据是打印的报告,屏幕显示可以归入外部查询类型。

3. 外部查询处理

EQ 是由提供信息的用户引发的事务,但不更新内部文件。用户输入信息来指示系统得到需要的详细信息。目的是从 ILF 或 EIF 中通过回复数据信息来向用户呈现。EQ 不会维护任何一个 ILF。

4. 内部逻辑文件

ILF 是指一组以用户角度识别的、在应用程序边界内且被维护的逻辑相关数据或控制信息。ILF 的主要目的是通过应用程序的一个或多个基本处理过程来维护数据。

5. 外部接口文件

EIF 是所有用来将信息与其他系统进行交互或共享的接口文件(如磁带或磁盘上的数据文件),利用这些接口可以将信息从一个系统传送到另一个系统。因此,一个应用程序中的 EIF 必然是其他应用程序中的 ILF。EIF 的主要目的是为边界内的应用程序提供一个或多个通过基础操作过程来引用的一组数据或信息。

EIF 所遵循的规则:①从用户角度出发识别的一组逻辑数据;②这组数据是在应用程序外部,并被应用程序引用的;③计算功能点的这个应用程序并不维护该 EIF;④这组数据是作为另一个应用程序中的 ILF 被维护的。

4.3.2 软件工作量功能点估计法步骤

软件工作量功能点估计法步骤见图 4-3。

1. 收集基础数据

根据组织以往开发项目的信息,收集项目功能清单以及各功能对应的外部输入、外部输出、外部查询、内部逻辑文件、外部接口文件的复杂度评价等信息。

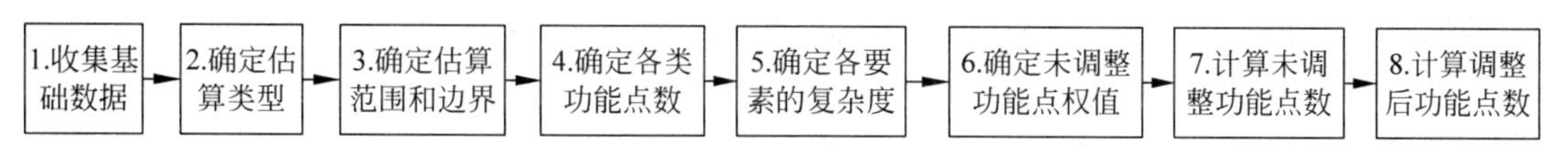

图 4-3 软件工作量功能点估计法步骤

2. 确定估算类型

功能点估算的项目类型分为三类：①开发项目，这种类型的估算为用户提供应用第一次安装的时候所提供的功能数量的度量；②升级项目，这种类型的分析为用户提供升级项目对目前系统所提供的功能修改、增加和删除的功能数量的度量，当升级的应用被安装的时候，应用的功能点度量应该得到相应的更新；③应用，是对一个已经安装的应用软件进行功能点多少的度量，它也被称为基线功能点或者安装功能点，这个度量揭示了当前应用为用户所提供的功能数量，它在应用第一次被安装的时候确立，在系统升级的时候得到更新。

在项目开始的时候所进行的功能点分析是对应用将要给用户提供的功能的一种预测，在项目进展过程中，对功能、范围的调整和细化都有可能导致最终发布给用户的系统的功能与 最初的估算不完全相符。这种现象有时候被称为范围的偏移(Scope Creep)。在这种情况下，在项目结束的时候对功能点进行重新计算是非常必要的，只有这样，应用的功能点才能真正反映发布给客户的功能状况。三种类型的分析之间的关系，见图 4-4。

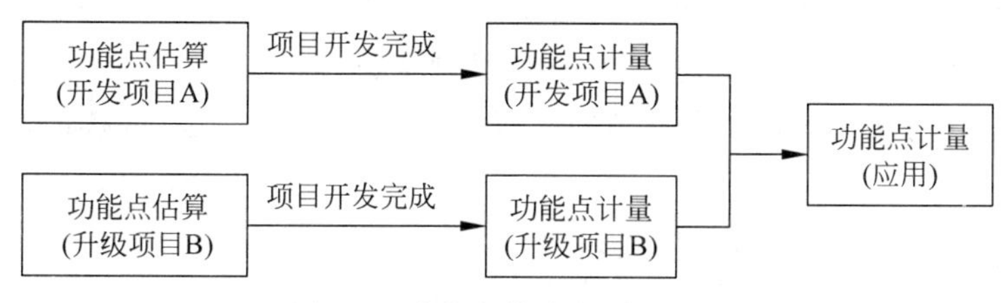

图 4-4 功能点估计类型的关系

3. 确定估算范围和边界

分析范围的界定限制了在一次分析中所应该包含的功能范围。应用边界的界定划出了被分析的应用与用户之间的界限。

4. 确定各类功能点数

1) EI 的识别规则

(1) 数据是从系统边界外部获取的。

(2) 事务处理是对 ILF 的插入、修改、删除操作，但当数据是控制信息时，此规则不适用。

2) EQ 的识别规则

(1) 从系统边界外部获取数据。

(2) 向系统边界外部输出数据。

(3) 如果包含下列处理逻辑，则不是 EQ：一个以上的数学运算处理；由基础数据生成新的数据；对一个以上的 ILF 进行插入、修改、删除操作；执行系统动作的变更。

3) EO 的识别规则

(1) 向系统边界的外部输出数据。

(2) 一般可以包含下列业务处理逻辑：一个以上的数学运算处理；由基础数据生成新

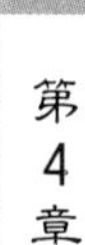

的数据；对一个以上的 ILF 进行插入、修改、删除操作；执行系统动作的变更。

4) ILF 的识别规则

在计测系统范围内，有检索操作的数据，同时也有插入、更新、删除操作的数据。

5) EIF 的识别规则

(1) 在计测范围内的系统检索，在计测范围外的系统保存的数据。

(2) 在计测系统范围内，没有插入、更新、删除等操作的数据。

(3) 是计测范围外系统的 ILF。

5. 确定各要素的复杂度

三种处理 EI、EQ、EO 属于事务处理性质的功能点，其复杂程度通常是用该处理中使用文件个数(通常对应为数据库表数)以及用到的文件中的项目数(通常对应为数据库表的字段数)来度量的，复杂程度与文件数和项目数成正比。即用到的文件数越多，项目数越多，复杂程度就越高。

两种处理 IEF、EIF 属于数据存储性质的功能点，系统功能确定后，使用文件个数也可以被估算出来。文件 ILF、EIF 的复杂程度通常是用该文件的记录种类数和文件数来度量的，记录种类越多，项目数越多，复杂程度就越高。

1) 评价 EI、EO 和 EQ 的复杂度(权值)

对事务类的功能点估算需要确定录入的具体数据项类型个数(Data Element Types，DET)和为事务功能需要操作的数据引用文件类型个数(File Type Referenced，FTR)，按钮也视为数据项；同时定义各复杂度级别的权值；EO 和 EQ 的复杂度(权值)相同；见表 4-3 和表 4-4。

2) LF 和 EIF 的复杂度(权值)

对 ILF 和 EIF 的复杂度(权值)计算首先确定数据元素类型和记录元素类型(Record Element Types，RET)两个指标：DET 是数据存储文件中的数据项的数目，RET 是记录元素的个数。ILF 和 EIF 的复杂度(权值)见表 4-5。

表 4-3 EI 的复杂度(权值)

功能点(ω)	数据项个数(DET)		
引用数据文件个数(FTR)	1～4	5～15	>15
<2	低(3)	低(3)	中(4)
2	低(3)	中(4)	高(6)
>2	中(4)	高(6)	高(6)

表 4-4 EO 和 EQ 的复杂度(权值)

功能点(ω)	数据项个数(DET)		
引用数据文件个数(FTR)	1～5	6～19	>19
<2	低(4)	低(4)	中(5)
2 或 3	低(4)	中(5)	高(7)
>3	中(5)	高(7)	高(7)

表 4-5　ILF 和 EIF 的复杂度(权值)

功能点(ω)	数据项个数(DET)		
引用记录文件个数(RET)	1～19	20～50	≥51
1	低(7)	低(7)	中(10)
2～5	低(7)	中(10)	高(15)
≥6	中(10)	高(15)	高(15)

6. 确定未调整功能点权值

确定了复杂程度后，要对每种复杂程度的处理和文件赋予权值，以便计算出相应的功能点数。例如，一个 EI 引用数据文件个数(FTR)多于 2 个，数据项个数(DET)为 1～4 个；或引用数据文件个数(FTR)少于 2 个，数据项个数(DET)为大于 15 个；则该功能的处理复杂度为“中”，其权值为 4，即每个该种处理可以折合计算为 4 个标准功能点(4FP)。

7. 计算未调整功能点数

在上述功能分析的基础上，可由以下公式计算出系统的未调整功能点数(Unadjusted Function Points Counts，UFPC)。

$$UFPC = EI + EO + EQ + ILF + EIF$$

其中：

$$EI = \sum_{i=1}^{3} \omega_i EI_i, EO = \sum_{i=1}^{3} \omega_i EO_i, EQ = \sum_{i=1}^{3} \omega_i EQ_i, ILF = \sum_{i=1}^{3} \omega_i ILF_i, EIF = \sum_{i=1}^{3} \omega_i EIF_i$$

$i=1,2,3$ 表示功能点的复杂度级别(低、中等和高)；$EI_i, EO_i, EQ_i, ILF_i, EIF_i$ 为各复杂度级别的功能点数量。ω_i 为 EI、EO、EQ、ILF 和 EIF 的相应复杂度的权重。

8. 计算调整后功能点数

未调整的功能点数还不能完整表现出软件功能的全部特征，功能点方法通过 14 项软件系统特性进行调整，见表 4-6。

表 4-6　通用软件系统特性(TDI)表

序号	软件系统特性	影响因素说明	进销存案例取值
1	数据通信(Data Communications)	应用程序与处理器之间直接通信的程度	3
2	分布式数据处理(Distributed Data Processing)	应用程序部件间数据传输的程度	3
3	性能(Performance)	需要考虑的响应时间和吞量对应用程序开发的影响程度	5
4	使用强度高的配置(Heavily Used Configuration)	计算机资源限制对应用程序开发的影响程度	4
5	处理速率(Transaction Rate)	业务处理速率对应用程序开发的影响	5
6	在线数据输入(Online Date Entry)	数据通过交互处理进入系统的程度	3
7	最终用户使用效率(End-User Efficiency)	被测应用程序中对人性化因素和易用性的考虑程度	5
8	在线升级(Online Update)	内部逻辑文件在线更新程度	5
9	复杂处理(Complex Processing)	处理逻辑对应用程序开发的影响	1

续表

序号	软件系统特性	影响因素说明	进销存案例取值
10	可重用性(Reusability)	应用程序在其他应用程序中加以利用的程度	3
11	安装的简易性(Installation Ease)	转换或安装到新环境对应用程序开发的影响程度	0
12	操作的简易性(Operational Ease)	应用程序对操作方面的关注程度	5
13	多场地(Multiple Sites)	为多个地方和用户机构开发应用程序的程度	5
14	支持变更(Facilitate Chang)	修改处理逻辑或数据结构的容易程度	4
15	合计		51

每项软件系统特性按照影响程度(DI)的大小取值范围为0～5,见表4-7。

表4-7　软件系统特性影响程度(DI)

影响程度级别	影响状况
0	不考虑此特性或者对系统功能没有影响
1	偶尔对系统特性有影响
2	轻微的影响
3	有比较多的影响
4	有很重要的影响
5	自始至终都有很强影响

14项软件系统特征值相加就得到功能点的总影响程度(TDI)。

$$\mathrm{TDI}=\sum_{i=1}^{14}\mathrm{DI}_i$$

$$\mathrm{VAF}=(\mathrm{TDI}\times 0.01)+0.65$$

调整后的功能点数(Function Points Counts,FPC)为:

$$\mathrm{FPC}=\mathrm{UFPC}\times\mathrm{VAF}$$

9. 功能点估计案例

某进销存软件系统项目按照功能点原理和软件功能规则分类,并分别统计EI、EQ、EO、ILF和ELF的个数;根据软件功能描述,分析各功能要素的复杂程度,并确定各功能点权值;计算各要素未调整的功能点结果,见表4-8。请计算调整后的功能点数。

根据表4-6通用软件系统特性(TDI)中,进销存案例系统各子特性值,计算TDI:

$$\mathrm{TDI}=\sum_{i=1}^{14}\mathrm{DI}_i=51$$

$$\mathrm{VAF}=(\mathrm{TDI}\times 0.01)+0.65=1.16$$

该系统的功能点数为:

$$\mathrm{FPC}=\mathrm{UFPC}\times\mathrm{VAF}=1.16\times 501=581$$

表 4-8　某进销存软件系统各要素属性值及 UFPC

要　素	复杂度	数　量	复杂度权值	未调整功能点	未调整功能点数量汇总 UFPC
外部输入处理(EI)	高	7	6	42	138
	中	15	4	60	
	低	12	3	36	
外部输出处理(EO)	高	5	6	30	85
	中	7	4	28	
	低	9	3	27	
外部查询处理(EQ)	高	1	7	7	56
	中	5	5	25	
	低	6	4	24	
内部逻辑文件(ILF)	高	3	10	30	99
	中	7	7	49	
	低	4	5	20	
外部接口文件(ELF)	高	3	15	45	123
	中	5	10	50	
	低	4	7	28	
合计					501

4.4　用例点方法

用例(Use Case)可以描述和获取软件的需求,是对一组动作序列的描述,系统执行这组动作序列,会产生相应的结果。用例点(Use Case Points,UCP)方法是以用例模型为基础的一种软件估算方法。

用例点方法是由 Gustav Karner 在 1993 年在功能点分析法(FPA)基础上而提出的一种改进方法,是一种估算精度较高、易于学习和使用的估算方法。

4.5　COCOMO 方法

COCOMO 是由 B. W. Boehm 在 1981 年出版的《软件工程经济学》(*Software Engineering Economics*)中首次提出,其本意是"结构化成本模型"(Constructive Cost Model),它是基于 20 世纪 70 年代后期 Boehm 对 63 个项目的研究结果。由于 COCOMO 模型的可用性,并且没有版权问题,因此是世界上应用最广泛的参数型软件成本估计模型。

无论是最初的 COCOMO 81 模型,还是 20 世纪 90 年代中期提出的逐步成熟完善的 COCOMO Ⅱ模型,所解决的问题都具有当时软件工程实践的代表性。作为目前应用较广泛、得到学术界与工业界普遍认可的软件估算模型之一,COCOMO 已经发展为一组模型套件(包含软件成本模型、软件扩展与其他独立估算模型 3 大类),形成了 COCOMO 模型系列。也给基于算法模型的方法提供了一个通用的公式:

$$\mathrm{PM} = A \times \left(\sum \mathrm{Size}\right)^{\sum B} \times \prod (\mathrm{EM})$$

其中,PM 为工作量,通常表示为人月;A 为校准因子;Size 为对工作量呈可加性影响的软件模块的功能规模的度量；B 为对工作量呈指数或非线性影响的比例因子；EM(Effort Multiplicative)为影响软件开发工作量的工作量乘数。

4.5.1 COCOMO 81

COCOMO 81 有 3 个等级的模型，级别越高，模型中的参数约束越多。①基本(Basic)模型，在项目相关信息极少的情况下使用；②中等(Intermediate)模型，在需求确定以后使用；③高级或者详细(Detailed)模型，在设计完成后使用。COCOMO 81 的 3 个等级模型均满足类似上面通用公式，即：

$$\text{Effort}=a\times \text{KLOC}^{b}\times F$$

其中，Effort 为工作量，表示为人月；a 和 b 为系数，具体的值取决于建模等级(即基本、中等或详细)以及项目的模式(即有机型、半嵌入型或嵌入型)，这个系数的取值先由专家意见来决定，然后用 COCOMO 81 数据库的 63 个项目数据来对专家给出的取值再进一步求精；KLOC 为软件项目开发中交付的有用代码行，代表软件规模；F 为调整因子。

COCOMO 81 模型将项目的模式分为有机型、嵌入型和半嵌入型 3 种类型。

(1) 有机型(Organic)：主要指各类应用软件项目，如数据处理、科学计算。有机型项目指相对较小、较简单的软件项目，开发人员对其开发目标理解比较充分，与软件系统相关的工作经验丰富，对软件的使用环境很熟悉，受硬件的约束比较小，代码量不是很大。

(2) 嵌入型(Embedded)：主要指各类系统软件项目，如实时处理、控制程序等，要求在紧密联系的硬件、软件和操作的限制条件下运行，通常与某种复杂的硬件设备紧密结合在一起，对接口、数据结构、算法的要求高，软件规模任意，如大且复杂的事务处理系统、大型、超大型操作系统、航天用控制系统、大型指挥系统等。

(3) 半嵌入型(Semidetached)：主要指各类实用软件项目，如编译器(程序)、连接器(程序)、分析器(程序)等，介于上述两种模式之间，规模和复杂度属于中等或者更高。

COCOMO 81 的 3 个等级的模型一般是研究中的重点内容。

1. 基本模型

基本模型是静态、单变量模型，不考虑任何成本驱动，用一个已估算出来的源代码行数(LOC)为自变量的函数来计算软件开发工作量，只适于粗略迅速估算，公式为 $\text{Effort}=a\times \text{KLOC}^{b}$，即通用公式($\text{Effort}=a\times \text{KLOC}^{b}\times F$)中 $F=1$，Effort 是所需的人力(人月)，a、b 系数值见表 4-9。这个模型适于项目起始阶段，项目的相关信息很少，只要确定软件项目的模式与可能的规模就可以用基本模型进行工作量的初始估算。

表 4-9 基本模型与中等模型的系数取值

方　式	基本模型		中等模型	
	a	b	a	b
有机型	2.4	1.05	3.2	1.05
半嵌入型	3.0	1.12	3.0	1.12
嵌入型	3.6	1.2	2.8	1.2

2. 中等模型

中等模型在用 LOC 为自变量的函数计算软件开发工作量的基础上，利用涉及产品、硬件、人员、项目等方面属性的影响因素来调整工作量的估算，即用15个成本驱动因子改进基本模型，是对产品、硬件、工作人员、项目的特性等因素的主观评估。通用公式为 $Effort = a \times KLOC^b \times F$，其中，$F$ 为乘法因子，是根据成本驱动属性打分的结果，是对公式的校正系数；a、b 是系数，系数取值如表4-9所示。

中等模型定义了15个成本驱动因子，按照对应的项目描述，可将各个成本因子归为不同等级：很低(very low)、低(low)、正常(normal)、高(high)、很高(very high)、极高(extra high)。例如，当软件失效造成的影响只是稍有不便时，要求的软件可靠性因子(Required Software Reliability, RELY)等级为"很低"；当软件失效会造成很高的财务损失时，RELY等级为"高"；当造成的影响危及人的生命时，RELY等级为"很高"。不同等级的成本因子会对工作量(也即开发成本)产生不同的影响。例如，当一个项目的可靠性要求"很高"时，RELY取值为1.40，也就是说，该项目相对于一个其他属性相同但可靠性要求为"正常"(即取值为1.00)的项目来说，要多出40%的工作量。每个成本驱动因子按照不同等级取值，然后相乘可以得到调整因子 F，即 $F = \prod_{i=1}^{15} D_i$，其中，D_i 是15个成本驱动因子的取值，取值如表4-10所示。

表4-10 中等模型的成本驱动因子及等级列表

成本驱动因子		级别					
		很低	低	正常	高	很高	极高
产品属性	可靠性：RELY	0.75	0.88	1	1.15	1.40	
	数据规模：DATA		0.94	1	1.08	1.16	
	复杂性：CPLX	0.70	0.85	1	1.15	1.30	1.65
平台属性	执行时间的约束：TIME			1	1.11	1.30	1.66
	存储约束：STOR			1	1.06	1.21	1.56
	环境变更率：VIRT		0.87	1	1.15	1.30	
	平台切换时间因子：TURN		0.87	1	1.07	1.15	
人员属性	分析能力：ACAP	1.46	1.19	1	0.86	0.71	
	应用经验：AEXP	1.29	1.13	1	0.91	0.82	
	程序员水平：PCAP	1.42	1.17	1	0.86	0.70	
	平台经验：PLEX	1.21	1.10	1	0.90		
	语言经验：LEXP	1.14	1.07	1	0.95		
过程属性	使用现代程序设计实践：MODP	1.24	1.10	1	0.91	0.82	
	使用软件工具的水平：TOOL	1.24	1.10	1	0.91	0.83	
	进度约束：SCED	1.23	1.08	1	1.04	1.10	

3. 高级模型

高级模型包括中间模型的所有特性，但用上述各种影响因素调整工作量估算时，还要考虑对软件工程过程中分析、设计等各步骤的影响，将项目分解为一系列的子系统或者子模型，这样可以在一组子模型的基础上更加精确地调整一个模型的属性，当成本和进度的估算过程转到开发的详细阶段时，就可以使用这一机制。例如，表4-11给出了AEXP(应用经验因子)在不同阶段的作用是不同的示例。AEXP在需求设计阶段的影响最大，因此取值要大，而在后期(如集成测试阶段)，这个因子的作用就降低了。高级模型通过更细粒度的因子影响分析、考虑阶段的区别,使我们能更加细致地理解和掌控项目,有助于更好地控制预算。

表 4-11　高级模型工作量乘数的阶段差异性示例

成本驱动因子	开发阶段	级　别					
		很低	低	正常	高	很高	极高
AEXP	需求设计阶段	1.40	1.20	1	0.87	0.75	
	详细设计阶段	1.30	1.15	1	0.90	0.80	
	编码和单元测试阶段	1.25	1.10	1	0.92	0.85	
	集成测试阶段	1.25	1.10	1	0.92	0.85	

4.5.2　COCOMO Ⅱ

虽然 COCOMO 81 以及后来的专用 Ada COCOMO 较好地适应了它们所建模的一类软件项目,但是随着软件工程技术的发展,新模型和新方法不断涌现,不但没有好的软件成本和进度估算模型相匹配,甚至因为产品模型、过程模型、属性模型和商业模型等之间发生的模型冲突等问题,不断导致项目的超支与失败,COCOMO 81 也显得越来越不够灵活和准确。针对这些问题,Boehm 教授与他的同事们在改进和发展 COCOMO 8l 的基础上,于 1995 年提出了 COCOMO Ⅱ。COCOMO Ⅱ给出了 3 个层次的软件开发工作量估算模型,这 3 个层次的模型在估算工作量时,对软件细节考虑的详尽程度逐级增加。

1. 应用组装模型

应用组装模型主要用于估算构建原型的工作量,在这个阶段,设计了用户将体验的系统的外部特征,模型名称表明在构建原型时大量使用已有的构件。它基于对象点对采用集成计算机辅助软件工程工具快速应用开发的软件项目工作量和进度进行估算,用于项目规划阶段。对于可以使用高生产率的应用程序构建工具来构造的小型应用程序,模型则不适用。

2. 早期设计模型

早期设计模型适用于体系结构设计阶段。这个阶段设计了基本的软件结构,基于功能点(Function Point,FP)或可用代码行以及 5 个规模指数因子、7 个工作量乘数因子,选择软件体系结构和操作,用于信息还不足以支持详细的细粒度估算阶段。这个阶段模型把软件开发工作量表示成千代码行数(KLOC)的非线性函数：$\mathrm{PM}=A\times S^{\mathrm{E}}\times\prod_{i=1}^{7}\mathrm{EM}_i$。其中,PM 是工作量(人员数);$A$ 是常数,2000 年定为 2.94;S 是规模;E 是指数比例因子,$E=B+0.01\times\sum_{j=1}^{5}\mathrm{SF}_j$,$B$ 可以校准,目前设定 $B=0.91$,SF 是指数驱动因子,指数比例因子的效果是对于规模较大的项目,预计的工作量将增加,也就是说,考虑了规模的不经济性;EM 是工作量系数。

指数驱动因子(用于计算比例因子)的质量属性越缺乏可应用性,赋给指数驱动因子的值就越大。事实上,对于一个项目而言,这些属性的缺乏将不成比例地增加更多的工作量。表 4-12 是每个比例因子的每个级别对应的数值。

表 4-12　COCOMO Ⅱ比例因子值

驱动因子	很　　低	低	正　　常	高	很　　高	极　　高	说　明
PREC	6.20	4.96	3.72	2.48	1.24	0.00	项目先例性
FLEX	5.07	4.05	3.04	2.03	1.01	0.00	开发灵活性
RESL	7.07	5.65	4.24	2.83	1.41	0.00	风险排除度
TEAM	5.48	4.38	3.29	2.19	1.10	0.00	项目组凝聚力
PMAT	7.80	6.24	4.68	3.12	1.56	0.00	过程成熟度

工作量系数 EM 可用来调整工作量的估算值，但是不涉及规模的经济性和不经济性。表 4-13 列出了早期设计模型的工作量系数，这些系数都可以评定为很低、低、正常、高、很高。每个工作量系数的每次评定有一个与其相关的值，大于 1 的值意味着开发工作量是增加的，而小于 1 的值将导致工作量降低，正常评定意味着该系数对估计没有影响。评定的目的是这些系数及其他在 COCOMO Ⅱ中使用的值将随着实际项目的细节逐步添加到数据库中而得到修改和细化。

表 4-13　COCOMO Ⅱ早期设计的工作量系数

驱动因子	级　　别					
	很低	低	正常	高	很高	极高
产品可靠性和复杂度：RCPX	0.60	0.83	1.00	1.33	1.91	2.72
需求的可重用性：RUSE		0.95	1.00	1.07	1.15	1.24
平台难度：PDIF		0.87	1.00	1.29	1.81	2.61
人员的能力：PERS	1.62	1.26	1.00	0.83	0.63	0.50
人员的经验：PREX	1.33	1.12	1.00	0.87	0.74	0.62
设施的可用性：FCIL	1.30	1.10	1.00	0.87	0.73	0.62
进度压力：SCED	1.43	1.14	1.00	1.00	1.00	

3. 后体系结构模型

后体系结构模型适用于完成体系结构设计之后的软件开发阶段。这个阶段，软件结构经历了最后的构造、修改，并在需要时开始创建需要执行的系统。顾名思义，后体系结构模型发生在软件体系结构完好定义和建立之后，基于源代码行和(或)功能点以及 17 个工作量乘数因子，用于完成顶层设计和获取详细项目信息阶段。

该模型与早期设计模型基本是一致的，不同之处在于工作量系数不同，如表 4-13 所示。Boehm 将后体系结构模型中的工作量系数(即成本因素)划分成产品因素、平台因素、人员因素和项目因素 4 类，共 17 个属性。表 4-14 列出了 COCOMO Ⅱ模型使用的成本因素及与之相联系的工作量系数。比例因子同表 4-12。因此，后体系结构模型如下。

$$PM = A \times S^{E} \times \prod_{i=1}^{17} EM_{i}$$

$$E = B + 0.01 \times \sum_{j=1}^{5} SF_{j}$$

表 4-14　中等 COCOMO Ⅱ后体系结构模型的成本驱动因子及等级列表

成本驱动因子		级别					
		很低	低	正常	高	很高	极高
产品属性	可靠性：RELY	0.82	0.92	1.00	1.10	1.26	
	数据规模：DATA		0.90	1.00	1.14	1.28	
	复杂性：CPLX	0.73	0.87	1.00	1.17	1.34	1.74
	文档量：DOCU	0.81	0.91	1.00	1.11	1.23	
	可复用性：RUSE		0.95	1.00	1.07	1.15	1.24
平台属性	执行时间的约束：TIME			1.00	1.11	1.29	1.63
	存储约束：STOR			1.00	1.05	1.17	1.46
	平台易变性：PVOL		0.87	1.00	1.15	1.30	
人员属性	分析能力：ACAP	1.42	1.19	1.00	0.85	0.71	
	应用经验：AEXP	1.22	1.10	1.00	0.88	0.81	
	程序员水平：PCAP	1.34	1.15	1.00	0.88	0.76	
	平台经验：PLEX	1.19	1.09	1.00	0.91	0.85	
	语言与工具经验：LTEX	1.20	1.09	1.00	0.91	0.84	
	人员连续性：PCON	1.29	1.12	1.00	0.90	0.81	
项目属性	工作地分布程度：SITE	1.22	1.09	1.00	0.93	0.86	0.80
	使用软件工具的水平：TOOL	1.17	1.09	1.00	0.90	0.78	
	进度约束：SCED	1.43	1.14	1.00	1.00	1.00	

与 COCOMO 81 模型相比，COCOMO Ⅱ模型使用的成本因素的变化如下：①新增加了 4 个成本因素，分别是要求的可复用性、需要的文档量、人员连续性（即人员稳定程度）和工作地分布程度。这个变化表明，这些因素对开发成本的影响日益增加。②略去了原始模型中的两个成本因素（平台切换时间和使用现代程序设计实践）。③某些成本因素（分析能力、平台经验、语言经验）对生产率的影响（即工作量系数最大值与最小值的比率）增加了，另一些成本因素（程序员水平）的影响减小了。

COCOMO 81 模型与 COCOMO Ⅱ模型中工作量方程中模型指数 b 的值的确定方法也不同。①原始的 COCOMO 模型把软件开发项目划分成有机型、半嵌入型和嵌入型 3 种类型，并指定每种项目类型所对应的 b 值（分别是 1.05，1.12 和 1.2）。②COCOMO Ⅱ采用了更加精细得多的 b 分级模型，这个模型使用 5 个分级因素 W_i（$1 \leqslant i \leqslant 5$），其中每个因素都划分成从甚低（$W_i=5$）到特高（$W_i=0$）6 个级别，然后用下式计算 b 的数值：$b=1.01+0.01\times\sum_{i=1}^{5}W_i$。因此，$b$ 的取值范围为 1.01～1.26。显然，这种分级模式比原始 COCOMO 模型的分级模式更精细、灵活。

4.5.3　COCOMO 模型扩展及其系列

随着使用范围的扩大及估算需求的增加，Boehm 教授及其团队除了进行上述改进之外，还增加了不少扩展模型以解决其他问题，形成了 COCOMO 模型系列，包括用于支持增量开发中成本估算的 COINCOMO（COnstructive INcremental COCOMO）、基于数据库实现并支持灵活数据分析的 DBA COCOMO（Database（access）doing Business As COCOMO Ⅱ）、用于估算软件产品的遗留缺陷并体现质量方面投资回报的 COQUALMO

(COnstructive QUALity MOdel)、用于估算并跟踪软件依赖性方面投资回报的 iDAVE (information Dependability Attributed Value Estimation)、支持对软件产品线的成本估算及投资回报分析的 COPLIMO(COnstructive Product Line Investment MOdel)、提供在增量快速开发中的工作量按阶段分布的 COPSEMO(COnstructive Phased Schedule and Effort MOdel)、针对快速应用开发的 CORADMO(COnstructive Rapid Application Development MOdel)、通过预测新技术中最成本有效的资源分配来提高生产率的 COPROMO(COnstructive PROductivity improvement MOdel)、针对集成 COTS 软件产品所花费工作量估算的 COCOTS(COnstructive Commercial Off The Shelf cost model)、估算整个系统生命周期中系统工程所花费工作量的 COSYSMO(COnstructive SYSstems engineering cost MOdel)、用于估算主要系统集成人员在定义和集成软件密集型 SoS (System Of System)组件中所花费工作量的 COSOSIMO(COnstructive System Of Systems Integration cost MOdel)等。

因为 COCOMO 模型应用日益广泛,其他研究者也纷纷提出有针对性的改进或者扩展方案,不断丰富和完善基于算法模型的估算方法。

案例分析

张明和李伟是同一家软件公司的员工,最近他们在负责公司一个新项目的工作量估计工作。张明说:“今天我才深刻认识到在软件行业里,我们对软件工作量评估的能力还有很大的不足啊。”李伟回答:“是啊,老板一拍脑袋,就想了需求,定了工期,让我们后面的这些工作难做啊。”张明答道:“也不能那么说,难道领导不知道‘拍脑袋’的危害?不懂得尊重软件的客户规律?显然不是的,领导之所以拍脑袋,也是因为,无论是通过他的能力,还是在项目经理的帮助下,他都没法比较准确地评估出软件的工作量。众所周知,软件行业是一个脑力密集型劳动,我国的软件行业还是处于一个比较初级的阶段,还没有很多历史数据的积累。在这种情况下,评估软件的工作量,确实感觉无处下手。软件规模评估方法很多,但行之有效且被我们熟练掌握的并不多。如果通过功能点对软件规模进行评估,由于其原始定义比较抽象,实际工作量与功能点之间的函数关系并不明显,常常还受制于技术选择。而由于历史数据不丰富,类比法和专家法有时也很难奏效,更何况很多的企业也缺少使用这种评估方法的经验和数据。无类可比,没有专家。这下你该明白为什么领导要拍脑袋了吧?”

李伟说:“嗯,你说得有道理,在工作量评估方面,我的观点就是充分细化。好比对于功能点,我们评估不准,我们就可以多花点儿时间,对功能点进行初步快速的设计,对分解出来的较小功能实现进行评估,估计最大值、最小值,以及最可能值,考虑一定的其他因素调节系数,这样就会相对好很多。除了这个,一直以来,我还对工作量的度量单位心存疑惑。例如,人月这个单位。很明显,12 人月让人很难理解。是解析成 12 个人干一个月,还是解析成一个人干 12 个月,又或者是 3 个人干 4 个月呢?这三者是绝对不同的。可能是我理解有错,你怎么看呢?”听完李伟的话,张明陷入了沉思。

思考题:通过两人的对话,谈谈你对软件工作量估计的看法。

习　　题

一、单选题

1. 软件工作量估计不包括(　　)。

A. 估算活动工作量　　B. 分配项目资源
C. 活动风险估计　　D. 选定项目经理

2. 下列(　　)不属于软件环境。

A. 项目组织结构　　B. 网络架构
C. 软件系统间关系　　D. 变更控制系统

3. 类比估计法采用(　　)算法来计算案例相似度。

A. 拉格朗日算法　　B. 三角函数法
C. 欧氏距离算法　　D. 案例推理法

4. (　　)不属于人机交互的功能点。

A. EI　　B. EO
C. EQ　　D. EB

5. ILF 的主要目的是(　　)。

A. 维护 EQ　　B. 维护数据
C. 传递信息　　D. 查询信息

二、判断题

1. 估计软件工作量可以评价软件开发商报价是否合理。(　　)
2. 自顶向下法适合估计全新的项目。(　　)
3. 功能点估计法是一种自底向上的软件工作量估计方法。(　　)
4. 功能点估计法得出的软件功能点数是软件的逻辑规模。(　　)
5. 计算 ILF、EIF 和计算 EI、EO、EQ 之间没有任何关系。(　　)

三、简答题

1. 在战略规划阶段,估计软件工作量有何作用?
2. 软件工作量估计的主要步骤有哪些?
3. 自底向上和自顶向下分别适合估计什么样的项目?为什么?
4. 功能点估计法的步骤是什么?

四、计算题

1. 假定一个新项目有 7 个输入,15 个输出,过去有一个项目有 9 个输入,18 个输出,这两个项目的欧式距离是多少?

2. 一个软件系统未调整的功能点数为 100,14 项系统基本特征总计为 45,求调整后的功能点数。

第5章 IT项目进度管理

进度管理是IT项目管理中非常重要的环节之一。进度计划是为完成项目目标的各类活动设定日期,并进行逻辑排序。进度计划要明确项目的开始时间和结束时间,以及其中每个活动的起止时间,并合理配置项目活动的所需资源。良好的项目进度管理对于成功地完成项目开发工作具有重要意义。

5.1 IT项目进度管理概述

5.1.1 IT项目进度管理定义

IT项目进度管理是指项目在分析、设计、编码、测试以及交付用户过程中,对各阶段活动的进程实施管理,是在规定的项目起止时间内,制订合理且经济的进度计划,确保项目按时完成所需的过程。进度问题是项目冲突的主要原因。时间是一种特殊的资源,具有单向性、不可重复性、不可替代性,时间是项目规划中灵活性最小的因素,能否按进度交付是衡量项目是否成功的重要标志之一。项目进度计划是跟踪和沟通项目进展状态的依据,软件项目进度管理的主要目标是:在给定的条件下,通过分析项目需求,合理安排项目资源,以最短时间、最低成本、最优质量完成用户满意的软件产品。

做好进度管理要求IT项目经理在项目开发前,充分了解软件项目的需求,将其明确划分成各项子任务,识别出关键任务;掌握项目团队成员的技术能力水平,协调项目资源分配;有效跟踪、监控项目的实际进展,若发现实施过程偏离了计划,及时找出原因,并实施风险规避措施。

5.1.2 进度管理的主要活动

PMBOK 6及软件分册定义的进度管理包括6个过程,见表5-1。

(1) 规划进度管理:为规划、编制、管理、执行和控制项目进度而制定政策、流程和文档的过程;这个过程的主要输出是项目进度管理计划。

(2) 定义活动:识别项目成员和干系人为完成项目必须执行的特定活动;活动(或任务)是构成项目开发阶段工作的基本要素,包括活动的历时(工期)、成本和资源要求;这个过程的主要输出是活动清单、活动属性和里程碑清单。

(3) 排列活动顺序:识别并记录项目活动之间的时序关系;这个过程的输出包括项目进度网络图、项目文件更新、软件项目特性集、软件项目发布计划(尤其是敏捷开发)、软件构架和非功能性需求的依赖关系。

(4) 估算活动持续时间:估计完成项目各类计划活动所需的时间;这个过程主要输出包括活动持续时间估算和项目文件更新。

表 5-1　PMBOK6 及软件分册对项目进度活动描述

活动	启动(Initiating)	规划(Planning)					执行(Executing)	监控(Controlling)	收尾(Closing)
		规划进度管理	定义活动	排列活动顺序	估算活动持续时间	制订进度计划		控制进度	
输入		1. 项目管理计划 2. 项目章程 3. 事业环境因素 4. 组织过程因素 5. 安全性问题(软件分册)	1. 进度管理计划 2. 事业环境因素 3. 组织过程资产 4. 其他因素(软件分册)	1. 项目管理计划 2. 项目文件 3. 事业环境因素 4. 组织过程资产 5. 架构和 V&V 的约束(软件分册) 6. 安全性分析(软件分册)	1. 项目管理计划 2. 项目文件 3. 事业环境因素 4. 组织过程资产 5. 其他输入(软件分册)	1. 进度管理计划 2. 项目文件 3. 协议 4. 事业环境因素 5. 组织过程资产 6. 其他输入(软件分册)		1. 项目管理计划 2. 项目文件 3. 工作绩效数据 4. 组织过程资产	

续表

活动	启动(Initiating)	规划(Planning)					执行(Executing)	监控(Controlling)	收尾(Closing)
		规划进度管理	定义活动	排列活动顺序	估算活动持续时间	制订进度计划		控制进度	
工具和技术		1. 专家判断 2. 分析技术 3. 会议	1. 专家判断 2. 分解 3. 滚动式规划 4. 会议 5. 故事分解结构(软件分册) 6. 故事板(软件分册) 7. 用例(软件分册)	1. 紧前关系绘图法 2. 确定和整合依赖关系 3. 提前量和滞后量 4. 项目管理信息系统 5. 时间盒(软件分册) 6. 进行中限制与服务等级(软件分册) 7. 特性集评估(软件分册) 8. 服务等级协议(软件分册)	1. 专家判断 2. 类比估算 3. 参数估算 4. 三点估算 5. 自上而下估算 6. 数据分析 7. 决策 8. 会议	1. 进度网络分析 2. 关键路径法 3. 资源优化 4. 数据分析 5. 提前量与滞后量 6. 进度压缩 7. 项目管理信息系统 8. 敏捷发布规划 9. 增量式产品规划(软件分册)		1. 数据分析 2. 关键路径法 3. 项目管理信息系统 4. 资源优化 5. 提前量与滞后量 6. 进度压缩 7. 循证审查(软件分册) 8. 回顾(软件分册) 9. 累计流量图(软件分册) 10. 带有日常演练的工作流公告板(软件分册) 11. 重新确定优先级审查(软件分册) 12. 燃耗图与燃尽图(软件分册) 13. 方差分析(软件分册)	

续表

活动	启动(Initiating)	规划(Planning)					执行(Executing)	监控(Controlling)	收尾(Closing)
		规划进度管理	定义活动	排列活动顺序	估算活动持续时间	制订进度计划		控制进度	
输出		1. 进度管理计划	1. 活动清单 2. 活动属性 3. 里程碑清单 4. 变更请求 5. 项目管理计划更新	1. 项目进度网络图 2. 项目文件更新 3. 特性集(软件分册) 4. 发布计划(软件分册) 5. 架构的和非功能的依赖关系(软件分册)	1. 活动持续时间估算 2. 估算依据 3. 项目文件更新	1. 进度基准 2. 项目进度计划 3. 进度数据 4. 项目日历 5. 项目管理计划更新 6. 项目文件更新 7. 发布和迭代计划更新(软件分册)		1. 工作绩效信息 2. 进度预测 3. 变更请求 4. 项目管理计划更新 5. 项目文件更新 6. 其他输出(软件分册)	

（5）制订进度计划：通过活动的顺序分析、活动资源估算和活动工期估算来创建项目进度；这个过程主要输出包括进度基准、项目进度计划、进度数据、项目日历、项目管理计划更新、项目文件更新、发布和迭代计划更新。

（6）控制进度：控制和管理项目进度的变更；这个过程主要输出包括工作绩效信息、进度预测、变更请求、项目管理计划更新、项目文件更新、组织过程资产更新、其他输出(软件分册)。

5.2 规划进度管理

进度计划是时间管理的基础。规划进度管理是根据项目管理计划和项目章程(规定了项目的起止时间)、组织的环境因素、组织过程资产情况，充分考虑软件项目的安全性，项目经理通过专家判断、分析技术和会议来开发进度管理计划。

项目范围说明书和工作分解结构(WBS)，可用于定义活动、持续时间估算和进度管理。因此，范围管理计划是项目管理计划中制订进度管理计划的主要信息来源之一；另外，项目管理计划中的其他信息也是制订进度计划的依据。例如，与规划进度相关的成本计划、人力资源计划、风险计划和沟通计划决策等。

项目章程中规定了项目里程碑进度计划和项目的审批要求。事业环境因素是能影响进度管理的软件组织文化和结构、资源可用性、人力资源技能水平、组织中的工作授权系统、组织用于进度规划工具的项目管理软件是否有利于设计管理进度的多种方案、软件项目组合等。组织过程资产指影响规划进度管理过程的进度控制工具、组织与进度控制有关的政策和流程及指南、模板、变更控制程序、风险控制程序、项目收尾指南、项目的生命周期等。

公共安全和网络安全问题是指为了满足软件项目开发期间的安全标准、规定、政策和特殊要求，其可能会影响项目活动工序的安排，从而影响规划进度管理。

专家判断是基于某应用领域、知识领域、学科、行业等的专业知识，根据以往类似项目历史信息和当前项目环境信息，提出制订进度管理计划建议。分析技术指在规划进度管理过程中，需要选择项目进度估算和规划的战略方法，例如，进度规划方法论、进度规划工具与技术、估算方法、格式和项目管理软件。进度管理计划中还需详细描述对项目进度进行快速跟进或赶工的方法，如活动的并行开发工作。

进度管理是通过对项目活动的跟踪和监控实现的。项目进度管理是随着项目的进行而持续进行的，是一个动态过程。

根据项目管理的需求，进度管理计划可以是正式或非正式的，非常详细或高度概括的。通常，进度管理计划涵盖的信息如下。

（1）进度管理计划的方法，如关键路径法、关键链法等。

（2）识别项目所使用的进度工具，如IT进度管理软件、挣值软件等。

① 精准度：估算数据的准确程度，如各项活动的持续时间的偏差程度。另外，准确程度可以随着时间演变，如果把滚动规划初期活动(或开发阶段)的进度精度到月，但随着项目进展项目后期的活动估算可以精确到周。

② 计量单位：持续时间的估算单位，如天、周和月等。

③ 偏差临界值：指出活动估算时间的偏差值，以进度估算的绝对值或基准计划的百分比表示。

（3）进度报告信息和格式。

记录活动状态和进展报告所需要的进度信息，如果要使用特殊的报告格式，需要约定模板。

(4) 进度计划的过程管理。

① 活动识别。描述活动识别方法,如分解、头脑风暴和访谈等。

② 活动排序。描述活动排序、创建网络图的准则和依赖关系的活动。

③ 估算资源。指出资源进入或退出活动的时间。

④ 估算人力投入和持续时间。指出用于估算人力投入和持续时间的技术。例如,类比估算、三点估算和参数估算等。

⑤ 更新、管理和控制。记录更新进度的过程,包括更新频率、权限、版本等,支持维护基准完整和必要情况下重设基准的准则。

5.3 活动定义

5.3.1 项目活动的有关概念

项目是由多个相互关联的活动组成,范围计划中定义了工作分解结构(WBS),给出项目底层工作包,即最小成果交付单元,而活动定义是识别和记录为完成项目可交付成果而需采取的具体行动的过程。

活动定义是一个过程,项目经理可以利用活动定义的主要输入信息以及企业环境因素和组织过程资产,开始制定详细的活动清单,鉴别活动属性,列出里程碑清单,确保项目团队成员能够彻底理解所从事的项目范围内的工作,以便于制定工作进度。

(1) 活动清单是项目进度中的活动列表,包括活动标识(编码)、活动名称以及活动简述。

(2) 活动属性主要描述活动与进度的相关信息,例如,前置任务、后续任务、活动间的逻辑关系、提前和滞后、约束条件、资源需求、强制日期以及与活动相关的假设等。活动清单和活动属性应该与 WBS 及 WBS 字典保持一致。

(3) 项目里程碑是项目中的重大事件,是项目过程中的一个时间节点,不占资源,通常指一个可交付成果的完成。项目里程碑定义的核心是围绕事件、活动、检查点或决策点,以及可交付成果这些概念来展开的。里程碑与常规的进度活动类似,有相同的结构和属性,但不是每个可交付成果或事件都为项目创建一个真正的里程碑,里程碑代表的是一个时间点,持续时间为零,里程碑是重要的可见事件。里程碑清单列出了所有项目里程碑,并标明里程碑是强制性的(如合同要求)还是选择性的(如根据历史信息确定)。

5.3.2 活动定义的方法

活动定义是将工作包分解为活动,作为对项目工作进行估算、进度规划、执行、监督和控制的基础,以便实现项目目标。WBS 中最底层的可交付成果,即工作包;工作包应进一步细分为更小的组成部分,即“活动”,通过这些“活动”来完成相应的可交付成果。活动清单和活动属性均与 WBS 保持一致。项目团队中常使用自动化系统追踪活动相关信息。

1. 基于活动的方法(生命周期)

根据软件项目的生命周期阶段,通过头脑风暴法和对组织开发的历史类似项目分析,得到项目所有活动的列表。WBS 和 WBS 词典是制定最终活动清单的基础。WBS 中的每个工作包都需分解成活动,最底层的活动构成活动列表,而高层节点(或中间层)构成项目的活动集,描述了活动的隶属关系。

根据图 5-1 中的系统设计向下分解为数据库设计,数据库设计分为数据库概念结构设计、

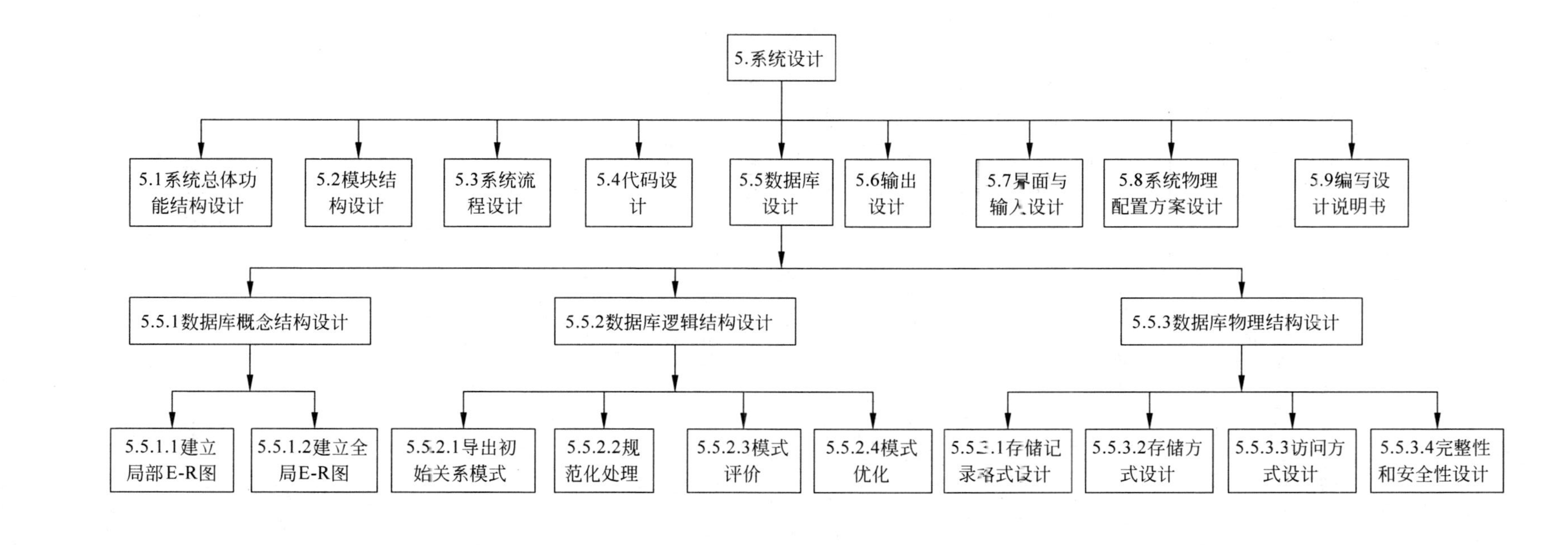

图 5-1 基于生命周期的活动定义图

数据库逻辑结构设计和数据库物理结构设计三个工作包,每个工作包向下分解为"活动"。其中,概念结构设计工作包分为建立局部 E-R 图、建立全局 E-R 图两个活动;逻辑结构设计工作包分为导出初始关系模式、规范化处理、模式评价、模式优化 4 个活动;物理结构设计工作包分为存储记录格式设计、存储方式设计、访问方式设计、完整性和安全性设计 4 个活动。

2. 基于产品的方法(可交付成果)

根据 WBS 底层工作包确定的可交付成果,按照软件工程方法确定完成可交付成果所需的开发活动。图 5-2 中的"2.2 出库管理"工作包可分解的开发活动为:输出信息分析、出库功能项设计、输入界面设计、数据库表物理实现、编写程序代码和单元测试。

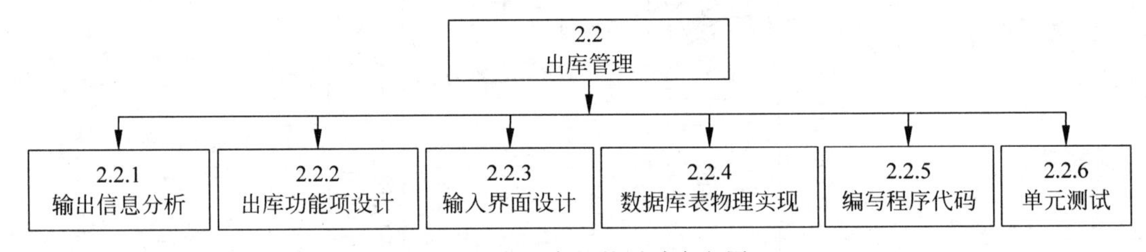

图 5-2　基于产品的活动定义图

滚动式计划是一种迭代式计划技术,即详细规划近期要完成的开发工作,同时在较高层级上粗略规划远期工作,滚动式规划是一种渐进明晰的规划方式。

IT 项目开发是渐进明晰的动态过程,在生命周期的不同阶段,工作的详细程度会有所不同。在早期的系统规划阶段,对于软件需求信息尚不够明确,工作包和活动只能分解到已知的详细水平;随着项目的进展,项目的特征信息逐渐清晰,WBS 越来越准确,项目的工作包越来越具体,则完成工作包的活动就越来越完善。因此,在制订项目范围计划、工作分解结构和项目进度计划时,要广泛地吸收具有经验和技能的项目团队成员或其他专家,为定义活动提供专业知识。

5.4　活动排序

活动定义之后,软件项目进度管理需要确定项目活动的时序关系。通过对项目范围说明、组织过程资产、里程碑事件、软件产品构成分析,找出项目活动之间的依赖关系、特殊领域的依赖关系和工作顺序。常见的活动排序工具包括甘特图、网络图、里程碑图和资源图等。

5.4.1　活动关联关系

1. 活动间的关系

活动排序需要先确定活动间的相关性与活动的实施顺序。紧前活动是在进度计划的逻辑路径中,排在非开始活动前面的活动;紧后活动是在进度计划的逻辑路径中,排在某个活动后面的活动。活动间关系主要有以下 4 种情况,如图 5-3 所示。

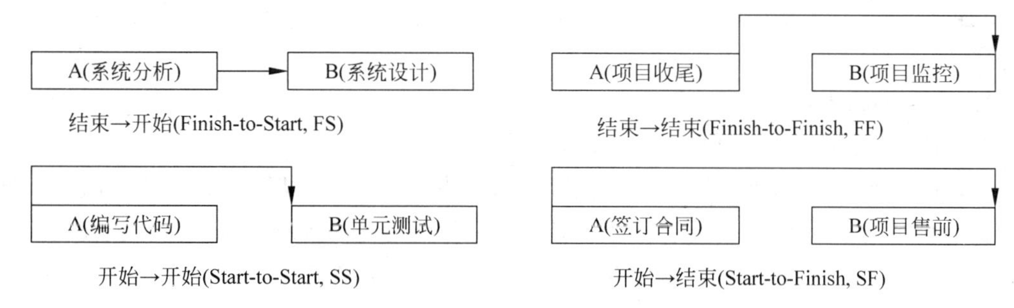

图 5-3 项目各活动间关系

其中,FS 表示 A 活动结束之后 B 活动才能开始,其中 A 是 B 的前置活动,也称紧前活动,B 是 A 的后续活动,也称紧后活动; SS 表示 A 活动开始之后 B 活动才能开始; FF 表示 A 活动结束以后,B 活动才能结束; SF 表示 A 活动开始之后,B 活动才能完成(一般 A 任务是交接 B 任务)。在 4 种活动间关系中,FS 是最常见的关系,SF 是最少使用的关系。

2. 活动间关系的依据

活动间依赖关系可能来源于软件项目的内部或外部,从活动逻辑关系来看,可以是强制或选择。这四种依赖关系可以组合成强制性外部依赖关系、强制性内部依赖关系、选择性外部依赖关系和选择性内部依赖关系。

1) 强制性依赖关系

强制性依赖关系是活动间自身固有的、无法改变的逻辑关系,往往是由客观规律或者活动内在性质决定的依赖,如法律和合同要求的活动关系。强制性依赖关系一般是不可调整、不可违背的。例如,在 IT 项目开发过程中,必须在编写出代码之后才能进行单元测试。

2) 选择性依赖关系

选择性依赖关系是可以由项目开发人员主观意志去调整和确定的项目活动关系,又称为首选逻辑关系、优先逻辑关系或软逻辑关系,是两项活动可先可后的顺序关系。开发人员根据以往项目的经验和知识,识别选择性依赖关系,并进行全面记录,因为它们会影响总浮动时间,并限制后续的进度安排。如果打算进行快速跟进,则应当审查相应的选择性依赖关系,项目经理确定哪个模块先开发,哪个模块后开发,哪个任务先做好些,哪个同时开发好些。

3) 外部依赖关系

外部依赖关系是项目活动与非项目活动之间的依赖关系,如软件安装试运行,取决于用户方是否具备软件硬件环境。在排列活动顺序过程中,项目管理团队应明确哪些依赖关系属于外部依赖关系。

4) 内部依赖关系

内部依赖关系是项目活动之间的紧前关系,通常在项目团队的控制之中,如只有先编写程序代码,才能进行程序测试。

5.4.2 进度管理工具

为便于管理项目活动,直观展示软件项目活动间的关系,一般通过进度管理模型,反映活动的时序和资源的关联。常用的进度管理工具包括甘特图、里程碑图、网络图、资源图等。

1. 甘特(Gantt)图

甘特图,又称横道图。其中,纵轴表示项目活动序列,横轴表示起止时间、先后次序以及各项活动的资源信息,如图5-4所示。甘特图简明直观,为团队提供易于理解的沟通工具。甘特图适合于简单的项目,由于不能明显体现各项活动之间的依赖关系、各项活动的主次关系及重要程度等,因此不适合活动逻辑关系复杂的项目。常常借鉴项目管理软件,绘制甘特图,辅助项目进度管理实施。

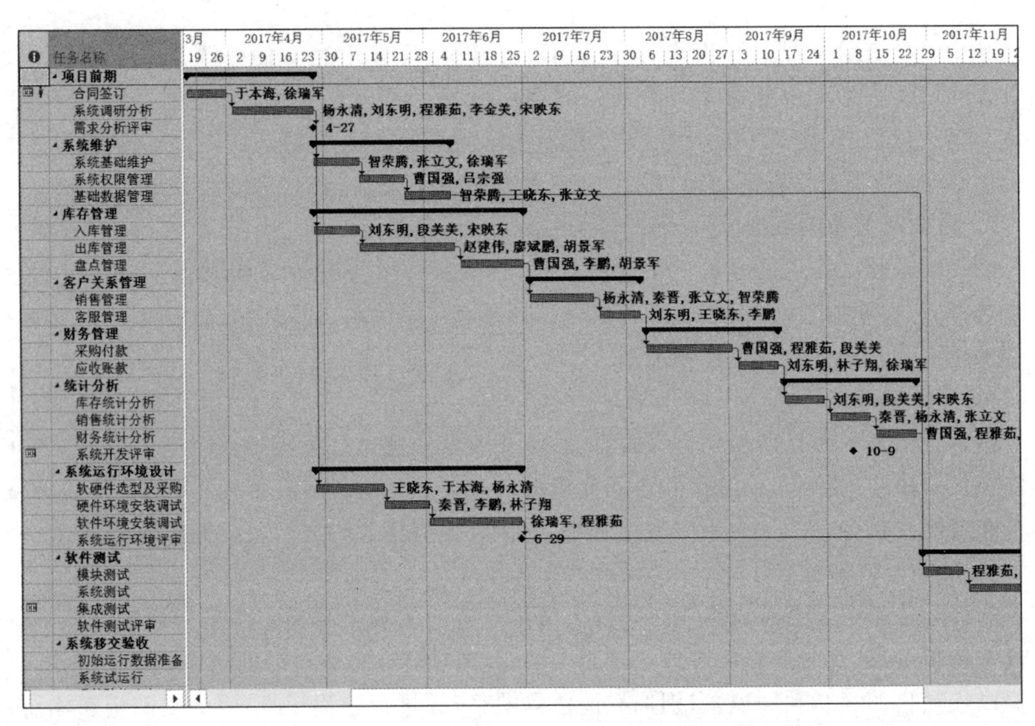

图5-4　Project 2013生成的进销存管理信息系统项目甘特图

2. 里程碑图

里程碑是项目中较为重大的事件或时间节点,不占用项目资源和时间。通常指项目特定事件、活动、检查点(或决策点)以及一个可交付成果的完成,即工期为零的活动。

软件项目里程碑通常以生命周期开发阶段为节点,以大的开发阶段估算活动所需时间。里程碑计划编制通常是从完成项目的最后一项活动,即项目的最后一个里程碑反向设置的;由里程碑事件组成的图示即为里程碑图,用黑菱形符号代表里程碑,如图5-4所示。需求分析评审、系统开发评审、系统运行环境评审活动的完成,是该开发阶段工作结束标志,在某一时刻发生,工期为0工作日,均为里程碑事件。

3. 网络图

在活动延误的情况下,甘特图调整需要较大的工作量,而网络图将任务计划和进度安排分开,能够清晰地展示现在和将来完成的开发活动及活动间的关系,也可以预先确定各任务的时差。根据工作分解结构(WBS),通过判断项目活动在执行过程中的逻辑关系和先后顺序，绘制网络图。网络图的主要作用有：①直观清晰地展示项目活动的关键活动、关键路径和工期，找到最有效地完成项目任务的途径和制订出符合实际的、切实可行的进度计划；②项目开发人员对于所负责的开发任务在整个项目成功实现中的关键作用；③有助于确保软件组织资源得到有效的利用；④能够在项目开发前发现进度计划本身存在的缺陷，便于在项目开发过程中根据实际进度对项目的进度计划进行调整和优化。

常用的网络图有前导网络图（Precedence Diagramming Method，PDM）和箭线网络图（Arrow Diagramming Method，ADM）两种。

1）PDM 网络图

PDM 又称单代号网络图，网络节点的矩形框或圆圈表示一个项目活动或任务，箭线表示各项活动（任务）之间的依赖关系，如图 5-5 所示。

2）ADM 网络图

ADM 网络图也称双代号项目网络图（Activity-on-Arrow，AOA），用箭线表示某项活动（任务），用节点将活动连接起来，节点表示前一项活动的结束和下一项活动的开始。节点通常用圆圈表示，两个节点之间唯一确定一个任务，如图 5-6 所示。

在 ADM 网络图中，两个节点确定的活动具有唯一性，如果两项活动是同时展开的，两个代号之间的活动怎样区分？为了更好地表示活动间的逻辑关系，需要设置一个虚活动，虚活动是工期为 0，没有资源消耗的活动，通常用虚箭线表示，如图 5-7 所示。通过增加节点 C 解决了活动“硬件选型”和活动“数据库设计”同时开始和同时结束的问题，活动 CB 即为虚活动，工期为 0。

在一个软件项目中首先完成“硬件选型”活动，才能开始“硬件采购”活动和“软件编码”活动，“软件编码”活动开始前，需要完成“数据库设计”活动，如图 5-8（a）所示；但“硬件采购”活动不需要“数据库设计”活动结束，因此，引入节点 F，形成虚活动 CF 有效地解决 ADM 的逻辑错误问题，如图 5-8（b）所示。

网络图绘制要求包括：①按照活动的逻辑关系绘制；②不准出现循环回路；③不准出现双向箭头和无箭头的连线，从开始一致性地指向结束；④不要出现没有箭尾节点和没有箭头节点的箭线；⑤不要在箭线上引入或引出箭线；⑥尽量避免箭线交叉（采用过桥法或指向处理法）；⑦只有一个起点节点和终点节点。

4. 资源图

资源图主要用来表示 IT 项目开发过程中的资源（人力资源、设备、资金和材料等）的分配及利用情况。图 5-9 表示某项目的人力资源分布情况。

资源分解结构（Resource Breakdown Structure，RBS）是根据资源平衡以及编制资源约束型进度计划所需的资源类型，对资源进行分类的层级结构。资源类别包括人力、设备和材料；资源类型包括技能水平、等级水平或适用于项目的其他类型。资源分解结构有助于结合资源使用情况，组织与报告项目的进度数据，详见第 8 章。

常用项目进度管理工具对比见表 5-2。

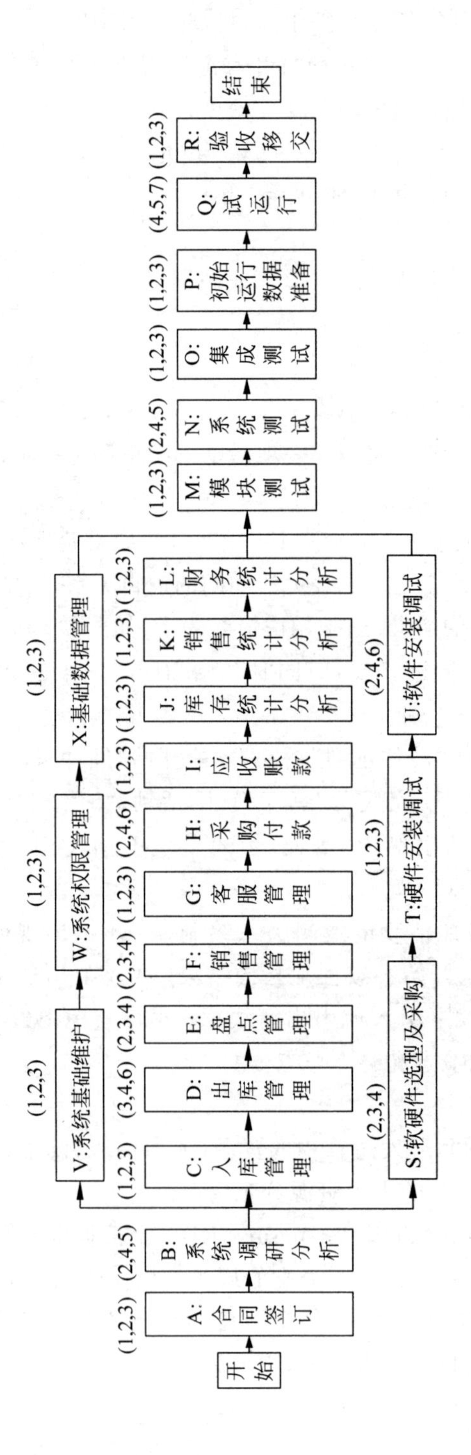

图 5-5 进销存系统开发项目 PDM 网络图

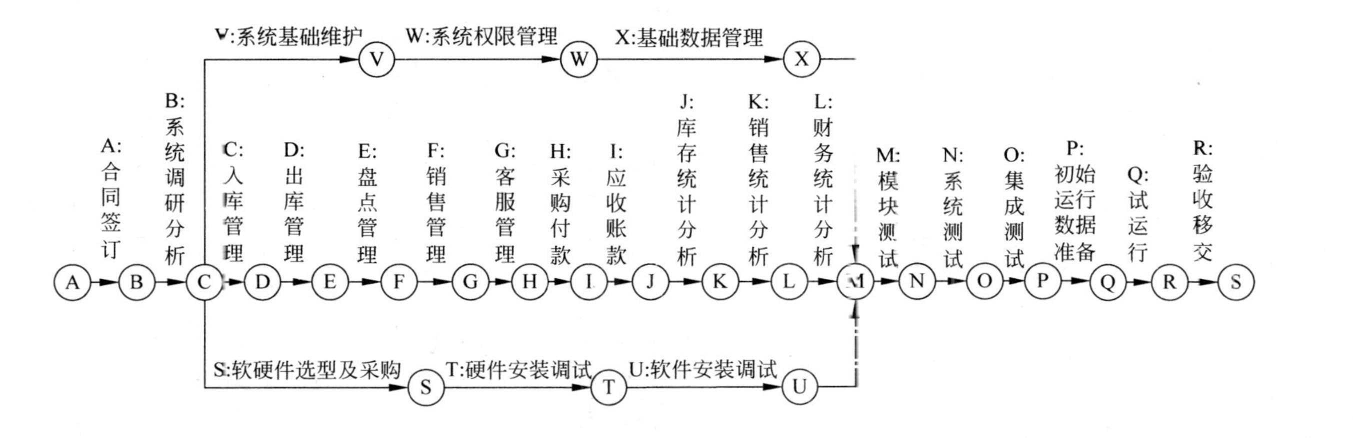

图 5-6 进销存系统开发项目 ADM 网络图

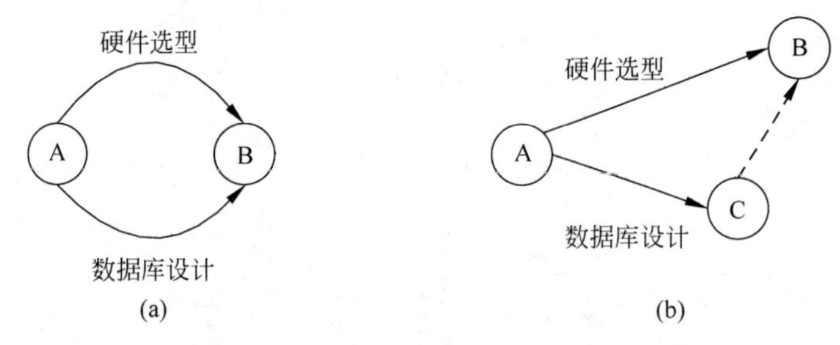

图 5-7 引入虚活动的 ADM 网络图

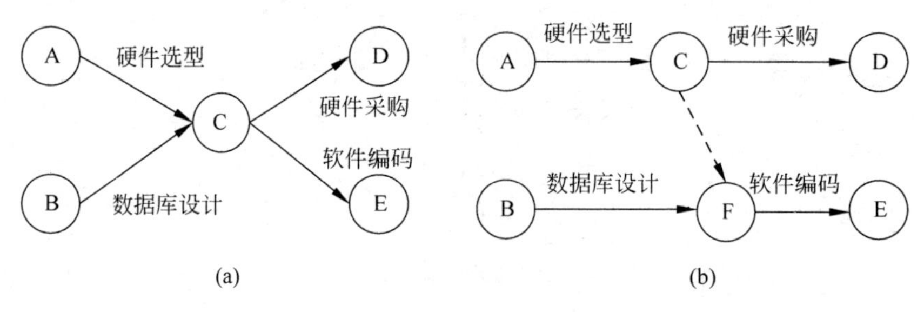

图 5-8 引入虚活动 ADM 网络图

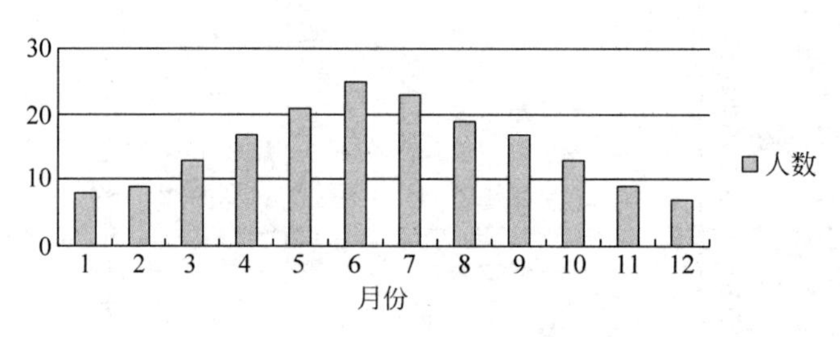

图 5-9 人力资源图

表 5-2 常用项目进度管理工具对比

进度管理工具	作　用	优　势	备　注
甘特图	便于管理层掌握项目进度,用于追踪项目活动的进展	追踪概况性活动进度	概况性活动也称为汇总活动
里程碑图	项目经理、管理层及用户控制阶段性活动进展	概述项目进展情况	标志一系列活动完成,无工期
网络图	项目团队使用,反映了详细的进度计划	定义了项目活动间的逻辑关系	分为单代号图、双代号图
资源图	人力资源部门使用,反映项目生命周期内的人力资源需求	便于组织有效地调整项目间的人力资源分布	反映了资源的时间进度特征
资源分解结构图	可用于识别和分析项目人力资源配备	资源分解结构有助于结合资源使用情况,组织和报告项目的进度数据	资源分解结构是项目成本预算的基础

5.5 活动资源估算

5.5.1 项目活动资源

在 IT 项目开发过程中，项目活动所需的资源类型、数量是影响项目进度的主要因素。因此，在计算项目活动的历时之前，需要对活动所需资源进行估计。IT 项目活动资源主要包括：

(1) 人力资源主要指软件项目的开发人员(分析、设计、实施等)、管理人员(项目经理、QA 等)，以及与项目相关的用户和外聘人员等。

(2) 设备包括服务器、计算机和打印设备等。

(3) 资金主要用于购买设备、差旅费以及人员的工资等。

(4) 服务主要指用于完成项目的必要支持服务，如通讯、会议等。

(5) 场地指完成项目的研发和办公场所。

(6) 材料是软件项目开发过程中消耗的资源，如优盘、打印纸等。

(7) 软件项目的其他资源需求可能包括一些支持活动(如配置管理系统、质量保证系统、文档、用户培训等)的资源。软件测试设备和多目标环境或平台部署是可能需要的其他资源。

为了准确估算活动所需资源，项目负责人要明确活动清单、活动属性、资源的可用情况等。项目负责人根据类似项目历史数据以及专家经验进行资源类型和数量估算。

5.5.2 项目活动资源估算方法

活动资源估算就是确定完成项目活动所需要的资源类型、数量和资源使用时间。软件项目经理在资源估算过程中需要考虑因素包括：①已经完成类似项目活动资源消耗情况；②当前项目活动的复杂度情况；③组织资源是否满足项目活动要求的程度；④项目资源可替代性。

软件组织的主要资源是人力资源，软件项目资源估算主要是对人力资源的估算。在估算所需的软件开发人员的数量时，开发人员的技术水平和学习能力是重要参考因素。

软件项目资源估算的主要方法：

(1) 头脑风暴法

通过相关专家对软件项目活动以及组织已完成类似项目分析，专家估算项目活动所需资源的数量和类型。

(2) 自下而上估算

根据 WBS 分解结果，首先估算处于 WBS 底层的活动所需资源，然后自下而上逐层汇总项目活动资源，得到项目整体资源的需求情况。在估算中，还要对活动之间影响资源利用的依赖关系进行说明。

(3) 备选方案分析

部分软件项目活动对资源的需求可以有不同的方案，如一项软件编程活动可以由高水平的程序员在较短工期内完成，由中等水平的程序员完成需要的时间要长一些，因此，在项目资源估算时，要提供多个可选方案，供决策者选择使用。

5.5.3 项目活动资源平衡

在项目开发过程中,当项目活动需要的资源超过组织现有可利用资源时;或者需要的资源在数量、质量(能力水平)方面发生变化时;或者同一资源同一时间被安排不同活动,引发资源冲突时;可能会影响项目进度、成本、质量或范围等目标,导致项目目标无法实现。实际开发工作中通常用资源平衡的方法来解决这个问题。

1. 资源平衡的作用

(1) 根据进度计划合理安排项目所需的人力和物力等资源,避免资源不够、资源冗余或资源不均衡等现象的发生,提高资源的使用效率。

(2) 充分利用非关键路径上的浮动时间来灵活安排项目资源,优化和合理调整项目进度计划,确保进度计划的有效实现,提高项目管理的效率和效益。

(3) 在进度延期的情况下,调整组织对于各个项目资源的投入水平,控制项目进度。

(4) 通过资源平衡,使得项目的人力、物力等资源得到合理、充分、高效的使用。

2. 资源平衡的方法

资源平衡的方法有两种:①灵活使用非关键路径上活动的浮动时间,平衡使用组织现有资源;②调整资源的不同配置(指软件开发人员的能力水平),来避免资源分配不合理或资源的过度分配。

5.6 活动工期估算

活动工期估算是根据活动资源估算的结果、活动间关系,估算完成项目活动所需的时间。根据项目中完成各项活动进行时间估算,确定项目总工期估算。项目活动工期的估算应力求准确,工期估算偏长,则影响项目总的历时,浪费组织资源;工期估算偏短,影响项目完成质量。因此,对项目活动工期估算时,不应受到活动重要性及预定项目完成期限的影响,要在充分考虑项目资源的情况下,把项目活动置于独立的正常状态下进行估算,保证估算过程的客观公正。

5.6.1 活动工期估算的基础数据

软件项目活动属性信息的准确性、有效性、及时性是有效进度管理的前提,进行项目活动工期估算,需要的基础信息如下。

(1) 软件项目开发人员数量和技能水平。活动的工作量是确定的,资源能力决定了可分配项目活动资源数量的多少,如由全职人员实施某项活动,熟练人员通常能比不熟练人员在更短时间内完成该活动。同时,资源的数量在某种程度上决定了工期的长短,项目人员技术水平不同,完成项目的生产率不同。例如,某项目开发人员每天完成代码行数,用代码行数/天表示,但是参与项目活动人员数量并不是越多越好。不同技能水平的开发人员消耗的项目资源以及导致项目的成本也有所不同。

(2) 资源日历。项目开发人员实际可用的工作时间,除去节假日、休假、出差等时间。

(3) 项目人员工作时间。包括连续工作时间、有效的工作时间等。连续工作时间指项目持续、不间断的工作时间。有效的工作时间指正常的工作时间,除去休息、开会等时间,一般采用每周工作 5 天，每天 8 小时工作制，但是并不是 8 个小时全部花费在项目活动中。

（4）已完成项目情况。组织已经完成的类似项目数据，可作为当前项目工期估算的参考，主要包括已完成项目工期估计数据库、软件项目特征的信息。

（5）活动工期表示。可以用具体的数值表示，也可以用某一数值范围。如图 5-5 中的“出库管理模块”编写程序代码活动工期估算为 2 周，或者 10±2 天，表示该活动至少 8 天，但不超过 12 天。

（6）项目活动实现约束和假设条件。约束条件是指项目活动工期估算所面临的限制因素；假设条件是指项目工期估算所假定的各种存在风险以及可能发生的情况。

5.6.2 活动工期估算方法

活动工期估算主要包括：专家判断法、类比估算法、计划评审技术和参数估算法等。

1. 专家判断法

根据以往类似项目的经验和专家的背景，估算项目活动工期，或根据以往类似项目的信息，给出活动工期的上限。专家也可决定是否使用多种估算方法，以及如何调整各种估算方法之间的误差，最终得到项目活动工期的准确估算。

2. 类比估算法

在软件项目早期，对项目特征数据知之甚少，通常采用类比估算法，来估算当前活动或项目的工期。类比估算是应用已完成相似活动或项目的工期数据，估算当前活动或项目工期的技术，是一种粗略的估算方法，有时需要根据项目复杂性方面的差异进行调整。类比估算通常成本较低、耗时较少、准确性低，可以针对整个项目或项目中的某些活动，进行类比估算。类比估算可以与其他估算方法联合使用。

3. 计划评审技术

考虑到项目活动工期估算的不确定性和风险，以及提高活动持续时间估算的准确性，20 世纪 50 年代美国海军部提出了计划评审技术（Program Evaluation and Review Technique，PERT），认为项目活动的持续时间和整个项目工期是随机的，并服从某种概率分布。通常 PERT 使用三点估算值来判断活动工期的近似区间。

（1）最乐观时间（Optimistic Time）：表示项目开发过程顺利的情况下，完成某项工作的最少时间。

（2）最可能时间（Most Likely Time）：表示完成项目活动所需的最可能估算值，是基于项目的最佳期望估算结果。

（3）最悲观时间（Pessimistic Time）：表示在不利的情况下，完成项目活动所需的最大估算值。

如果三点值估计服从 β 分布（PERT 方法），则项目活动工期如下。

期望值：$E=(O+4M+P)/6$

方差：$\delta^2=[(P-O)/6]^2$

标准差：$\delta=(P-O)/6$

其中，E 表示活动历时估算，活动历时估算表示完成该活动所需时间的多少；O 表示活动完成的最乐观时间；M 表示活动完成的最可能时间；P 表示活动完成的最悲观时间。

标准差 δ 表示该任务在期望的时间内完成的可能性大小，标准差越小则表明在期望时间内完成的可能性就越大,标准差越大则表明在期望的时间内完成的可能性就越小。

在网络图中的一条路径有 n 项活动,每项活动的历时估算为 $E_1, E_2, \cdots, E_n$,标准差分别为 $\delta_1, \delta_2, \cdots, \delta_n$,则该条路径的历时估算 $E = E_1 + E_2 + \cdots + E_n$; 方差 $\delta^2 = (\delta_1)^2 + (\delta_2)^2 + \cdots + (\delta_n)^2$; 标准差 $\delta = ((\delta_1)^2 + (\delta_2)^2 + \cdots + (\delta_n)^2)^{1/2}$。

假设PERT历时估算 E、标准差 δ 符合正态概率分布,则该路径在 $E+1\delta$ 内完成的概率分布为68.3%,在 $E+2\delta$ 内完成的概率分布为95.5%,在 $E+3\delta$ 内完成的概率分布为99.7%。

某进销存系统开发项目各活动最乐观时间、最可能时间和最悲观时间,见图5-5。假设活动历时时间估计服从β分布(PERT方法),则项目活动工期、标准差和方差,见表5-3。

表5-3 项目活动历时估计(PERT)

活动	最乐观时间/周	最可能时间/周	最悲观时间/周	PERT估计值/周	标准差 δ	方差
A	1	2	3	2	0.3	0.09
B	2	4	5	3.8	0.5	0.25
C	1	2	3	2	0.3	0.09
D	3	4	6	4.2	0.5	0.25
E	2	3	4	3	0.3	0.09
F	2	3	4	3	0.3	0.09
G	1	2	3	2	0.3	0.09
H	2	4	6	4	0.7	0.49
I	1	2	3	2	0.3	0.09
J	1	2	3	2	0.3	0.09
K	1	2	3	2	0.3	0.09
L	1	2	3	2	0.3	0.09
M	1	2	3	2	0.3	0.09
N	2	4	5	3.8	0.5	0.25
O	1	2	3	2	0.3	0.09
P	1	2	3	2	0.3	0.09
Q	4	5	7	5.2	0.5	0.25
R	1	2	3	2	0.3	0.09
S	2	3	4	3	0.3	0.09
T	1	2	3	2	0.3	0.09
U	2	4	6	4	0.7	0.49
V	1	2	3	2	0.3	0.09
W	1	2	3	2	0.3	0.09
X	1	2	3	2	0.3	0.09

该项目的3条活动路径总的历时估计期望值、标准差和方差见表5-4。

表 5-4 项目活动路径历时估计

项目活动路径	PERT估计值（周）	方差	标准差 δ	±δ内完成概率		±2δ内完成概率		±3δ内完成概率	
				从	到	从	到	从	到
A-B-V-W-X-M-N-O-P-Q-R	28.8	1.47	1.21	27.59	30.01	26.38	31.22	25.17	32.43
A-B-C-D-F-E-F-G-H-I-J-K-L-M-N-O-P-Q-R	49	2.66	1.63	47.37	50.63	45.74	52.26	44.11	53.89
A-B-S-T-U-M-N-O-P-Q-R	31.8	1.87	1.37	30.43	33.17	29.06	34.54	27.69	35.91

(I-J-K-F-G)路径活动历时估计，见图 5-10。

该路径历时期望值为 23.5 周，在 24.89 周完成的概率 $P=50\%+(68.3)/2=84.2\%$。

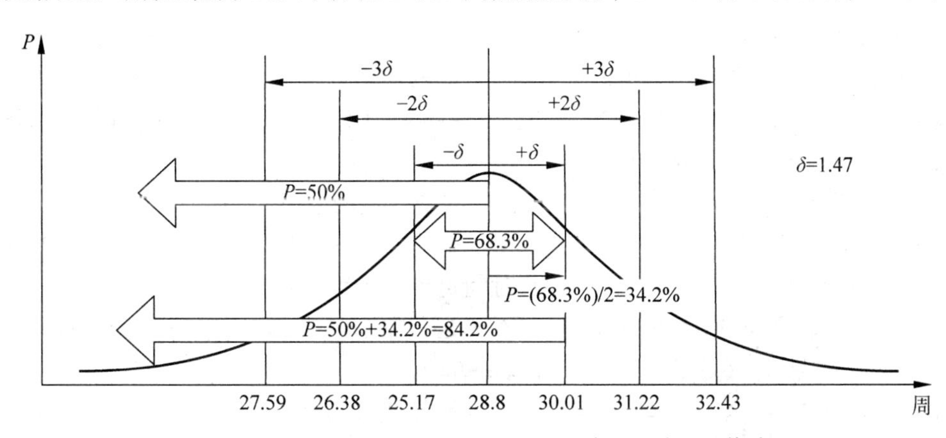

图 5-10 (A-B-V-W-X-M-N-O-P-Q-R)路径活动历时估计

4. 参数估算法

参数估算法是根据历史数据和项目参数，应用某种算法来计算项目活动历时的估算方法。例如，把项目活动开发的工作量(如软件开发中的代码行数、功能点和对象点等)乘以完成单位工作量所需的工时，计算出活动历时时间；图 5-5 中的客服管理模块 H 开发工作量 $Q=15\text{KLOC}$，项目小组的开发效率为 $R=0.8$ 周/千代码行，活动历时时间 $T=Q\times R=15\times 0.8=12$ 周。

5.7 进度计划编制

进度计划编制是为实施软件开发和管理项目进展，制订合理的计划，在分析活动顺序、历时、最早和最晚时间、工作日历、资源需求和制约因素基础上，对完成的工作进行估计，明确活动的开始和结束时间、项目开始和结束日期、约束条件和目标。

5.7.1 软件项目进度计划方法

编制软件项目进度计划的主要方法有：关键路径法(Critical Path Method，CPM)、关键链项目管理(Critical Chain Project Management，CCPM)、计划评审技术(Program Evaluation and Review Technique，PERT)、时间压缩法(Time Crash Method，TCM)、资源

平衡法(Resource Leveling Method,RLM)等。

1. 关键路径法

关键路径法是一种网络图分析技术,根据项目活动的特定依赖关系,确定各项活动的最早、最迟开始时间以及最早、最迟完成时间,通过计算网络图中历时最长的路径,进而用来预测项目的总工期。

1) CPM主要时间参数

(1) 最早开始时间(Early Start,ES)是活动开始执行的最早时间,由该活动所有紧前活动中最后一个最早结束时间确定。

(2) 最早完成时间(Early Finish,EF)是活动完成的最早时间,由该活动的最早开始时间加上其工期确定。

(3) 最迟开始时间(Late Start,LS)表示在不影响整个项目按期完成和有关时限约束的条件下,活动最迟必须开始执行的时间,等于活动的最迟结束时间减去活动的工期。

(4) 最迟完成时间(Late Finish,LF)表示在不影响整个项目按期完成和有关时限约束的条件下,活动最迟必须完成的时间。

(5) 活动历时(Duration,D)表示活动从开始到完成的时间。

(6) 总浮动时间(Total Float,TF)是在不影响整个项目按期完成和有关时限约束的条件下,活动可以推迟的总时间量(最早开始时间可以推迟的量)。

(7) 自由浮动时间(Free Float,FF)是在不延误紧后活动最早开始日期的条件下,当前活动可以推迟的时间量(最早结束时间可以延后的量)。

(8) 提前量(Lead)是在不影响整个项目按期完成和有关时限约束的条件下,相对于紧前活动,紧后活动可以提前的时间量。

(9) 滞后量(Lag)是在不影响整个项目按期完成和有关时限约束的条件下,相对于紧前活动,紧后活动可能推迟的时间量,Lag表示网络图中紧后活动的等待时间。

在网络图中,活动一般用比较直观的"七格图"表示,活动与工期相关的属性填写在七个矩形块中,如图5-11(a)所示。

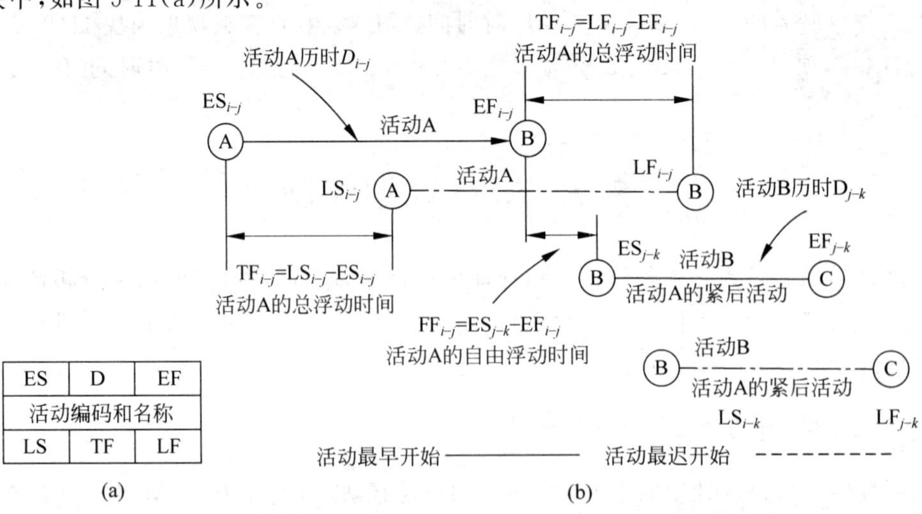

图5-11 CPM活动描述及主要时间参数之间的关系

图 5-11(b)表达了 CPM 主要时间参数之间的关系，B 活动是 A 活动的紧后活动，活动 A 开始时间为 i，完成时间为 j，活动 B 开始时间为 j，完成时间为 k。ES_{i-j} 表示活动 A 的最早开始时间，EF_{i-j} 表示工作 A 的最早结束时间。$D_{i-j}=EF_{i-j}-ES_{i-j}$ 表示活动 A 历时时间，$TF_{i-j}=LF_{i-j}-EF_{i-j}=LS_{i-j}-ES_{i-j}$ 表示活动 A 最晚开始时间与最早开始时间之差或者活动 A 最晚结束时间与最早结束时间之差，即活动 A 的总浮动时间。$FF_{i-j}=ES_{j-k}-EF_{i-j}$ 表示活动 B 的最早开始时间与活动 A 的最早结束时间之差，即活动 A 的自由浮动时间。

总浮动时间是在整个路径上有效，不会影响到整个项目的完成时间，而自由浮动是不影响到紧后活动的最早开始时间。总浮动的值是大于等于自由浮动的值。

活动浮动时间可以为正值、0 或负值。活动浮动时间为 0 的活动是项目的关键活动，表示该活动一旦延期则影响整个项目的完成时间。由关键活动构成的网络路径就是项目的关键路径。关键路径上的活动可能出现负的浮动时间，一般是顺推法所得的完工时间晚于用户要求的完工时间。

关键路径法首先应用正推法(Forward Pass)正向计算活动的最早开始时间(ES)和最早完成时间(EF)，然后应用逆推法(Backward Pass)反向计算活动的最迟完成时间(LF)和最迟开始时间(LS)。

2) 正推法

正推法是指按照网络图中活动发生的先后顺序即网络图中的箭头顺序，自左向右计算各项活动最早开始和最早完成时间的方法。具体步骤如下。

(1) 根据项目活动的逻辑关系，绘制项目的网络图。

(2) 从网络图的“开始”活动开始，按照从左到右、从上到下计算每项活动的最早开始和最早完成时间。“开始”活动为虚拟活动，开始时间为 0，工期为 0，总浮动时间和自由浮动时间均为 0。设置第一个活动最早开始时间为 1。

(3) 活动最早完成时间等于最早开始时间加上活动历时时间；紧后活动的最早开始时间取决于紧前活动的最早完成时间。当活动有多个紧前活动时，该活动的最早开始时间取决于前置活动中最早完成时间最晚的那项活动。因为当前活动有多项紧前活动意味着所有活动结束后该项活动才能开始，所以紧后活动的最早开始时间取决于紧前活动最早完成时间最大的活动，即“正向算流入，正向取最大”。

根据进销存系统开发项目网络图 5-5 以及表 5-2 项目活动历时估计(PERT)值(采取四舍五入)，用正推法得到活动的最早开始时间和最早完成时间，见图 5-12。

3) 逆推法

逆推法是指按照网络图中活动发生的逆顺序即网络图中的箭头反向顺序，自右向左、自上而下计算各项活动最晚完成和最晚开始时间的方法。具体步骤如下。

(1) 从网络图右边开始，计算每个活动最晚开始和最晚结束时间。

(2) 在项目中所有活动结束后，设置一个虚拟活动“完成”活动，该活动与“开始”活动性质相同，工期为 0，总时差和自由时差为 0。或者设置最后活动的最迟时间，令其等于正推法计算出的最早完成时间。

(3) “完成”活动的完成时间为项目完成时间。活动最晚开始时间为最晚完成时间减去活动工期；紧前活动最晚完成时间根据其紧后活动的最晚开始时间确定。

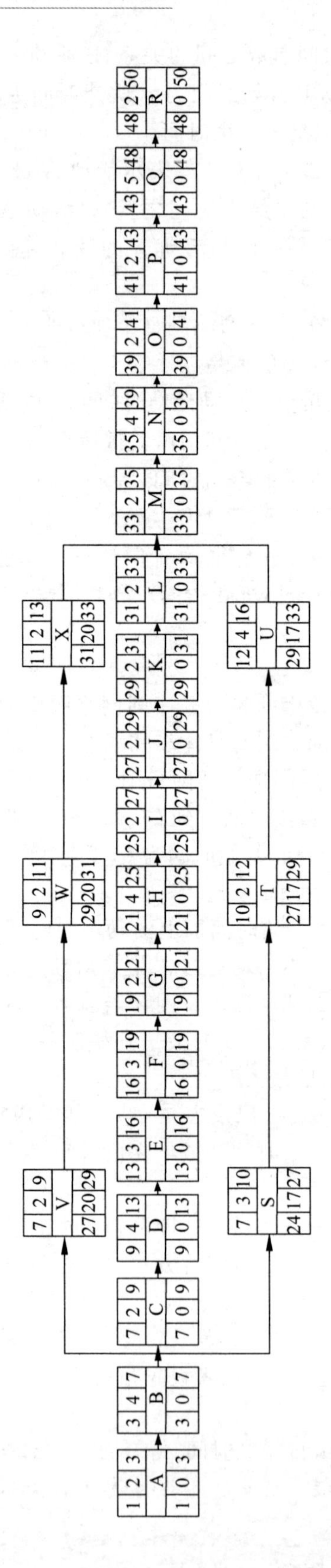

图 5-12 进销存系统开发项目关键路径图

(4) 活动有多个紧后活动时，该活动的最晚完成时间根据紧后活动中最晚开始时间的最小值确定，以紧后活动最晚开始时间中数值最小的时间作为该项活动的最晚完成时间，即“反向算流出，反向取最小”。

进销存系统开发项目用逆推法得到活动的最晚完成时间和最晚开始时间，见图 5-12。

4) 确定关键路径的方法

(1) 最长路径法。分别计算网络图中每条路径的时间长度，以时间长度最大的为关键路径。

(2) 总浮动时间最小法。网络图中总浮动时间最小的路径为关键路径。总时差为 0 的活动，即为关键活动，由总浮动时间等于零的活动组成的路径即为关键路径。

图 5-12 进销存系统开发项目关键路径为 A-B-C-D-E-F-G-H-I-J-K-L-M-N-O-P-Q-R（下简称关键路径 A→R），项目工期为 49 周。

关键路径上活动的总历时即为项目的总工期，项目经理必须对关键路径上的各项活动特别关注，如果关键路径上有些活动延期，项目经理必须及时采取纠正性措施，否则整个项目就会延期。另外，项目的关键路径并不唯一，针对有多条关键路径的项目，此时项目经理要注意各条关键路径的活动执行情况。对于软件项目，由于变更较多，导致关键路径具有动态性特征，在开发过程中，要时刻关注关键路径变动，以保证项目按期完成。

CPM 从理论上计算项目活动的最早最晚开始和结束时间及项目工期，却忽略了项目开发过程中的资源限制、条件约束等相关因素对进度计划的影响，因此 CPM 计算出的活动历时应充分考虑资源限制以及项目的特殊要求，对活动的历时和项目工期进行调整，才能真实地反映项目的实际运行状况。时间压缩法、资源平衡等方法是调整活动历时和项目工期的主要方法。

2. 关键链项目管理法

CPM 是严格按照活动紧前紧后的依赖关系确定项目进度计划。由于软件开发活动的不确定性以及资源的有限性，活动延期经常发生，CPM 测算活动的历时和起止时间也随之变动，因此，需要不断地调整项目活动的起止时间。关键链项目管理法在 CPM 的路径上设置缓冲时间，以应对项目资源限制和不确定性。

为了保证开发活动能够有较高的概率在计划时间内完成，一般活动计划时间都大于完成任务所需的平均时间，即在活动所需的时间中增加一部分“安全时间”(Safety Time，ST)。ST 的正面效果是能够更好地应对管理不确定因素，负面效果是延长了完成项目工期。关键链方法则把分配给各个活动的安全时间进行整合，在各个活动路径设置缓冲时间，能够有效地缩短项目工期。

关键链法包括三种类型的缓冲：项目缓冲(Project Buffer，PB)、接驳缓冲(Feeding Buffer，FB)和资源缓冲(Resource Buffer，RB)。项目缓冲是放置在关键链末端的缓冲，用来保证项目不因关键链的延误而延误；接驳缓冲是设置在非关键链与关键链的接合点，用来保证关键链不受非关键链延误的影响；资源缓冲是当需要投入某种资源来启动关键链上的工序，而其前续关键工序又使用其他资源时，需要在该工序之前设置资源缓冲，是为了保证关键链上资源的预警机制，一般没有规模大小的规定，其作用在于确保资源供应。在关键链上由于工序 F 和 G 使用的资源不同，应在工序 G 之前设 RB，如图 5-13 和图 5-14 所示。

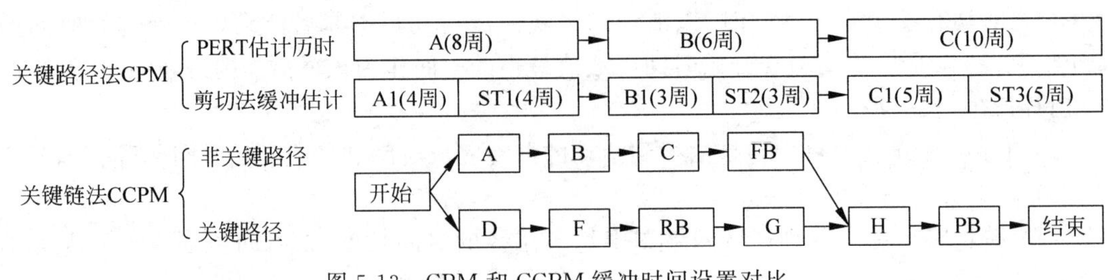

图 5-13　CPM 和 CCPM 缓冲时间设置对比

1）关键路径法的活动历时估计存在的问题

(1) 活动历时估计过高。

由于考虑软件项目开发活动的不确定性，活动的完成概率可以认为是β分布或三角分布，开发人员往往做出最悲观的时间估计，人为地增加了更多的额外时间。

(2) 项目经理的安全边界。

由于项目经理往往在开发人员估计的活动完成时间基础上，也考虑活动的不确定性，因此，重复增加了活动的安全完成时间。

(3) 预计高层管理者减少项目开发工期。

预计高层管理者为了压缩成本，而减少项目开发工期，项目管理团队常常事前采取多增加一些工期的方式予以应对。因此，增加了项目开发的整个工期。

2）项目延期的原因

(1) 帕金森定律。开发人员尽可能用尽活动的历时，即使提早完工也不报告，导致各个活动节省的时间，无法使其他活动和整个项目受益。程序员可以一周完成一项软件功能，也可能 2～3 周完成该功能，如果活动计划时间充裕，就会放慢开发节奏，直至活动历时消耗殆尽。

(2) 资源冲突。当有限的资源用到多项开发活动时，某些任务无法获得相应资源，导致项目延期。

(3) 缺乏有效约束与激励机制。

3）项目缓冲时间大小的设定

墨菲定律(Murphy's Law)认为任何可能变坏的事都会变坏，即事情变糟的可能性总是比变好的可能性要大，以及开发人员防患于未然的心理行为，项目开发活动的历时呈现β分布，如图 5-15 所示。其中，横轴表示活动历时，纵轴表示对应历时的完成概率。在确定的工期下，概率曲线和横轴之间围成的面积表示活动在该历时下可完成的保证率。

高德拉特(Goldrat)认为开发人员往往因考虑到个人声誉、切身利益等原因，趋向于选取具有高保证率(如 95%)的活动历时估计，而这要比低保证率(如 50%)下的活动历时估计大得多，如图 5-15 所示。

常用的计算缓冲大小的方法有两种：剪切法和根方差法。

(1) 剪切法(Cut and Paste Method，CP)。

剪切法是 1997 年高德拉特(Eliyahu M. Goldratt)提出的，是通过剔除活动历时估计中隐含的安全时间来计算项目缓冲时间大小的方法。Goldratt 认为活动历时包括活动计划历

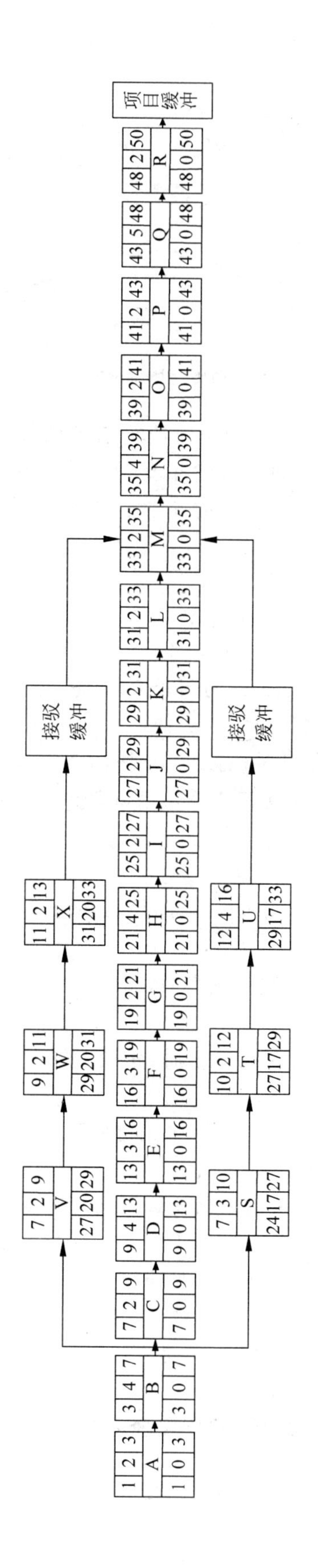

图 5-14 进销存系统开发项目缓冲设置示意图

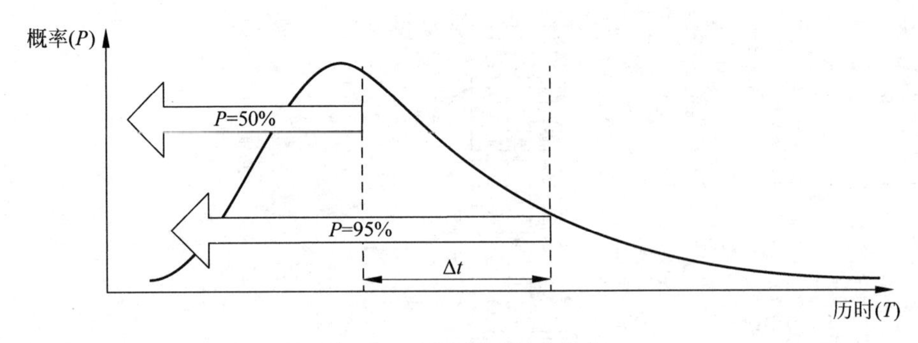

图 5-15　活动历时概率分布

时和安全缓冲(Δt_i)时间两部分;活动计划历时应为活动估计历时估计值(如 PERT)的 50%,安全缓冲(Δt_i)时间也设置为活动历时估计值(如 PERT)的 50%,因此,剪切法也称为 50%法;链路上活动的安全缓冲 Δt_i 总和的 50%作为活动缓冲时间的大小。将关键链长度的 1/2 作为项目缓冲的大小,将非关键链到关键链入口处的长度的 1/2 作为输入缓冲的大小,如图 5-13 所示。

$$\Delta B=\frac{1}{2}\sum_{i=1}^{n}\Delta t_i$$

式中,ΔB 为缓冲,Δt_i 为活动的安全缓冲,n 为路径上的活动数。

CP 法先用 PERT 或由项目经理和团队成员估计各开发活动的历时,然后用 50%的概率在估算中除去安全时间,剩余就是活动的限定历时;最后取关键链上所有活动被除去的安全时间总和的 1/2 作为 PB。将非关键链上活动被除去的安全时间总和的 1/2 作为非关键链的 FB。

应用剪切法对图 5-5 中项目工期分析如下。

① 关键路径 A→R 所有活动的时间减半后,路径 A 的安全工期为 24.5 周,路径缓冲时间为 12.25 周,则路径的总工期为 36.75 周。

② 非关键路径 V→X 所有活动的时间减半后,路径的安全工期为 3 周,路径缓冲时间为 1.5 周,则路径的总工期为 4.5 周。

③ 非关键路径 S→U 所有活动的时间减半后,路径的安全工期为 4.5 周,路径缓冲时间为 2.25 周,则路径的总工期为 6.75 周。

按照剪切法计算的项目工期为 36.75 周,比关键路径法估计的项目工期 49 周,减少 12.75 周。

CP 简单易行,但安全时间 Δt_i 主要是根据项目管理人员经验确定,准确度低,误差比较大,缺乏理论依据,缓冲时间大小随着相关链路工序数的变化而变化。链路上活动增多时,容易使缓冲时间过大,活动较少时,容易使缓冲时间过小。

(2) 根方差法(Root Variance Method,RSM)。

1998 年,Newbold 提出了根方差法,认为活动的安全缓冲 Δt 代表了活动历时的不确定性,并建议用 $\Delta t_i/2$ 作为活动历时的标准差,并以 2 倍的链路标准差作为链路的缓冲估计。假定链路上活动历时相互独立,则根据中心极限定理可得:

$$\Delta B=2\left[\sum_{i=1}^{n}\left(\frac{\Delta t_i}{2}\right)^2\right]^{1/2}=D\left[\sum_{i=1}^{n}(\Delta t_i)^2\right]^{1/2}$$

式中，ΔB 为缓冲，Δt_i 为活动的安全缓冲，n 为路径上的活动数。

PERT、剪切法和根方差法活动历时及工期估计见表 5-5。

表 5-5　PERT、剪切法和根方差法活动历时及工期估计

路径或活动	PERT 估计历时/周	安全缓冲时间/周		路径周期/周	
		剪切法	根方差法（标准差）	剪切法	根方差法
A	2	1	0.5	0.5	0.25
B	3.8	1.9	0.95	0.95	0.9
C	2	1	0.5	0.5	0.25
D	4.2	2.1	1.05	1.05	1.1
E	3	1.5	0.75	0.75	0.56
F	3	1.5	0.75	0.75	0.56
G	2	1	0.5	0.5	0.25
H	4	2	1	1	1
I	2	1	0.5	0.5	0.25
J	2	1	0.5	0.5	0.25
K	2	1	0.5	0.5	0.25
L	2	1	0.5	0.5	0.25
M	2	1	0.5	0.5	0.25
N	3.8	1.9	0.95	0.95	0.9
O	2	1	0.5	0.5	0.25
P	2	1	0.5	0.5	0.25
Q	5.2	2.6	1.3	1.3	1.69
R	2	1	0.5	0.5	0.25
S	3	1.5	0.75	0.75	0.56
T	2	1	0.5	0.5	0.25
U	4	2	1	1	1
V	2	1	0.5	0.5	0.25
W	2	1	0.5	0.5	0.25
X	2	1	0.5	0.5	0.25
关键路径 A→R	49	24.5	3.1	36.75	30.7
非关键路径 S→U	9	4.5	1.3	6.75	7.1
非关键路径 V→X	6	3	0.9	4.5	4.8

路径上活动数量较多时，RSM 法比 CP 法确定缓冲更为适合。采用 RSM 法的前提是假定路径上活动的时间参数估计是相互独立的。但是实际上路径上活动可能会受各种因素影响而具有相关性，且变坏的可能性要比变好的可能性大，造成确定的缓冲偏小。

关键链法的使用过程中的主要注意事项如下。

① 运用关键链法首先要确定项目的约束。关键链法在关键路径的基础上，更加注重实际调动资源的影响，充分考虑项目活动间的逻辑关系和资源限制得出的项目最短时间路径。

② 使用关键链法要充分挖掘约束因素的潜质。关键链中的约束是限制项目进度的关键因素之一，关键链的完成时间即为项目总时间，通过挖掘约束因素的潜质可以缩短关键链时间，更好地制订进度计划。

③ 保证关键链上的关键任务不受非关键任务的影响。在项目实施过程中,虽然增加了安全时间,但是仍存在项目延期完成的情况。如前置任务的延迟会导致后续任务的延迟;当项目中某项活动的前置活动较多时,项目进度取决于延迟最久的活动,即使前置活动中存在提前完工的活动,后置活动也不能提前开工。

④ 合理设置 RB 用来避免资源分配不合理造成的进度延误状况。RB 提示项目经理及时监督资源是否到位、分配是否合理等。如果关键任务所需要的资源被前置的非关键任务占用,关键链法要求提前在项目进度计划中标识 RB,同时项目负责人及时调配资源,避免因资源欠缺导致关键任务的延误。

3. 时间压缩法

时间压缩法是在不改变项目范围的情况下(如开发内容),寻找缩短项目活动历时的方法。常用的时间压缩法主要包括应急法和平行作业法。

1) 应急法

应急法又称赶工法或时间-成本平衡方法,是通过分析成本和进度平衡关系,采取一定措施,加快项目进度,达到缩短项目总工期的目的。赶工通常采用适当增加项目开发人员或加班的方式,用最小增量成本以达到最大量的缩短时间。项目进度压缩会引起开发费用的增加,应急法的实质是以成本换时间。如果项目的进度目标优先于成本目标,项目经理就要平衡成本增加和进度缩短之间的关系,确定合理的进度压缩幅度和具体的开发活动环节。

应用应急法须具备的条件如下。

(1) 项目活动(尤其是关键路径上的活动)存在正常进度以及可压缩进度。

(2) 项目具备进度压缩的资源。

(3) 项目活动进度压缩具有一定限度,因此进度必须在可压缩进度范围内。

在可压缩范围内,成本增长与进度压缩成正比的公式为:

单位进度压缩成本=(压缩后成本-正常成本)/(正常进度-压缩后进度)

某小型项目包括 A、B、C 和 D 四项活动,网络图如图 5-16 所示。各活动的正常进度、正常成本、压缩后进度和压缩后成本以及单位进度压缩成本,见表 5-6。项目的 A-B-C 路径活动的总工期为 18 周,成本为 78 万元;D-E 路径活动的总工期为 16 周,成本为 57 万元。根据成本增加最小的原则,选择单位进度压缩成本最小的活动进行压缩。

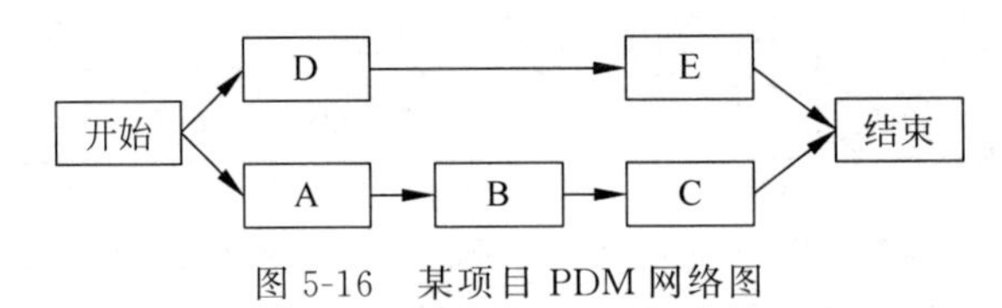

图 5-16 某项目 PDM 网络图

(1) 项目的目标总工期为 17 周,A-B-C 路径需要压缩,A 活动单位压缩成本最低,则 A 活动历时由 6 周压缩到 5 周,压缩 1 周,增加成本 2 万元。

(2) 项目的目标总工期为 16 周,A-B-C 路径需要再压缩,A 活动已经不能再压缩,B 单位压缩成本最低,则 B 活动历时由 8 周压缩到 7 周,压缩 1 周,增加成本 3 万元。

(3) 项目的目标总工期为 15 周,A-B-C 路径需要再压缩,A 活动已经不能再压缩,B 单位压缩成本最低,则 B 活动历时由 7 周压缩到 6 周,再压缩 1 周,增加成本 3 万元;D-E 也需要压缩,D 单位压缩成本最低,则 D 活动历时由 7 周压缩到 6 周,压缩 1 周,增加成本 2 万元；两个路径工期均达到15周。

表5-6 项目活动进度和成本

任务	A	B	C	D	E
正常进度/周	6	8	4	7	9
压缩后进度/周	5	5	2	5	8
正常成本/万元	18	24	36	21	36
压缩后成本/万元	20	33	44	25	40
单位进度压缩成本/(万/周)	2	3	4	2	4

该项目活动压缩后的详情，如表5-7所示。项目正常成本为135万元，正常进度为18周，压缩到15周后，项目的成本为145万元。

表5-7 压缩后的项目成本

完成周期/周	需要压缩的路径	选择压缩任务	成本计算/万	项目总成本/万
17	A-B-C	A	18+2	135+2
16	A-B-C	B(A不能再压缩)	18+2+3	135+2+3
15	A-B-C	B(A不能再压缩)	18+2+3+3	135+2+3+3
	D-E	D	21+2	135+2+3+3+2

2）平行作业法

项目开发过程中，在资源允许的条件下，根据活动间的逻辑顺序关系，尽可能将顺序发生的活动调整成并行开发，更合理利用资源的空闲时间，缩短项目的总工期。

选取图5-5关键路径上的部分活动C-D-E-F，正常的逻辑关系下，系统功能开发需要11周；在资源满足要求和各个活动逻辑关系不冲突情况下，C活动开始1周后，D活动开始，E活动在D活动开始2周后开始，F活动在E活动开始后进行（保持逻辑顺序不变），则路径活动周期为8周，比正常逻辑顺序减少3周时间，如图5-17所示。

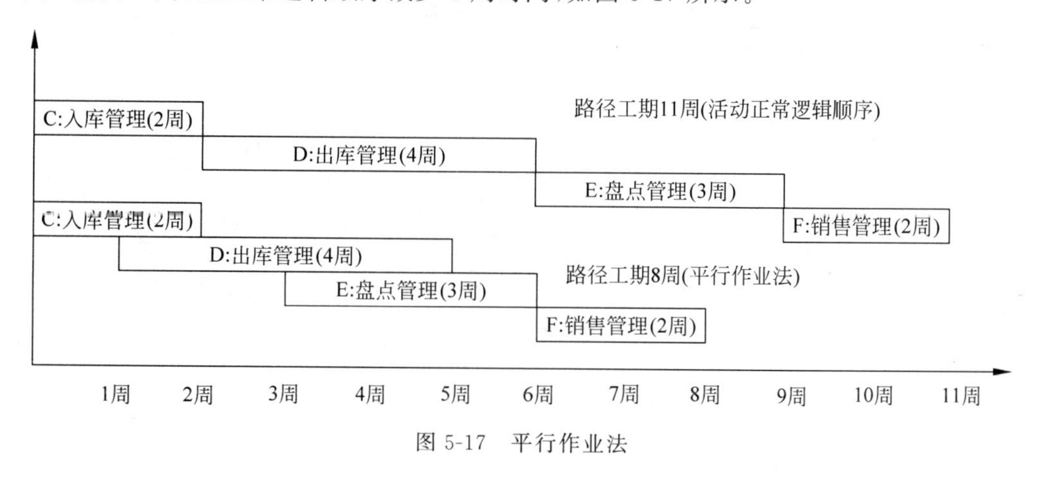

图5-17 平行作业法

平行作业法通过活动有序衔接，压缩项目进度，如果紧前紧后活动逻辑关系衔接有误，可能造成风险增加，项目后续活动返工的概率也会增大，因此，项目经理以及团队成员必须注意合理安排平行作业法。

4. 资源平衡法

通过合理地调整项目活动的开发顺序和并行作业方式,有效地分配与调度资源,有助于提高资源的使用效率和缩短项目开发工期。

资源平衡法主要通过有效利用项目资源,调整不同阶段项目活动对资源的需求数量,在松弛量允许的范围内移动活动,最小化地降低资源闲置时间,实现资源的合理高效使用。资源平衡重点在于将稀缺资源优先应用到关键路径的关键活动中,形成资源使用的平稳分布,尽可能形成连续的资源链。

资源平衡法通常应用在以下情况。

(1) 时间安排需要满足规定交工日期的计划活动。

(2) 只有在某些时间动用或只能动用有限数量的必要的共用或关键资源数量。

(3) 在项目工作具体时间段内按照某种水平均匀地使用选定资源。

某项目有 R、S 和 T 三项活动,项目活动的网络图及活动的历时,如图 5-18(a)所示。三项活动同时开始需要 12 人,2 周后需要 9 人,有 3 人闲置; 4 周后需要 6 人,有 6 人闲置,如图 5-18(b)所示。如果利用 T 活动的浮动时间,采取最晚开始时间,即 T 活动推迟到第 4 周开始,则最多需要 9 人即可完成任务。因此,同样在 6 周的工期内完成项目,仅需要 9 个开发人员,如图 5-18(c)所示,降低了人员闲置,提高了资源利用率。当然资源平衡的前提是 9 个开发人员都具备完成活动 R、S 和 T 的能力。

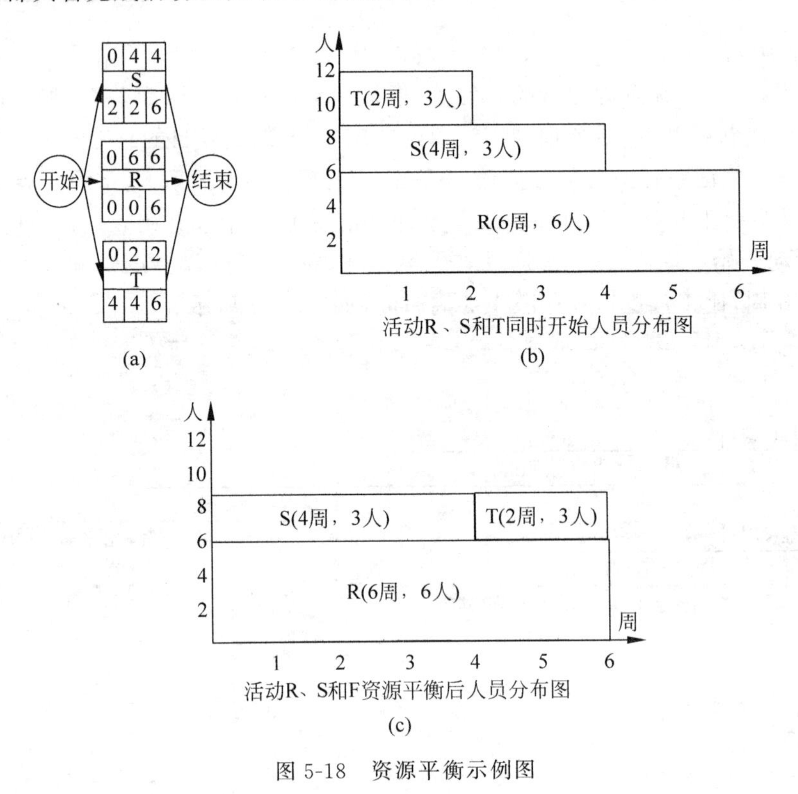

图 5-18 资源平衡示例图

5.7.2 进度计划编制的步骤

软件项目进度计划制订的主要依据是项目范围和 WBS,包括活动界定与描述、活动工作量估计、活动排序、绘制网络图、资源分配、活动历时估计和进度安排等活动，如图 5-19 所示。

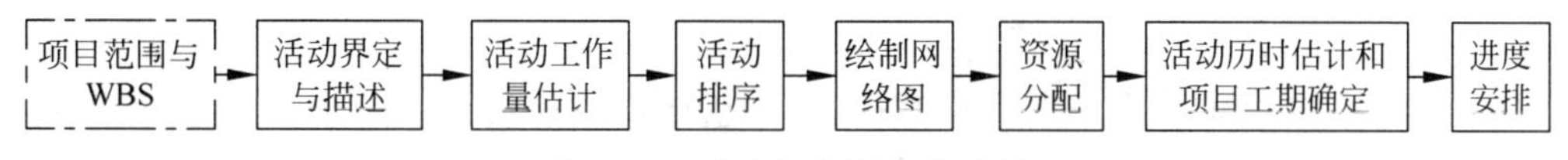

图 5-19　进度计划制订的步骤

1. 活动界定与描述

根据项目范围和 WBS 结果，界定完成工作包所需的各项活动，活动细化到能够由一个小组来完成，明确各项活动的具体工作内容和要求。

2. 活动工作量估计

根据项目具体开发活动的规模和复杂程度，计算各活动的工作量。

3. 活动排序

根据开发活动的内在联系，确定活动间逻辑顺序关系和工作开展的前提条件。对于没有明显逻辑关系的活动，应充分考虑组织的资源情况协调统筹安排，以达到资源的有效利用。

4. 绘制网络图

根据开发活动排序结果，初步建立项目活动网络图，确定项目中各项活动之间的依赖关系，通过网络图进行直观显示，尽可能地避免活动的遗漏，并确定关键路径和关键活动。

5. 资源分配

根据活动的工作内容、复杂度和活动规模，考虑资源的能力、水平和成本等因素，分配相应的人力、设备等资源，平衡分配活动所需资源。为了明确各部门或团队责任，便于项目经理在项目开发过程中的管理协调，应根据工作分解结构和项目组织结构对项目的每一项开发活动分配责任者，即工作责任分配矩阵，确保项目人员在最佳的工期内承担合适的工作量，并根据实际情况及时调整资源的供需情况。

6. 活动历时估计和项目工期确定

根据活动的工作量和分配资源的工作效率，估计各项活动历时。历时估计要求客观正确，如果工作时间估计太长，则影响项目的开发效益；如果工作时间估计太短，则会导致被动紧张局面；反而会延长项目工期。估计活动历时应充分考虑活动的重要性及活动完成期限的限制，以及各种资源供应、工作量、工作效率等因素，综合确定活动的历时。确定项目的浮动时间、关键路径和项目的总工期。

7. 进度安排

进度安排即对软件项目进度的计划编制，在明确项目范围、资源分配以及项目活动历时估计之后，确定活动的开始和结束时间以及项目整体的起止时间，制订项目进度计划。软件项目的活动工作量估计、历时估计、资源分配与进度安排通常是交替进行，相互协调，以实现更为精确的项目进度管理目标。

8. 冲突解决

影响软件项目进度计划的各种因素很可能出现冲突，如活动的提前或滞后、个人活动进度偏差、资源占用、突发事件和任务分配等都有可能产生冲突，通过平衡、调整以及增加资源，解决进度计划中的冲突问题。

5.8 进度控制

进度控制是通过跟踪记录项目开发状况,更新项目进展信息。分析项目活动计划与实际进展情况偏差,通过管理进度基准变更,及时采取纠正和预防措施,以实现进度计划正常进行的过程。

控制进度作为实施整体变更控制过程的一部分,主要完成判断项目进度的当前状态、对引起进度变更因素施加影响、判断进度是否已经发生变更、在变更发生时对其进行管理等工作。进度控制的主要方法有绩效审查、项目管理软件、资源优化技术和建模技术。

5.8.1 进度控制原则

1. 系统原则

为实现项目进度目标,进度计划由大到小,活动内容从粗到细,逐步分解。为了保证项目进度,项目组织应设有专门的职能部门或人员系统地负责进度的记录、跟踪、统计、分析及调整等工作。对于大型软件项目,需要多名项目进度管理人员,不同的人员负有不同的进度控制责任,分工协作,形成一个较为复杂的项目进度控制系统。所以无论是控制对象,还是控制主体,无论是进度计划,还是控制活动,都应是一个完整的系统。

2. 动态控制原则

由于活动历时估计的不确定性,导致项目进度计划也存在着不确定性,随着项目开发活动推进,早期的项目活动有的可能提前完成,有的可能延期。因此,按早期制订的进度计划可能不符合后续软件开发阶段的要求,所以需要对当前生命周期阶段的后续生命周期阶段的软件进度计划重新制订。当前生命周期阶段或里程碑事件结束后,要对前一个节点的进度绩效进行分析,根据绩效分析结果,重新制订后续软件活动进度计划,实施继续控制。因此,进度控制应采用这种动态循环的控制方法,如图 5-20 所示。

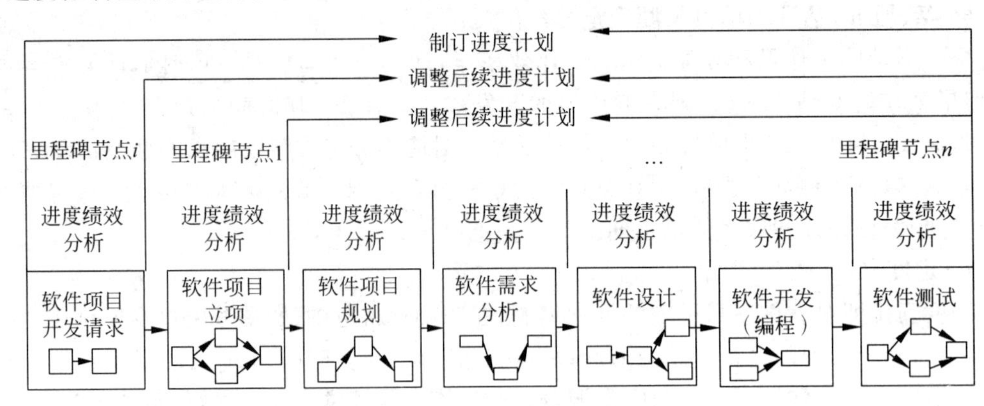

图 5-20 进度计划动态控制示意图

3. 封闭循环原则

项目进度控制的全过程是一种循环性的例行活动,其中包括编制计划、实施计划、检查、比较与分析、确定调整措施和修改计划,从而形成了一个封闭的循环系统。进度控制过程就是这种封闭循环中不断运行的过程,如图 5-21 所示。

4. 弹性原则

软件项目工期长，影响进度因素多，因此，计划编制应考虑各种因素的影响程度和出现的可能性，并在确定进度目标时，分析目标的风险，从而使进度计划留有余地。在控制项目进度时，可以利用活动弹性缩短工作的持续时间，或调整活动之间的链接关系，以使项目最终能实现工期目标。

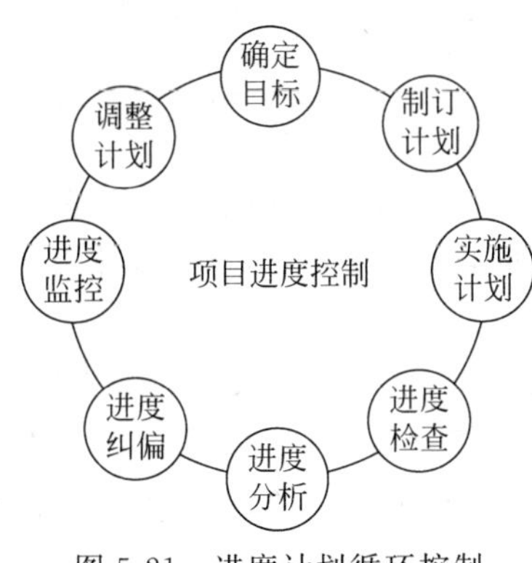

图 5-21 进度计划循环控制

5. 网络计划技术原则

网络计划技术不仅可以用于编制进度计划，而且可以用于计划的优化、管理和控制。网络计划技术是一种科学且有效的进度管理方法，是项目进度控制，特别是复杂项目进度控制的完整计划管理和分析计算的有效工具。

5.8.2 进度控制方法

绩效审查是指度量、对比和分析进度绩效，如活动的实际开始和完成时间、已完成百分比及当前活动的剩余持续时间。绩效审查可以使用各种技术，其中包括以下几项。

1. 趋势分析

趋势分析检查项目绩效随活动推进的变化情况，以确定绩效是否满足需要。图形分析技术有助于理解当前绩效水平，并与未来的目标绩效（如完工日期）进行对比分析。

2. 关键路径法

通过比较关键路径的进展情况来确定整体进度状态。关键路径上的差异将对项目的完成日期产生直接影响。评估关键路径上活动的进展情况，有助于识别进度风险。

对于非关键路径上的某个活动发生较长时间的延误，可能不会对整体项目进度产生影响；而某个关键或次关键活动的稍许延误，却可能需要立即采取行动。

3. 关键链项目管理法

通过对项目缓冲时间和剩余项目缓冲时间、接驳缓冲与剩余接驳缓冲时间分析，确定进度状态。是否需要采取纠正措施，取决于所需缓冲与剩余缓冲之间的差值大小。

4. 挣值管理

采用进度绩效测量指标：进度偏差（SV）和进度绩效指数（SPI），评价偏离初始进度基准的程度。总浮动时间和最早结束时间偏差也是评价项目进度绩效的基本指标。

对于不使用挣值管理的项目，需要开展类似的偏差分析，比较活动的计划开始和结束时间与实际开始和结束时间，确定进度基准和实际项目绩效之间的偏差，根据偏离进度基准的原因和程度，决定是否需要采取纠正或预防措施。

5. 资源优化技术

资源优化技术是在同时考虑资源可用性和项目进度的情况下，对活动和活动所需资源进行调整和优化。

6. 提前量和滞后量

在网络分析中调整活动进度的提前量与滞后量，设法使进度滞后的活动赶上计划。①通过增加活动之间的提前量，如在学生成绩管理软件开发过程中，把成绩报表统计分析模块开发,调整到成绩查询模块开发完工之前开始;②通过消除或减少滞后量,如把软件环境调试活动调整到硬件运行环境调试结束完成之后立即开始。

案例分析

张明是一家软件公司的项目经理,最近他正在负责向A公司提供一个新的ERP系统的项目,该项目要求在10月1日前完工。张明和他的团队制订了一套详细的进度计划,以便帮助项目尽早完成。

制订进度计划容易,使项目沿着既定的轨道前进则要难得多。管理人的问题及解决进度计划的冲突是两个最大的挑战。不巧的是,该客户的一些员工临时休假,因此错过了一些项目评审会议。由于张明的团队在系统开发的生命周期各阶段都需要有来自客户的确认指令,所以上述变更使得张明的团队难以按原来计划的进度进行。此外,张明团队中的一位高级程序员又临时退出了,于是张明只得重找了一个程序员来接替工作。这又打乱了原来的进度计划。

时间转瞬即逝,现在是9月1日了,离项目规定完工日期只有1个月了,项目目前是一片混乱。张明很自负,未向上司说明项目进展得并不顺利,他花了大量的时间来修改项目的进度计划。他认为他的管理方法可以使项目如期完工。此外,张明又将确认指令的责任授权交给了他的一个文员,然而该文员对此过程并不了解。离10月1日越来越近,系统总算开发完成了,可在最后测试新的ERP系统时,张明才发现他们使用的数据并不是最新的,于是又出现了一些额外的问题。最终,项目未能如期完成,张明通过惨痛的教训知道了保持项目按进度进行是多么困难。

问题1:系统开发生命周期各阶段,都需要经过客户的确认指令,这属于哪种依赖关系?

问题2:从软件项目管理的角度来分析项目失败的原因,张明应该怎么做才能解决问题?

习　　题

一、单选题

1. 里程碑事件的持续时间是(　　)。

A. 比最常活动的持续时间短　　B. 没有持续时间

C. 等于它表示的活动时间　　D. 负数

2. 前导网络图(PDM)不同于箭线网络图(ADM),是因为PDM(　　)。

A. 可以使用PERT　　B. 活动间有四种依赖关系

C. 只有一种依赖关系:开始到开始　　D. 可以使用虚拟路径

3. 设计必须在建筑开始之前完成,这体现了(　　)。

A. 选择性依赖关系　　B. 外部依赖关系

C. 范围依赖关系　　D. 强制性依赖关系

4. 下列选项中,(　　)不属于控制进度考虑范围。

A. 确定进度计划已经发生

B. 管理实际发生的变更

C. 根据客户要求变更进度计划

D. 对造成进度计划变更的因素施加影响,保证变更是有利的

5. 有一种缩短项目进度的办法是在项目设计阶段的每个活动上安排 3 个开发员而不是 2 个,虽然你考虑这种方法,但设计团队将会扩大一倍。这种做法往往(　　)。

A. 降低生产率

B. 提高生产率

C. 降低了质量审计的必要,因此减少了整个的资源成本

D. 随着资源增加,生产也按比例增加了

二、判断题

1. 规划进度管理过程的主要输出是项目文件更新。(　　)

2. 进度计划是时间管理的基础。(　　)

3. 活动定义是将任务分解为工作包。(　　)

4. 最乐观时间指完成项目活动所需的最小可能估算值。(　　)

5. 自由浮动时间是在不延误紧前活动的最早开始日期的条件下,当前活动可以推迟的时间量。(　　)

三、简答题

1. 基于生命周期的活动定义方法与基于产品的活动定义方法各有什么优点?

2. 什么是选择性依赖关系?

3. 前导网络图和箭线网络图有什么异同?

4. 进度控制要遵守哪些原则?

四、计算题

某项目完成的最乐观时间是 5 天,最可能时间是 12 天,最悲观时间是 21 天,求这个项目的期望完成时间和方差。

第6章 IT项目成本管理

6.1 IT项目成本管理概述

软件项目的开发、使用、维护和管理等是一个非常复杂的系统工程，涉及项目的进度、成本、质量、用户满意度等多方面因素，然而在实际软件开发过程中，由于各种不确定性风险因素的出现，软件项目成功率令人担忧。美国 Standish Group 在 2011 年版 CHAOS 报告中对软件项目成功趋势进行了研究，并指出当前 37%的项目能够控制在预算范围内，按时成功交付，并实现所需的全部特性和功能。42%的项目超出预算，延迟交付或未能实现所需功能。21%的项目失败，即项目在交付前取消或完成后从未使用。这个数字虽然仍不能被大家接受，但是相比 2010 年，的确有很大改观。

经过国内外学者多方面分析研究得出，一个软件成功与否与软件项目管理密切相关，其中，软件成本估算不足和需求不稳定是造成软件项目缺陷的最普遍原因。近年来，随着软件项目要求标准及投入成本不断提高，迫于开发经费有限的制约以及成本估算不准确导致项目延期甚至失败并直接造成经济成本损失的案例越来越多。本章将主要讲述 IT 项目成本管理中的主要概念，介绍成本估算的主要模型与方法以及怎样通过挣值管理进行成本控制。

6.1.1 成本

成本是指企业为生产商品和提供劳务等所耗费物化劳动和劳动中必要劳动价值的货币表现，是商品价值的重要组成部分。成本是商品经济的一个经济范畴，在经济学上指无可避免的最高代价。成本因选择而起，没有选择就没有成本。因此，韦伯斯特词典将成本定义为“交换中所放弃的东西”。

成本的构成内容要服从管理的需要，并且随着管理的发展而发展。成本按照其生产方式、存在形式等不同，可以细分为直接成本、间接成本和总成本。

直接成本指生产某种产品或提供某项服务时支付的直接费用，一般能够直接计入成本计算对象。例如，人员工资薪酬、生产过程中消耗的原材料等。降低直接生产成本一般应从改进生产工艺、降低消耗定额等途径着手。

间接成本指投入成本中与生产产品和服务难以形成直接量化关系的成本投入，这部分成本通常不能或不便于直接计入某一成本计算对象，需先按发生地点或用途加以整合，待月终统一进行分配后才计入有关成本计算对象。主要包括固定资产折旧成本、管理费用、营销费用等。对于间接生产成本一般应从加强费用的预算管理、降低各生产单位的费用总额着手来降低产品成本。

6.1.2 IT项目成本

IT项目成本构成即软件生命周期中各个模块中所耗费的各项费用的总和。软件项目中的直接成本指可以直接归结到项目中的成本，包括人员薪酬、材料成本、管理费用以及其他直接成本。其中，人员薪酬主要指用于软件项目人员工资、福利、保险等，贯穿于整个项目的生命周期，包括项目立项阶段软件可行性分析、需求分析、调研、系统设计、招投标等支出的费用，开发费用，实施阶段安装调试、人员培训费用，维护过程中的技术支持、产品维护和升级等固定费用，也应该包括激励等不固定的部分。

在软件企业和软件项目中，材料成本指的是项目外购的直接用于项目并最终交付给客户的硬件、网络、第三方软件、外购服务（安装、维护、培训、质保）等。可以细分为网络环境建设及系统集成两部分。网络环境建设包括服务器、交换机、防火墙、UPS电源、工作站等硬件设备采购与安装调试，网络布线工程。系统集成主要指网络操作系统、工作站和终端操作系统、数据库系统、软件防火墙和病毒防护软件采购与集成。直接材料成本可以从项目合同中区分并进行计算。

管理费用则主要涉及办公费、差旅费、会议费、交通费以及出差补贴等。其他直接成本还有设备或者场地的租赁费用、需要提交源代码情况下的知识产权费、需要进行保密方面工作的保密费等方面的费用。

间接成本是不与生产项目产品和服务直接相关的产品，只是间接和完成项目相关，可以被分摊到项目当中，但是不容易被项目经理控制。间接成本主要包括固定资产折旧、税费、资料费、日常水、电、气费、公司整体市场运作费用、广告费用、办公场地的租金等。

IT项目成本贯穿整个项目的生命周期，涉及进度、人力、设备、事务安排等方面，并且与资源分配、项目招标、项目进度计划等多数管理活动紧密相关。因此，在IT项目成本估算过程中要充分考虑项目规模、开发工具、资源需求、人员变更、项目变更、风险等诸多因素对项目的影响。资源限制、质量标准和规范要求、变更频率等一系列因素都会直接影响项目的成本。

影响IT项目成本的因素主要有以下几类。

1. 项目资源需求

通过尽可能减少项目资源能耗、降低占用的资源数量以及价格等直接降低项目成本。资源消耗与占用数量是内部要素，是由内部条件决定的相对可控因素，应放在成本控制的第一位；而所消耗与占用资源的价格是外部要素，相对而言是不可控因素，可放在成本控制的第二位。

2. 项目工期

项目工期，即整个项目开发过程以及项目的某个阶段，实现项目某个子任务所要花费的工作时间。项目的成本与工期直接相关，且随着工期的变化而变化。因为在项目的实际过程中，各项活动所消耗或占用的资源都是在一定的时间段或在一定的地点发生的。这种相关与变化的根本原因是项目消耗的资金、设备、人力等各种资源都具有自己的时间价值。资源消耗或占用的时间价值，是由于时间作为一种特殊的资源所具有的价值造成的。

3. 项目范围

项目的范围大小直接决定着项目的成本,项目范围一旦确定就明确了项目究竟需要做什么事情并且要做到什么程度。从广度上说,项目范围越大,项目的成本就会越高,项目范围越小,项目的成本就会越低。从深度上说,项目需要完成的任务越复杂,项目的成本就会越高,而项目的任务越简单,项目的成本就会越低。

4. 项目管理水平

一般而言,相对较高的管理水平可以有效地节约成本。管理水平对项目成本的影响主要表现在:对预算成本估算偏低,例如,质量保证费用或开发人员招聘费用大大超过计划而影响成本;由于资金供应紧张或材料、设备供应发生问题,从而影响工程进展,造成开发成本增加;风险控制不当造成的额外损失;更改设计可能增加或减少成本开支,但往往会影响开发进展,给成本控制带来不利影响。

综上所述,要实现对项目成本的科学控制,必须对项目资源的耗用量、价格、工期、质量、范围和管理等要素实行统一控制。因此,项目成本管理不单纯是某一方面的工作,而是包括在批准的预算内完成项目所需的各个过程。这些过程与项目管理其他知识领域的过程之间相互作用,虽然它们在理论上彼此独立,相互之间有明显的界限,但在项目管理的实践中,随时可能交叉、重叠、相互影响。

6.1.3 IT项目成本管理

在前文的IT项目管理中提及,每个项目都会以不同的方式受到范围、时间和成本目标的约束。为了使项目成功完成,项目经理必须尽可能地实现范围、时间、成本3个因素的平衡。成本管理是指对所发生的成本费用支出进行有组织、有系统地预测、决策、计划、控制、核算、分析与考核等一系列科学管理。项目成本管理指在项目实施过程中,根据项目总体目标和项目具体要求,项目经理为了确保项目成本控制在计划范围之内所做的预测、计划、控制、调整、核算、分析和考核等管理工作,以达到强化经营管理、完善成本管理制度、提高成本核算水平、降低工程成本、实现目标利润、创造良好经济效益的目的。项目成本管理的关键就是要确保项目在既定的预算成本内完成,具体项目在实施过程中要依靠资源计划、成本估算、成本预算、成本控制四个过程完成。

(1) 资源计划:决定为实施项目活动需要使用人员、设备和物资等资源以及每种资源的用量。其主要输出是资源需求清单。

(2) 成本估算:主要估计完成具体项目中各活动所需每种资源成本的近似值。通过成本估算,输出成本管理计划。

(3) 成本预算:主要按照成本估算将总成本分配到各子任务,建立并输出基准计划,用来衡量绩效。

(4) 成本控制:控制项目预算的变动。输出调整的成本估算、更新预算、纠正行动并总结。

PMBOK6及软件分册对软件项目成本管理活动描述,见表6-1。

表 6-1 PMBOK6 及软件分册对项目成本管理活动描述

选项	启动(Initiating)	规划(Planning)			执行(Executing)	监控(Controlling)	收尾(Closing)
		规划范围管理	估算成本	制订预算		控制成本	
输入		1. 项目章程 2. 项目管理计划 3. 事业环境因素 4. 组织过程资产	1. 项目管理计划 2. 项目文件 3. 事业环境因素 4. 组织过程资产 5. 软件规模和复杂性(软件分册) 6. 工作速率(软件分册)	1. 项目管理计划 2. 项目文件 3. 商业文件 4. 协议 5. 事业环境因素 6. 组织过程资产		1. 项目管理计划 2. 项目文件 3. 项目资金需求 4. 工作绩效数据 5. 组织过程资产	
工具和技术		1. 专家判断 2. 数据分析 3. 会议	1. 专家判断 2. 类比估算 3. 参数估算 4. 自下而上估算 5. 三点估算 6. 数据分析 7. 项目管理信息系统 8. 决策 9. 时间盒估算(软件分册) 10. 功能点和代码行估算(软件分册) 11. 故事点和用例点估算(软件分册) 12. 估算可重用代码工作量(软件分册) 13. 价格策略(软件分册)	1. 专家判断 2. 成本汇总 3. 数据分析 4. 历史信息审核 5. 资金限制平衡 6. 融资		1. 专家判断 2. 数据分析 3. 完工尚需绩效指数 4. 项目管理信息系统 5. 管理测量指标(软件分册)	
输出		1. 成本管理计划 2. 估算的准确性(软件分册) 3. 计量单位(软件分册) 4. 成本绩效测量方法(软件分册)	1. 成本估算 2. 估算依据 3. 项目文件更新	1. 成本基准 2. 项目资金需求 3. 项目文件更新		1. 输出 2. 成本预测 3. 变更请求 4. 项目管理计划更新 5. 项目文件更新	

6.1.4 IT项目成本管理过程中的主要问题

1. 项目成本预算和估算不准确

在实际开发过程中,由于用户需求的不断变化,使得软件的模块及工作量不断增加。同时,项目经理会根据项目变更追加项目预算。此时,到项目结束时,因项目频频变更将直接导致实际成本与初始计划出现很大偏离。

与此同时,项目预算往往会沿着两个极端走势:过粗和过细。预算过粗会使项目费用的随意性较大,准确度降低;预算过细会使项目控制的内容过多,变动弹性差,管理成本加大。

2. 缺乏对软件成本估算的有效控制

在开发初期,对项目的整体掌控难度较大,对项目成本不够关心,往往容易忽略对成本的控制,很多人直到项目进行到后期,发现实际与计划出现偏差的时候,才进行成本控制,此类情况往往导致项目超出预算。

3. 缺乏成本绩效的分析和监控

在传统的项目成本管理中,通常将预算和实际支出费用进行数值对比,但很少有将预算、实际成本和工作量进度进行关联,解决实际成本和工作量是否匹配的问题。

6.2 资源计划编制

为了更好地进行项目成本管理,IT项目经理必须事前明确完成项目所需的资源种类以及需要的数量。资源计划编制就是用来确定完成项目所需要各种不同的物质资源的种类以及每种资源需要量,通过分析和识别项目的资源需求,确定出项目需要投入的资源种类(包括人力、设备、材料、资金等)、项目资源投入的数量和项目资源投入的时间,从而制定出项目资源供应计划的项目成本管理活动。影响项目资源计划最主要的因素是项目本身的特征,资源计划是为成本估算服务的。

在项目正式启动之前,项目经理首先要通过任务分解结构(WBS)对项目进行初步了解,通过WBS对实现每层目标所需要资源的汇总整合,可以得出项目基本资源的需求情况,明确大致所需的资源量。同时可以结合过去类似项目的历史经验以及历史数据,对比估算量和实际需求量的差异,并结合当前项目进行针对性的调整,更好地进行资源的分配及利用。

项目范围及目标确定之后,通过项目任务分解,进入项目计划安排阶段,根据WBS分解结果,将资源划分到具体的任务阶段。项目资源计划编制的依据主要有以下几个。

1. 项目工作分解结构

确认项目各子任务的资源需求,确定资源计划的关键环节,也是项目资源计划过程最基本的输入。

2. 历史项目信息

借鉴已完成项目的数据推算当前项目的资源需求可以提高当前项目的估算精确度,更好地进行资源分配。

3. 项目范围说明书

项目范围描述包括项目具体的目标以及对项目的详细描述，是资源计划编制的主要参考依据。

4. 项目资源描述

通过资源描述，明确项目所需的具体人员、设备、原材料等资源哪些是可供利用的，具体的利用量是多少，资源描述是项目资源获取和分配的依据。

5. 项目组织的管理政策

在资源计划过程中，必须考虑执行组织关于人员或设备的租赁与购买方面的政策。

6. 活动工期估算

资源分配受项目进度的制约。例如，在资源计划图中，可以明确知道该项目的人力资源在项目周期中的分配和使用情况。

常用的项目资源计划编制的方法有：专家判断法、统一定额法、资料统计法、项目管理软件法等。专家判断法指由项目成本管理专家根据经验和判断去确定和编制项目资源计划的方法。统一定额法指使用国家或民间统一的标准定额和工程量计算规则去制定项目资源计划的方法。资料统计法指使用历史项目的统计数据资料、计算和确定项目资源计划的方法。

6.3 IT项目成本估算

IT项目成本估算主要是对完成软件项目规模以及开发过程中总工作量所耗费的资源进行预测。在实际估算过程中，如果成本估算过高会增加项目竞标期难度；过低则会造成后期项目延期或产品满意度下降，甚至导致项目失败。据统计，美国 Gartner Group 公司总结软件项目失败的四大原因中，成本估算错误名列其中，除此之外还有项目组织原因、需求缺乏管理、缺乏计划和控制。因此，在制订项目工作计划时，就必须对项目所需的人力及其他资源、项目进度和项目成本做出精确估算。Boehm 教授曾经提出，“理解并控制软件成本带来的不仅是更多的软件，而是完成更好的软件”。

6.3.1 成本估算方法

进度计划主要是从时间角度对项目进行的规划，而成本估算则是从成本角度对项目进行的规划。在成本估算过程中，为了使项目在范围、成本、进度三者达到最佳平衡，专家学者研究开发出多种成本估算方法，以确保在不同情况下的估算尽可能的精确。

1. 类比估算法

又称自上而下的估算，通常在项目的初期或信息不足时进行，此时只确定了初步的工作分解结构，分解层次少，估算精度较差。自上而下的成本估算实际上是以项目成本总体为估算对象，在充分搜集过去类似项目历史数据的基础上，结合项目上层和中层管理人员的经验判断，将成本从工作分解结构的上部向下部依次分配、传递，并责成他们对组成项目和子项目的任务和子任务的成本进行估算，并继续向下传送其结果，直到项目组的最基层人员。

类比估算法是最简单的成本估算技术，“类比估算”，顾名思义是通过同以往类似项目相类比得出估算，为了使这种方法更为可靠和实用，进行类比的以往项目不仅在形式上要和新项目相似，而且在实质上也要趋同。这种方法简单易行，花费较少，尤其是在项目的合同期和市场招标期,项目的资料难以取得时,此方法是估算项目总成本的一种行之有效的方法。当然,它也有一定的局限性,进行成本估算的上层管理者根据他们对以往类似项目的经验对当前项目总成本进行估算,但是又因项目的一次性、独特性等特点,在实际生产中,根本不可能存在完全相同的两个项目,因此这种估算的准确性较差。

类比估算要解决的主要问题是:①如何描述实例特征,即如何从相关项目特征中抽取出最具代表性的特征;②通过选取合适的相似度(相异度)的表达式,评价相似程度;③如何用相似的项目数据得到最终估算值。特征量的选取是一个决定哪些信息可用的实际问题,通常会征求专家意见以找出那些可以帮助我们确认出最相似实例的特征。当选取的特征不够全面时,所用的解决方法也是使用专家意见。

类比估算法在估算过程中主要步骤如下。

(1) 评估新项目,确定被用做基准的类似项目。

(2) 获取被选作类比项目的一些信息,包括实际的工作量、工作进度、项目大小等一些明确的成本驱动因子等。

(3) 获取类比项目的工作量和工作进度的平均值作为新项目工作量和工作进度。

(4) 根据可能影响新项目工作量和工作进度的成本因子来调整初始的估算值。

2. 自底而上估算法

自底而上的成本估算是先估算各个工作包的费用,然后自下而上将各个估算结果汇总,算出项目费用总和。采用这种技术路线的前提是确定了详细的 WBS,能做出较准确的估算。当然,这种估算本身要花费较多的费用。自底而上估算法通常用在项目开始之后,特别是 WBS 已经确定的需要准确估算的项目。该方法的准确性取决于每个子任务的估算情况,相比其他估算方法而言,可能需要较多的时间,可能出现虚报现象,估算本身消耗成本,在研究初期,数据不精确时不宜采用。

例如表 6-2 为采用自底而上估算法计算软件开发任务中“库存更新”工作量的例子。

表 6-2 任务单元计划样例

软件部分:库存情况更新	开发者:W	日期:2/8/12
阶段	任务单元	人日
规划和需求	需求定义	2
	开发计划	4
产品设计	产品设计	5
	初步用户手册	2
	测试计划	1
详细设计	详细 PDL 描述	4
	数据定义	4
	测试数据和过程	2
	用户手册	2
编程及单元测试	编码	7
	单元测试结果	5
集成及测试	编制文档	2
	组装及测试	5
总计		45

3. 专家判断法(Delphi 法)

Delphi 法是目前广泛使用的一种评估技术，在没有历史数据参考的情况下，通过聘请一个或多个相关领域专家和软件开发技术人员，由他们分别对项目成本进行估计，并最后达成一致而获得最终的成本。包括从毫无辅助的直觉到有历史数据、过程指引、清单等支持的专家判断。其主要判断标准是估算工作由一个被认为是该任务专家的人来控制，并且估算过程的很大一部分是基于不清晰、不可重复的推理过程，也就是"直觉"。在选择专家时要考虑到：广泛的代表性、有较高的权威性、对提出的问题深感兴趣并有时间参加 Delphi 法分析的全过程、成员人数要适当。

该方法可以做到基本不受历史资料的干扰，简单易行，适用于新研制的系统。但是，专家对项目的理解以及学科把握的主观性，往往容易造成估算的差异性，在大多数情况下，专家的意见能够趋向一致，调查结果具有较强的收敛性，但也出现过无法取得一致意见的情况。Delphi 鼓励专家学者就针对性的问题进行讨论、分析，在估算过程中需要具有多种软件相关经验的人参与，坚持自己的观点并尽力把对方说服。在运用 Delphi 法的过程中，经常可以发现由于学派的不同而产生不同或者对立的观点，这样可以使组织者从不同的角度考虑问题，有利于对问题的深入研究。Delphi 法作为一种决策或预测的有效工具，其价值在于结果的有效性，有大量事例证明了其预测结论的准确性。

Delphi 法的步骤如下。

(1) 明确使用 Delphi 法所要解答的问题，并确定相关领域的专家小组成员。

(2) 制定项目规格和估算表格。

(3) 召开小组会议，各专家讨论与规模相关的因素。

(4) 各专家匿名填写迭代表格(如表 6-3 所示)。

(5) 整理估算总结，并反馈给相关专家。

(6) 针对反馈结果中差异较大的问题，召开专家小组会议，进行集中讨论。

(7) 专家复查估算总结，提交新的匿名估算。

(8) 重复(5)～(7)，直到最低估算和最高估算趋于一致。

4. 参数模型估算法

参数模型估算法也称为算法模型或者经验导出模型，是一种将项目的特征参数作为预测项目费用数学模型的基本参数的估算方法，模型依赖于历史信息、模型参数容易数量化，但是一个数学模型只是针对特定的情况，当前并没有一个模型可以适合所有的项目。

参数模型估算法提供了一个或多个算法形式，如线性模型、乘法模型、分析模型、表格模型以及复合模型等，将软件成本估算为一系列主要成本驱动因子变量的函数。该方法通过成本估算关系把系统特征与工作量、进度的估算值联系起来。不同的算法模型不仅会在成本因子关系的表达式上有所区别，而且在因子的选取上也各不相同。

参数模型估算法的基本思想是：找到软件工作量的各种成本影响因子，并判定它对工作量所产生影响的程度是可加的、乘数的还是指数的，以期得到最佳的模型算法表达形式。当某个因子只影响系统的局部时，我们一般说它是可加性的。例如，如果给系统增加源指令、功能点实体、模块、接口等，大多只会对系统产生局部的可加性影响。当某个因子对整个系统具有全局性的影响时，则说它是乘数的或指数性的，例如，增加服务需求的等级或者不兼容的客户需求等。

表 6-3 Delphi 成本估算迭代表

项目：______________________ 日期：______________________
估算人员：______________________
这是第 X 轮的估算值域
X X' X! X X

0 20 40 60 80 100
X 专家的估计
X' 您的估计
X! 估计中值
请填写您下一轮的估计：______________________
请解释做出该估计的理由：______________________

参数模型估算法的主要优缺点是：一方面，它们比较客观、高效、可重复，而且能够利用以前的项目经验进行校准，可以很好地支持项目预算、权衡分析、规划控制和投资决策等；另一方面，它们难以用在没有前例的场合，不能处理异常情况，也不能弥补不准确的规模输入和成本驱动因子级别的问题。

算法模型根据模型变量的依存关系分为静态模型和动态模型，根据基本变量的多少分为单变量模型和多变量模型。

1）静态单变量模型

$$E = a + b \times S^c$$

其中，E 是以人月表示的工作量；a、b、c 是经验导出系数，根据开发组织和环境等的不同而不同；S 是估算变量，主要输入参数(通常是 LOC、FP)。

2）静态多变量模型

静态多变量模型的公式与静态单变量模型类似，但还取决于部分代表开发环境的各种因素变量，如软件开发方法、用户需求变化、内存限制、实际时间等。

常见的 COCOMO 模型是结构性成本估算模型，是一种精确易用的成本估算方法，同时也是世界上应用最广泛的参数型软件成本估算模型。

3）动态多变量模型

通过多个变量的相互作用对软件过程做出估算，如 Putnam 模型。

除此之外，许多专家学者引入神经网络、遗传算法等进行成本估算，不同的算法模型在应用过程中的优缺点比较如表 6-4 所示。

表 6-4 软件成本估算常用算法比较

算法类型	简　　介	优　　点	缺　　陷
类比估算法	在相关领域知识或数据欠缺的前提下，可以通过现有的知识体系进行预测	直观、客观，估算基于实际的经验，比专家法预测的结果更易被接受	必须存在类似可比的知识体系或者经验项目，需要较大的存储容量，预测结果与选取相关的类比项目相似程度密切相关

续表

算法类型	简　　介	优　　点	缺　　陷
自底而上法	采用分总模式，确定独立子模块的成本，根据 WBS 累加得出整个项目的成本	基于详细的基本估计，有可能得出实际成本，估算准确	需收集各子任务成本数据，耗时量大，可能出现虚报现象，估算本身消耗成本，在研究初期，数据不精确时不宜采用
专家判断法（Delphi 法）	通过向该研究领域的一个或多个专家咨询，对专家意见进行汇总整合，分析预测结果	充分发挥特定领域专家的个人优势，基本不受历史资料的干扰，简单易行，适用于新研制的系统	主观性强，专家偏好、经验差异与专业局限性对估算的精度影响较大
参数模型法	根据设计参数和数学算法分析导出数学模型，估算系统总成本	模型的运用较简单，在估算初期较为实用	数据受模型影响较大，适用于特定的情况，通用性较差
遗传算法	模拟生物的遗传进化形成，主要用于知识的全局优化概率搜索	并行性搜索，其搜索覆盖范围广，近乎可以搜索到全局最优解，编码简单，可操作性强	受优化问题的约束条件限制，编码方法或转换方法不尽相同，迭代次数过多易造成算法过早收敛
人工神经网络	模拟人的经验思维，由大量处理单元进行互连组成的网络，通过神经元的相互作用进行信息的处理、存储	运用归纳方法，可进行知识获取以及推理，尤其在知识获取方面较专家判断法更有优势	设计依赖人的经验，神经元不存储信息，知识是分布在整个系统内部，不能被用户很好了解以及验证

6.3.2 成本估算的典型问题

1. 估算时间较早导致估算精度不准确

对于相对大型的软件项目而言，成本估算的工作量也较大，任务艰巨，为了保障项目顺利实施，往往在系统要求尚未明确、具体的项目任务还没有详细的确定之前就要进行成本的估算，因为合同报价、项目招标、估算利润都需要预先估算成本。

2. 估算经验和历史数据较少

对于具体的软件项目，受个人经历等方面的限制，大多数人缺乏 IT 项目成本估算的经验，如果缺乏针对性的、可参考的历史数据，大型项目的估算就更加困难。因此，针对某一特定类型的项目，在项目开展过程中及时整合系统数据，形成完整的估算报告进行总结归档，对于以后类似的项目估算是有很大帮助的。

3. 忽略项目中小的细节

对于进行项目成本估算的负责人而言，往往会因为忽略一些细节导致项目的成本估算偏低。例如，系统的集成、测试、文档的编写和印刷，甚至项目的管理本身也要计算在成本估算内。在大型项目中，项目经理和高层管理人员对估算进行评审，为确保评估公正提出的一些问题，也是不容忽视的。

4. 技术层和管理层之间的沟通交流

项目成本估算最终要输出成本估算、详细说明以及成本管理计划，以便于项目经理更好地安排项目各项成本支出。但是高层领导者往往更加关注项目的利润，或者说是一个具体的数字,来帮助他们投标以及争取资源,这也是有的领导者可能对项目中的技术以及软件开发了解很少的原因。对于项目经理而言,做出相对较为精确的成本估算、进度估算,同时将成本估算、项目变更等信息反馈给上级领导是很重要的,同时也需要项目经理能够更好地与上级沟通与协调,为项目争取更多的资源,以便于项目更好地开展。

6.4 IT 项目成本预算

项目成本预算是一项制定项目成本控制标准的项目管理工作,通过基于 WBS 的分解结果,将项目的总成本按照项目的进度分摊到各个工作单元中去,最终产生成本基线,作为度量项目成本性能的基础。为此,项目成本预算工作是为项目各项具体任务确定成本定额,分配预算,以及制定整个项目总预算的管理工作。

分配项目成本预算主要包括以下三种情况。

(1) 分配资源成本。根据每个任务的资源分配情况来计算单个任务的成本预算,资源成本与资源的基本费率紧密相连,在成本分配时设置资源费率,例如标准费率、加班费率、资源使用费率等。例如,在项目开发过程中,技术人员的加班费率是 100 元/小时。

(2) 分配固定资源成本。当项目资源需要固定的资金时,用户可以向任务分配固定资源成本。假设某项目中分配给甲的人力资源成本为固定资源成本,分配固定资源成本为 5 万元,则甲在该项目中的固定成本为 5 万元,与甲工作的工时多少无关。

(3) 分配固定成本。所谓固定类型任务,即某项任务的成本不变,与项目的工期和资源量的关联不大。此种情况下,项目子任务可以直接分配成本。例如,某项目中的外包子任务成本是固定的,假设项目某模块的外包成本是 10 万元,则这个任务的固定成本为 10 万元。成本估算与成本预算密切相关,如果没有任务分解,总的项目成本估算也相对较困难。换句话说,项目成本一般是根据工作分解,然后自底向上,根据任务、进度推算出来。成本估算的数据来源主要包括成本估算、WBS、项目工期进度,在项目经理完成项目的估算之后,应提交给组织的相应部门,对估算进行审核和批准,使项目预算成为项目管理、控制和考核的正式文件。在项目预算获得批准之后,项目经理再将预算反向分解到各个阶段、各个子任务,项目组可以据此得到费用随进度变化的成本负荷分布曲线和预算基准线(Budgeted Cost for Work Scheduled,BCWS)。预算基准线是成本按进度的累积曲线,是项目自开始花一元钱,到目前为止的费用累计。BCWS 是项目成本管理的主要手段——挣值分析的基础。

例如,某项目 A,利用自底向上的估算方法,得到如表 6-5 所示的成本估算表,估算总成本为 20 万元。每周的成本预算表如表 6-6 所示。费用负荷曲线与成本基线曲线分别如图 6-1 和图 6-2 所示。

表 6-5 项目 A 的成本估算表

WBS 项	成本/万元	成本累计/万元	总成本/万元
项目 A			20
1. 功能 1		8	
1.1 子功能 1	2		
1.2 子功能 2	6		

续表

WBS 项	成本/万元	成本累计/万元	总成本/万元
2. 功能 2		12	
2.1 子功能 1	4		
2.2 子功能 2	5		
2.3 子功能 3	3		

表 6-6　项目 A 的成本预算表

进度/周	任务	累计费用/万元
1	规划	1
2	需求	3
3	设计	5
4	开发-1	9
5	开发-2	12
6	测试	17
7	验收	20

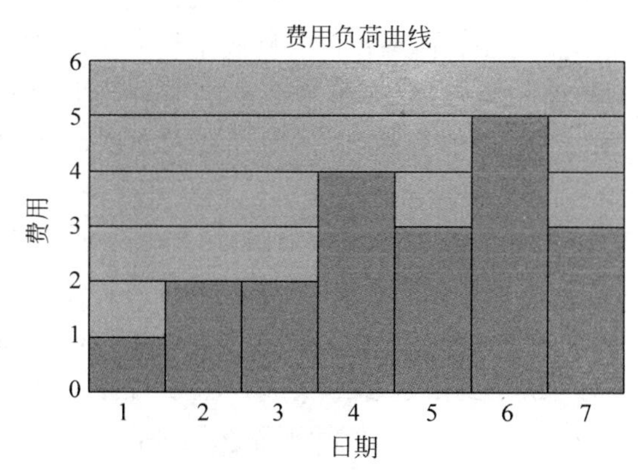

图 6-1　费用负荷曲线

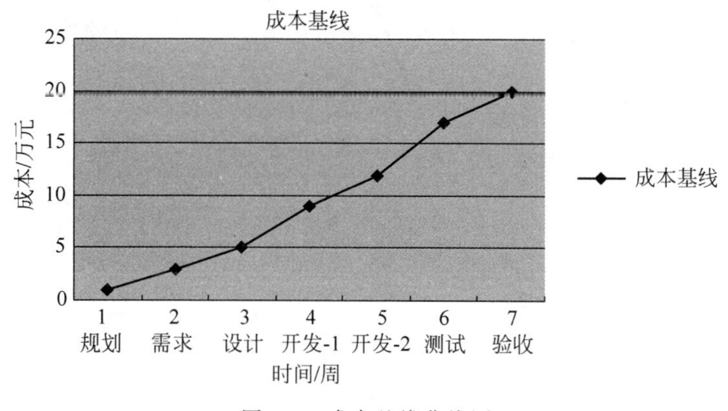

图 6-2　成本基线曲线图

6.5 IT 项目成本控制

项目成本控制是在项目实施过程中尽量使项目实际成本控制在项目预算范围之内的项目管理工作。项目成本控制涉及对于各种能够引起项目成本变化因素的控制(事前控制),项目实施过程的成本控制(事中控制)和项目实际成本变动的控制(事后控制)三个方面。

项目成本控制的依据,体现在以下四个方面:①项目成本基线;②项目的成本管理绩效报告;③项目的变更请求;④项目成本管理计划。成本控制涉及监督成本绩效,包括成本执行情况以及实际成本与计划的偏离;确保在修订的成本基线中只包括适当的项目变更,即将一些合理的更改增加到基准成本中,同时防止不正确、未经许可的改变包括在基准成本中,最终把合理的成本变更信息报告给项目的相关利益者。控制的前提基础是对项目的费用进行预算,规定各个部门定期上报其费用报告,再由控制部门进行费用审核,以保证各种支出的合法性,同时将已发生的费用与预算相比较,分析其是否超支,并采取相应的措施加以弥补。简而言之,成本控制的内容就是反映变化、控制变化、报告变化。

项目成本控制的方法包括两类:一类是分析和预测项目影响要素的变动与项目成本发展变化趋势的项目成本控制方法;另一类是控制各种要素变动而实现项目成本管理目标的方法。主要有:①项目成本变更控制体系;②项目成本绩效度量方法;③项目成本的附加计划法;④项目成本控制软件。其中,以挣值为基础的绩效分析为成本控制提供了一种有效的分析项目数据的方法。通过挣值管理,项目管理者和团队都能快速可靠地获得对他们绩效的测量结果。

挣值管理(Earned Value Management,EVM)是用与进度计划、成本预算和实际成本相联系的三个独立的变量,进行项目绩效测量的一种方法。通过比较计划工作量、WBS 的实际完成量(挣得)与实际成本花费,以决定成本和进度绩效是否符合原定计划。挣值管理可以在项目某一特定时间点上,从达到范围、时间、成本三项目标上评价项目所处的状态。更适合项目成本管理的测量与评价方法。挣值管理曲线图如图 6-3 所示。

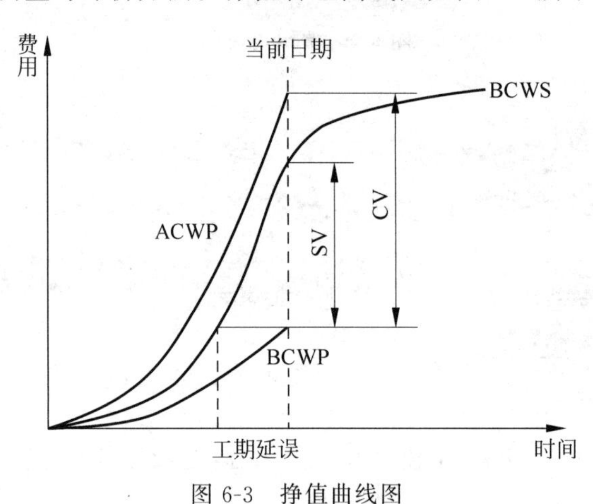

图 6-3　挣值曲线图

(1) 挣值分析的三个基本参数。

① 计划工作量预算费用(Budgeted Cost for Work Scheduled,BCWS)指项目实施过程

中，计划完成工作量所需的预算成本。BCWS 主要反映进度计划用费用值表示的应当完成的工作量，而不是反映消耗的成本（工时，费用），也称计划值（Planned Value，PV）。例如，某项目打算安装一台新的服务器，计划采购及安装等工作需要历时一周，购买软硬件以及请人安装的成本预算，计划为 2 万元。因此，此次活动任务在这一周的计划值为 2 万元。

② 已完成工作量的实际费用（Actual Cost for Work Performed，ACWP）指项目实施过程中，某阶段实际完成工作量所消耗的工时（或费用）。ACWP 反映的是项目在给定的时间内，完成某活动所发生的实际消耗，也称为实际成本（Actual Cost，AC）。例如，①中的例子，最终，购买并安装服务器实际用了两周的时间。在第一周花 2.5 万元购买服务器，接着在第二周花费 0.5 万元完成了服务器的安装工作，则在第一周结束的时间点 ACWP 为 2.5 万元，同理，第二周 ACWP 为 0.5 万元。

③ 已完成工作量的预算成本（Budgeted Cost for Work Performed，BCWP）。BCWP 是指项目实施过程中某阶段完成工作量及按预算定额计算出来的工时（或费用），即挣值（Earned Value，EV），是通过费用值表示完成的工作量。绩效比率（Rate of Performance，RP）表示项目在给定的周期内，实际完成的工作量与计划完成工作量的比率。例如，上例中，第一周购买了服务器和软件，绩效比率为 50%，第一周的计划成本是 2 万元，那么第一周的挣值是 BCWP＝2×50%＝1 万元，即在第一周时间点上挣值是 1 万元。

（2）挣值分析的四个评价指标。

① 成本偏差（Cost Variance，CV）：CV 是指检查时间点上挣值（BCWP）与实际成本（ACWP）之间的差异，计算公式为：

$$CV = BCWP - ACWP$$

当 CV 的值为负数时，表示项目的实际消耗费用超过项目计划预算值，即项目超支。反之，当 CV 为值为正数时，表示项目的实际消耗费用低于预算值，表示有项目结余。当 CV 的值为 0，表示项目实际消耗费用等于预算值，项目能够按照事先的计划执行。

② 进度偏差（Schedule Variance，SV）：SV 是指检查时间点上挣值（BCWP）与计划值（BCWS）之间的差异。其计算公式为：

$$SV = BCWP - BCWS$$

当 SV 的值为正数时表示实际的完工时间比计划完工时间短，即进度提前。当 SV 的值为负数时则表示进度延误。当 SV 的值为 0，表明项目实际进度等于计划进度，项目能够按照事先的计划执行。

③ 成本绩效指标（Cost Performed Index，CPI）：CPI 指挣值（BCWP）与实际费用值（ACWP）的百分比。其计算公式为：

$$CPI = BCWP / ACWP$$

CPI＞1 表示实际费用低于预算费用；CPI＜1 表示实际费用超出预算；CPI＝1 表示实际费用与预算费用保持一致。

④ 进度绩效指标（Schedule Performed Index，SPI）：SPI 是指项目挣值（BCWP）与计划值（BCWS）的百分比。其计算公式为：

$$SPI = BCWP / BCWS$$

SPI＞1 表示实际进度比计划进度快，即项目提前；SPI＜1 表示实际进度比计划进度慢，即项目延期；SPI＝1 表示实际进度与计划进度保持一致。

本节中的例子,如表 6-7 所示。

表 6-7 某任务在一周后的挣值分析表

活　　动	时间:一周	注　　释
计划成本值(BCWS)	20 000	
实际费用值(ACWP)	25 000	
挣值(BCWP)	10 000	BCWP=BCWS×RP=20 000×50%=10 000
成本偏差(CV)	−15 000	CV=BCWP−ACWP=10 000−25 000=−15 000
进度偏差(SV)	−10 000	SV=BCWP−BCWS=10 000−20 000=−10 000
成本绩效指标(CPI)	40%	CPI=BCWP/ACWP=10 000/25 000=40%
进度绩效指标(SPI)	50%	SPI=BCWP/BCWS=10 000/20 000=50%

成本绩效指数可以用来进行完工估算(Estimate at Completion,EAC),完工参数表见表 6-8。EAC 是根据项目当前绩效水平和风险量化对完成项目所要耗费的总成本的预测。同理,进度绩效指数可以用来估算完成项目的时间。最常用的 EAC 预测技术有以下几种不同形式。

① EAC=截至目前的实际成本(ACWP)加上经实际成本绩效指数(CPI)修改的剩余项目的预算。通常把目前的偏差视为将来偏差的典型形式来使用。公式:EAC=ACWP+(BAC−BCWP)/CPI,这里的 CPI 是累积的 CPI。

② EAC=截至目前的实际成本加上剩余的预算(BAC−BCWP)。在目前的偏差被视为一种特例,并且项目团队认为将来不会发生类似的偏差情况下,常采用这种方法。公式:EAC=AC+BAC−BCWP。

③ EAC=截至目前的实际成本加上所有剩余工作的新估算。这种方法通常用于以下两种情况:过去的实施情况表明原来所做的估算假定彻底过时了,或由于条件的变化原来的估算已不再适合。公式:EAC=AC+ETC。

表 6-8 完工参数表

BAC	完工预算(Budget At Completion)	项目最初的总预算
EAC	完工估算(Estimate At Completion)	EAC:当前情况下完成项目的总费用 EAC=实际费用+(总预算成本−BCWP)/CPI EAC=AC+BAC−BCWP
ETC	完工尚需估算(Estimate To Complete)	ETC=BAC−EAC

在项目未完工期间,通过挣值分析,进行成本和进度的控制,如果按照项目当前的费用和进度情况继续开展项目,完工时情况会是什么样的?完工估算就是用来回答这个问题的。BAC 是原计划的全部预算。如果不考虑项目已经实施部分的实际费用和进度情况,假设项目能够按照计划和预算正常完成,即 EAC=BAC。但是,在项目的实际开展过程中,项目的成本可能超出预算也可能尚有结余,项目的进度安排可能提前也可能落后。根据当前项目的进展情况分析,结合一定的估算方法,项目经理可能会提出最后完成时的最后成本估算 EAC。此时的 EAC 可能大于也可能小于 BAC。用 BAC−EAC 就得到 ETC。BAC、EAC、ETC 表明在项目的某个检查点,对项目最后成本的最新估算。

6.6 使用软件辅助 IT 项目成本管理

大多数企业使用软件来辅助与项目成本管理相关的各种活动。电子表格(Excel)是成本估算、成本预算、成本控制中最常用的工具之一。许多公司也使用相对更高级和集成化的财务应用软件,为会计和财务部门提供重要的成本相关信息。

在 IT 项目管理过程中,项目成本管理软件可以帮助项目经理分析整个项目的信息或关注有成本限制的任务。使用项目成本管理软件可以为任务分配资源和成本、开展成本估算的准备工作、进行成本预算以及监督成本绩效等。Project 可以基于一个 WBS 来跟踪成本,且设定有现金流、预算、超支任务、超预算资源和挣值报告等标准成本报告。

对于大多数的软件包,就如何有效地使用软件和了解软件特点,需要提前进行培训。也有部分项目经理并不使用专门的 IT 项目成本管理软件而是使用公司的会计系统进行成本管理。有些项目经理习惯使用 Excel 进行数据的汇总和分析,Excel 软件在财务管理中的使用具有较强灵活性,且日常应用较为广泛,容易被更多的人接受。为了改进项目成本管理,有专门的企业开发项目管理软件和主要会计软件系统之间的数据连接方法。无论运用哪种 IT 项目管理软件辅助成本管理,项目经理都必须保证项目中输入数据的准确性、有效性、及时性,确保成本管理的精确。

案 例 分 析

大卫是一个系统分析师、网络专家,在一个大城市的供水系统工作,他的下一个目标是成为一名项目经理。他的一个同事邀请他参加政府一个重大项目的评审会,其中包括“测量员助理”这个概念,是开发一个复杂信息系统,该信息系统包括专家系统、面向对象数据库和无线通信系统。该系统为政府的测量员提供即时的图形信息,帮助他们工作。例如,一名测量员触摸手感装置显示屏显示的地图之后,系统将提示他选择有关那个区域所需要的信息类型,该系统将对许多项目的计划和执行有帮助,从光缆的铺设到输水管线铺设。

然而,当会议的大部分时间花在讨论有关成本问题时,他非常惊讶。政府官员在讨论资助任何新项目之前,一直在评审许多现有的项目,评估它们到目前的执行情况及其在预算上的潜在影响。演讲者引用的很多术语和图表大卫都不理解。他们总是谈及的挣值分析是什么?大卫曾想他应当学习更多的测量员助理项目中将要应用的新技术,但现在他发现成本估算和项目收益是高级官员在会议上最感兴趣的事情。好像在任何技术工作开始之前,必须花大量的精力在详细财务研究上。这时候,大卫就很希望自己学过一些会计和财务方面的课程,那样他就能够理解人们正在讨论的缩写和概念。尽管大卫有一个电子工程学位,但他在财务方面没受过正规的教育,经验也特别少,他自信地认为自己能够懂得信息系统和网络,也同样能理解项目中的财务问题。他草草地记下会后需要和同事们讨论的问题。

大卫跟他的同事谈了这次会议,他觉得通过这次会议,自己对项目成本管理的重要性有了更好的理解。特别是当他了解到在项目后期纠正缺陷需要更高成本之后,他更认识到了在对项目做出主要开支之前进行详细研究的价值。他也理解了建立好的成本估算和成本控制的重要性。项目经理表示他们正在实施的项目管理不善,并承认他们在项目的前期计划和分析方面做得不够,政府官员因此取消了几个项目。大卫知道,如果自己想在职业生涯中有所长进,就不能仅注重项目的技术方面。他开始怀疑本市正在考虑的几个项目是否真的对得起纳税者的钱。成本管理问题又给大卫工作增添了一个新的空间。

思考题:通过大卫的案例,探讨软件项目成本估算的重要性。

习　　题

一、单选题

1. 项目成本管理同(　　)无关。

A. 启动过程组　　B. 监控过程组

C. 规划过程组　　D. 以上都不是

2. 小李是某项大型软件的项目经理,前不久他刚接到一项任务,要求在两周后提交一份项目的成本基准给上层管理组,这意味着接下来小李将要完成(　　)工作。

A. 小李应该和专职人员一起只须对完成项目活动所需资金进行近似估算,建立一份成本基准

B. 小李应该和专职人员一起根据项目的进展情况,将项目估算稍做变更,建立一份成本基准

C. 小李应该和专职人员一起在对项目进行估算的基础上进行项目的预算,建立一份成本基准

D. 小李应该和专职人员一起监督项目状态,根据更新后所制定的预算建立一份成本基准。

3. 基于以前项目的经验,某人正在按每单位面积墙壁、地面、天花板、门窗及其他要素,编制一个办公大楼的建设项目的预算。请问:他现在使用的估算方法是(　　)。

A. 自底向上的估算方法　　B. 自上而下的估算方法

C. 参数估算　　D. 类比估算

4. 已知某一项目的实际成本为 2000 万元,挣值为 2100 万元,计划价值为 2400 万元。(　　)是项目的进度偏差(SV)和成本偏差(CV)。

A. SV=300 万元,CV=−100 万元　　B. SV=−300 万元,CV=100 万元

C. SV=300 万元,CV=100 万元　　D. SV=−300 万元,CV=−100 万元

5. 已知项目 A 的 CV=10,CPI=1. 2,SPI=0. 2,SV=−5。说法正确的是(　　)。

A. 项目 A 落后于进度,高于预算　　B. 项目 A 提前于进度,低于预算

C. 项目 A 提前于进度,高于预算　　D. 项目 A 落后于进度,低于预算

二、判断题

1. 在项目成本管理过程中,需要设法弄清项目资金需求和工作绩效数据等,以进行项目成本估算。(　　)

2. 在较小的项目上,可以直接对活动进行成本估算;在较大的项目上,只须对工作包进行成本估算。(　　)

3. 类比估算法作为成本估算方法中的其中一种,也被称为自底向上法。(　　)

4. 项目成本控制包括事前控制、事中控制、事后控制三个方面。(　　)

5. 完工估算(EAC)是根据项目当前绩效水平和风险量化对完成项目所需耗费的项目总成本的预测。(　　)

三、简答题

1. 什么是成本？成本可以分为哪几类？

2. 软件项目成本的影响因素有哪些？

3. 简述项目资源计划编制的依据及常用方法。

4. 列出软件成本估算的常用方法并进行比较。

5. 什么是挣值分析？请简述挣值分析的三个基本参数及其含义。

第7章 质量管理

IT 项目质量管理的目的在于保证项目产品质量符合用户的预期。由于软件开发公司忽视了项目质量管理，导致项目产品在使用过程中出现了各类故障，给企业、社会甚至国家带来无法估量的损失。1996 年，“阿丽亚娜”火箭将浮点整数转换为有符号整数时产生溢出，导致惯性参考系统崩溃，发射 37s 后爆炸，损失 6 亿美元。2002 年，美国国家标准技术研究所发布报告：“由于软件缺陷而引发的经济损失高达 595 亿美元/年，占美国生产总值的 0.6%”。2003 年，俄亥俄州第一能源公司的电力控制软件出现错误，导致美国及加拿大地区发生停电事故，直接经济损失 250 亿～300 亿美元。2006 年，中国银联跨行交易软件故障，系统瘫痪约 8 小时，全国 6 万台 ATM 和 34 万家商户受到影响。2010 年 3 月，美国联邦航空局为防止机组人员无意启动客机自动驾驶仪，致使飞机低速滑出跑道，要求为数百架波音 777 客机更新驾驶软件。2012 年 1 月，中国铁路客户服务中心网站（http://www.12306.cn）网站，对春运期间互联网购票人数激增的需求估计不足，导致网络售票系统瘫痪，造成旅客已成功支付票款，但网站显示购票未成功现象，发生支付偏差。2013 年 12 月，安卓手机出现锁屏漏洞，黑客绕过锁屏图案获取用户隐私信息，盗取个人通讯录、短信、照片等信息。2018 年，Facebook 由于信息访问权限设置有缺陷，超过 5000 万用户隐私数据泄漏，给公司带来近亿美元的经济损失。由于错误数据激活了“机动特性增强系统”软件，导致 2018 年 10 月新加坡狮航和 2019 年 3 月埃塞俄比亚航空公司两起波音 MAX737 飞机失事，346 人遇难。由于互联网环境下的项目开发模式和产品运行环境发生了巨大变化，经典开发方法在提高软件质量和生产效率方面的局限性日益凸显，因此在项目开发的各个阶段都必须加强对项目质量的管理工作。

随着越来越多复杂程度较高的大型软件被应用，用户对软件质量的需求正发生着日新月异的变化，不断涌现出高可靠、高安全、高可用等混合质量的需求。由于软件缺陷给人类社会带来了诸多不安定因素，尤其是应用于航空航天、核电、国防等领域的关键软件系统，其失效会对人类和环境造成严重的乃至灾难性的后果。在应用环境方面，IT 项目从单机软件项目、局域网络软件到互联网软件，项目应用环境复杂度越来越高，用户对项目质量管理的要求也越来越严格；在应用功能方面，IT 项目单部门（业务领域）应用向跨部门（业务领域）应用转变，项目功能构架的复杂度不断提升，同时，IT 项目需求具有渐近明晰的特征，引致质量管理计划的不断变更；在开发团队方面，随着 IT 项目的规模越来越大、开发团队人数规模也越来越多，增加了软件组织对开发质量的管控难度。在项目开发过程中，受资源有限性影响，项目经理要在进度、成本、范围、质量四者之间寻求平衡，也会调整质量管理措施，满足项目开发整体目标的需要。

7.1 IT项目质量管理概述

7.1.1 IT项目质量内涵

国际标准ISO8042：1994认为质量是实体满足明确和隐含需求的能力特性的总和。ISO9000：2000认为质量是一组固有特性满足要求的程度。由于IT项目以开发知识产品为目标，具体开发过程具有不可视化特征，因此，IT项目质量是指项目产品与明确和隐含的定义需求相一致的程度，其中，明确需求是指用户明确描述的项目应实现的功能和性能方面的要求；隐含需求是指用户没有明确提出的支持明确需求实现的必备需求，多为项目的非功能性需求。

质量方针是组织决策层对项目总体质量目标和方向制定的指导性文件，也是IT项目质量管理的总纲领。在制订项目质量管理计划时，质量方针是重要的参考依据之一，但在实际项目开发中应该根据具体情况对质量方针进行适当的裁剪，使得质量方针符合具体的项目实际。质量方针是组织的质量观点，具有一定的原则性，在组织的所有项目中都应得到遵循和执行。

7.1.2 IT项目质量管理

质量管理是为了保证IT项目产品正常运行，降低项目后期的维护成本，提高用户的满意度，在项目产品或服务发布之前识别其中隐含质量问题并予以纠正的过程。IT项目质量管理过程主要包括规划质量管理过程、实施质量保证和控制质量三个环节。

1. 规划质量管理

规划质量管理主要是识别IT项目开发过程及其可交付成果的质量要求和验收标准，并约定证明符合质量要求和标准的过程。准确的质量规划可以有效地保证项目最终产品符合用户需求。因此，应根据组织资源条件、IT项目自身特征及组织外部环境合理制订质量管理计划，对于IT项目开发环境、开发人员、项目干系人、组织过程资产等影响项目质量的因素进行详细分析，并制定相应管理措施。

2. 实施质量保证

实施质量保证是把组织的IT项目质量政策用于IT项目开发全过程，并将质量管理计划转换为可执行的质量管理活动的过程。质量保证的主要工作是制定IT项目质量保证体系，明确质量保证的技术与实施过程，检查项目质量与计划是否保持一致，识别导致项目质量低劣的原因。质量保证需要对项目各个阶段和最终产品承担质量责任，以及向客户和其他干系人提供信任。

3. 控制质量

控制质量是监督和记录IT项目质量管理活动执行结果的过程，核实项目可交付成果和工作是否达到用户的质量要求。评估项目各个阶段产品，是否符合质量标准。若符合质量标准则按计划继续进行开发，反之则需要按照质量计划进行调整和修正。质量控制的主要作用在于预防缺陷的产生，控制产品质量，修正项目产品缺陷，确保项目产品质量与计划保持一致。

PMBOK及软件分册关于质量管理过程的描述，见表7-1。

表 7-1　PMBOK 及软件分册关于质量管理过程

活动	启动(Initiating)	规划(Planning)	执行(Executing)	监控(Controlling)	收尾(Closing)
		规划质量管理	实施质量保证	控制质量	
输入		1. 项目管理计划 2. 干系人登记册 3. 风险登记册 4. 需求文件 5. 事业环境因素 6. 组织过程资产	1. 质量管理计划 2. 过程改进计划 3. 质量测量指标 4. 质量控制测量结果 5. 项目文件	1. 项目管理计划 2. 质量测量指标 3. 质量核对单 4. 工作绩效数据 5. 批准的变更请求 6. 可交付成果 7. 项目文件 8. 组织过程资产	
工具和技术		1. 成本效益分析 2. 质量成本 3. 七种基本质量工具 4. 标杆对照 5. 实验设计 6. 统计抽样 7. 其他质量规划工具 8. 会议	1. 质量管理和控制工具 2. 质量审计 3. 过程分析	1. 七种基本质量工具 2. 统计抽样 3. 检查 4. 审计已批准的变更请求	
输出		1. 质量管理计划 2. 过程改进计划 3. 质量测量指标 4. 质量核对单 5. 项目文件更新	1. 变更请求 2. 项目管理计划更新 3. 项目文件更新 4. 组织过程资产更新	1. 质量控制测量结果 2. 确认的变更 3. 核实的可交付成果 4. 工作绩效信息 5. 变更请求 6. 项目管理计划更新 7. 项目文件更新 8. 组织过程资产更新 9. 其他输出(软件分册)	

在 IT 项目质量管理过程中,质量计划主要关注各个阶段的开发成果需要达到的质量要求;质量保证则主要关注管理项目各个阶段的质量过程,而质量控制项目产品与质量要求的比较,保证最终产品符合用户要求。在管理项目质量过程中,质量计划中确定的质量标准成为测试和评估依据,将用于确认项目是否达到了质量要求。PMBOK 软件质量管理的实施过程,如图 7-1 所示。

7.1.3　IT 项目质量的影响因素

为有针对地编制质量计划和制定预防措施,在制订 IT 项目质量管理计划前,需要从项目开发组织特征、IT 项目自身特征、项目开发过程等方面分析和确定项目质量的主要影响因素。

(1) IT 项目的组织特征主要包括 IT 项目组织能力和项目开发团队能力两类因素。

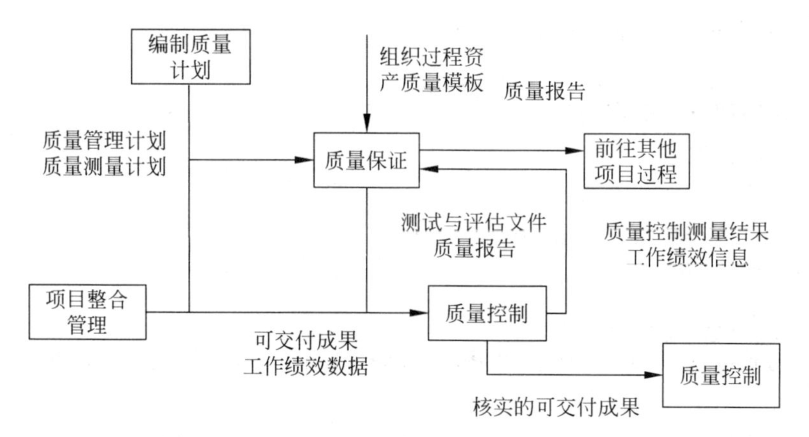

图 7-1 PMBOK 项目质量管理过程的相互关系

① IT 项目组织能力方面的质量影响因素。

- IT 项目组织的创新能力；
- IT 项目组织的竞争能力；
- IT 项目组织的决策能力；
- IT 项目组织接受新技术能力；
- IT 项目组织权责结构清晰，专业化分工程度；
- 职位的可替代能力(某个人离开，其他人替代工作)；
- IT 项目组织的应变能力；
- IT 项目组织承接大型项目能力。

② 项目开发团队能力方面的质量影响因素。

- 项目中各项目组之间相互合作与协调的能力；
- 项目团队知识结构合理性；
- 项目团队协作凝聚力；
- 项目团队整体实力水平；
- 项目团队学习能力；
- 项目团队成员变动频繁程度；
- 项目开发人员业务的熟悉程度；
- 项目开发人员所需专业技能水平。

(2) IT 项目自身特征方面的质量影响因素。

- 项目采用的是以前未曾使用过的新技术；
- 项目需要与已有的其他信息系统进行较多的集成；
- 项目技术相当复杂；
- 项目使用不成熟的技术；
- 项目外包给多家开发商，各子系统很难进行集成；
- 项目没有或很难定义项目成功的标准；
- 项目是组织以前未涉及的领域；
- 项目涉及的业务流程、业务模式较为复杂。

(3) 项目开发过程方面的质量影响因素。

- 软件原型的选择；
- 需求转换和可跟踪性情况；
- 软件测试方法；
- 软件维护的标准与方法；
- 软件开发计划和组织资源的限制情况；
- 软件开发时编程语言的选择；
- 现有的类似软件开发经验；
- 软件的质量特征(如功能性、可靠性、易用性、效率、可维护性和可移植性等)；
- 开发方法与工具选择；
- 软件的运行环境。

7.2 规划质量管理

7.2.1 质量计划内容

质量计划是指在 IT 项目开发过程中明确项目和各个阶段可交付成果的质量要求和标准。质量计划主要根据组织的质量方针、项目范围、项目质量标准以及产品规格说明等制订实施计划。质量计划反映客户的质量需求,为项目开发人员和相关人员提供质量保证和质量控制的依据,为测试人员提供产品测试指南,为确保项目质量奠定基础。

质量管理计划是整个项目计划的重要组成部分,主要作用是为项目开发过程中如何管理与保证质量提供使用指南和方向,应根据项目的实际情况来确定。

(1) 制订质量管理计划的依据。

① 项目管理计划。项目管理计划是对项目的范围、进度、成本以及干系人进行管理的相关计划文件。其中,范围基准主要包括项目范围说明,包括项目描述、项目可交付成果和验收标准,是编制项目质量计划的重要依据和基础；进度基准包括进度绩效指标,项目的开始和完成日期,里程碑事件等；成本基准主要包括考核成本绩效指标、里程碑事件时间节点的成本计划。

② 干系人管理信息。识别对项目质量有特别兴趣或影响的干系人。

③ 风险信息。识别可能影响项目质量要求的各种威胁和机会信息。

④ 需求文件。记录项目应该满足干系人期望的需求,包括项目产品功能需求和质量需求,围绕需求项目团队规划将开展项目质量控制。

⑤ 事业环境因素。包括政府法律法规、项目应用领域的相关规则、标准和指南、市场条件、文化观念以及项目可交付成果的运行条件。

⑥ 组织过程资产。包括组织的质量管理体系、程序及指南、质量管理模板、历史数据库和组织已经完工的项目经验教训。

(2) 质量管理的主要工具。

① 专家判断。

通过征求质量保证、质量控制、质量测试与结果、质量改进和质量体系等相关专家或小组的意见,来编制质量管理计划。

② 成本效益分析。

质量管理效益为因减少项目返工、节省项目开发成本、提升项目的赢利能力；成本效益分析主要对每个质量活动进行成本效益分析，评价质量管理备选方案的优势与不足，帮助项目经理提高质量活动的资源利用效率。

③ 质量成本(COQ)。

质量成本包括在产品生命周期中为发现不符合项、预防不符合项、评价项目产品或服务是否符合质量要求，以及因修正未达到要求的不符合项(项目返工)等质量问题，而产生的所有成本。质量成本由预防成本(主要指为生产合格项目产品组织制订项目管理计划、实施质量管理培训、质量标准体系实施等成本)、评价成本(包括项目质量检查、项目产品测试、评估、审计等成本)、缺陷修正成本(指项目开发过程中的返工成本及可交付成果不满足客户需求而增加的相关成本)、社会成本(包括组织的声誉、客户流失等成本)等部分构成。

④ 项目质量分析工具。

项目质量分析工具主要包括因果图(又称鱼骨图)、检查表(又称矩阵图)、帕累托图和控制图等，通过分析得到的数据转为可视化的图表，有助于项目相关负责人了解关键质量事件、决策节点等重要项目事项，同时还可识别出项目是否完整和是否存在其他质量问题，确定影响项目成功的质量监控指标。

(3) 项目质量管理计划的主要内容。

① 质量管理计划。

内容主要包括项目质量目标、质量政策、质量标准、质量的角色与职责、需要审核的项目可交付成果、项目使用的质量管理工具、与项目有关的主要质量管理程序等。

② 项目质量度量指标。

是具体描述项目或产品的质量属性、指标项数据采集及指标度量方法。质量度量指标包括项目产品的缺陷率、故障率、可靠性和测试的覆盖度等内容。

③ 项目质量管理计划变更。

由于项目具有渐进明晰的特征，随着项目的进展，项目范围有时会发生变更，项目开发前质量计划也逐渐显现，因此，项目质量管理计划也将随之变更。项目管理计划变化必须以变更请求的形式提交至软件配置控制委员会(SCB)审批，通过组织的变更控制过程进行处理。

④ 项目质量文件变更。

在质量管理过程中会产生很多的项目文件，项目团队需要保存好这些更新的项目文件以备质量度量和后期维护使用。变更的项目文件主要包括需求跟踪矩阵、质量管理计划、质量管理的经验教训等。

7.2.2 质量计划编制

在编制质量管理计划之前，需要考虑项目质量影响因素，明确质量管理计划编制的依据、使用的工具和技术以及质量管理计划的内容。制定项目质量计划时，首先必须明确项目产品的质量方针、范围基准、项目产品功能和性能，各阶段的产品或服务拟采用的质量标准与规范，以及采用质量工具和分析技术，然后制定质量管理计划并实施，具体的质量计划制定流程，如图 7-2 所示。

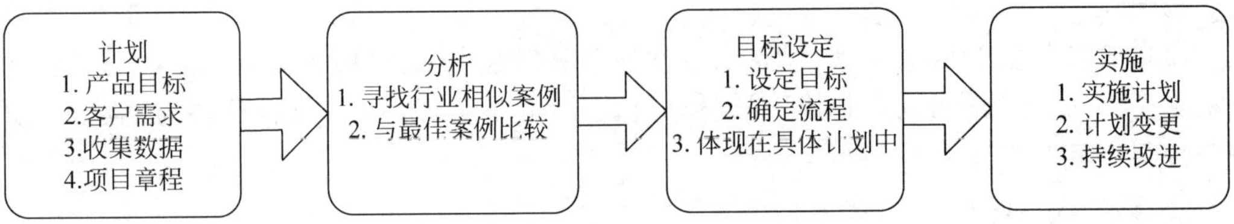

计划
1. 产品目标
2.客户需求
3.收集数据
4.项目章程

分析
1. 寻找行业相似案例
2. 与最佳案例比较

目标设定
1. 设定目标
2. 确定流程
3. 体现在具体计划中

实施
1. 实施计划
2. 计划变更
3. 持续改进

图 7-2 质量计划编制过程

(1) 了解项目基本情况。质量管理计划制定阶段应收集项目需求、项目质量要求、实施规范、质量评定标准和类似项目资料等,还应该了解项目内容、项目质量方针、目标以及实施方案等具体内容。

(2) 确定项目质量管理组织。根据项目总体目标、项目需求以及项目内容,进行逐级分解,明确项目各个阶段和各功能模块的质量目标,结合项目的特征、组织状况、进度计划、成本计划和各阶段项目质量要求,配备质量管理人员、设备等;项目组人员的角色和质量责任,见表 7-2。

表 7-2 项目质量责任表

角 色	质 量 责 任
项目经理	负责项目质量管理各项工作协调、管理和控制
系统分析与设计人员	保证项目的系统分析与设计报告符合项目的需求和用户的期望
编程人员	负责编程及项目程序代码符合项目需求规格说明书
测试小组组长	准备测试计划、实施测试计划和出具测试报告,保证产品质量
测试人员	编写并执行测试用例,编写项目产品质量报告
质量保证(QA)人员	负责 IT 项目开发过程的质量控制工作

(3) 确定质量控制流程。首先,确定质量控制基本工作流程、质量检查工作流程、不合格项的控制流程等;其次,根据项目进度计划,编制项目质量控制工作表、质量管理人员安排计划表和质量控制工作所需资源计划表等。

(4) 项目质量计划评审与实施。项目质量计划编制好后,需要项目相关负责人(项目经理或项目负责人)审核、批准后实施,若有问题则需要重新修改直至审核通过。项目完成后进行项目质量管理工作总结,对项目实施过程中的质量管理进行持续改进。

7.2.3 质量计划实施

根据质量管理计划,在项目开发的全过程展开质量控制活动。质量保证(QA)人员通过采集、记录和分析开发过程及项目产品质量数据,同时根据项目开发过程中的实际情况对质量管理计划进行调整和变更,适应渐进明晰的项目需求,实现项目的质量目标。

对于项目开发过程中影响质量的不符合项,坚持早发现、早解决的原则。根据项目里程碑事件和质量计划设置质量检查点和验证点,检查项目开发过程、阶段产品是否达到质量计划所预设的质量标准,找出不符合项的原因并及时纠正,减少质量不符合项遗留到项目后续阶段的数量,有效降低项目的开发和维护成本。项目收尾时,应将项目质量实际情况与项目质量计划进行对比分析,总结项目质量管理的成功经验与失败教训,为组织后期项目开发提供参考依据。

7.3 质量保证

7.3.1 质量保证体系

质量保证(Software Quality Assurance,SQA)是通过对软件开发过程中的各项活动和产品进行评审和审计,验证软件产品是否符合预定标准的活动;因此,需要建立一系列有组织、有计划的标准、步骤、实践和方法,向项目组织和用户证明项目能满足质量计划中的质量要求和标准。从项目角度来看,质量保证体系是指为保证项目产品符合质量标准所需要的总体目标、组织机构、具体内容以及规则等。

(1) 质量保证体系的总要求。

通过质量保证体系,项目组织可以确保其有能力提供符合满足客户需求的产品。项目组织通过有效利用质量保证体系,对整个项目质量计划执行情况进行评估、核查和改进,以促使项目达到质量要求。为了顺利开展质量保证工作,项目组织应按照相关标准去建立质量保证体系,其总体要求如下。

① 确定软件质量标准体系;

② 确定质量保证的组织机构、人员构成;

③ 确定约定的开发方法、质量标准和开发规程得到采用;

④ 建立响应机制,对偏离质量标准的活动和产品得到及时的反应和处理;

⑤ 项目定义的软件开发活动可以得到正确的执行;

⑥ 识别质量保证体系所需的过程及在项目开发过程中得到应用;

⑦ 确定为保证软件过程的有效性所需要的准则和方法得到应用;

⑧ 确保执行质量保证过程所需的资源和信息。

(2) 质量保证主要内容。

① 编写质量保证计划。根据项目质量计划编制项目质量保证计划,确定各个阶段的项目活动重点检查事项,按标准检查、审计项目成果的约定,编写活动和产品质量审计报告。

② 评审项目阶段性成果。根据 SQA 计划对项目组织检查和评审,检查项目阶段成果是否符合质量计划,SQA 对于项目阶段成果内容的正确性不做检查。

③ 检查项目活动。对里程碑事件和阶段项目成果进行检查,以及对开发过程中临时设置的节点进行跟踪检查,监控项目运行情况,及早发现并解决项目中存在的问题。

④ 检查配置管理工作。检查项目代码和文档的版本是否得到及时有效的更新,监督项目开发过程中配置管理工作是否按照配置管理计划进行。

⑤ 检查问题跟踪及落实情况。跟踪项目阶段性成果评审和日常活动检查中发现的问题,是否得到解决;对于无法在项目组内部解决的较大问题,可向项目高层负责人或项目经理汇报,寻求解决方案。

7.3.2 软件质量保证技术

软件质量保证的常用工具和技术如下。

1. 数据采集

设计符合项目实际情况的核对单,列出需要收集的相关问题的特定组成部分,应用核对单的方法来收集数据,核实所要收集的数据是否已得到以及检查需求列表是否已得到满足。

2. 数据分析

适用于数据分析的方法主要有文件分析、过程分析、原因分析等。文件分析主要用于分析项目质量报告、项目测试报告、项目绩效报告和质量偏差,找出影响质量的团队开发因素和过程;过程分析主要是识别可改进影响质量的过程,同时检查在项目开发过程中可能出现的问题、影响因素等;原因分析找到引起偏差、缺陷和质量问题的根本原因,并解决该问题。

3. 数据表现

数据表现方法有鱼骨图、流程图、直方图、矩阵图和散点图。其中,鱼骨图可以确定质量问题的主要原因,如图 7-3 所示;流程图与直方图分别从缺陷的产生流程和各缺陷的种类的数量进行展现;矩阵图在行列交叉处展示了质量影响因素、原因和质量目标之间的关联关系;散点图则用于表示项目开发过程(环境、活动)与质量缺陷之间的关系。

4. 决策

主要运用多目标决策的方法从项目或产品质量的备选方案中,选择最佳方案的过程。其中,项目开发决策可以是在不同的环境下或供应商中选择质量最佳的方案,项目产品决策可对项目的范围、进度、成本、质量、干系人的满意度进行评估,以及解决与产品缺陷有关的风险事件。

5. 质量审计

审计主要检查项目活动是否遵循了组织和项目确定的质量政策、质量标准与质量管理过程。在项目开发过程中对最终产品和各阶段项目成果的质量审计通常是由项目组外部的团队开展,如组织内部的审计部门、项目管理办公室(PMO)或组织外部的项目审计人员。

6. 质量改进方法

根据质量控制过程中及质量审计发现的问题,改进项目的质量,以及质量管理工作,IT 项目质量改进通常采用 IDEAL、PDCA 和 6σ 等方法持续改进项目质量。

7.3.3 IT 质量保证的实施

质量保证实施是审计项目质量要求和质量控制度量结果,确保项目采用合理的质量标准和具有可执行性的过程。根据项目质量管理计划、质量改进计划、质量度量指标、过程改进计划、质量控制度量结果,以及在项目开发过程中获得的批准变更请求、预防措施、缺陷修正措施等来展开工作。

(1) 建立质量保证组织。组织层面建立质量保证机构,项目层面建立质量保证小组,确保项目按照质量要求实施。

(2) 选择合适的质量保证人员。质量保证人员应熟悉软件质量管理工作,以及组织的质量管理规范。

(3) 质量保证人员检查项目开发活动是否满足组织的开发标准与规程,软件过程是否全部实现,并提出改进意见。

(4) 质量保证工作应成为软件项目开发过程中独立审查的活动,贯穿于项目开发的全生命周期。

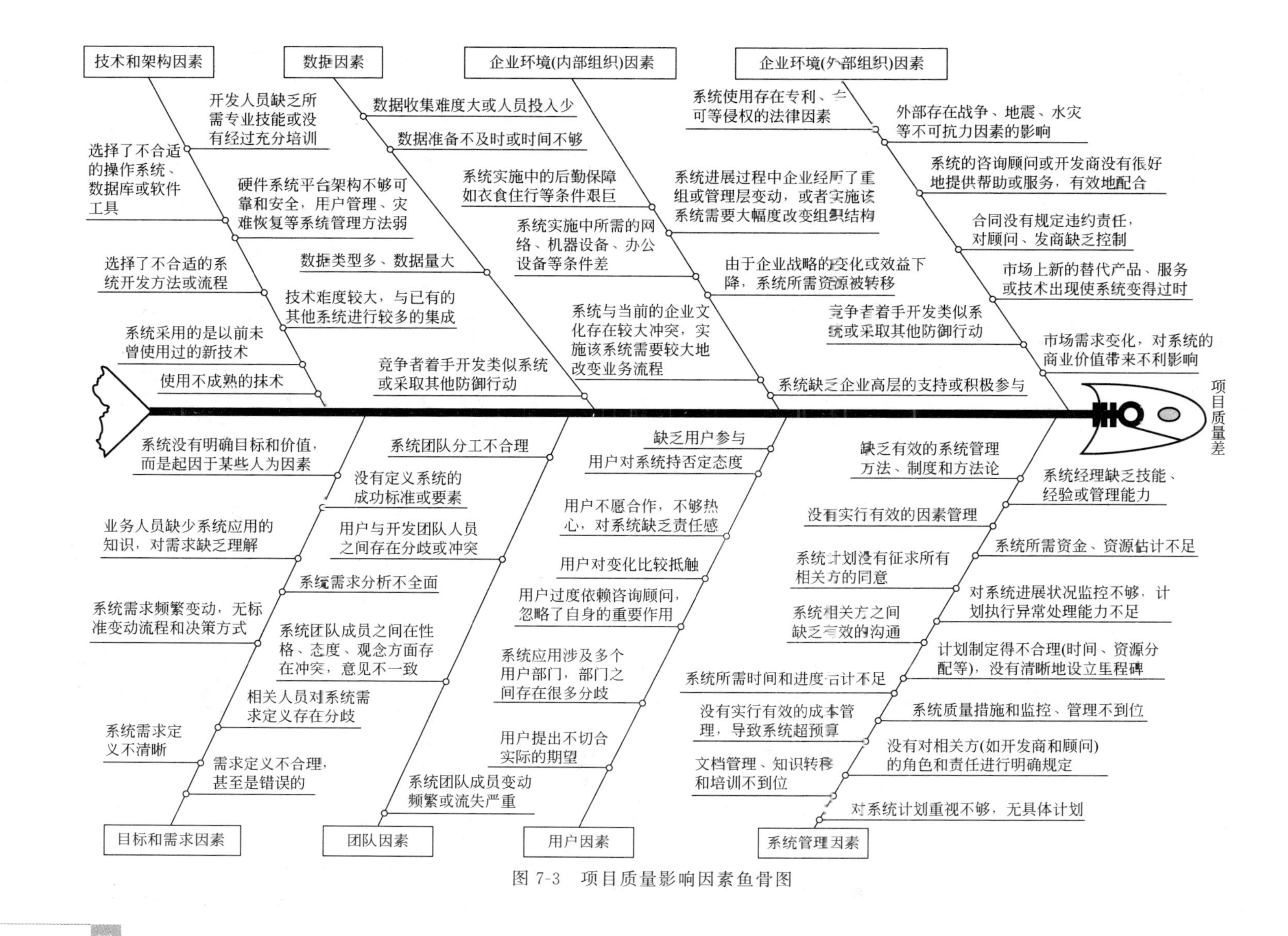

图 7-3　项目质量影响因素鱼骨图

7.3.4 软件质量保证活动

(1) 识别项目质量需求。项目 QA 人员应参与项目立项、启动、分析、设计、实施全过程的各项工作,从用户视角检查项目产品是否符合质量要求,确定项目质量指标和可能存在的质量风险。

(2) 参与项目计划的编制。将 QA 需要检查的项目质量计划、标准、规程融入项目的整体开发计划中。

(3) 编制 QA 计划。项目经理、开发人员、配置管理小组成员共同编制 QA 计划,经评审后,纳入配置管理。

(4) 审查项目产品质量。根据 QA 计划,QA 人员参与开发组的项目产品质量评审,独立对项目产品进行评审或邀请项目组外部专家评审;记录、反馈、跟踪评审过程中发现的不符合项,跟踪不符合项处理情况。

(5) 编制 QA 报告。QA 人员根据项目计划,定期编写项目 QA 报告,并向项目组人员、项目经理、QA 部门经理、高层管理和软件过程小组提交报告。

(6) 不合格项处理。QA 人员应全程跟踪不合格项的处理进展,直至不合格项关闭。

(7) 记录质量相关数据。记录项目开发过程中的项目阶段性产品、项目产品的评审情况及不合格项解决情况。

7.4 软件度量

7.4.1 软件度量概述

1958 年,Rubey 和 Hurtwick 提出了软件度量的概念,旨在通过有效度量科学评价软件过程质量,加强对 IT 项目开发过程的控制和管理,合理地组织和分配资源,制订切实可行的 IT 项目开发计划,达到以较低成本获得较高质量软件的目的。

软件度量是指对软件开发活动、软件产品(或阶段产品)质量以及项目资源的属性进行定量描述的过程。软件开发活动是指开发过程中的各种活动,如项目分析、设计、实施等;软件产品(或阶段产品)是指开发过程中所形成的各类文档、组件、程序以及最终交付给用户的软件。项目资源指软件开发所需的各类支持,如项目开发人员、开发费用以及组织过程资产等。

根据软件度量原理和规则,对调查、测试、审核等方式获取的软件开发过程及产品相关数据进行分析,以评估、预测、控制和改善软件产品质量。

美国卡内基·梅隆大学(CMU)软件工程研究所(SEI)在《软件度量指南》(*Software Measurement Guidebook*)中指出软件度量可以增加组织及开发人员对项目的理解,有助于项目计划与实际完成情况的对比分析,指导组织实施软件过程改进(Software Process Improvement)。软件度量对于不同的项目干系人,作用也不尽相同,见表 7-3。

表 7-3　软件度量的作用

角　　色	度量效果
软件组织	（1）改善组织的各类产品质量 （2）缩短项目产品的交付时间 （3）提高开发效率 （4）降低开发成本、提高组织的利润率 （5）有助于建立项目估算基线 （6）确定新开发方法和工具的效果和效率 （7）提高项目干系人的满意度 （8）构建良好的质量文化
项目经理	（1）分析项目产品的错误或缺陷 （2）评估项目开发现状 （3）建立项目估算基础 （4）确定项目产品的复杂度 （5）建立项目基线（成本、进度、质量） （6）确定项目最佳实践
软件开发人员	（1）有助于建立更加明确的项目开发目标 （2）可作为项目开发活动的判断标准 （3）有效把握项目开发进度 （4）有助于在项目开发过程中，实施渐进式软件过程改进

软件度量的作用体现在对项目理解、评估、预测、控制和改进五个方面；通过对项目开发过程、项目产品和资源等要素的理解，确定项目评估、预测、控制和改进的基线；根据项目过程、产品和资源等各要素之间关系，建立模型，预测项目未来开发活动的趋势，更加合理地配置资源；对软件开发过程和项目产品实际情况进行评估，确认各要素对软件开发的影响程度；分析软件开发的实际情况与计划之间的偏差，调整项目计划，实施质量控制，使得软件开发良性发展。最后，根据量化的信息和发现的问题，完善和改进软件过程以及软件产品开发方法，提高项目的效率。

7.4.2　软件度量模型

软件度量主要包括软件开发过程度量和产品度量。软件开发过程的质量将直接影响软件产品的质量，因此，度量、评价、控制软件过程，可以持续改进软件过程，提高过程成熟度，最终达到提高项目产品质量的目的。项目产品度量主要是对产品功能、性能以及是否符合用户的使用预期进行度量和评价，为优化软件产品和产品服务提供支持信息。

1．Boehm 模型

Boehm 认为对 IT 项目属性不能仅有定性的研究，还必须有定量的研究，1976 年，他提出了用软件可移植性、软件可使用性、软件可维护性三个维度度量软件质量的层次模型，如图 7-4 所示。

2．McCall 模型

McCall 等人于 1977 年从产品修正性、产品转移性、产品运行性三个维度建立软件质量评估模型，模型逻辑结构如图 7-5 所示。

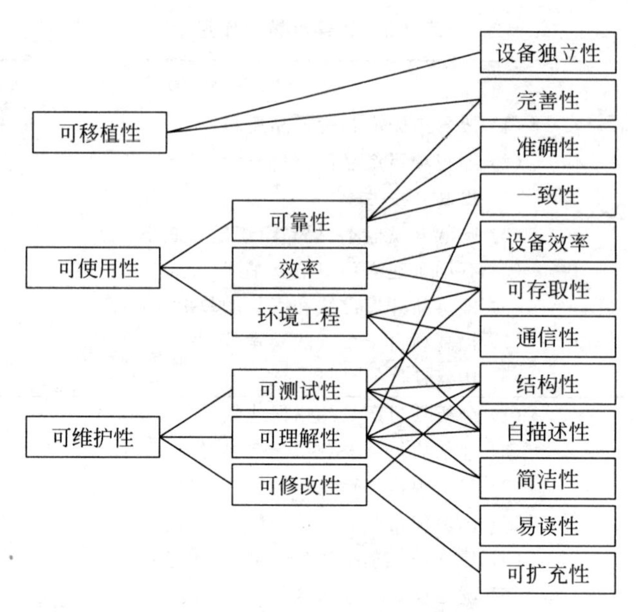

图 7-4　Boehm 质量管理模型

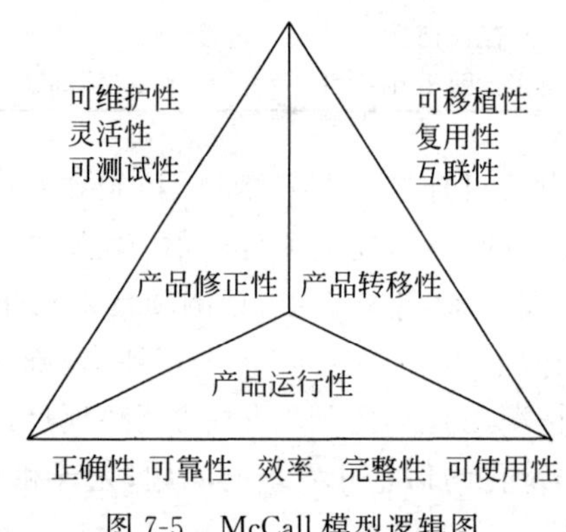

图 7-5　McCall 模型逻辑图

McCall 模型包括目标层、质量因素层、属性层 3 个层次，其中目标层 3 个，因素层 11 个，软件属性层 21 个，如图 7-6 所示。

3. GQM 模型

1988 年，美国 Victor R. Basili 教授提出基于目标的 GQM 模型；2002 年，Wolfhart Woethert 将 GQM 模型进一步细化为 GQ(I)M(Goal Question Indicator Measure)模型；这些模型对于过程改进、提高 IT 项目质量起到不容忽视的作用。GQM 模型是一种基于目标的自上而下的度量定义方法，是目标驱动的度量模型，它包含 Goal、Question 和 Metric 三个层次，如图 7-7 所示。首先，制定软件组织和项目的目标，然后跟踪目标到问题，由问题定义到具体度量，这些度量旨在可操作化地描述目标，最后提供一个解释数据与相关目标的框架。

GQM 模型包括四个阶段：①计划阶段，根据软件开发项目的度量要求，分析和定义软件项目度量计划；②定义阶段，以清晰明确的文本定义软件项目度量程序(包括 G、Q 和 M)，并确定度量策略，项目度量方法和技术；③数据采集及预处理，采集软件开发过程中产

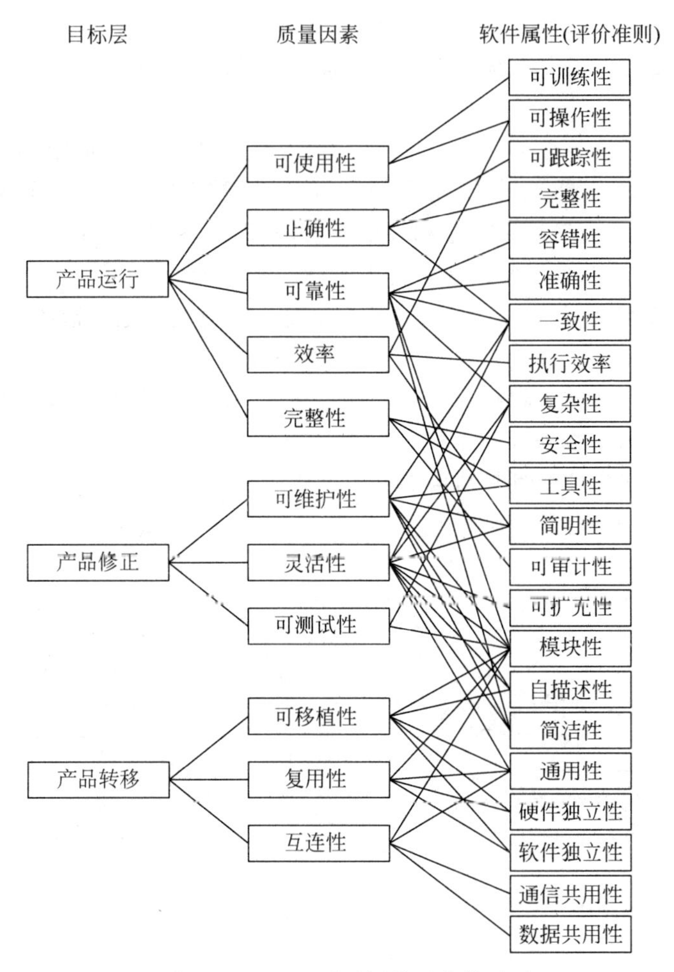

图 7-6　McCall 质量评价层次模型图

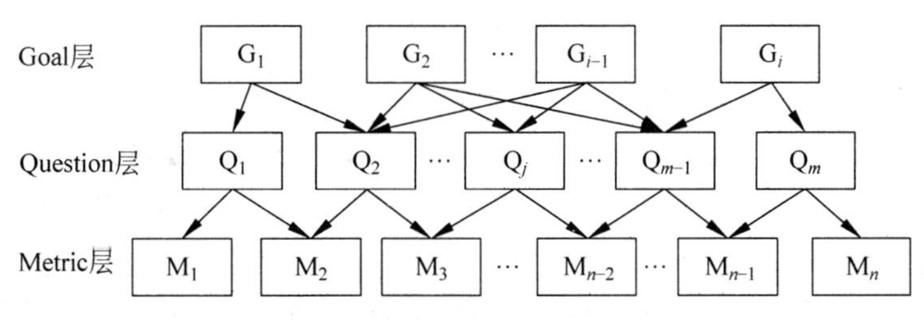

图 7-7　可信软件过程度量 GQM 图

生的结果数据集,并根据度量模型要求进行数据归一化处理；④解释阶段,应用选定的度量模型,通过数据分析,以图表的形式给出度量结果,量化项目过程中提出的问题,测度当前项目约定目标的水平,汇总软件度量经验,给出软件过程改进的方向或策略。

GQM 指出了产生软件过程度量单元的过程,由目标层演化为问题层,由问题层转化到指标层,直接确定度量数据元素,将软件度量以可视化的形式表示出来,方法简单易行；但由于存在收集的过程数据有时偏离项目的问题,由此反映的项目目标的可信性也备受质疑,同时对一个过程而言,如果仅取得过程终止时该实体或属性的度量值,则对于考察过程内部的状态没有多大帮助,更无从发现过程中间的问题,进而提供过程改进的依据,同时由于过程目标的分散性,有时不能全面综合地反映过程能力成熟程度。

4. GQ(I)M 模型

美国卡内基·梅隆大学(CMU)的 SEI 软件工程度量和分析小组在 GQM 模型的 Question 层和 Metric 层之间增加了指示器(Indicator)层,提出了 GQ(I)M 模型,如图 7-8 所示。该模型根据问题直接确定度量和数据元素,有助于达到目标的可度量性和相关指示器有机协调。目标量化分解后,要定义实现量化目标需要的问题和指示器(包括 X 图、R 图、S 图、Z 图、XmR 图、C 图和 U 图等)。指标层是为了解决问题构造指示器所需收集的数据要素。

GQ(I)M 模型由于阶段划分的不同,目标也不同,往往收集的数据偏离问题,不能很好地描述问题。另外,指示器分属于不同的问题和度量,因此不能很好地反映过程的总体情况,尤其是过程片段划分过细时其结果就更不可靠。

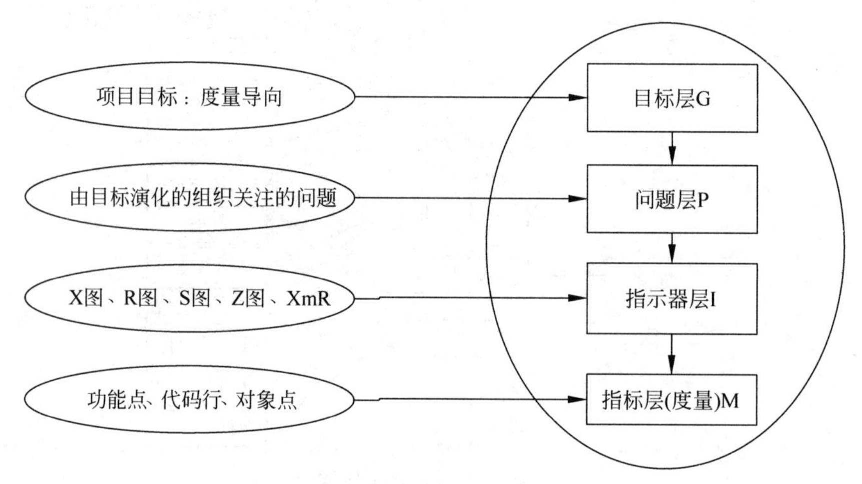

图 7-8 可信软件过程度量 GQ(I)M 图

5. ISO/IEC9126：2001 模型

1991 年发布的 9126 标准现在被分为两部分：ISO/IEC9126(软件产品质量)和 ISO/IEC14598(软件产品评价)。ISO/IEC9126 中定义的质量特性不仅可以定义功能需求,还可以定义非功能的顾客和用户需求。为了达到软件可信性,需要使所有为达到项目目标所需的过程实体、过程行为、工作产品是可预测的。度量分析为中间产品和发布软件产品的可信性提供了客观可靠的证据。软件过程基本度量和派生度量指标的集合,应从过程实体、过程行为和过程产品三个维度来度量软件可信性。

ISO/IEC9126 认为达到产品质量有不同的方法,但过程质量影响软件产品的内部质量,软件产品的内部质量影响软件的具体表现行为即软件的外部质量,软件使用质量受制于软件外部质量特性以及软件的使用环境,因此软件可信性源自于过程的可信性和对应用环境的适应性。GB/T 16260—2006/ISO/IEC 9126：2001 给出的软件生存期的质量模型,如图 7-9 所示。

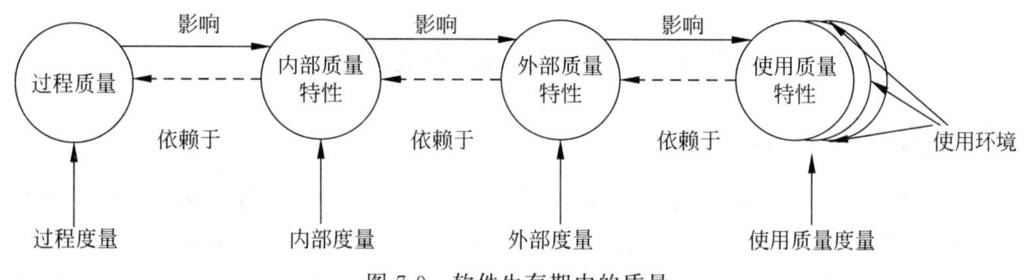

图 7-9 软件生存期中的质量

ISO/IEC9126 将软件质量定义为内部质量和外部质量，其中，内部质量是基于内部视角的软件产品特性的总体，外部质量是基于外部视角的软件产品特性的总体。将软件质量的特性定义为功能性、可靠性、易用性、可移植性、维护性和效率，如图 7-10 所示。

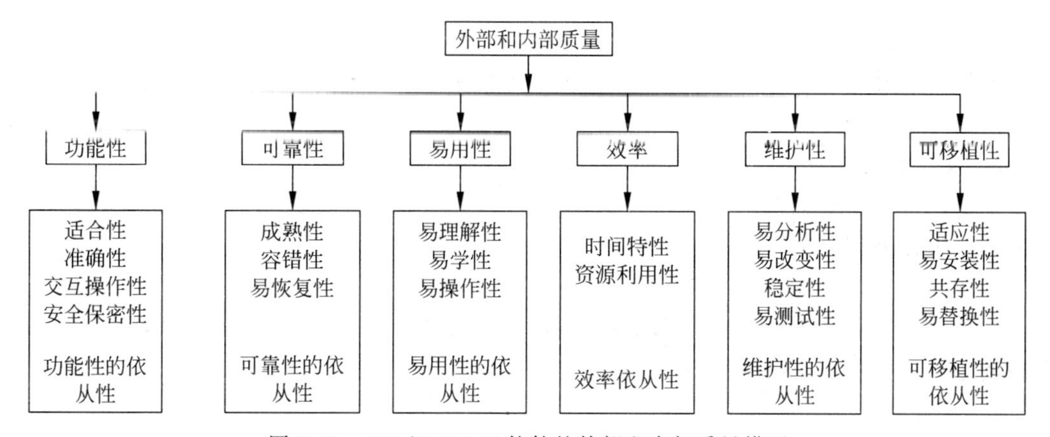

图 7-10 ISO/IEC9126 软件的外部和内部质量模型

6. ISO/IEC25010 模型

ISO/IEC25010 是在 ISO/IEC9126 相关部分的基础上制定的，软件质量模型描述的 8 个质量特性和 36 个质量子特性，如图 7-11 所示。

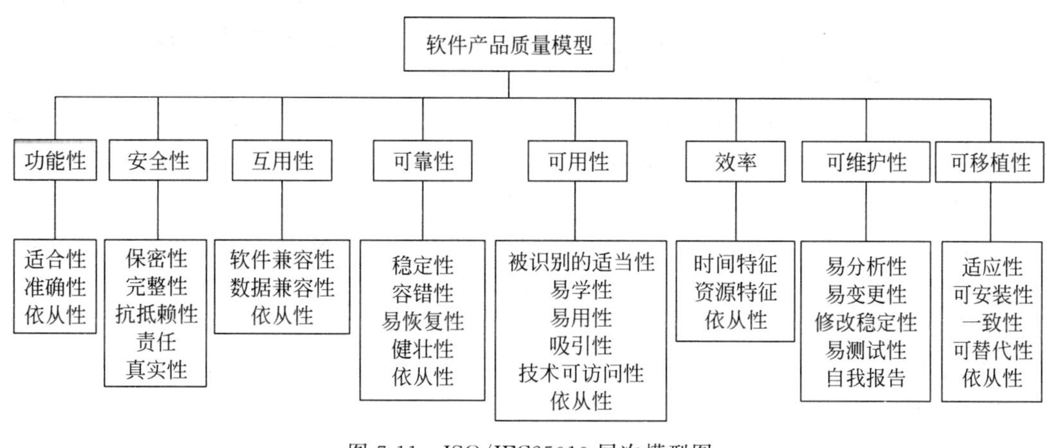

图 7-11 ISO/IEC25010 层次模型图

7.5 项目质量控制

7.5.1 软件质量控制概念

质量控制是记录质量活动执行的结果,确保项目在约定的时间进度和成本内,开发满足用户预期的软件产品,而进行的质量监督和不断改进开发过程的程序和方法。

软件质量控制需要收集项目开发各个阶段产品的质量信息,通过质量度量和质量管理,使得软件开发过程符合质量计划设定的质量目标。质量控制是质量管理的指示器,为组织质量管理指明努力的方向和目标,而质量管理为实现质量控制需要执行一系列特定的活动。质量控制是软件项目开发过程中事前、事中和出现偏差后采取纠偏措施的过程,一般步骤如下。

1. 系统化开发方法

软件开发是一项系统工程,要求项目研发人员及项目管理人员严格按照预定的开发过程模型和质量管理计划展开开发任务。

2. 过程阶段式管理

根据软件生命周期模型可以将项目开发分为若干阶段,各阶段都有明确的任务、阶段性产品和质量计划,及时发现并解决质量问题。

3. 里程碑节点实施质量审查

在项目关键时间节点或里程碑事件节点,对项目开发质量情况实施审查,若在该阶段内发现问题应及时反馈与解决。

4. 全面评审与测试

采用适当的技术方法对软件项目规划、需求分析、软件设计、软件编程及各阶段文档进行全面审查和测试。

7.5.2 软件质量控制模型与技术

1. 软件质量控制模型

软件控制方法包括目标问题度量法、风险管理法、PDCA 质量控制法、IDEAL 等。

1) PDCA 模型

基于 PDCA 的全面统计质量控制(Total Statistical Quality Control, TSQC)模型是软件开发过程中常采用的模型之一,能够指导研发人员编制质量计划和控制软件质量,步骤如图 7-12 所示。

TSQC 是一个调节和控制软件产品、开发过程和资源等影响软件质量的过程,PDCA 环中的每个环节的作用如下。

计划:确定影响软件质量因素的要求。

实施:按照要求展开行动。

检查:通过审查、测试、度量等环节,确认不能满足质量要求的问题。

改进:纠正影响质量的问题,继续开发工作。

软件质量控制过程贯穿于软件生命周期全过程,运用 TSQC 模型对产品、过程和资源进行控制,各个阶段都有其不同的作用。

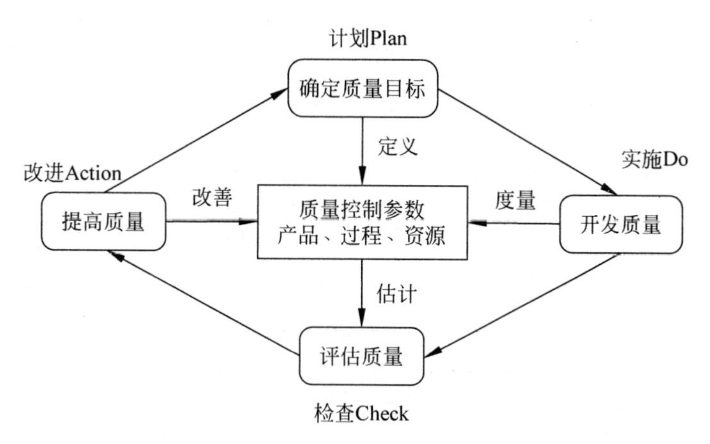

图 7-12　TSQC 质量控制模型

2）IDEAL 模型

IDEAL 模型将项目过程改进的过程分为五个阶段：准备（Initiating），诊断（Diagnosing）、建立（Establishing）、行动（Acting）和推进（Leveraging）。CMU-SEI 推荐 IT 项目组织在应用 CMM 模型进行过程改进时使用 IDEAL，如图 7-13 所示。

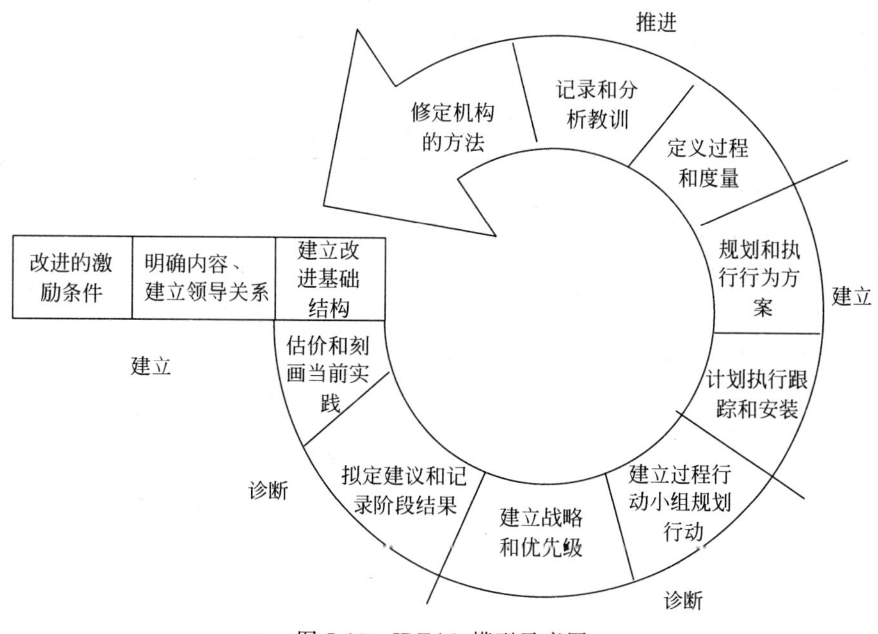

图 7-13　IDEAL 模型示意图

2. 软件质量控制工具与技术

1）核查表

核查表又叫作计数表，用于收集潜在质量问题活动的数据，记录开发活动的不合格项属性数据，识别项目存在的缺陷问题，见表 7-4。

表 7-4 质量问题核查表

质量问题	日　期					
	2021.03.05	2021.03.19	2021.04.02	2021.04.16	2021.04.30	合计
系统规划不完善	3					3
需求分析错误	7	2		0		9
数据字典错误		5	1			6
数据流程错误		2	9	0		11
程序模块错误			13	9		22
程序代码错误		12	11	16	20	59

2）帕累托图

帕累托图用于确定影响软件项目质量不合格项中较为重要的部分因素，并按重要程度进行排序，其中80%的问题经常是由于20%的原因引起的。帕累托分析法常将不合格项分成以下三类。

(1) A类为不合格项，其影响程度的累计百分数为70%～80%。

(2) B类为一般不合格项，除了A类以外累计百分数为80%～90%。

(3) C类为次要不合格项，除了A、B类以外累计百分数为90%～100%。

帕累托图用于确认影响质量问题的因素和对问题进行排序，例如，某软件在开发过程中积累了文档记录，见表7-5。

表 7-5 某软件开发不符合项统计表

影响项目质量因素	次　数	所占比例	累计相对次数占比
需求分析不准确	48	27.75%	27.75%
程序代码错误	76	43.93%	71.68%
数据库设计不合理	21	12.14%	83.82%
软件设计不合理	17	9.83%	93.64%
用户描述不准确	9	5.20%	98.84%
验收报告不准确	2	1.16%	100.00%
合计	173	100.00%	

帕累托图中的直方图代表质量因素出现的次数，折线代表了所占的百分比，第一个影响因素占所有问题的27.75%，前三个影响因素占到了总问题的83.82%，如图7-14所示，因此在质量控制过程中应该着重解决前三类问题，以提高软件项目质量。

3. 检查与产品质量评估

检查是指审查项目产品是否满足组织的质量标准和是否执行质量计划，可以对各个阶段的项目产品进行检查，也可以对最终软件产品进行检查。不同要求的项目产品分为审查、同行审查、审计等，同时可以根据项目需求对相关产品或服务进行质量评估，找出软件产品或服务中存在的错误、缺陷、漏洞等问题。

4. 数据表现

常用因果图、控制图、直方图、散点图来展示分析的数据。其中，控制图反映软件开发过

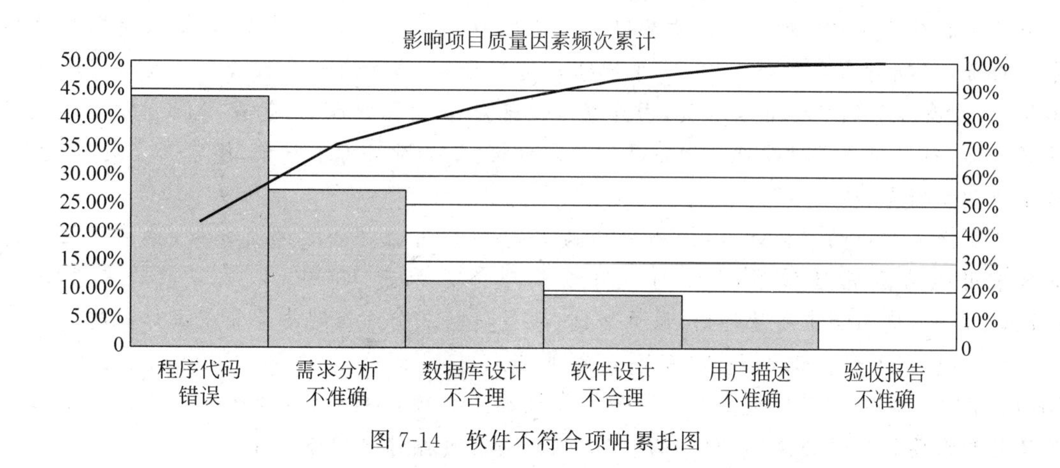

图 7-14　软件不符合项帕累托图

程是否稳定，其上、下限是根据相关计算公式确定的，反映了可允许的最大值和最小值，项目高层管理者可根据计算出的控制界限确定需采取纠正措施的检查点，以便查看项目质量管理过程是否受控。

7.5.3　软件质量控制输出

软件质量控制贯穿于项目开发全过程中，对各个阶段进行质量控制可以得到以下输出。

1. 质量控制度量报告

以质量管理计划所规定的标准与格式，对各个阶段质量控制活动结果进行记录。

2. 核实的可交付成果

质量控制的目的在于确保交付的项目产品满足用户的需求预期。实施质量控制就是检查可交付产品或服务是否满足要求，若检查中存在可交付软件产品或服务的变更请求或改进事项，需要先进行变更再开展重新检查，直至达到项目验收的质量标准。

3. 变更请求

若项目开发过程中出现了可能会影响项目质量管理计划和质量标准的变更，项目负责人应提交变更申请，且对变更申请进行审核和处理，并对项目质量管理计划进行更新。

4. 项目文件更新

对项目开发过程中的问题日志、经验教训登记册、风险清单、测试与评估文件进行更新，其中对多次不符合质量要求的产品或服务需要进行记录，还需要将质量问题的来源、质量风险、采取的措施、规避的方法都记录到经验教训册中。在质量控制过程中若发生测试与评估文件修改，则需要进行更新处理。

案例分析

上海某信息技术公司（下简称S公司）成立于2005年，主要业务是开发企业信息系统方面的软件。该公司通过对近年开发项目的范围、进度、成本和质量四个核心的项目管理要素统计分析，发现项目的延期情况较为普遍，50%项目的进度延期偏差超过35%，30%项目的进度偏差达100%以上，成本超支在40%～120%，只有20%的项目按照预定的进度和成本完成项目的开发工作；对于项目质量用户满意度为 65%。主要原因：①开发人员和用户信息不对称，前期对需求了解不准确，导致项目进度计划、成本计划有偏差；②质量保障体系不健全，没有专门的质量管理人员，由开发人员兼职质量管理人员，导致不能有效地发现软件的缺陷，引发用户满意度低；③公司质量方针模糊，质量目标不明确，经常为了赶进度，忽略了质量管理工作。

为了提高公司的整体效益，提高用户满意度，S 公司通过多方调研分析，确定软件过程管理采用能力成熟度模型(CMMI)，质量管理体系采用 ISO9001，质量改进模型采用 IDEAL 模型，建立涵盖质量计划、质量保证、质量控制三个方面的质量管理工作规范。

(1) 质量计划。识别组织软件开发业务过程。工程过程组(Engineering Process Group，EPG)按照 CMMI 模型对组织的开发过程进行评价和分析，针对影响开发效率和产品质量的需要软件过程改进(SPI)的环节，制订具有可操作性的质量管理计划。

(2) 质量保证。S 软件公司参考其他同类公司，设置专职的质量保证(QA)人员，建立质量审计制度，在里程碑事件时间节点执行审计质量要求和质量控制测量结果对比分析，为质量控制提供参考依据。

(3) 质量控制。建立动态的 PDCA 质量控制模型。在项目规划开始前，按照预定的软件开发过程，预测规划阶段、分析阶段、设计阶段、开发阶段(编程)、测试阶段等各个后续阶段的主要质量影响因素，并制订相应的质量管理计划。规划阶段结束后，本阶段的软件项目质量因素已经发生、被规避或者转移到后续阶段，因此，在分析阶段开始前，重新预测按照既定的后续软件过程的质量水平，即分析阶段、设计阶段、开发阶段(编程)、测试阶段等各个后续阶段的主要质量风险因素，并重新调整后续阶段的质量管理计划。设计阶段、开发阶段(编程)、测试阶段以此类推。每个阶段应用基于 PDCA 的质量管理模型分析软件开发全过程、本阶段和后续阶段的质量影响因素。动态软件过程质量管理模型，如图 7-15 所示。PDCA 模型将质量管理活动分解为计划、实施、检查、修正四个阶段，在计划(P)阶段，按照项目计划和历史经验，识别和评估软件过程质量因素，文档化质量清单，制定质量评价和管理的标准，从发生概率和风险后果两个方面评价软件过程质量因素；在实施(D)阶段，确定改善质量应对策略，收集并分析质量相关影响信息，根据质量因素变化及时调整策略；在检查(C)阶段，对照软件过程质量管理目标，评估检查过程质量管理情况，分析存在问题的原因，制订解决方案；在修正(A)阶段，根据前三个阶段的信息，修正存在的问题，制定改进措施，完善软件过程质量管理制度。通过持续的 PDCA 循环改进过程，实现提高软件质量的目的。

(4) 效果评价。

S 软件公司选取了 3 个项目，实施前述的项目质量管理体系，3 个项目的进度延期偏差都在 20%以内，其中两个项目按照预定的进度和成本完成项目的开发工作，一个项目成本超支 20%；项目质量用户满意度达到 85%；由于实施项目质量管理体系，各个项目成本增加 6%。总体上看，质量体系的建立，有效地缩短了项目进度、节省了项目成本、产品质量大幅改善，提升了 S 公司的企业形象。

思考题：结合 S 软件公司的实例，谈谈软件项目质量管理中需要注意的问题。

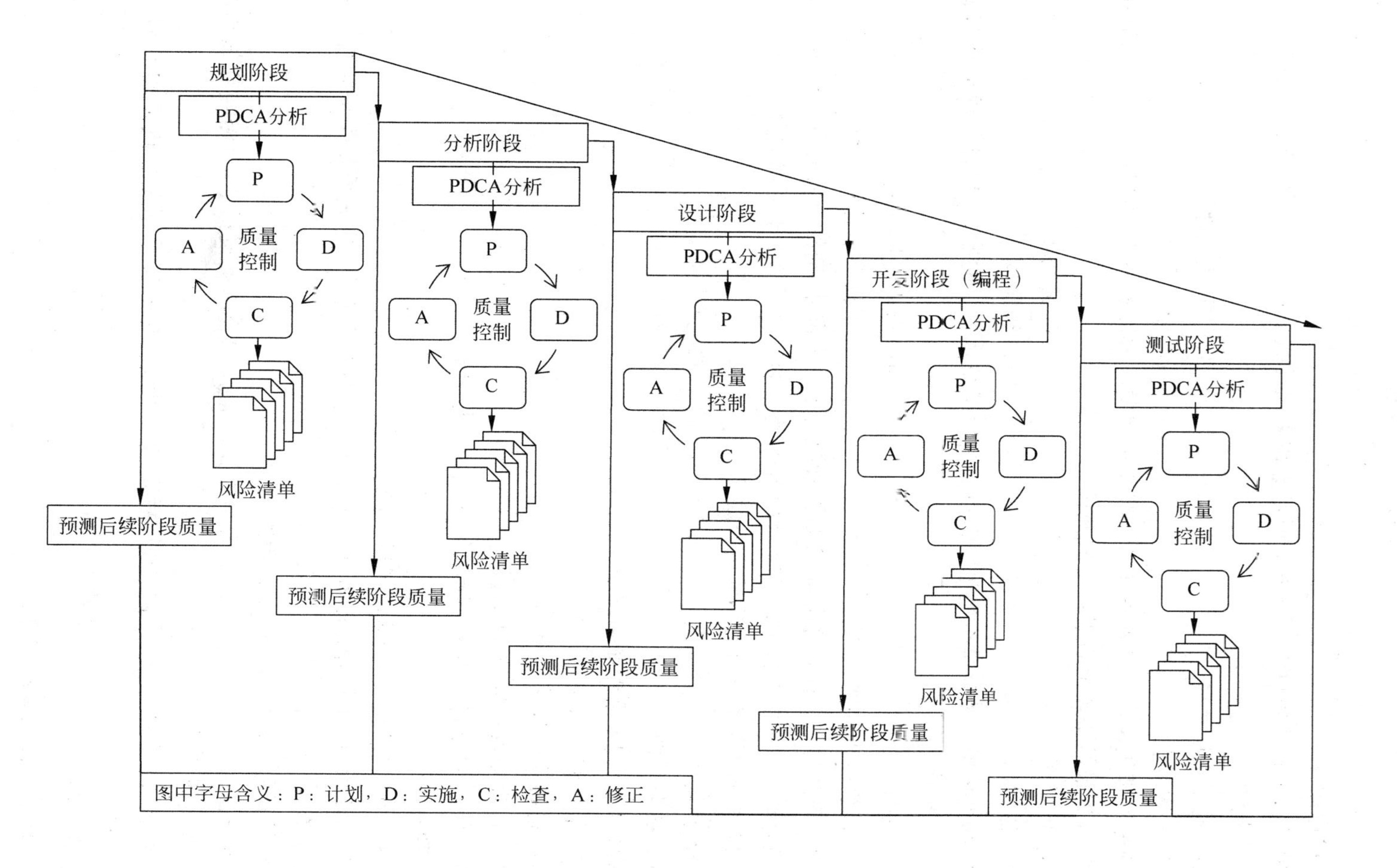

图 7-15 S公司动态质量 PDCA 管理模型示意图

习　题

一、单选题

1. 项目组正在使用鱼骨图来决定项目应该采用什么质量标准，这时项目正处于(　　)的质量管理过程。

A. 规划质量管理　　B. 实施质量保证
C. 控制质量　　D. 质量审计

2. 项目经理正在审查各种各样的引起质量问题的瑕疵和缺陷，采取(　　)可以利用有限的资源，找到最需要确定纠正行动的领域。

A. 因果图　　B. 帕累托图
C. 流程图　　D. 控制图

3. 发起人很担心项目是否满足项目可交付成果技术要求的能力，项目经理应该与发起人查阅(　　)。

A. 质量管理计划　　B. 风险管理计划
C. 过程改进计划　　D. 项目管理计划更新

4. 为了限制与变更有关的风险，项目经理执行了一个审计，确保新的最小/最大限值要求能够被正确执行。测试将会进行 10 次，测试结果将会用图表表示用于可视化分析。(　　)质量工具可以帮助项目经理判定测试是否成功。

A. 控制图　　B. 统计抽样
C. 帕累托图　　D. 散点图

5. 控制图中的上下控制边界指出了(　　)。

A. 客户可以接受的边界
B. 可接受的规格界限
C. 过程变量可以接受的范围
D. 统计的控制点用来判断项目是成功还是失败

二、判断题

1. 项目质量管理的方法适用于所有项目。(　　)

2. 帕累托图、鱼骨图和流程图可以用于质量管理控制质量、实施质量保证和规划质量管理过程。(　　)

3. 质量管理知识领域和收尾过程组无关。(　　)

4. 质量管理计划一定是正式的，它可以是非常详细或高度概括的，风格与详细程度取决于项目的具体需要。(　　)

5. 质量管理计划、过程改进计划、质量度量指标、变更请求都是实施质量保证的输入。(　　)

三、简答题

1. 简述质量计划编制的过程。

2. 简述软件质量保证活动。

3. 在质量管理过程中如何使用 PDCA 模型?

4. 如何理解项目产品的外部质量和内部质量的管理。

5. 软件质量保证工具有哪些?

四、实践题

1. 作为质量保证人员(QA),你如何平衡项目范围、进度、成本和质量等目标的冲突关系?

2. 作为一个软件企业的项目经理,你如何从组织层面和项目组层面构建质量保障体系?

第8章 风险管理

软件项目开发生命周期中存在很多未知的方面，充满了不确定性，可能会发生很多事件使得任务被延迟，很难准确地预测项目的完成时间和所需成本，整个项目计划就是一系列的预测，可能引起计划偏差的任何事情都是风险，项目经理要时刻地关注项目进展过程中的风险。

项目经理的决策结果依赖于其行为偏好和环境，以及贯穿于生存期过程中的随机因素，随机事件的发生总是造成危机。在这种情况下，环境包括很多可以影响项目的外部事件。如果决策制定者拥有关于所有可能发生事件的全部知识并能对环境进行全面控制，那么项目就会按照计划进行。

不确定有以下几种表现形式。

(1) 项目范围、进度和任务成本需求的不确定。

(2) 项目结果的不确定(最终完成的产品到底什么样子)。

(3) 完成任务人员的不确定——他们的专业技术、生产力和可用性。

(4) 完成项目其他不确定性。

8.1 软件项目风险概述

8.1.1 项目风险

项目风险是指可能导致项目损失的不确定性。风险是一个问题发生的潜在可能。这并不意味着它将会发生，只是可能。事实上，风险是对项目的范围进度、成本和质量产生不利影响的任何可能发生的事情。所有的项目都可能产生风险。关键是要提前识别风险并进一步管理风险。项目经理要提前管理风险来消除它或减少它对项目的影响。

项目风险因素是指对软件产品成功交付产生或增加损失概率和损失程度的条件或因素，是风险发生的潜在原因，是造成损失的内在或间接原因。

项目风险包括三个要素：风险事件、风险发生概率以及风险损失。

(1) 风险事件是指造成损失的不确定性事件，是造成损失的外在原因或直接原因。如软件需求分析不准确、开发人员中途离职、开发技术不过关等事件。这里要注意把风险事件与风险因素区别开来。例如，因其他软件公司提供较高的工资待遇，导致团队人员离职，这里其他公司工资待遇较高是风险因素而人员离职是风险事件。

(2) 风险发生概率即项目风险可能性的大小。项目风险的发生概率越高，造成项目损失的可能性就越大，对它的控制就应该越严格，所以在项目风险度量中首先要确定和分析项目风险发生的概率。

(3) 风险损失是指非故意的、非计划的和非预期的项目经济价值的减少,项目风险可能带来的损失大小。即使一个项目风险的发生概率不大,但如果它一旦发生则后果十分严重,那么对它的控制也需要十分严格,否则这种风险的发生会给整个项目成败造成严重的影响。

对于软件项目来讲,在风险项目计划中,前一阶段计划的风险,在本阶段没有发生,有可能转入下一阶段发生,也有可能不发生。风险一旦发生就给项目带来问题,通过风险策略的执行,有的问题解决了或者产生损失,同时也有可能带来新的风险。

8.1.2 软件风险的特征

1. 风险存在的客观性和普遍性

作为损失发生的不确定性,风险是不以人的意志为转移并超越人们主观意识的客观存在,而且在项目的生命周期内,风险是无处不在、无时不有的。所以直到现在人类也只能在有限的空间和有限的时间内控制风险、改变风险发生和存在的条件,将风险发生的频率和风险产生的后果降低,而不能在没有限制空间和时间条件的情况下识别风险并控制风险,更不可能完全消除风险。

2. 风险具有不确定性

风险是各种不确定性因素的综合产物,所以风险的不确定性是风险最本质的特征。由于人们不能充分认识未来环境以及客观条件的不断变化,导致人们不能完全确定事件未来的发展结果。

3. 风险具有行为相关性

不同的风险管理的决策者对同一风险事件会产生不同的决策方案,从而在处理风险事件上采取策略和管理方法也是不同的,也将导致不同的风险结果。风险的行为相关性是指风险管理的决策者面临的风险与其决策行为是密切相关的。风险状态是客观的,但风险产生的结果会由于不同的风险态度和决策行为而不同。任何一种风险实质上都是由决策行为与风险状态组合而成的,是风险状态和决策行为的统一体。

4. 风险具有可变性

风险的可变性是指在项目实施的整个生命周期中各个风险因素在数量上会不断地产生变化,随着项目的逐步实施,前一阶段的有些风险没有发生,有些风险发生了且得到了有效的处理,而且项目开发实施的每一阶段都可能产生新的风险。

5. 风险具有多样性和多层次性

由于比较大的项目周期长、规模大、涉及范围广、风险因素数量多且种类繁杂,所以导致项目开发实施的整个周期面临各种各样的风险,而且多种多样的风险因素之间存在比较复杂的关系,各风险因素之间的影响以及与外界的交叉影响,又使风险表现出多层次性。

8.1.3 软件风险的分类

从范围角度上看,风险主要分为下述三种类型:项目风险、技术风险和商业风险。

(1) 项目风险

项目风险是指潜在的预算、进度、个人(包括人员和组织)、资源、用户和需求方面的问题,例如,时间和资源分配的不合理、项目计划质量的不足、项目管理技术使用不良所导致的风险、资金不足、缺乏必要的项目优先级等。PMBOK5 软件分册提供的软件项目风险分类描述如表 8-1 所示,项目的复杂性、规模的不确定性以及项目结构的不确定性也是项目风险的因素组成部分。

表 8-1 PMBOK5 软件分册提供的软件项目风险分类描述

项目风险	描　述
技术	软件不按照期望来工作;过多缺陷;软件不能达到所需功能或性能;未定义或理解错误的需求;软件模块集成过程中或测试晚期才发现错误;软件不能满足客户需求和期望;软件对终端客户而言不易使用;不稳定的需求,需求扩张或需求场景改变导致的大量返工或重构;在有限的员工资源下,选择新的开发平台、开发语言或开发工具,会因为对基准版本、开发工作和测试版本的配置管理不足而导致软件崩溃;项目中的技术改变和升级
人身安全	开发系统导致受伤、死亡或环境破坏的缺陷
系统安全	开发系统的完整性和所需求的软件关键性(故障带来严重后果的可能性)不一致;开发人员不熟悉软件可受的安全威胁;对访问控制、个人或专有数据在休眠或传输中的保护,以及系统对恶意软件和黑客的防御的系统设计不足;重用来路不明的代码;灾难或安全漏洞影响开发或生产的基础设施
团队	对工具、组织过程、开发方法或客户业务需求缺乏经验;人手不足(人员还没到位或被调去做其他项目);员工疲劳综合征;人员流动;分散的或虚拟的团队,或者文化不同导致的团队内部或和干系人之间的沟通协作问题;新员工分散老员工注意力;多个开发人员在相同代码分支工作
计划	基准计划和实际速度不一致;项目不能按时完成计划分布中的重要或必要的特性;范围蔓延影响了最初目标的完成;开发的延迟导致缩减测试的压力;项目完结的度量不能反映有效状态(依赖于 SLOC 或完工估算百分比);计划未包括最初的架构和数据设计或文档工作或继承测试;测试计划实际只完成一轮测试,而忽略了重测的可能性
成本	对于人工费率和生产率/周转率的不准确的估算,实际成本超出可用经费,以及超出承受力的挑战
客户和干系人	业务过程数据不可用,被替换的或接口系统的技术数据不可用,验收标准(或市场需求分析)不可用,客户或用户代表在需求/特性排优先级存在问题、用户测试及系统验收的时候不参与

(2) 技术风险

技术风险是指项目开发过程中在设计、实现、接口、检验和维护等方面存在的问题。技术风险还包括技术陈旧、规格说明的多义性和技术不确定性等因素。复杂的技术、项目执行过程中使用技术或者行业标准发生变化所导致的风险也是技术风险。

(3) 商业风险

商业风险主要包括:策略风险、市场风险、预算风险和管理风险等。例如,如果开发的软件不是市场真正所想要的,就发生了市场风险。如果开发的软件不再符合公司的软件产品策略,就发生了策略风险。由于重点转移或者人员变动而失去上级管理部门的支持,就发生了管理风险。如果没有得到预算或者人员的保证,就发生了预算风险。

从预测角度看,风险可以分为下面三种类型:已知风险、可预测风险、不可预测风险。

（1）已知风险

已知风险是通过仔细评估项目开发的商业和技术环境、项目规划以及其他可靠的信息来源之后可以发现的风险。例如，没有明确需求或软件范围的文档，不合理的交付时间，较差的开发环境等都属于已知风险。

（2）可预测风险

可预测风险是指那些能够从过去的项目经验中可推测出来的风险因素。例如，项目组人员的调整，与用户之间的沟通不畅，项目处理事项过多导致开发人员精力分散等因素都属于可预测风险。

（3）不可预测风险

不可预测风险是很难事先识别或推测出来的，但也可能并不会真的出现的风险。项目管理者只能对已知风险和可预测风险进行辨识和预防，不可预测风险要靠组织的能力来承担。

按照软件开发过程的各个阶段，可以分为以下4个方面。

（1）分析阶段

在这个阶段需要完成主要的项目需求分析并进行少部分的设计工作。在这个阶段可能产生的风险事件有项目的目标和项目范围是否明确，与用户是否进行大量深层次的沟通，是否了解开发项目的业务逻辑关系并进行了项目开发的可行性研究等。

（2）设计阶段

在这个阶段主要完成项目的主要设计和一部分编码的工作，并在主要的分析设计工作完成之后，可考虑后期的部分实施及测试和部署工作。这一阶段产生的主要的风险事件可能有项目开发团队的经验是否丰富，系统设计员的设计能力是否满足项目需求，是否有有依据的项目需求的变更控制计划，是否有合理的进度计划等。

（3）实施阶段

在这个阶段主要完成的是整体的编码和测试工作，也包括少部分设计工作。在这一阶段中主要可能发生的风险事件是设计的变更需求，项目的开发环境是否配置完善，前期设计时是否有错误，软件开发人员的编程能力是否满足项目需求，开发人员对开发工具是否熟悉，是否有项目开发进度方面的改变，项目开发人员是否有离职情况的发生，开发团队内部沟通是否顺畅以保障开发人员充分理解系统设计要求，是否有有效的备份方案和切实可行的测试计划以及测试人员经验是否充分等。例如，在一个项目内软件开发人员离职后，因为开发工作具有一定的连续性，所以开发的移交和交接工作就会对项目产生很大影响。

（4）收尾阶段

在这个阶段主要完成项目后期的安装部署和维护工作。在这一阶段可能产生的风险事件主要有项目的完成质量是否满足客户需求，配套的相关设备是否按时到货以及资金是否能按时回收等。

8.2 软件项目风险管理

8.2.1 软件项目风险管理概述

风险管理是指在项目进行过程中不断对风险进行识别、评估、制定策略，并进行风险监控的过程。通过风险识别和风险评估可以辨识出项目的风险,在分析得出的项目风险清单的基础上针对每个风险事件制定相应的风险应对方法和措施,并采取对应的技术手段对风险事件进行合理有效的控制,对风险事件发生时产生的不利结果进行妥善处理。将项目开发实施过程中的风险降到最低,以保证项目的顺利完成。风险管理是一系列对未来的预测,伴随着一系列的活动和处理过程,以便控制风险并减少其对项目的影响。

风险管理存在于软件项目开发的整个生命周期中,是软件项目管理的重要组成部分。

(1) 在项目的费用、进度和质量的角度上,风险管理和项目管理的最终目标具有一致性,即通过风险管理要达到降低项目的成本,提高项目的质量及加快项目的开发进度的目的,最终高质量地完成项目的实施。

(2) 因为风险具有不确定性,即风险发生的未来外部环境和风险本身的可变性。所以通过有效的风险管理可以减少项目开发实施整个过程中的不确定性因素,能够保障项目计划的顺利实施。

(3) 在项目实施的过程角度上,许多风险都是在项目实施过程中由不确定的风险事件转化成实际发生的风险。在风险分析识别出风险事件的基础上,可以通过风险管理制定相应的方案来消除、缓和或转移风险,并避免产生新的风险。

8.2.2 软件项目风险管理意义

风险管理是项目开发过程中减小项目失败率的一种重要手段。在风险事件还没有发生时就对项目实施过程中可能产生的风险事件进行预防和处理,这样可以降低风险事件发生的概率和不可避免的风险产生的损失,从而提高项目的成功率。当在开发过程中对未来发生的风险不能明确地预测时,可以通过风险管理分析出项目计划过程中的一些潜在问题,制定相应的方案来降低风险发生的可能性和风险产生的后果。

只有进行很好的风险管理才能有效地控制项目的成本、进度、产品需求,同时可以阻止意外的发生。这样,项目经理可以将精力更多地放到项目的及时提交上,不用像救火队员一样,处于被动状态。同时,风险管理可以防止问题的出现,即使出现问题,也可以降低其危害程度。可以说你不跟踪风险,风险就跟踪你。正如 Tom Gilb 所说,“如果你不主动攻击风险,风险就会主动攻击你。”

风险管理一般情况下可以分为以下四个层次。

(1) 危机管理,即在风险事件已经发生并产生后果后才采取措施来处理。

(2) 风险缓解,即在风险事件发生后采取已经制定好的风险规避或风险处理措施来进行补救,但在风险事件发生以前并不制定任何的防范措施。

(3) 着力预防,即在风险事件发生以前规划好风险识别与风险规避措施,在产生风险事件时按照已经拟定的策略来处理。

(4) 消灭风险源,即在风险事件发生以前识别出风险源,在风险事件发生以前解决风险源,确保风险事件不发生。

要成为一个优秀的风险管理者,应该尽可能地多采用主动的风险管理策略,及早预防风险事件的发生并在风险事件发生以前消灭风险根源,而不应该采取被动的风险管理方式。如果在风险变成真正的问题并造成损失时才采取风险策略来处理风险甚至当风险事件发生时还对风险采取置之不理的态度,直到产生重大错误才试图纠正,这种管理模式通常被称为

"救火模式"。当风险处理的补救措施失败后,项目就会处在真正的危机之中。

风险管理中最积极且效果最好的策略是主动策略。主动策略要求在项目规划的前期就开始启动,辨识出潜在的风险事件,评估这些事件发生的概率和产生的影响,并按照计算出的风险值的大小对风险进行排序,然后由软件项目的管理者建立一个风险控制计划来管理风险。预防风险是主动风险管理策略的根本目标。但不是所有的风险都能够通过预防来解决,所以项目开发团队必须建立一个处理意外风险事件发生的计划,以便使得项目在产生意外风险时能够及时以有效的方式做出规避策略。

软件风险管理过程主要由风险识别、风险分析、风险评估、风险规避四个部分组成。因为所有的项目开发过程中都会产生风险,软件风险管理需要在风险造成项目损失之前辨识、分析并消除风险产生的源头。如果不能正确处理风险,项目失败的可能性就会增加甚至导致项目不成功。但风险损失的大小是可以通过一定的方法进行评价度量的,从而可以确定可接受的风险和不可接受的风险,对不可接受风险做进一步分析,制定补偿措施,将风险减至最小或可以接受的水平。在风险管理的四个阶段中掌握项目风险的来源、性质和发生规律,针对相应的风险制定风险管理策略并强化风险意识对于项目的成功具有很重要的意义。

8.3 软件项目风险管理过程模型

在 PMBOK 中风险管理过程包括规划风险管理、识别风险、实施定性风险分析、定量风险分析及应对策略,PMBOK6 及软件分册对风险管理管理活动的描述,见表 8-2。

PMBOK 将风险管理定义为:项目风险管理包括规划风险管理、识别风险、实施风险分析、规划风险应对和控制风险等各个过程。项目风险管理的目标在于提高项目中积极事件的概率和影响,降低项目中消极事件的概率和影响。风险管理的 5 个步骤是循环进行的,如图 8-1 所示,在软件项目的生存期中,需要不断地进行风险识别、风险分析、风险规划、风险监控和风险规避过程。

在描述风险管理模型时采用 IDEF0 模型以方便对风险管理模型 5 个过程的分析,IDEF0(Integrated Computer-Aided Manufacturing Definition,集成计算机辅助设备生产定义)是一种对过程定义的标准符号表示法,能比较形象地说明各过程的控制、输入、输出和约束机制。

8.3.1 风险识别

风险识别就是在风险成为问题之前搜寻和定位影响项目成功的因素并描述风险因素特征,确定风险源。风险识别是风险管理循环的第一步,其主要活动如图 8-1 中的风险管理过程框架所示。

1. 风险识别过程

1) 过程输入(I)

风险识别过程的输入包括未知的事件、历史数据和各种问题等。未知的事件是不能明确知道的事情,作为识别风险中假定和怀疑的一部分。例如,含有"待定"词组的需求就有可能造成实际发生的风险,在识别中都作为输入进行分析。历史数据是对于开发过的项目的风险管理过程中存储的知识,可以通过自己以前开发的经验和当前项目的特点来识别软件风险。

表 8-2 PMBOK6 及软件分册对风险管理管理活动的描述

活动	启动(Initiating)	规划(Planning)					执行(Executing)	监控(Controlling)	收尾(Closing)
		规划范围管理	识别风险	实施定性风险分析	实施定量风险分析	规划风险应对		控制范围	
输入		1. 项目管理计划 2. 项目章程 3. 干系人登记册 4. 事业环境因素 5. 组织过程资产	1. 风险管理计划 2. 成本管理计划 3. 进度管理计划 4. 质量管理计划 5. 人力资源管理计划 6. 范围基准 7. 活动成本估算 8. 活动持续时间估算 9. 干系人登记册 10. 项目文件 11. 采购文件 12. 事业环境因素 13. 组织过程资产 14. 风险分类法(软件分册)	1. 风险管理计划 2. 范围基准 3. 风险登记册 4. 事业环境因素 5. 组织过程资产 6. 项目管理计划(软件分册)	1. 风险管理计划 2. 成本管理计划 3. 进度管理计划 4. 风险登记册 5. 事业环境因素 6. 组织过程资产	1. 风险管理计划 2. 风险登记册		1. 项目管理计划 2. 风险登记册 3. 工作绩效数据 4. 工作绩效报告	

续表

活动	启动(Initiating)	规划(Planning)				执行(Executing)	监控(Controlling)	收尾(Closing)
		规划范围管理	识别风险	实施定性风险分析	实施定量风险分析	规划风险应对	控制范围	
工具和技术		1. 分析技术 2. 专家判断 3. 会议 4. 补充注意事项(软件分册)	1. 文档审查 2. 信息收集技术 3. 核对单分析 4. 假设分析 5. 图解技术 6. SWOT 分析 7. 专家判断 8. 回顾法	1. 风险概率和影响评估 2. 概率和影响矩阵 3. 风险数据质量评估 4. 风险分类 5. 风险紧迫性评估 6. 专家判断 7. 补充注意事项(软件分册)	1. 数据收集和展示技术 2. 定理风险分析和建模技术 3. 专家判断	1. 消极风险或威胁的应对策略 2. 积极风险和机会的应对策略 3. 应急应对策略 4. 专家判断 5. 补充注意事项(软件分册)	1. 风险再评估 2. 风险审计 3. 偏差与趋势分析 4. 技术绩效测量 5. 储备分析 6. 会议	
输出		1. 风险管理计划 2. 项目管理计划(软件分册)	1. 风险登记册	1. 项目文件更新	1. 项目文件更新	1. 项目管理计划更新 2. 项目文件更新 3. 补充注意事项(软件分册)	1. 工作绩效信息 2. 变更请求 3. 项目管理计划更新 4. 项目文件更新 5. 组织过程资产更新	

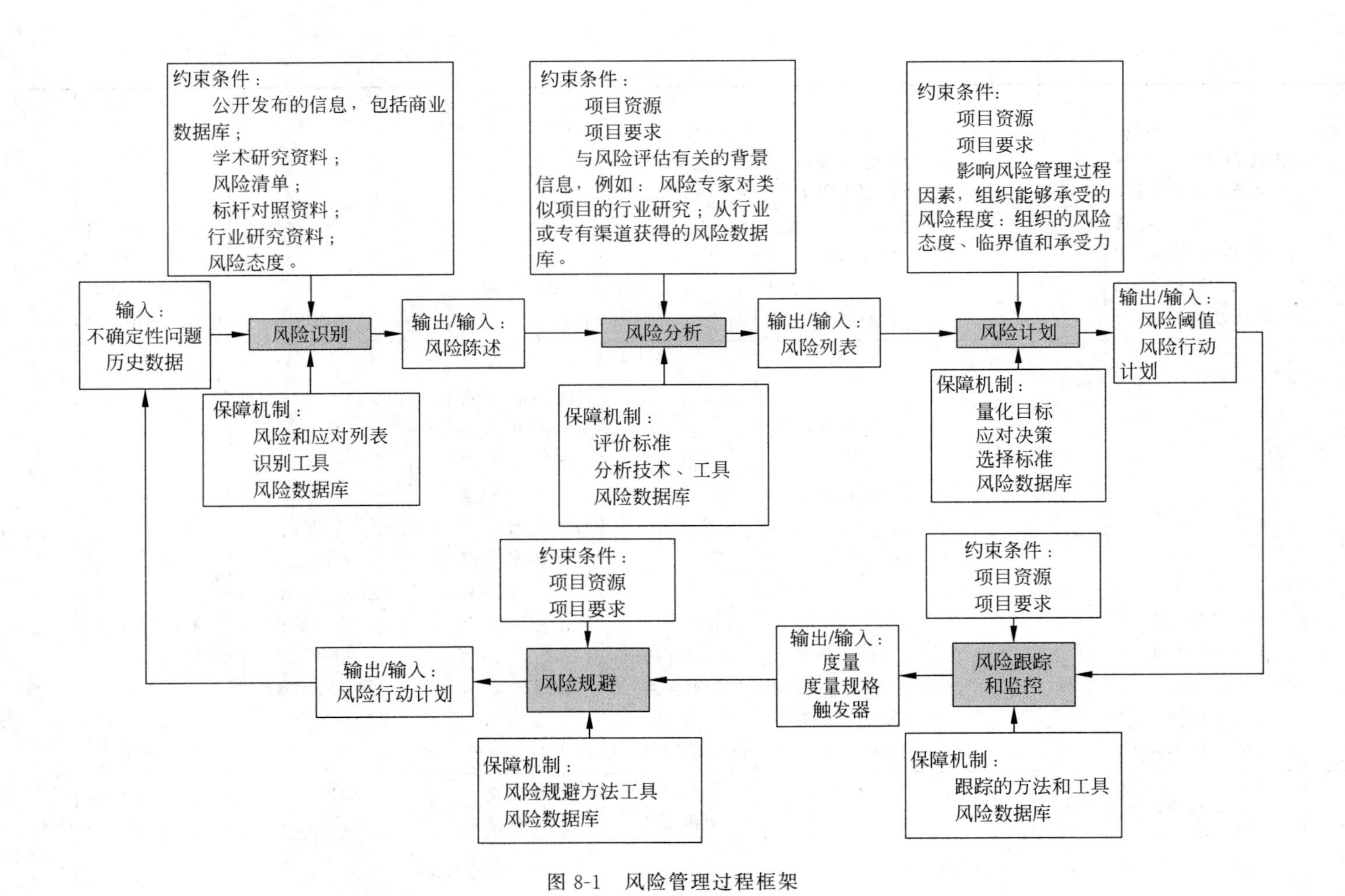

图 8-1 风险管理过程框架

2）过程输出(O)

风险识别过程的结果就是要得出风险的初始化清单。并且在输出时用简单的表示法对风险进行简要描述。风险陈述主要使用风险因素、可能性、结果这三个方面来说明。其中，风险因素是主体，可能性和结果是风险因素主体的两个主要属性。风险分析输出的结果能够帮助风险分析辨识中对于风险事件的理解并帮助确定一个事件是否是风险，有助于风险分析时的进一步评估。

3）约束条件(C)

风险识别的范围是由软件项目开发实施时所使用的费用、进度和人员来约束的。当项目开发实施的费用有限时，可以采用成本相对较低的策略来识别风险；当项目开发周期较短时，可以采取较快速地识别风险的方法。如果因为项目资源不足的约束而采取不够全面完善的风险辨识策略，则会降低风险辨识结果的效果。

4）过程机制(S)

风险识别的过程机制主要包括风险核对清单、风险评估、风险管理表和风险数据库。其中，机制就是指风险识别的方法、技巧、工具等。风险核对清单包含与风险评估主体相关的典型风险因素。风险核对清单可以通过各种形式组织风险，如合同类型、成熟度级别、生命周期模型、组织结构、项目大小、应用域等。这些多种多样的风险组织形式可以帮助风险辨识中在一定的区域内将风险完全识别。

2. 风险识别方法

识别风险的方法常用的有核对风险清单、头脑风暴法、德尔菲法、座谈会议法、SWOT流程图法和灵敏性分析法等。

1）核对风险清单法

软件项目风险核对清单是一种常用的风险识别方法。风险核对清单是根据组织已经完成类似软件项目风险管理的经验提炼编制，通过把已完成软件项目发生的风险事件、来源以及应对策略，按照要求罗列出来，形成组织用于风险识别的核对清单。

软件项目风险核对清单，包括项目的开发环境、风险来源、风险过程输入和输出、涉及的相关技术以及内部影响因素(如团队成员的技能情况)等。对新项目具体特征分析，通过与核对风险清单对照，可以比较简便地识别出软件项目的潜在危险。

软件项目风险核对清单来源于风险分解结构的最底层。风险分解结构(Risk Breakdown Structure，RBS)列出了软件项目中可能发生的风险分类和风险子分类，见图8-2。RBS通过系统、持续、详细、一致地对项目进行风险识别，有助于提醒风险识别人员风险产生的原因是多种多样的。在软件项目的收尾过程中，应对风险核对表进行审查、补充、改进。

风险核对清单可以用不同的形式来组织。一般来说，项目管理者可以把主要的精力放在以下几个方面：需求风险、人员风险、用户风险、产品风险、过程风险、计划编制风险、组织管理风险、开发环境风险、设计实现风险等，见表8-3。其中每一项其实都包含很多的风险核对条目，软件组织通过对每个条目的检查对比分析，可以简便地识别出软件项目中可能存在的风险。

表 8-3　风险核对清单

风　险	序号	风险描述
需求风险	1	需求变化频繁
	2	需求定义不准确,需要进一步的定义,并扩展项目范畴
	3	增加新的需求
	4	目标软件产品定义模糊不准确
	5	缺少有效的需求变更管理过程,导致需求蔓延
人员风险	1	开发人员在项目开发过程中离职,组织人力资源储备不足
	2	管理层、开发人员和项目经理之间关系不佳,协调困难,决策缓慢,影响全局
	3	缺乏激励措施,士气低下,开发效率低
	4	部分人员不熟悉项目使用的软件工具和开发环境
	5	项目中途加入新的开发人员,需求不熟悉,理解前期开发成果困难,导致开发效率低
	6	由于项目组成员之间发生冲突,导致沟通不畅,接口出现错误和额外的重复工作
用户风险	1	用户对于最后交付的软件成果不满意,要求返工
	2	需求调研过程中,用户没有积极参与,调研不够完整,导致需求不稳定和产品生产周期变更
	3	用户对需求的确认周期比预期的要长,影响项目进度
	4	用户答复的问题(如回答或澄清与需求相关问题的时间)时间比预期长
产品风险	1	修改质量低下的不可接受的产品,需要比预期更多的分析、设计和实现工作量
	2	开发额外的不需要的功能(镀金),延长了计划进度
	3	严格要求与现有应用软件兼容,需要进行比预期更多的分析、设计和实现工作
	4	要求与其他子系统或本项目无关的软件相连,导致无法预料的设计、实现和测试工作
	5	在不熟悉和未经检验的软件和硬件环境中运行所产生的未预料到的问题
	6	依赖新技术将延长计划进度
过程风险	1	大量的文档编写工作导致项目进度比预期的慢
	2	前期的质量保证行为不真实,导致后期的重复工作
	3	太不正规(缺乏对软件开发策略和标准的遵循),沟通不足,质量欠佳,甚至需要重新开发
	4	过于正规(教条地坚持软件开发策略和标准),过多耗时于无用的工作
	5	向管理层撰写进程报告,占用开发人员的时间比预期的多
	6	风险管理粗心,导致未能发现重大的项目风险
计划编制风险	1	计划、资源和产品定义全凭用户或上层领导口头指令,并且不完全一致
	2	计划是优化的,是“最佳状态”,但计划不先进,只能算是“期望状态”
	3	计划基于使用特定的小组成员,而那个特定的小组成员其实指望不上
	4	产品规模(代码行数、功能点、与前一产品规模的百分比)比估计的要大
	5	未完成目标日期提前,但没有相应地调整产品范围或可用资源
	6	涉足不熟悉产品领域,花费在设计和实现上的时间比预期的要多

续表

风　险	序号	风险描述
组织管理风险	1	仅由管理层或市场人员进行技术决策，导致计划进度减慢，计划时间延长
	2	低效的项目组结构降低生产率
	3	管理层审查决策的周期比预期的时间长
	4	预算削减，打乱项目计划
	5	管理层做出了打击项目组织积极性的决定
	6	缺乏必要的规范，导致工作失误和重复工作
	7	非技术的第三方工作（预算批准、设备采购、法律审查、安全保证等）时间比预期的延长
开发环境风险	1	设备未及时到位
	2	设备虽到位，但不配套，如没有电话、网线、办公用品等
	3	开发工具未及时到位
	4	开发工具不如期望的那样有效，开发人员需要时间创建工作环境或者切换新的工具
	5	新的开发工具学习期比预期的长，内容繁多
设计实现风险	1	设计质量低下，导致重复设计
	2	一些必要的功能无法使用现有的组件和库实现，必须使用新的库或者自行开发新的功能
	3	代码和库质量低下，导致需要进行额外的测试工作，修正错误，或重新开发
	4	过高估计了增强型工具对计划进度的节省量
	5	分别开发的模块无法有效集成，需要重新设计或开发

核对清单的优点是风险识别快速而简单，可以用来对照软件项目的实际情况，逐项排查，从而帮助识别风险。但是这种方法受到可比性的限制比较大，很难做到全面周到。

2）头脑风暴法

不经过判断或评价而直接提出分析意见，采用头脑风暴法识别软件项目的风险时，一般要集中团队成员和有关专家召开专题会议，并尽力创造和保持融洽轻松的会议气氛，并以提出的意见为基础进行讨论直到意见统一为止。保证群体决策的创造性，提高决策质量。用头脑风暴法时要遵循以下重要原则。

（1）只进行讨论，不做判断性评论；对各种意见、观点的评判必须放到事后进行，此时不对任何人的意见做出评价；创造一种自由的会议讨论气氛，讨论任何一种风险识别意见，而不管其是否正确。

（2）追求风险数量，前期不关注所提风险的符合情况。提出风险越多，产生良好风险识别结果的可能性越大。

（3）探索改进办法，鼓励参加者对他人已经提出的意见进行补充、改进和综合。

头脑风暴法的优点是充分发挥相关专家和开发人员的创造性思维，从而对软件项目的风险进行全面识别，根据一定的标准对软件项目风险进行分类。

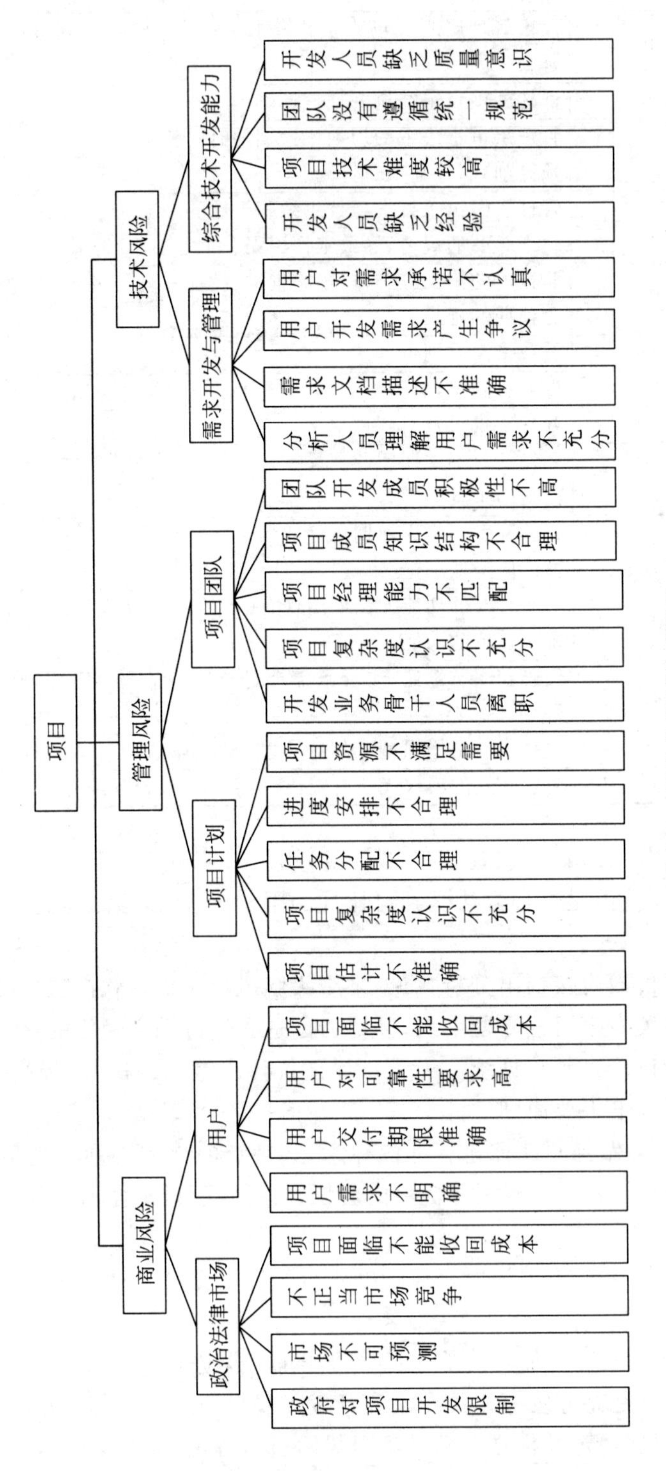

图8-2　风险分解结构(RBS)

头脑风暴法的主要步骤如下。

(1) 项目干系人了解项目基本情况。

召集项目团队以及项目干系人，项目经理介绍项目的背景、工作任务、管理目标(项目范围、起止时间、成本、质量要求等)、用户需求、组织环境等信息，让项目干系人全面了解项目，明确头脑风暴法的规则与要求，为识别项目可能存在的风险事件奠定基础。

(2) 记录项目干系人的讨论意见。

每个人按顺序或随意提出自己认为的、属于该项目风险的观点，由记录员把每个人的想法记录在黑板或表格中，暂且不管这些想法正确与否。项目经理或其他人千万不要否定、嘲笑甚至打击那些看似愚蠢的想法，否则一方面可能会打击参与者的积极性，另一方面可能会使团队成员在陈述自己的观点时有所顾忌，不敢说出他们真实、直接的想法，从而扼杀那些独到的、特别的想法和主意。

(3) 每个人都提出自己的意见后，主持人将记录下来的结果让大家再次逐条对照和探讨，看看有没有遗漏、缺失、表达不够准确的风险事件，确保风险识别结果全面、客观、准确和彻底。

(4) 采用举手表决或无记名投票的方式，让团队成员对已经产生的每种风险事件进行讨论与分析，判断该风险事件是否成立，剔除那些被否决的风险，增加那些遗漏的风险，改进那些描述不够准确的风险。重复(2)～(4)，直至风险识别活动满足要求。

(5) 整理汇总，得到项目的风险事件清单。

(6) 项目风险识别并非一蹴而就的事情。随着项目的进展，原来可能是风险的事件已经时过境迁，不再称其为风险，而原来不见得是风险的事件可能会变成项目风险，因此在项目阶段性评审时应再次召集团队成员，重新识别项目的风险事件，剔除那些不再是风险的事件，使用头脑风暴得出在新的阶段或新的情况下可能出现的新的风险事件，从而确保项目风险始终处于动态管理过程中。

3) 德尔菲法

选择一组相互隔离并且彼此不认识的专家，让这些专家对风险调查问卷进行循环识别并提出风险处理方法和意见，再把这些意见进行综合整理、归纳、统计，然后匿名反馈给各专家，再次征求意见，如此反复进行再集中、再反馈，直至得到稳定的意见。德尔菲法主要特点如下。

(1) 德尔菲法匿名征求意见有助于排除若干非技术性的干扰因素。

(2) 德尔菲法要反复进行多轮、多次咨询、反馈，这有助于逐步去伪存真，得到稳定结果。

(3) 工作小组的统计、归纳，可以综合不同专家意见，不断求精，最后形成统一结论。

(4) 德尔菲法的优点是有助于减少数据方面的偏见，并避免由于个人因素对项目风险识别结果产生不良影响。

4) 敏感度分析法

敏感度分析法通过模型自变量在某特定范围内变动，以观察模型因变量行为或变化情况，评估他们对于项目结果的影响。敏感度分析从定量分析的角度研究有关因素变化幅度对其他指标影响程度的一种不确定分析技术。若某因素小幅度变化导致项目其他因素较大变化，则此因素为风险敏感性因素，在风险管理中，要重点监控；反之，则称其为非敏感性因素，作为次要因素管理。

5）SWOT流程图法

SWOT分析法是企业常用评估优势、劣势、机会和威胁的分析工具，其中，S表示优势（Strengths），W表示弱点（Weaknesses），O表示机会（Opportunities），T表示威胁（Threats）。在项目中就是对项目的优势、劣势、机会和威胁进行分析。而且可以根据这四个方面制定四个不同的解决方案（分别为SO、ST、WO、WT），对项目的风险评估和确定风险解决方案有很好的指导作用。

基于SWOT的风险识别过程，即为对项目干系人进行分析，归纳分析项目风险，评估、确认项目风险。弱点和威胁两个方面是风险的基本来源。在SWOT分析结果中：SO是项目的有利区域，需要利用好，是解决风险的重要途径；ST是项目的风险潜在区，要做好合理的规划和监控，尽量降低风险发生概率；WO是项目风险的中度发生区，需要做好风险评估，制订风险监督计划；WT是项目风险高发区，需要对风险进行损失分析，制订风险应对计划和方案，确定相关责任人。

SWOT为每个结果做强制的可能性考虑，常用于成本和时间因素的风险识别。

随着产业升级转型需要，国家提出"互联网＋"战略，某企业拟开发"互联网＋"产品，该公司的SWOT分析，如图8-3所示。组织应该抓住国家大力支持"互联网＋传统企业"升级改造，以及新开发技术和企业对"互联网＋"解决方案需求旺盛的机会，发挥组织具有充足资金、开发团队经验丰富、项目干系人支持项目优势；从定性和定量两个方面制订科学合理的风险管理计划，快速开发产品，抢占市场先机，采用组件化最大限度解决产品商品化的劣势；采用中间件技术解决用户个性化需求，综合制订范围、进度计划，控制项目规模，制订成本计划，有效地控制成本。

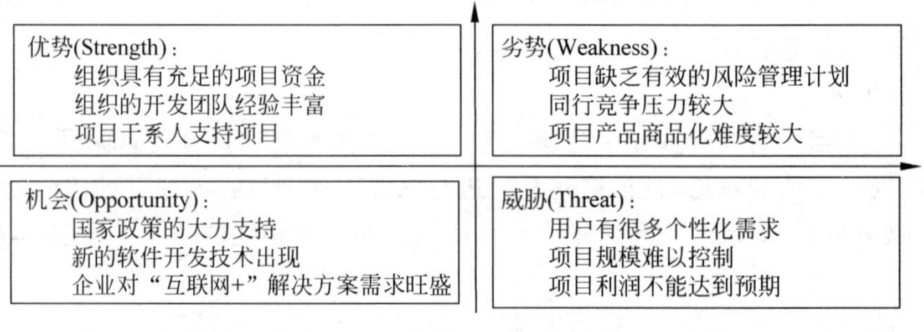

图8-3　某"互联网＋传统企业"项目的SWOT分析

8.3.2　风险分析

风险分析过程中将风险分类，产生已辨识风险项的风险当量，并确定优先次序，最后使得风险信息转换为决策信息，评估影响、可能性和期限。风险分析主要是研究风险事件发生的规律并对其进行量化的过程。风险分析过程把风险因素的数据转换成风险决策信息，为风险管理过程的风险辨识和风险计划起到桥梁的作用。风险辨识过程得到了风险事件清单，在此基础上，风险分析过程主要对风险事件发生的概率和风险事件产生的后果两个要素进行分析，并研究这两个要素随时间变化的规律。

1. 风险分析过程

风险分析过程定义如图 8-1 中的风险管理过程框架所示。

1）过程输入(I)

风险分析过程的输入即是风险识别过程的输出。在此阶段,风险陈述也主要使用风险因素、可能性、结果这三个方面来说明。风险陈述一般是主观性的。通过风险分析这一过程可以将风险清单描述得更为细致、清晰。

2）过程输出(O)

风险分析过程的输出结果是按优先级排序后的风险列表和风险事件发生的风险背景。风险分析过程输出的风险清单已经是经过风险优先级等级排序后产生的详细的风险目录。风险分析过程输出的风险因素发生的背景包括风险事件发生的条件、发生的前提、发生的环境因素等。将风险因素产生的背景加入到风险清单中,增加了风险分析输出的信息量,并为下一阶段的处理过程奠定基础。

3）约束条件(C)

风险分析的约束条件主要包括项目的需求、可利用的资源和已制订的风险管理计划。风险分析的主要方式与风险识别的控制方式是类似的。

4）过程机制(S)

风险分析过程的机制包含评价标准、分析技术、分析工具和风险数据库。风险分析的机制主要是运用各种方法和工具进行风险分析过程活动。其中,评价标准包含对风险事件产生的概率和产生的后果的评价准则,对于评价风险事件产生的影响大小,进行风险的优先级排序具有重要作用。分析技术可以帮助确定风险事件造成损失的阈值,即什么时间适合触发相应的风险策略。分析工具可以帮助快速地对信息进行梳理并进行有效的计算。风险数据库中包含类似案例的风险事件以及评估的风险事件等信息。

风险值(RE)是通过风险概率(P)与风险损失(L)的乘积来衡量的。

风险值(RE)=风险概率(P)×风险损失(L)

通过风险值来量化风险事件从而为所有已知的风险事件提供相对优先级排序。根据风险严重程度确定风险的优先次序有利于根据这一排序区分当前风险事件的优先级别。随着项目的逐步实施,各个风险事件的严重程度将发生变化,这有利于识别当前最重要的风险事件。

2. 风险分析方法

风险分析方法主要有：清单法、问卷法、关键决策法、假设分析法、网络分析、可靠性模型和专家系统等。

清单法是比较简单的方法,但是在操作上的主观性比较大；问卷法要根据不同的应用环境提供适应当前项目的风险清单内容,在操作上对问卷设计的好坏有一定的依赖；在关键决策法中有一些模型,如系统动力学模型,对于项目的开发过程的研究比较合适,在风险管理过程中的作用要稍微小一些,主要辅助应用在风险管理方面；假设分析法主要应用在软件项目的规划需求阶段,风险因素的不断变化性导致了需求阶段的分析不一定满足整个项目周期并达到预期的结果；其他的一些风险分析方法在工作量上比较大,需要实施人员具有丰富的经验,并且对项目也有针对性,所以常常要综合起来使用。

3. 软件项目风险定性度量

项目风险度量是对于项目风险发生概率(可能性大小)、后果严重程度以及风险损失进行评价和度量。项目风险度量的主要作用是为制定项目风险的应对措施以及开展项目风险的控制提供决策信息。

1) 定性项目风险发生概率度量

风险概率是指每个具体风险发生的可能性。风险影响指风险对项目目标(如范围、进度、成本、质量)的潜在影响,既包括威胁所造成的消极影响,也包括机会所产生的积极影响,组织着重关注消极影响。项目风险发生概率定性度量首先要估计风险发生的概率,即项目风险发生可能性的大小。项目风险的发生概率越高,造成项目损失的可能性就越大,对它的监控就应越严格。风险发生概率定性等级及说明见表8-4。

表8-4 风险发生概率定性等级

等级	等级说明	权重值
A	极高	0.9
B	高	0.7
C	中	0.5
D	低	0.3
E	极低	0.1

对识别的每个风险都要进行发生的概率和影响评估,记录相应评估细节。根据风险管理计划中的定义,对风险概率和影响进行评级。具有高级别概率和影响的风险,将列入风险监控清单。

2) 定性项目风险后果度量

项目风险后果定性度量,即估计项目风险发生带来的损失大小。有时项目风险的发生概率不大,如果它的后果是灾难性的,那么对它的监控也要十分严格,这种风险的发生也会给整个项目造成严重的后果。风险后果影响的定性等级及说明见表8-5。

表8-5 风险后果影响的定性等级

等级	等级说明	后果影响值
Ⅰ	灾难性的	0.9
Ⅱ	严重的	0.7
Ⅲ	轻度的	0.5
Ⅳ	轻微的	0.3
Ⅴ	可忽略的	0.1

根据风险概率和风险后果度量的结果确定风险等级,通常用概率和影响的各种组合分析风险的重要性和优先级,软件组织根据自己的偏好确定风险级别,一般分为高、中、低三类级别风险。概率和影响矩阵是定性确定风险等级的常用方法,如表8-6所示。

表 8-6　概率和影响矩阵

概率		威胁					机会				
极高	0.90	0.09	0.27	0.45	0.63	0.81	0.81	0.63	0.45	0.27	0.09
高	0.70	0.07	0.21	0.35	0.49	0.63	0.63	0.49	0.35	0.21	0.07
中等	0.50	0.05	0.15	0.25	0.35	0.45	0.45	0.35	0.25	0.15	0.05
低	0.30	0.03	0.09	0.15	0.21	0.27	0.27	0.21	0.15	0.09	0.03
极低	0.10	0.01	0.03	0.05	0.07	0.09	0.09	0.07	0.05	0.03	0.01
影响		0.1	0.3	0.5	0.7	0.9	0.9	0.7	0.5	0.3	0.1
		非常低	低	中等	高	非常高	非常高	高	中等	低	非常低

由于不同组织对风险的承受能力不同，组织应根据已完成项目的经验、专家判断、风险发生概率及发生后对项目影响程度，定义符合组织自身特征的风险级别划分办法，即规定怎样的概率和影响组合是高风险、中等风险和低风险，并将其纳入组织过程资产。以便确定风险优先级排序，以便进一步开展定量分析和风险规避策略。如表 8-6 所示，项目风险值落在深灰色（风险值很大）区域，标识该风险是高风险；项目风险值落在浅灰色（风险值很小）区域，标识该风险是低风险，而项目风险值落在白色（风险值介于很大和很小之间）区域，标识该风险是中等风险。在具体项目的风险管理规划中，应该把风险评级办法调整得适合当前项目的特征。

组织针对项目的每个目标（如成本、时间和范围）分别评定风险等级。另外，也可为每个风险确定一个总体等级，分别列出机会和威胁的影响水平定义，并显示机会和威胁。风险值有助于指导制订风险规避计划。如果风险发生会对项目目标产生消极影响（威胁），并且处于矩阵高风险（深灰色）区域，需要采取优先措施和严格的规避策略；处于低风险（白色）区域的威胁，需要作为观察对象列入风险清单，或为之增加应急策略，不必采取主动管理措施。同样，处于高风险（深灰色）区域的机会，可能是最易实现且能够带来最大利益的，故应该首先抓住。对于低风险（浅灰色）区域的机会，则应加以监督。

3）项目风险影响范围度量

分析风险影响项目范围，即风险可能影响到软件项目的哪些开发任务和开发活动。即使是风险发生概率和后果严重程度都很低，一旦发生也会影响到项目各个方面和诸多工作，因此，也需要进行严格控制，防止这类风险发生干扰项目整个工作和活动。

4）项目风险发生时间的度量

估计项目风险发生的时间，即项目风险可能在项目的哪个阶段和什么时间发生。对项目风险控制和应对措施都是根据风险发生时间安排的，先发生的风险应该优先控制，后面阶段发生的风险可以通过观察它们的各种征兆，做进一步的识别和度量。

在项目风险度量中，需要克服各种认识上的偏见，包括：

(1) 项目风险估计上的主观臆断（根据主观意志需要夸大或缩小风险，当开发人员渴望成功时，不愿看到项目的不利方面和风险）。

(2) 对于项目风险估计的思想僵化（对项目早期开发阶段做出的后续阶段风险分析或估计，开发人员不愿意根据开发过程中新获得的信息进行更新和修正，影响风险分析和估计的准确性）。

(3) 概率分析的能力不足（概率分析比较麻烦和复杂）等。

4. 软件项目风险定量度量

定量风险分析是对通过定性风险分析排出优先顺序的风险进行量化分析的过程。定量风险分析通常是在定性风险分析之后进行。给出各个风险源的量化指标和风险发生概率，通过定量算法得到系统风险的量化值。

1) 决策树分析法

决策树是一种直观、形象、易于理解的图形分析方法，提供项目可选择方案以及方案之间的管理、行动方案的后果以及发生概率，为项目经理选择最佳方案提供依据。

决策树中每一个分支代表一个决策或者一个偶然事件。每一个分支都采用损益期望值(Expected Monetary Value,EMV,又称预期货币值)作为度量指标，它将特定情况下可能的风险造成的货币后果和发生的概率相乘，得出一种方案的损益期望值。项目经理根据各分支的损益期望值中最大者(如求最小，则为最小者)作为选择的依据，进行开发方案的选择和决策。损益期望值是根据风险发生的概率计算出来的一种预期的损益，其值为损益值与该事件发生的概率的乘积，即：EMV＝损益值×发生概率。如图 8-4 所示是一个应用决策树对软件项目风险进行定量分析的例子。

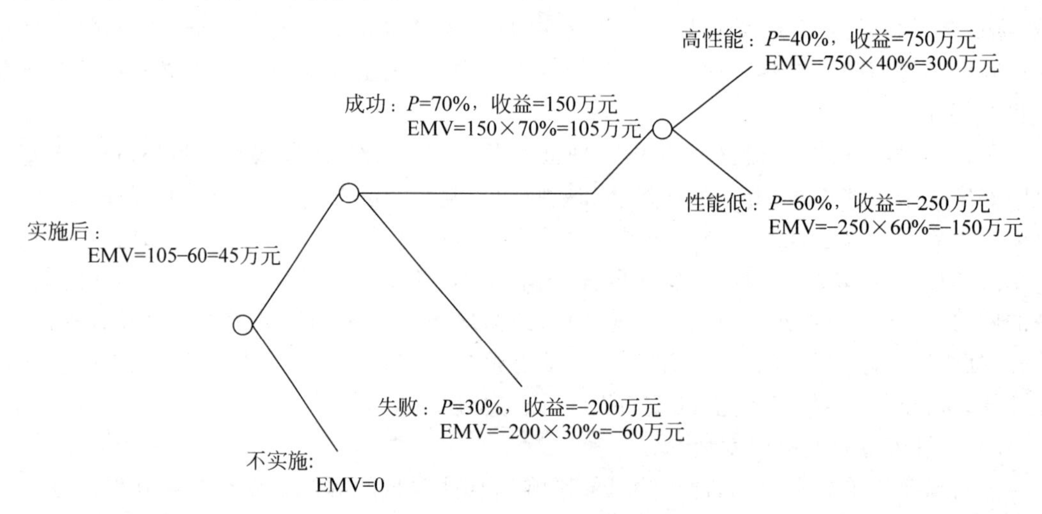

图 8-4 用决策树对软件项目风险进行定量分析

某组织开发一企业的分销管理软件项目，项目开发成功的概率为 70%，失败的概率为 30%。

(1) 项目实施。

如果项目开发成功后，软件获得高性能的概率为 40%，而低性能的概率为 60%。

如果软件获得高性能，项目的收益为 750 万元，则项目的

$$EMV = 750 \times 40\% = 300 \text{ 万元}$$

如果软件获得低性能，项目的亏损为 250 万元，则项目的

$$EMV = -250 \times 60\% = -150 \text{ 万元}$$

则该软件项目成功后的收益为：300 万元－150 万元＝150 万元，项目的

$$EMV = 150 \times 70\% = 105 \text{ 万元}$$

如果开发项目失败后，项目的亏损为 200 万元，则项目的

$$EMV = -200 \times 30\% = -60 \text{ 万元}$$

从总体上看，实施开发项目的

$$EMV = 105 - 60 = 45 \text{ 万元}$$

（2）项目不实施。

不实施该方案的损益和 EMV 值，显然都为 0 万元。

可见应该开发该项目。

2）模拟法

模拟法是运用概率论及数理统计的方法来预测和研究各种不确定因素对软件项目的投资价值指标影响，利用系统模型对系统行为进行分析，将对软件项目目标具有潜在影响的不确定性因素具体化、定量化。常用的方法是蒙特卡罗（Monte Carlo）法。

蒙特卡罗模拟法是一种最经常使用的模拟分析方法，它是随机地从每个不确定因素中抽取样本，对整个软件项目重复进行多次计算，模拟各式各样的不确定性组合，获得各种组合下的很多个结果。通过统计和处理这些结果数据，找出项目变化的规律。如图 8-5 所示，图中曲线显示完成项目累计的可能性与某一时间点的关系，虚线交叉点显示项目 120 天完成的概率为 0.5。项目完成期越靠左，风险越高，越靠右，风险越低。

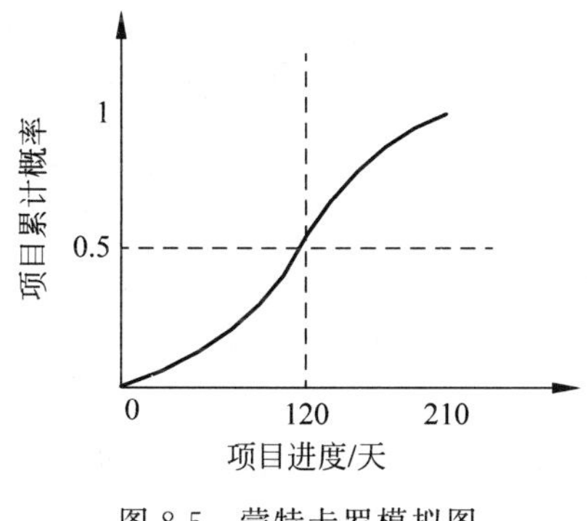

图 8-5　蒙特卡罗模拟图

例如，把这些结果值从大到小排列，统计个值出现的次数，用这些次数值形成频数分布曲线，就能够知道每种结果出现的可能性。然后，依据统计学原理，对这些结果数据进行分析，确定最大值、最小值、平均值、标准差、方差等，通过这些信息就可以更深入地、定量地分析项目，为决策提供依据。

在软件项目中经常运用项目模型作为项目框架，通过蒙特卡罗模拟法来模拟仿真项目的日程、制作项目日程表。这种技术往往也被全局管理所采用，通过对项目的多次“预演”，可以得到项目进度日程的统计结果。

8.3.3　风险计划

风险计划是将风险信息转化为决策，针对风险清单制定缓解当前的和将来的风险的行动，并实现这些行动。

1. 风险计划过程定义

风险计划过程参见图 8-1。

1）过程输入（I）

风险计划过程的输入包含已识别的风险列表、风险背景、度量、度量规格和触发器。其中，风险列表是风险分析阶段输出的更为详细的已排序的风险清单列表；度量是指对各种评估标准定义的单位和尺度，例如，每天编码的行数是对员工工作效率的一个度量；度量规格是度量的数值大小，例如，编码效率是每天三千行；触发器用来设定何时启动、解除或者减缓风险行动计划。

2）过程输出(O)

风险计划过程的输出包括风险设想、阈值和风险行动计划。

其中，风险设想就是对风险产生时会导致的后果进行推测；阈值是指风险将要发生时的临界点或征兆，当某个风险事件达到设定的阈值时就可以执行相对应的已制订的风险计划；风险行动计划即是风险事件产生时所采取的相对应的策略和方案。

3）约束条件(C)

风险分析的约束条件主要包括项目的需求、可利用的资源和已制订的风险管理计划。风险分析的主要方式与风险识别的控制方式是类似的。

4）过程机制(S)

风险计划过程需要的机制是定量的目标、应对策略、选择标准及风险数据库，为风险计划活动提供方法和工具等。其中，定量的目标表示量化的目标；应对策略有助于确定应对风险时可选择的方式，例如接受、避免、保护、减少和转移等；选择标准为风险计划提供策略制定的标准；风险数据库包含已有的风险行动计划、类似的场景等。

2. 风险计划过程内容

风险计划过程是将按优先级排列的风险列表加入应对风险的策略。风险应对策略包含接受、避免、防范、减缓和转移等方式。每个应对策略应包括目标、约束和备用方案。其中，接受风险是指有意识地选择承担风险后果。避免风险是在风险发生前完全消除风险产生的根源，避免风险也是处理“两败(lose-lose)”情况时采用的一种方式。防范风险是通过推测或预防等手段来应对将要产生的风险。减缓风险是利用已有资源降低风险发生的可能性或减少风险造成的损失。转移风险是将风险转移到能够有效控制风险的其他人或小组。

风险行动计划不需要在项目初期立即实施。因为初始评估阶段的风险并不会立即发生，所以一般情况下识别的风险在初期不是非常重要的风险。在风险计划实际执行过程中就会比较容易忽视这些重要的问题。为防止这些问题被遗忘可以设置触发器或阈值。通过监测阈值或触发器的临界点来达到尽早预防的目的。

8.3.4 风险跟踪和监控

风险跟踪和监控是应对风险不断变化的一项必要措施。通过跟踪和监控可以及时地更新各个风险的状态或与项目有关的外部环境的变化。在成本限制的条件下，项目开发过程中一般只在里程碑事件、事件突发时或定期实施风险跟踪。

1. 风险跟踪过程定义

风险跟踪过程定义如图 8-1 中的风险跟踪和监控过程定义所示。

1）过程输入(I)

风险跟踪和监控的输入主要由风险计划的输出组成，包括风险状态和风险阈值等。风险状态是指在风险数据库中存储的实施风险行动计划后产生的结果。风险阈值是指风险发生的征兆，阈值作为执行风险行动计划的触发点。

2）过程输出(O)

风险跟踪和监控的输出结果包括度量、度量规格和触发器。输出结果的主要内容的解释同风险计划的含义是相同的。

3）约束条件(C)

风险分析的约束条件主要包括项目的需求、可利用的资源和已制订的风险管理计划。风险分析的主要方式与风险识别的控制方式是类似的。

4）过程机制(S)

风险跟踪和监控中过程机制包含风险跟踪方法、风险跟踪工具和风险数据库。其中，风险跟踪方法可以帮助记录不同时间风险状态的度量和度量规格；风险跟踪工具自动化地识别风险跟踪和监控过程；风险数据库中存储了已有的风险行动计划、相关的外部环境和阈值等。

2. 风险跟踪过程活动

风险跟踪及监控中对风险事件的现状及趋势分析结果可能得出以下 4 种结论。

(1) 新的风险事件被识别出来并加入到风险清单列表中。

(2) 对风险清单中已发生的风险进行解决，将那些风险事件发生概率很低或不会发生的风险进行剔除。

(3) 对于达到风险警告阈值的风险事件及时地采取风险应对策略进行应对。

(4) 对达到触发状态的风险采用应急计划。通过对触发条件的设置提早识别出将要造成影响的风险。

风险管理计划与跟踪表如表 8-7 所示。

表 8-7 风险管理计划与跟踪表

项目管理过程	风险识别			风险评估						响应计划			风险监控情况							
	风险编号	潜在的风险事件	预测后果	概率	影响程度				风险等级	应对措施	预防措施	负责人	修订后概率	修订后影响程度				修订后等级	进一步行动计划	备注
					范围	质量	进度	成本						范围	质量	进度	成本			

8.3.5 风险规避

风险规避是对于风险产生的后果所采取的一切活动的总称。

1. 风险规避过程定义

风险规避过程定义参见图 8-1。

1）过程输入(I)

风险规避的输入是风险跟踪和监控的输出及各个风险管理阶段中的相关文档等。

2）过程输出(O)

风险规避的输出风险行动计划包括风险状态、可接受的风险、减少的重复劳动、校正行动和问题防范等，主要指的是风险发生时相应的风险规避策略和方案。

3）约束条件(C)

风险分析的约束条件主要包括项目的需求、可利用的资源和已制订的风险管理计划。风险分析的主要方式与风险识别的控制方式是类似的。

4) 过程机制(S)

对策分析中,在同等条件下或相近条件下,一般按下列顺序选择:优先考虑能否避免风险,而后考虑可否转移风险,其次才是遏制风险出现的概率或发生时的后果,如果不存在遏制对策,或者遏制对策在经济上不划算的,则接受风险,或者说暂时接受风险,不采取任何措施,但仍然处于风险跟踪之下。

2. 风险规避方法

风险管理中常用的规避方法包括风险规避、风险转移、风险承担、风险缓解和风险深入探讨。其中,风险规避是改变项目需求分析的部分定义或将项目开发的现有技术等使用其他事物代替以达到完全或部分消除风险发生的可能,在采取风险规避策略时可能会损失掉部分机会成本。风险转移就是将出现的风险转移给其他的个人或组织,风险并没有消失。风险承担是指让风险自然发展,利用组织对风险的抵抗能力将风险承担下来,而不去消除风险。风险缓解是指对发生概率较高的风险事件的对应环节进行加强或调整项目设计规划或管理方法,以降低风险产生的损失。风险深入探讨是指为获得风险事件的更为详细的内容而执行的各种措施,达到风险的清晰化,便于制定对应策略。

8.4 软件项目风险响应计划

软件项目风险识别和量化后,组织需要制定相应的减少负面风险和增加正面机会的策略,目的是提高实现项目目标的机会。风险应对计划面向项目主要风险源,制订应对措施,明确负责人员,要求完成的时间以及进行的状态。

8.4.1 制订风险响应计划的依据

1. 风险管理体系文件

风险管理体系文件的重要内容包括:风险分析定义、岗位责任、进行项目风险管理需要的时间、预算和相应的人力资源,还包括高风险、中风险、低风险的风险值区间。风险值区间帮助开发人员了解需要采取应对措施的主要风险源,以及用于制定风险应对计划的人员计划、进度计划和成本计划。

2. 优化的风险清单

风险清单最初在风险识别过程中形成,在风险定性和定量分析中得到优化和更新,对具体项目更有针对性。在制定风险响应策略时,要重新梳理已识别的风险、风险的根本原因、可能应对措施、风险责任人、征兆和预警信号。

风险清单给风险应对计划提供的重要依据包括:项目风险优先顺序、需要采取应对措施的风险清单、需要补充分析和应对的风险清单、风险分析结果中的趋势、原因,按分类分组的风险,以及低优先级风险的观察清单。软件项目强调关注风险级别较高的 TOP10 风险。

在调研基础上,许多专家在不同的维度上分别提出了相应的风险清单。Mark Keil 等根据对芬兰、中国香港、美国的软件项目经理进行的调研,改进了 1991 年 Boehm 提出的 TOP10 风险因素(见表 8-8),在统计分析调研结果之后得出不同的十大风险因素清单,见表 8-9。2001 年,Pare 等也在经典 TOP10 清单基础上调查了加拿大的 19 位专家之后,运用德尔菲法建立了新的 TOP10 风险清单,如表 8-10 所示。

在这里分析不同专家提出的TOP10风险清单时，采用Wallice等提出的软件风险分类的6个维度，即用户(U)，需求(R)，项目的复杂性(COMP)，规划和控制(P&C)，团队(T)和组织环境(Org)。通过三种TOP10风险清单的对比分析可以看出，规划和控制(P&C)维度始终是风险因素控制的重点。

表8-8 Boehm TOP10 风险因素

序号	风险因素	维度
1	人才缺乏	T
2	不切实际的时间和成本估计	P&C
3	制定了不符合需求的软件功能	R
4	制定了不符合需求的用户界面	R
5	项目镀金	P&C
6	后期需求变更	R
7	缺乏相应的外部组件支持	P&C
8	缺乏形式上可执行的任务	P&C
9	实时性能不足	Comp
10	应变技术的能力不足	Comp

表8-9 Keil 的 TOP10 风险因素

序号	风险因素	维度
1	缺乏有效的项目管理技能	P&C
2	缺乏高层管理人员对项目的承诺	Org
3	对需求的理解不正确，项目开发人员缺乏必要的知识和技能	T
4	没有正确的管理变更	P&C
5	没有规划或规划不足	P&C
6	对需求的误解	R
7	人为的里程碑或最后期限	P&C
8	未能获得用户的承诺	U
9	缺乏固定的要求	R
10	项目领导中缺乏技能指导	T

表8-10 Pare 等 TOP10 风险清单

序号	风险因素	维度
1	缺乏项目拥护者	T
2	在管理上缺乏承诺	U
3	简单的感知系统缺乏实用性	U
4	项目歧义	P&C
5	系统与实际的过程和要求不一致	P&C
6	政治规则或争论	T
7	缺乏必要的知识或技能	T
8	项目团队成员的变化	Org
9	组织不稳定	Org
10	资源不足	P&C

8.4.2 制订风险响应计划的主要内容

(1)需要应对的风险清单。

应对计划的风险清单包括：已识别风险、风险描述、受影响项目任务(例如工作分解结构中的元素)、原因(如工资待遇偏低)、对项目目标的影响。

(2) 应对措施。

在风险应对计划过程中，根据风险清单制定应对策略，关注在已经采取策略之后仍将残留的风险，以及主动接受的风险；预计实施风险应对策略可能产生的衍生风险；根据项目的定量分析和组织的风险极限计算出不可预见事件。

(3) 应对策略采取的具体行动。

(4) 明确风险管理人和责任。

(5) 风险发生的征兆和预警信息。

(6) 实施应对策略需要的人力、进度和预算。

(7) 不可预见事件应急方案。

(8) 对已经发生的风险，计划应对策略没有效果，要使用的退出策略。

(9) 对于特定风险，规定干系人责任，可以应用保险、服务或其他相应事项的合同。

8.4.3 制定风险应对策略

组织应为风险制定应对策略，防止风险的发生，或者一旦发生可以减少或者降低项目损失。利用风险分析工具选择适当应对方法，为了实施该项策略制订具体行动计划。对于风险可以制定主要策略、备用策略；退出计划是在所选策略被证明不是充分有效或者发生了一个可以接受的风险时实施。最后，制订一个不可预见事件计划，分配相应的时间或费用储备，识别引发的条件。

1. 消极风险应对策略

通常使用风险规避、风险承担、风险转移和风险缓解四种策略处理对项目目标有消极影响或危害的风险。

1) 风险规避

风险规避可以消除某一具体的威胁，包括改变项目管理计划或协调放宽有危险的目标，以消除风险造成的危害，使项目目标免受风险影响，例如，缩小项目范围(商品化软件项目)、延长进度等。项目早期出现的风险可以通过明确需求、加强沟通来避免。

2) 风险承担

风险承担也称风险自留，当项目风险发生，就接受其产生的后果。指组织自身非理性或理性地主动承担风险，将风险保留在组织内部，由其内部的资源来弥补损失。风险承担与其他风险应对对策的区别在于：风险承担不改变风险的客观性质，既不改变风险发生概率，也不改变风险潜在损失的严重性。

3) 风险转移

风险转移是将风险的消极影响和对应的权利转给第三方的一种风险处理方式。风险转移通过合同或非合同的方式把风险管理的责任给了另一方，而并非将其消除。例如，软件外包是解决软件组织内部技术储备不足风险的方式之一。

4）风险缓解

风险缓解是把负面风险事件概率和影响降低到可以接受的限度。项目开发的前期阶段采取风险减轻措施，降低风险发生的概率或风险对项目的影响，比后期或在风险发生后实施风险规避措施更为有效。风险缓解是执行一种减少问题的新的行动方案，如果无法降低风险的概率，则用风险缓解的应对措施来降低风险带来的影响。如尽可能使用熟悉的技术，招聘胜任开发工作的管理人员。

2. 积极风险（机会）应对策略

对项目目标可能产生积极影响（机会）的风险应对策略包括风险开拓、风险共享、风险增强和风险承担四种。

1）风险开拓

风险开拓是确保机会实现，而消除与特定积极风险相关的不确定性。即组织希望确保机会得以实现，对具有积极影响的风险采取该策略。例如，为项目分配更多的有能力的人力资源，以便缩短项目完成时间或实现超过最初预期的高质量软件产品。

2）风险共享

风险共享是将积极的风险所有权分配给最有能力抓住对项目有利机会的第三方。包括建立风险共享合作关系，或专门为机会管理组建团队、特殊目的项目公司或合作合资企业。

3）风险增强

通过增加概率和积极影响，识别有积极影响风险的关键促成因素并使它们最大化。通过促进或加强机会的成因，积极强化其触发条件，提高机会发生的概率；也可以关注风险影响的促成因素，努力提高项目对于机会的敏感性，达到实现风险增强的目的。

4）风险承担

风险承担是指承认项目机会的存在，但不主动采取措施，适用于低优先级的机会。接受策略又分为主动承担或被动承担两种方式。最常见的主动承担策略是建立应急储备，包括预留时间、资金或资源，以便在机会出现时加以利用；被动承担策略则不会主动采取行动，而只是定期对机会进行审查，确保其并未发生重大改变。

3. 同时应对危害和机会的响应策略

同时应对危害和机会的策略是接受。消除项目的全部风险几乎是不可能的，接受策略表明项目开发团队已经决定不为解决风险而改变项目计划，或者无法找到应对良策。接受策略可以是被动的也可以是主动的；被动接受是不采取任何行动，当危害或机会出现时让开发人员去解决它们。常用的主动接受策略是建立不可预见事件储备，包括一定的时间、资金或资源用于处理已知或只是有时可能发生的未知危害或机会。

4. 应急响应策略

有些响应措施只在某些事件发生时才使用。对于有些风险，可以制定一个只在某些预定条件下才执行的响应计划，前提条件是有实施这个计划需要的足够的预警信息。组织应确定并跟踪那些引发应急应对策略的事件。例如，缺少中间里程碑或在供应商那里得到更高的优先权。

PMBOK5 软件分册提供的软件项目风险策略见表 8-11。

表8-11 PMBOK5软件分册提供的软件项目风险策略

项目风险	描　述
技术	规避：采用已探明的开发平台和语言；改变需求。 转移：采用可用的商业工具和模块，或者重用已有的软件模块，而非创造新的设计(购买而非构建)。 减轻：让客户和开发人员持续参与项目。采用短迭代以使风险能尽早被识别，且风险减轻的措施有时间发挥影响。培训团队掌握新的开发方法；获取项目发起人对改变的承诺，对影响下游模块或整体性能的关键软件的改变做回归测试
系统安全	规避：虽然不能完全规避所有安全风险和威胁，但可以采用安全代码和访问控制技术，使用官方认证的架构，遵循安全标准。 转移：从有保障的正式来源获取软件包和工具来修复安全漏洞。正式来源包括开源社区及专有商业软件供应商。 减轻：培训开发人员使用安全代码。为软件认证引进入侵检测和独立软件渗透测试员
团队	规避：任用专门的、经验丰富的经理和团队、并且建立组织过程。 转移：采用合作过程以消除单点故障；引用招聘供应商或合同工供应商来提供后备或增员(注意：在项目晚期增加员工，在新员工熟练以前，经常会导致项目速度更慢)。 减轻：可通过指导和培训来平衡工资更高的资深员工和工资不那么高的初级员工。改进团队沟通方法来避免重复工作或返工
计划	规避：审查基准计划中时间对行动、资源负载、关键路径的分配比例的精确度。在大规模开发开始前，为规划和设计留出时间。 转移：让客户参与项目检查点或迭代周期优先级和内容的变更控制决策。让团队参与指定计划和评估。 减轻：在计划中尽早开始重要和高风险的活动以预留时间做原型验证、测试、迭代、集成及重测。在计划中加入缓冲时间。对计划和迭代计划的差别获取尽早的反馈
成本	规避：通过完成和测试的功能点来做估算，而非用SLOC或完工估算百分比。使用多种成本估算技术。 转移：提供变更方案让客户共担预期外的问题的成本或共享节约成本的机会。 减轻：把资源从不那么重要的活动或范围外低优先级项上移出来
客户和干系人	规避：开发项目章程、合同或工作协议来阐明角色和预期的客户责任。 转移：指定一名客户代表，代表多个发起组织的用户。 减轻：明确规定缺乏用户数据时的意外事件和假设条件。执行演示和原型展示来构建客户验收

8.4.4 风险响应计划制订成果

1. 风险响应计划

风险响应计划包括以下内容。

(1) 风险识别，风险特征描述，风险原因，对项目目标的影响。

(2) 风险主体和责任分配。

(3) 风险定性和定量分析结果。

(4) 风险所制定应对策略，如规避、转移、缓解、自留等。

(5) 应对策略执行后，预计风险残留水平(风险概率及其影响程度)。

(6) 应对策略所需的具体行动。

(7) 风险应对策略的成本和时间。

(8) 应急计划。

2. 剩余风险

在采取了规避、转移、缓解、自留等风险应对策略后残留的风险及可以被接受的小风险。

3. 衍生风险

因实施风险应对策略衍生的新风险,组织应用前期识别的风险规划应对策略。

4. 合同协议

为规避或减轻风险,购买保险、服务或签署必要的合同协议,明确干系人对于某些特定风险所应负的责任。

5. 应急储备

为了把项目目标风险降低到干系人能接受的水平内,做好必需的应急储备。

6. 向其他过程的输入

风险应对策略都涉及耗费组织的时间、成本或其他资源,并且需要对项目相关计划进行变更。组织需要评估风险应对策略的成本相对于降低风险的水平是否合适,以及将这些结论反馈到项目其他相关的方面。

7. 向修订项目计划的输入

风险应对计划的成果必须成为制订其他项目计划的参考,确保其成为项目中有机的组成部分。

案例分析

德尔菲法是专家判断法的一种,是由项目执行组织召集某领域的一些专家,如来自组织外部的专业团体或技术协会、咨询公司、行业组织的专家教授,或者组织内部的技术、工程、市场营销、采购、财务、人力资源等职能部门的专业人员,就项目的某一主题,例如,项目的解决方案、执行项目的步骤与方法、项目的风险事件及应对办法等,在互不见面、互不讨论的情况下背靠背地分别提出自己的判断或意见,然后由项目执行组织汇总不同专家的判断或意见,再让那些专家们在汇总的基础上做出第二轮、第三轮的判断,并经过反复确认最终达成一致意见的方法。在项目管理过程中凡是需要收集不同的意见、产生不同的想法,并希望就这些意见和想法达成共识的场合,都可以采用这种方法。

德尔菲法能够充分发挥专家的优势,集思广益收集不同方面、尽可能多的意见;能够避免数据不充分而做出错误的决策;能够避免个人因素对结果产生的不当影响;能够通过反复论证和分析,最终就某一主题达成一致的意见,有利于统一思想、产生步调一致的行动。该方法的步骤为:①确定需要收集意见并达成一致意见的主题,如确定项目、选择项目方案、制订项目计划、识别项目风险等。②挑选企业内部的专业人员,或者外部专业团体中具有专业知识或经过培训的个人组成专家小组,为了避免相互影响和干扰,专家们不进行会面,不进行讨论,彼此互不了解对方的想法。③由协调员采用书面问卷的方式,向每位专家征求对所要讨论的主题方面的意见和建议,并要求这些专家进行匿名分析后,分别将自己的意见以书面方式反馈给协调员。④协调员将不同专家的意见汇总,再将这些意见反馈给专家们,并要求专家们在此基础上进一步提出自己的判断或意见。⑤所有专家收到一份全组专家的集合分析意见后,再次进行匿名分析,提出赞成和反对的意见,再次将自己的意见反馈给协调员。⑥协调员再次汇总各位专家第二次反馈意见,然后进行汇总,再将第二次汇总的结果发给各位专家,要求他们在此基础上再次做出判断,如此反复,直到所有专家的意见趋于一致。

某家电集团公司通过市场调查发现,洗衣机市场尚存在着尚未满足的需求,传统的家庭脱水机的设计洗衣量多为3～5kg,洗衣时间短也需要半个小时,长可达一个多小时。可是,要想单独洗一件衬衣怎么办？夏天的衣服需要及时洗又怎么办？洗小孩的衣物就更麻烦,把小孩的脏衣服和成人的衣服混合在一起洗是不明智的,况且小孩的衣服脏得快,又无法像成人的衣服那样可以搁置几天再洗。"必须开发小洗衣机",决策层很快下了决心,"可是洗衣机的市场竞争已经很激烈了,小型洗衣机能占有多大的市场呢？再说买了大洗衣机的还会考虑再买一台小洗衣机吗?"市场部经理提出了质疑。

为了识别出小洗衣机开发项目的风险,该公司发动了一批来自组织内部的产品开发、市场策划、战略决策、生产制造、物流采购的专业人员,以及组织外部的行业协会、政策法规机构、零售商经营、渠道管理、品牌战略等方面的专家,组成专家组,专门就该产品开发项目进行了风险识别。表8-12就是该专家组利用德尔菲法,经过两轮的分析汇总,而达成的关于该项目风险的一致意见。用德尔菲法进行小洗衣机开发项目风险识别的结论如表8-12所示。

表8-12 用德尔菲法进行小洗衣机开发项目风险识别的结论

序号	风　险
1	没有经过市场调查,或者市场调查的结果不准确,结果导致决策失误
2	市场需求量小,导致产品销售不出去
3	消费者们的消费观念不接受这类产品,导致产品销量小,实现不了利润目标
4	投资过大,收不回成本
5	竞争对手抢占市场,致使产品销售受阻
6	产品质量问题,影响销售
7	开发成本过高,导致价格高结果销售不畅
8	产品不能获得销售许可,前功尽弃
9	替代品的出现,影响产品销售
10	销售渠道不畅通,导致产品积压
11	新技术的出现,导致洗衣机领域的革命性变化,结果该产品被淘汰
12	与现有产品形成竞争,影响整个公司的业绩
13	小洗衣机洗不干净衣服,或者比大洗衣机还耗水、耗电,结果没人买
14	顾客已有常规洗衣机,不再购买小洗衣机,结果产品销量小
15	售后服务跟不上,影响产品销售

思考题:思考德尔菲法的步骤,并结合本案例,讨论在软件项目风险管理中使用德尔菲法的优点。

习　题

一、单选题

1. 项目风险包括的三个要素是(　　)。

A. 风险发生的时间、地点以及带来的影响

B. 风险发生的时间、概率以及风险类型

C. 风险事件、发生的概率以及带来的影响

D. 风险事件、数量以及风险类型

2. 在靠近河边的某建筑工地，洪湖水毁坏了所有挖掘的地基，这是发生了（　　）。

A. 已知风险　　B. 可预测风险

C. 不可预测风险　　D. 以上都不是

3. 在（　　）情况下可以采用德尔菲法来进行风险识别。

A. 存在模拟模型时　　B. 风险概率明确时

C. 有大量的历史项目时　　D. 需要专家的统一意见时

4. 某组织想要开发分销管理软件项目，根据决策树分析法，应选择（　　）进行开发。

A. 项目A成功概率为60%，其中高性能概率60%，收益700万元；低性能概率40%，收益－400万元；失败概率40%，收益－400万元

B. 项目B成功概率为60%，其中高性能概率70%，收益500万元；低性能概率30%，收益－400万元；失败概率40%，收益－400万元

C. 项目C成功概率为70%，其中高性能概率70%，收益500万元；低性能概率30%，收益－500万元；失败概率30%，收益－500万元

D. 项目D成功概率为70%，其中高性能概率60%，收益600万元；低性能概率40%，收益－300万元；失败概率30%，收益－400万元

5. 风险管理中常用的规避方法有很多，其中通过改变项目需求分析的部分定义或将项目开发的现有技术等使用其他事物代替以达到完全或部分消除风险发生的可能的是（　　）。

A. 风险规避　　B. 风险转移

C. 风险承担　　D. 风险缓解

二、判断题

1. 项目风险是指可能导致项目损失的不确定性。所有的项目都可能产生风险。（　　）

2. 风险具有行为相关性。任何一种风险实质上都是由决策行为与风险状态组合而成的，是风险状态与决策行为的统一体。（　　）

3. 风险管理中最积极且效果最好的策略是被动策略。（　　）

4. SWOT流程图法中，WO是风险潜在区，要做好合理的规划和控制，尽量降低风险发生概率。（　　）

5. 风险行动计划需要在项目初期立即实施。（　　）

三、简答题

1. 风险管理包括哪五个过程？请分别简述各个过程的输入、输出及约束条件。

2. 简述风险识别常用的几种方法。

3. 某组织想要开发分销管理软件项目，项目开发的成功概率为70%，失败概率为30%。若项目成功，则高性能概率60%，收益600万元；低性能概率40%，收益－400万元；若项目失败，则收益－300万元。请根据决策树法，计算实施该开发项目的损益期望，并确定是否可以开发该项目。

4. 简述蒙特卡罗模拟法。

5. 风险应对策略有哪些？

第9章 IT项目资源管理

软件是项目开发团队的研发成果,IT项目资源水平是项目成败关键因素之一,是软件组织高层管理者、项目经理都非常关注的问题,也是提高IT项目质量的有效途径。

9.1 IT项目资源管理概述

9.1.1 IT项目资源的特征

由于IT项目开发属于知识密集型的技术活动,IT项目资源具有不同于其他项目的特征。

1. 学历较高、能力较强

软件项目开发人员主要依靠分析、设计和编写代码创造价值,因此要求的学历较高。同时,软件项目需要将现实世界转化到计算机世界,要求开发人员具有一定的抽象和逻辑思维能力,IT项目资源总体要求开发人员具有一定的学历和解决问题的能力。

2. 开发人员绩效难以量化考核

软件是具有逻辑性知识的产品,软件开发人员的工作是一种智力劳动,工作量难以准确量化,绩效考核和评价标准具有不确定性。例如,A程序员完成10KLOC,而B程序员完成了8KLOC,单纯凭代码行数很难判断A和B开发效率谁高谁低。

3. 开发人员流动性大

软件行业高速发展,IT项目开发人员有着持续不断的追求,受待遇薪酬、成长空间和团队氛围等多重因素影响,开发人员流动性大。软件人员的流动给项目的后续开发工作带来了不可低估的影响,也影响了软件的产品质量。

4. IT项目管理人员管理技能欠缺

由于IT项目管理人员大多是从一线技术开发岗位晋升到管理岗位的技术精英,缺乏资源管理理论基础知识,从技术视角管理开发人员,机械地应用项目资源管理理论,会降低资源管理的效率,对IT项目开发的过程和产品质量产生消极影响。

5. IT项目团队成员是知识工作者

IT项目团队成员是知识工作者,他们拥有软件开发的技能和专业知识,因此项目经理要找到有效办法充分利用开发人员的知识和技能。高水平的项目经理应注重提升团队的工作效率和有效性,不去指挥项目组的具体开发工作。

6. IT项目团队强调沟通合作

软件团队与用户之间、成员之间需要花费大量的时间进行沟通合作,因此,项目经理在资源安排方面，选用具有一定的技能并善于沟通的开发人员，要比选用一个技术能力很强但倾向于孤立地去完成任务的开发人员，更有利于项目的成功。

9.1.2 IT项目资源管理过程

IT项目资源管理是包括组织团队、管理团队与领导团队的相关管理过程。项目团队由不同角色、不同职责和不同技能的人员组成，成员可以是全职，也可以是兼职。随着项目进入到不同开发阶段需要增加或减少人员。PMBOK界定IT项目资源管理过程包括规划资源管理、组建项目团队、建设项目团队和管理项目团队四个过程。

(1) 规划资源管理。识别项目角色、职责、所需技能、编制人员配备计划的过程。

(2) 组建项目团队。确认组织内资源的可用情况，以及软件项目需求和开发活动，然后组建团队。

(3) 建设项目团队。组织培训及技能拓展训练，提高工作能力，促进团队成员交流互动，改善团队整体氛围，以提高项目绩效的过程。

(4) 管理项目团队。记录和跟踪团队成员开发情况和项目绩效评测，解决团队建设存在的问题，做好人员调配工作，以优化项目绩效的过程。

四个过程相互作用，导致在整个软件项目过程中需要反复开展资源的规划工作。例如，初始组建后，由于开发人员的离职或者是新开发人员加入团队，都需要调整项目的资源规划，由此确定的其他计划会随着项目的进展而发生变化。资源是软件开发过程中最重要的，四个过程与其他知识域也存在着相互作用关系。例如，参与开发的资源结构不同，软件项目的成本和进度也有所不同。

IT项目资源规划需要项目的全体成员参加，这样有助于项目组成员了解项目整体情况，以及开发任务之间的关系，利于相互间的协作。

9.2 IT项目资源基本内容

IT项目团队包括项目开发团队和管理团队两部分。在IT项目资源管理过程中，管理项目团队成员之间、干系人之间、开发人员与其他干系人之间、组织部门之间，以及组织和用户之间的关系，均涉及资源管理，主要内容如下。

(1) 组织、组建、领导、解散、沟通等有关问题。

(2) 授权、激励、培训、项目指导以及其他处理个人间关系的有关问题。

(3) 团队建设、冲突管理以及其他处理组织间、部门间关系的有关问题。

(4) 人员招聘、合同签订(续签、离职)、绩效考核、提职晋升、劳动保障以及其他与资源管理的有关问题。

(5) IT项目开发团队授权的有关问题。

在软件项目启动和规划阶段，团队往往不能提供最佳的解决方案，通常在开发过程中采用新技术构建最合适的项目解决方案，创造性地解决问题并进行过程改进，因此，软件项目开发团队的自我授权，是软件项目经理发展和管理项目团队的有效方式。

五个方面的内容相辅相成、相互影响，项目管理团队尤其是项目经理应对其原理非常熟悉，并很好地应用于项目管理实践。例如：

(1) IT 项目经理必须考虑项目组织的临时性，项目的临时性决定了软件开发人员在项目组的人事关系是暂时的，如何更好地调动人员的积极性，是项目经理应着重考虑的问题。

(2) 项目生命周期不同阶段，项目干系人的影响力和对项目态度也发生变化。因此，在一个阶段的有效资源管理技术在另一个阶段也需要调整，项目经理必须注意选择适合项目当前资源管理需要的技术。

(3) 软件项目经理应对于资源行政管理活动加强了解，尤其是组织的人员进入团队、离开团队以及相应的薪酬体系，并在工作中遵守这些具体的规则，调动人员的积极性。

项目管理团队是项目团队的一部分，也称为核心团队、执行团队或领导团队，负责项目开发活动的管理和领导。对于小型软件项目，项目管理团队职责可由整个项目开发团队分担，或者由项目经理承担。为了项目成功，项目发起人应该与项目管理团队一起工作，特别是协助落实项目开发经费、明确项目范围和开发内容、监督项目进展及协调不同需求的干系人。

管理与领导项目团队包括：

(1) 影响项目团队。项目经理需要识别影响项目成功的资源因素，包括团队成员的技能与知识结构、人员数量、团队环境、干系人间沟通、文化氛围、组织独特性以及其他可能改变项目绩效的因素。

(2) 职业与道德行为。项目管理团队应该确保所有团队成员遵守职业道德规范，尤其是涉及用户安全的开发工作，必要时要签署保密协议，明确开发人员的安全责任。PMBOK 定义的项目资源管理描述，见表 9-1。

表 9-1　PMBOK6 及软件分册对项目资源管理活动描述

活动	启动(Initiating)	规划(Planning)		执行(Executing)			监控(Controlling)	收尾(Closing)
		规划资源管理	估算活动资源	获取资源	建设团队	管理团队	控制资源	
输入		1. 项目章程 2. 项目管理计划 3. 项目文件 4. 事业环境因素 5. 组织过程资产	1. 项目管理计划 2. 项目文件 3. 事业环境因素 4. 组织过程资产	1. 项目管理计划 2. 项目文件 3. 事业环境因素 4. 组织过程资产	1. 项目管理计划 2. 项目文件 3. 事业环境因素 4. 组织过程资产	1. 项目管理计划 2. 项目文件 3. 工作绩效报告 4. 团队绩效评价 5. 事业环境因素 6. 组织过程资产	1. 项目管理计划 2. 项目文件 3. 工作绩效数据 4. 协议 5. 组织过程资产	

续表

活动	启动(Initiating)	规划(Planning)		执行(Executing)			监控(Controlling)	收尾(Closing)
		规划资源管理	估算活动资源	获取资源	建设团队	管理团队	控制资源	
工具和技术		1. 专家判断 2. 数据表现 3. 组织理论 4. 会议	1. 专家判断 2. 自下而上估算 3. 类比估算 4. 参数估算 5. 数据分析 6. 项目管理信息系统 7. 会议	1. 决策 2. 人际关系与团队技能 3. 预分派 4. 虚拟团队	1. 集中办公 2. 虚拟团队 3. 沟通技术 4. 人际关系与团队技能 5. 认可与奖励 6. 培训 7. 个人和团队评估 8. 会议 9. 其他工具和技术(软件分册)	1. 人际关系与团队技能 2. 项目管理信息系统 3. 其他注意事项(软件分册)	1. 数据分析 2. 问题解决 3. 人际关系与团队技能 4. 项目管理信息系统	
输出		1. 资源管理计划 2. 团队章程 3. 项目文件更新	1. 资源需求 2. 估算依据 3. 资源分解结构 4. 项目文件更新	1. 物质资源分配单 2. 项目团队派工单 3. 资源日历 4. 变更请求 5. 项目管理计划更新 6. 项目文件更新 7. 事业环境因素更新 8. 组织过程资产更新	1. 团队绩效评价 2. 变更请求 3. 项目管理计划更新 4. 项目文件更新 5. 事业环境因素更新 6. 组织过程资产更新	1. 变更请求 2. 项目管理计划更新 3. 项目文件更新 4. 事业环境因素更新	1. 工作绩效信息 2. 变更请求 3. 项目管理计划更新 4. 项目文件更新	

9.3 规划资源管理

9.3.1 项目的组织结构

规划资源管理的主要任务是建立项目组织构架图、项目角色与职责关系、人员技能、人员进入团队和离开团队时间、人员配备数量等管理计划。另外还包括人员培训、团队建设办法、激励机制、安全问题及人员配备管理计划对项目成功的影响等。

项目组织结构自上而下反映了项目各种职位的层级和项目团队管理关系,如图9-1所示。建立项目组织结构时,组织高决策层和项目经理要分析项目的关键核心技术需求,据此配置具备相关技能的人力。如果项目成功关键因素是需要一流的项目管理团队和德高望重的项目经理,资源计划也要重点描述。

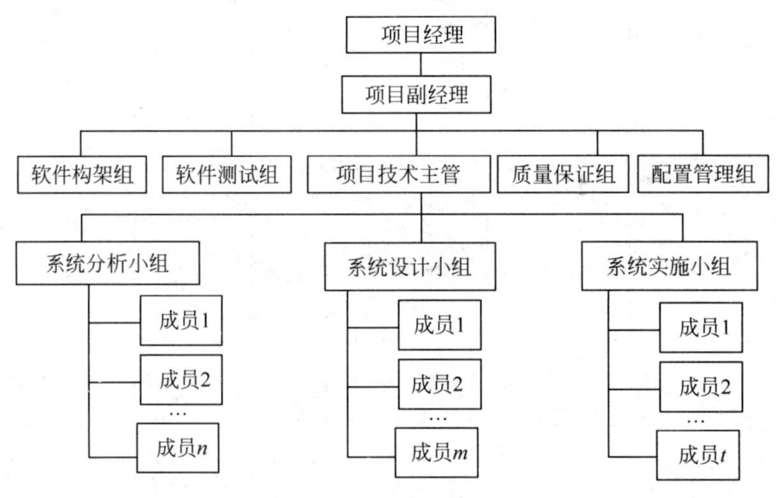

图9-1 项目组织结构示意图

9.3.2 项目的任务分配

对于大型软件项目而言,清晰定义和分配项目工作是十分必要的。对于规模较小的软件项目,通常并不需要复杂的层级关系,项目经理与团队成员直接形成管理关系,不需要项目副经理或子系统小组。项目任务分配包括四个过程:①明确项目的需求;②工作任务分解;③定义工作如何完成;④分配开发任务,如图9-2所示。

工作分解结构(WBS)把项目可交付成果分解为工作包。而组织分解结构(Organizational Breakdown Structure,OBS)则按照组织现有的部门、团队或开发小组按层级顺次排列,并在每个部门、团队或开发小组下列出其负责的项目活动或工作包,标明活动或工作包被分配到组织单元。

从结构上看,OBS与WBS相似,但WBS按照项目可交付成果进行分解,而OBS是根据组织部门、团队或开发小组进行分解,项目活动和工作包被列在每个部门单元下面。通过这种方式,系统分析小组只要看自己那部分OBS就可以了解所有该做的事情。

资源分解结构(Resource Breakdown Structure,RBS)是按照资源种类和形式划分的资

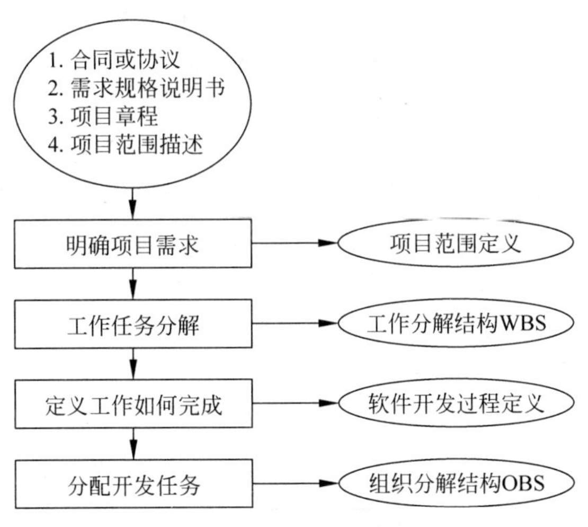

图 9-2　项目任务分配过程

源层级结构,是项目分解结构的一种。通过它可以在资源需求细节上制订进度计划,可识别和分析项目资源配备,也可以通过汇总的方式向更高一层级汇总资源需求和资源可用性。它还可以与工作分解结构(WBS)相结合,用来规划和监控项目工作。资源分解结构对追踪项目成本很有用,并可与组织的会计系统对接。

活动的资源需求是以活动或任务清单为依据,识别并估算出工作包中的每项活动所需的资源类型、数量及时间要求,列出对应于活动清单的资源匹配并汇总,得出每个工作包的资源估算。资源需求描述的细节数量与具体程度因不同的软件项目而异。在活动资源需求文件中,应说明每一种资源的估算依据,以及为确定资源类型、可用性和所需数量而做出的假设。

为了明确项目团队成员角色与职责,通常采用责任分配矩阵(Responsibility Assignment Matrix,RAM)直观地反映项目的每个具体工作包与项目的团队成员映射关系。RAM 横向为工作包或开发工作单元,纵向为组织成员、开发小组或部门名称,纵向和横向交叉处表示项目组织成员或部门在工作包中的职责。RAM 中的符号表示项目开发人员在每个工作包中的参与角色或责任,见表 9-2。

表 9-2　责任分配矩阵

OBS 单元	WBS							
	1.1.1	1.1.2	1.1.3	2.1.1	2.1.2	3.1.1	3.1.2	3.1.3
软件构架组	R	R/P					R	
系统分析组			R/P					
系统设计组				R/P				
系统实施组	P							R
软件测试组					R/P			
质量保证组						R/P		
配置管理组				P			P	
培训								R/P

通过项目组织结构和责任分配矩阵就能够把参与 IT 项目开发团队成员的角色和职

责,以及层级关系确定下来,对于 OBS 每个单元也要对其角色、职责和职权进行系统的描述,使项目团队能够各负其责,避免职责不清、推诿扯皮现象的发生,为项目目标的完成提供可靠的组织保证。

高层次 RAM 可定义项目团队中的各小组分别负责 WBS 中的哪部分工作,而低层次 RAM 则可在各小组内为具体活动分配角色、职责和职权。它也可确保任何一项任务都只有一个人负责,RAM 的一个例子是 RACI 矩阵,其中,R 表示责任人(Responsibility)、A 表示批准人(Accountability)、C 表示审核人(Consultation)、I 表示告知人(Informed),如表 9-3 所示。

表 9-3　RACI 矩阵的例子

工　　作	项目干系人				
	张悦	李晓	曹国彬	刘东明	满中山
系统架构设计	C	A	I	R	I
系统分析	R	A	I	C	I
系统测试	I	A	R	I	I
用户接受测试	I	C	R	I	A

9.3.3　资源管理计划

编制 IT 项目资源管理计划,需要考虑高水平开发人员稀缺性和可用性,按开发需要分派项目角色、团队成员及数量,确保资源规划的可执行性。项目团队成员可来自项目开发组织的内部或外部,如外聘开发人员。组织的其他项目可能也需要具有相同能力或技能的资源,这些因素可能对项目成本、进度、风险、质量及其他知识领域有显著影响。

IT 项目资源管理计划需要描述开发人员加入团队和离开团队的具体时间,其详细程度取决于项目类型、组织的规定、用户的要求、软件的规模等方面。例如,项目合同期为 9 个月,开发人员需要 75 人(见表 9-4),人员类型包括系统调研人员、系统分析员、系统设计人员、编程人员、测试人员、系统实施人员等,同时需要写明每个开发阶段具体需要的人员数量和类别,见图 9-3,横轴是月份,纵轴是累计需要的人数。

表 9-4　某项目资源计划表

月份	系统调研人员	系统分析员	系统设计人员	编程人员	测试人员	系统实施人员
2	7	2				
3		6	3			
4			11			
5				10		
6		3		21		
7				12	3	
8			3	3	7	
9				2	2	2
10				2	2	9

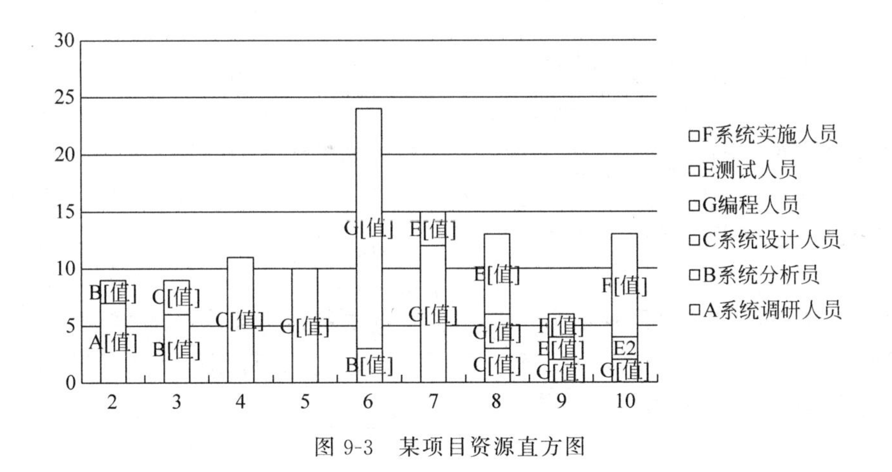

图 9-3　某项目资源直方图

人员配备管理计划主要包括以下内容。

1. 角色和职责

在描述完成项目所需的人员角色和职责时，需要考虑下述内容。

（1）人员角色：在项目中，开发人员承担的任务或分配的职务，如项目经理、系统分析员、系统设计人员、编程人员、系统测试人员。应明确和记录各角色的职权、责任。

（2）人员职权：使用项目资源权限、项目决策、验证可交付成果并影响他人开展项目工作的权力。例如，选择软件开发方法、质量审计、控制偏差等。当开发人员的职权水平与职责相匹配时，有利于开发人员高效地开展工作。

（3）人员职责：为完成项目活动，开发人员必须履行的职责和工作。

（4）人员能力：为完成项目活动，开发人员需具备的技术知识和能力。如果开发人员不具备项目所需的技术知识，就不能有效地完成开发任务，应主动采取措施，如进行项目所需知识的培训、招聘具备项目知识的开发人员。

2. 项目组织图

项目组织图以图形方式展示项目团队成员及其报告关系。基于项目的需要，项目组织图可以是正式或非正式的，非常详细或高度概括的。例如，一个 80 人的软件项目组织图，要比 20 人的内部项目组织图详尽得多。

3. 资源管理计划

1）人员招聘

在规划项目开发人员招聘时，需要考虑一系列问题，例如，开发人员不足时，是从组织内部调剂还是从组织外部招聘；开发人员是否需要培训；开发人员必须集中在一起工作还是可以远距离分散协同开发；项目所需各类技术人员的成本为多少；资源部门和职能经理能为项目管理团队提供哪些协助。

2）资源日历

表明每种具体资源的可用工作日的日历。在人员配备管理计划中，需要规定项目团队开发人员或小组的工作时间。项目经理可使用资源直方图向所有干系人直观地展示资源分配情况。

3）人员遣散计划

每个开发人员进入团队的时间不同，离开团队的时间也不同，事先确定开发人员离开团队的方法与时间，对项目和开发人员都有好处。开发人员完成项目任务，离开团队，项目就不再负担这些人员的相关成本，从而节约项目成本。如果已经为开发人员安排好新项目，使开发人员产生安全感，则可以提高士气和开发效率。人员遣散计划也有助于减轻项目开发过程中或结束时可能发生的资源风险。

4）培训计划

如果开发人员不具备项目所要求的开发能力，则要制订培训计划，将培训工作作为项目的组成部分。培训计划中也可说明应该如何帮助开发人员获得相关认证资格证书，以提高他们的工作能力，从而使项目从中受益。

5）认可与奖励

项目开发前，需要明确奖励制度和标准以及相关的制约措施，促进开发人员为项目成功而努力工作。应该针对开发人员的开发活动和绩效进行认可与奖励。例如，因实现成本目标而获奖的开发人员，应该对费用开支有适当的决定权。在奖励计划中规定发放奖励的时间，可以确保奖励能适时兑现而不被遗忘。

9.4 组建项目团队

项目团队组建是以资源管理计划为依据，确认资源的可用情况，并为开展项目开发活动而组建团队的过程。在明确IT项目资源规划后，组织决策层应授权项目经理组建项目团队。项目经理应根据具体项目的技术要求和开发要求，同有关的组织部门谈判，多渠道争取项目所需的人员加入开发团队，并约定成员的角色和责任以及隶属关系。

9.4.1 团队组建的基本工作

IT项目资源不足或人员技术能力不满足要求会降低项目成功的概率，甚至可能导致项目失败或取消。因此，团队成员必须具备良好的项目所需知识技能，组织为团队成员人尽其才提供良好的人文环境和晋升通道。开发人员招聘和任务分配，应做好以下工作。

1. 预分派

预分派开发人员是为了在投标过程中获得竞争优势，组织向用户承诺部分高水平开发人员参与项目开发工作，确保项目高质量完成，或者在项目章程中指定某些开发人员的工作任务分派。

2. 谈判

如果组织结构是项目型组织或者矩阵型组织，特定项目的开发人员来自不同部门，需要项目经理与组织的其他部门和个人进行谈判，以便获得项目所需的开发人员。人员分派时还要考虑开发人员经验、个人兴趣、个人性格和爱好。例如，项目管理团队需要与下列各方谈判。

（1）职能经理。确保项目能够在需要时获得具备适当知识技能的开发人员，确保项目开发人员自愿并且有权在项目上工作，直到完成其开发任务。

（2）本组织中的其他项目管理团队。合理分配稀缺或特殊资源。

(3) 外部组织。获取合适的、稀缺的、特殊的、经认证的特殊资源。外部谈判需要注意有关的政策、惯例、流程、指南、法律及其他标准。

3. 外部招聘

组织内不能找到完成项目所需的开发人员时，需要资源部门协助招聘新员工，项目经理必须与资源经理沟通，包括人员初选、面试、解决招聘过程中存在的问题，以保证招聘到所需的人员。

4. 虚拟团队

虚拟团队是具有共同目标，在完成角色任务的过程中很少或没有时间面对面工作的多个成员，为组织组建团队的一种新形式。虚拟团队通过使用电子邮件、电话会议、社交媒体、网络会议和视频会议等方式沟通开发的任务及安排。虚拟团队可以通过下列形式组建。

(1) 在组织内部地处不同地理位置的开发人员之间组建团队。

(2) 为解决项目团队需要特殊的开发人才需要，包括专家不在同一地理区域。

(3) 将在家办公的开发人员加入团队。

(4) 在工作小时或工作日不同的开发人员之间组建团队。

(5) 将行动不便者或残疾人纳入团队。

(6) 开发因差旅费用过高而被否决的项目，虚拟团队有助于减少差旅费。

虚拟团队也有一些缺点，例如：①由于沟通不畅，可能产生误解；②成员间互不谋面，产生孤立感；③成员在不同地理位置工作，难以分享知识和经验；④增加采用通信技术的成本。在虚拟团队的环境中，沟通规划变得尤为重要。可能需要花更多时间，设定清晰沟通目标和明确的期望，促进沟通，制定冲突解决方案，召集人员参与决策，理解文化差异，以及共享成功的喜悦。

5. 人事测评工具

在组建项目团队过程中，经常需要使用一些标准来选择开发人员。通过多标准决策分析，制定出选择标准，应用人事测评工具对候选团队成员进行定级或评分。根据测评指标对团队的不同重要性，赋予指标项不同的权重。例如，可用下列标准对团队成员进行打分。

(1) 可用性。团队成员能否在项目所需时段内为项目工作，在项目期间内是否存在影响可用性的因素。

(2) 成本。聘用开发人员所需的成本是否在规定的预算内。

(3) 开发经验。开发人员是否具备项目所需的相关软件开发经验。

(4) 开发能力。开发人员是否具备项目所需的管理和开发能力。

(5) 知识。团队成员是否掌握业务知识、类似软件项目和软件项目环境细节相关知识。

(6) 技能。团队成员是否具有相关的技能，来使用项目工具，开展项目执行或培训。

(7) 态度。团队成员能否与他人协同工作，以形成有凝聚力的团队。

(8) 国际因素。团队成员的位置、时区和沟通能力。

不能有效地获得项目所需的资源，可能影响项目进度、成本、质量和客户满意度，给项目开发带来风险。因制约因素(如成本因素或其他项目对资源占用)而无法获得所需资源，在不违反法律、规章、政策规定或标准的前提下，项目经理或项目团队可以使用替代资源(也许能力较低)。在项目规划阶段，应该对这些因素加以考虑并做出适当安排。项目经理应该在项目进度计划、成本计划、风险计划、质量计划、培训计划及其他相关计划中，说明缺少所需资源给项目带来的风险,并给出建议措施。

IT 项目团队组建是一个动态过程,随着开发过程的进行,项目对开发人员的需求是动态变化的,IT 项目经理必须监控到变化,在开发人员技能与项目需求不一致的情况下,及时与组织决策层、资源经理及项目人员进行沟通,保证项目对开发人员的动态需求。

按照资源管理计划要求的项目团队成员全部到岗之后,项目团队才算组建完毕。

9.4.2 资源负荷

资源负荷是反映特定资源在项目生命周期过程中的分布状况,即某个时间点某种资源的计划情况和实际消耗情况。通过直方图方式直观地显示资源在时间上的分布情况,见图 9-4。

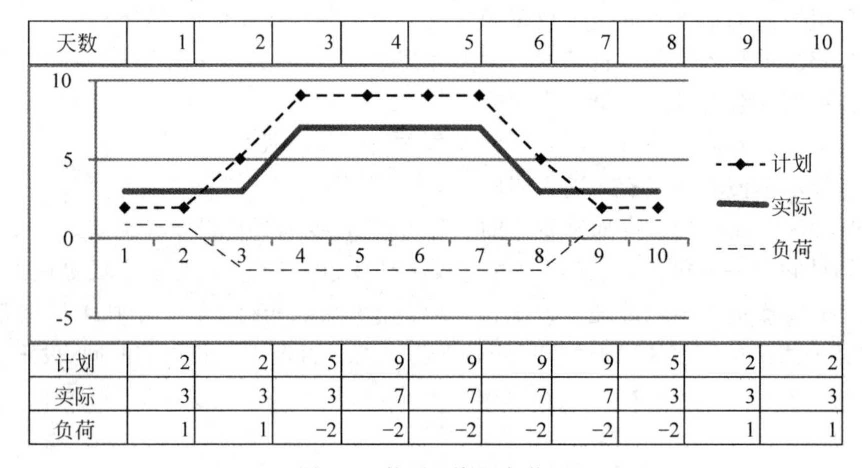

天数	1	2	3	4	5	6	7	8	9	10
计划	2	2	5	9	9	9	9	5	2	2
实际	3	3	3	7	7	7	7	3	3	3
负荷	1	1	−2	−2	−2	−2	−2	−2	1	1

图 9-4　某项目资源负荷图

从图 9-4 中可以看出,在这个开发阶段内,该项目的这种资源处于超负荷状态。资源超负荷就是指在特定的时间分配给某项工作的资源超过它的可用资源。

资源负荷图直观地表示出资源需求量的变化情况,通过调整非关键工序的开工时间,可以缓和需求矛盾,平缓资源需求高峰和低谷,即“削峰填谷”,满足资源的限制条件。

9.4.3 资源平衡

资源平衡是指通过延迟非关键路径项目任务来解决资源冲突问题的方法,它以资源管理因素为主进行项目进度决策。资源平衡的主要目的是要更加合理地分配使用的资源。项目经理查看网络图中的时差或浮动范围来识别资源冲突。资源平衡的用途:①根据进度计划调整项目开发所需的资源,避免资源不足、冗余或不均衡等问题发生;②减少资源过度分配或分配不均,避免资源浪费,提高资源使用效率;③充分利用非关键路径上的浮动时间,灵活安排资源,确保进度计划有效实现;④在进度延迟时,调整资源的投入水平,控制项目进度;⑤根据现有的资源情况,优化项目进度计划,提高项目管理效率和效益。

资源平衡方法包括时间约束平衡和资源约束平衡。

(1) 时间约束平衡。通过活动可利用的浮动时间努力避免超负荷资源问题发生,并且不影响由关键路径组成的项目工期。如果一项活动有浮动时间,并且可以推迟至某项资源完成其并列活动中的工作，那么有浮动时间的那项活动将会被拖延，直到另一项活动完成。这种方法表明浮动时间最少的活动首先得到资源，而浮动时间较多的活动将被推迟，这就意味着任何关键路径上的活动将会比那些有浮动时间的活动优先得到资源。资源约束平衡是在不增加资源的情况下，通过对现有资源的优化配置和充分利用，来保证项目进度计划得以实现的方法。

(2) 资源约束平衡。在现有资源的基础上进行考虑，如果能够调整开发人员完成不同工作，如张东风能完成刘东明的工作，刘东明也能完成张东风的工作，也就是说，他们都是多面手，则充分利用了现有的资源，在没有增加资源的情况下，原来计划的结束日期仍能实现，这种方法就是资源约束平衡。

9.5 建设项目团队

项目团队组建初期，成员之间需要相互了解，工作上需要磨合，对开发任务需要进一步熟悉，因此，开发效率较低。建设团队是在项目开发过程中促进团队成员互动，改善团队整体氛围，提高开发能力。建设项目团队的主要作用是增强项目团队协作开发能力，改善人际关系和提高开发技能，激励开发人员，降低人员离职率，最终提高项目绩效。对于软件项目即使团队中有足够的高水平开发人员，如果各自为战，缺乏团队合作精神，项目目标也很难实现。

项目经理应该能够建立、维护、激励、领导和协调团队，使团队高效运行，并实现项目目标。建设高效的团队是项目经理的主要职责，团队协作是项目成功的关键因素，因此，项目经理应创建能促进团队协作的环境氛围。项目经理通过给予挑战与机会、提供及时反馈与所需支持，以及认可与奖励优秀人员，不断激励团队；通过有效沟通、创造团队建设机遇、建立团队成员间信任、以建设性方式管理冲突，以及鼓励合作型问题解决和决策制定方法，实现团队的高效运行。项目经理应该请求管理层提供支持，对相关干系人施加影响，以便获得建设高效项目团队所需的资源。

在全球化环境和文化多样性背景下，团队成员来自不同的行业，项目经理应充分利用文化差异的碰撞，产生有利于项目创新的思维，改进人际关系技巧、技术能力、团队环境及项目绩效。在项目生命周期中，开发人员间要保持及时、有效的沟通。建设项目团队的目标包括：

(1) 提高开发人员的知识和技能，缩短项目工期、降低项目成本、提高项目质量，提高最终项目可交付成果的能力。

(2) 增强团队成员之间的信任，减少冲突和增进团队协作。

(3) 创建富有凝聚力和协作性的团队文化，提高组织文化的认同感。提高人员开发效率，促进团队合作，促进团队成员之间分享知识和经验。

9.5.1 建设项目团队的方法

1. 人际关系技能

人际关系技能有时被称为"软技能"，通过培养开发人员情商，熟练掌握沟通和谈判技巧、冲突解决方法、影响技能(对成员的影响力)、团队建设与引导技能，而具备良好的行为能力。例如,项目经理用情商来了解、评估及控制开发人员的思想状况和情绪,预测开发人员的行为,确认和跟踪开发人员的关注点,解决其面临的问题,达到减轻成员压力、加强团队成员合作的目的。

2. 培训

为了推动团队成员和项目团队的健康发展,项目团队要不定期地举办各类培训和拓展训练活动。培训活动可以是正式的或者非正式的。培训方式包括课堂培训、在线培训、在岗培训(由其他项目开发人员提供)等。例如,某软件公司新员工入职时,要求开发人员通过观看视频以自学的方式获得公司开发项目所需的系统知识的培训。培训结束时,要通过考核方可进入开发团队。有时为了获取公司不掌握或者不熟悉的技术,组织可以聘请外部工程技术人员进入组织内培训,或者派人参加外部培训。应按资源管理计划中的安排来实施预定的培训,如果在开发过程中发现开发人员缺乏某方面的技能,也可安排计划外培训。培训成本通常应该包括在项目预算中,或者由组织承担。培训工作结束后一段时间,要对培训做绩效评估,看看培训的效果是否达到了培训的预期。

3. 团队建设活动

团队建设活动旨在帮助各团队成员更加有效地协同工作,既可以是借助一些会议的短暂交流,也可以是专门设计的、在非工作场所举办的各种体验活动。非正式沟通有助于建立成员间信任和良好的工作关系。团队建设是一个持续性过程,对于项目开发环境的不断变化,要有效适应这些变化,就需要持续不断地开展团队建设。项目经理应该持续地监督团队成员的技能和绩效,确定是否需要采取措施来预防或纠正各种团队问题。

项目团队建设历经多个阶段,塔克曼(Bruce Tuckman)提出了团队5阶梯理论,如图9-5所示。

(1) 形成阶段。团队成员相互认识,了解项目情况及在项目中的角色与职责。

(2) 震荡阶段。团队开始工作,如果团队成员不能用合作和缺乏开放的态度,对待不同观点和意见,会产生人际冲突、分化的问题,形成各种观念,出现激烈竞争、碰撞的局面。

(3) 规范阶段。团队成员开始协同工作,调整各自习惯支持团队,开始相互信任。

(4) 成熟阶段。团队是一个有秩序的工作组织,成员之间相互依靠,平稳高效解决开发过程中的问题。

(5) 解散阶段。完成项目开发工作,成员离开项目。

各阶段持续时间的长短,取决于团队活力、团队规模和团队领导力。项目经理应该对团队活力有较好的理解,以便有效地带领团队经历所有阶段。

在关注团队成员个人成长方面,贝尔宾(Raymond Meredith Belbin)提出了团队9角色模型,认为一个高效的团队应该包含9个关键角色。

(1) 智多星:有创意,有丰富的想象力,能解决复杂软件项目开发问题。

(2) 外交家:见多识广,知道很多资源,团队需要时总能找到合适的资源。

(3) 协调员:总是让全体开发人员都能融入团队讨论,并参与决策。

(4) 推动者:喜欢挑战,不惧压力,有勇气,推动团队成员达成共识或做出决策。

(5) 监督者:能够客观分析问题,期望找到所有可选方案,监督进展,做出准确判断,阻止错误发生。

(6) 凝聚者:关注和其他开发人员的人际关系,能敏锐感觉他人情绪。

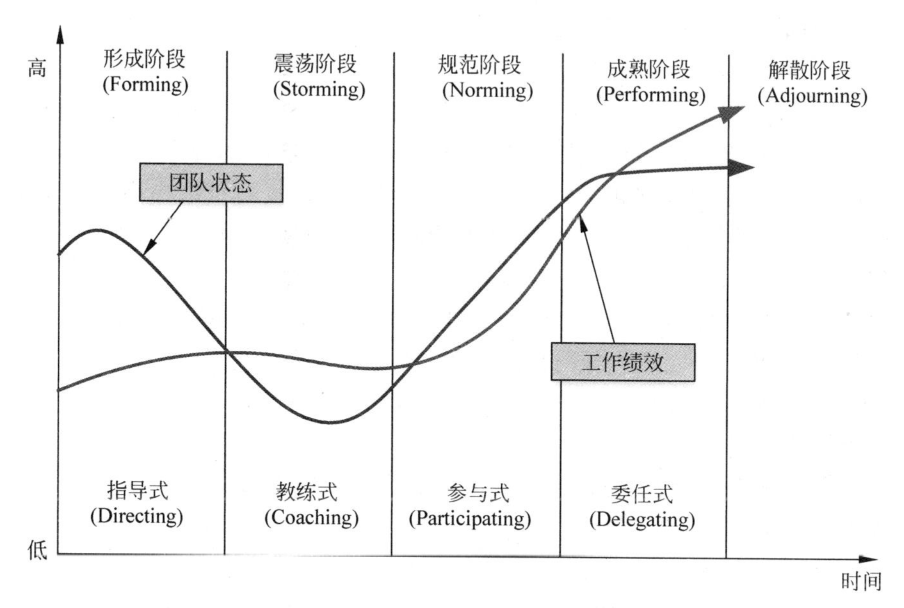

图 9-5 塔克曼提出的团队 5 阶梯模型

（7）实干家：踏实肯干，是真正解决问题、完成项目开发任务的人。

（8）完美主义者：挑剔，总能发现项目的缺陷和差距。

（9）专家：拥有其他人没有的、但团队任务所需要的所开发项目的专业知识。

贝尔宾在建立该团队角色模型时，所观察的是由业务骨干组成的若干精英团队。所以，得出的结论有一定的局限性。同时，贝尔宾认为有时候，如果团队中有一位推动者和一组唯命是从的成员，绩效也会很好。

4. 基本规则

制定规章制度对项目开发人员的可接受行为做出具体规定。制定并遵守明确的规章制度，有助于减少成员间误解，提高开发效率。对开发人员的行为规范、沟通方式、协同工作、会议礼仪等的基本规则进行约定，有利于开发人员相互了解对方的价值观。规则一旦建立，全体项目开发人员都必须遵守。

5. 集中办公

集中办公是指大多数项目开发人员在同一个地点进行开发工作，益于团队沟通，增进团队协作的能力。集中可以是暂时性的，如在项目开发过程中某个非常重要的阶段，也可以是整个项目过程。

6. 认可与奖励

在建设项目团队过程中，对于表现好的开发人员应给予认可与奖励。最初的奖励计划是在规划资源管理过程中编制的。奖励必须满足被奖励者的某个重要需求，才是有效的奖励。通过项目绩效评估，以正式或非正式的方式对项目开发人员做出奖励决定。在决定认可与奖励时，应考虑文化差异。

如果开发人员感受到自己在组织中的价值，并且通过获得奖励来体现这种价值，就会受到激励。奖励可以为有形的物质奖励（包括现金、物品等），也包括无形的精神奖励，如升职、延长带薪休假、培训深造的机会等。项目经理应该在整个项目开发过程中给予表彰，有助于振奋开发人员的信心,而不是等到项目完成时。

9.5.2 项目团队绩效评价

随着项目团队建设工作(如培训、集中办公、认可和奖励等)的开展,项目经理应该对项目团队的有效性进行正式或非正式评价。有效的团队建设策略可以提高团队项目开发绩效,从而提高实现项目目标的概率。团队绩效评价标准应由相关干系人确定,并被整合到建设项目团队过程的输入中。

基于项目技术成功度(包括质量水平)、进度绩效和成本绩效来评价团队绩效整体水平。以任务和可交付结果是否完成为导向是高效团队的重要特征。

评价团队有效性的指标可包括:

(1) 开发人员个体技能的改进,更有效地完成工作任务。

(2) 开发团队整体能力的提升,从而使团队更好地开展工作。

(3) 团队成员稳定,离职率降低。

(4) 团队凝聚力加强,团队成员公开分享信息和经验,并互相帮助,提高项目绩效。

通过对项目团队绩效评价,项目经理能够识别出缺乏的培训、指导,也应该识别出合适或所需的资源,执行和实现在绩效评价过程中提出的改进建议。

建设项目团队过程中需要更新的事业环境因素包括人事管理制度、员工培训记录和技能评估。

为了保证项目成员工作更有成效,项目经理应该遵循如下原则。

(1) 对所有开发人员有耐心且态度良好。

(2) 不要一味抱怨团队成员的懒惰和粗心,关注团队成员行为,找出解决问题的途径。

(3) 召开定期有效的项目会议,关注于达到的项目目标和可交付项目结果。

(4) 将工作团队的人数限制在3～7个。

(5) 组织一些生动有趣的社会活动,成员自愿参加,让项目干系人彼此熟悉。

(6) 鼓励开发人员帮助其他成员,给予开发人员同等压力。

(7) 设计适合的培训课程以使开发人员工作更有成效。

(8) 认可个人和团队的成绩。

团队建设对于软件项目而言是至关重要的,项目经理应该摆脱先入为主的思想,聆听项目团队开发人员的心声,才能真正创造团队和成员都能够快速成长的项目开发环境。

9.6 管理项目团队

管理项目团队是跟踪记录开发人员工作表现,评估开发人员的绩效,分析影响团队行为,管理冲突,提供反馈意见,解决问题,并管理团队变更,以优化项目绩效的过程。

如果项目团队的开发工作不符合项目计划或要求,项目经理应提出变更请求,更新资源管理计划,借助多方面的团队管理技能(如沟通、冲突管理、谈判和领导技能),来促进团队成员协作,整合开发人员的工作,创建高效团队;将项目最佳实践和经验教训记录到组织数据库;项目经理应该根据开发人员的具体情况,分配给其适合的开发任务,适当地分配具有一定挑战性的任务,并对项目开发过程中表现优异的开发人员进行表彰。

9.6.1 项目管理团队

项目管理团队是为了保障项目各项开发活动的有效展开，实现项目的最终目标，而建立起来的管理组织，一般由项目经理和团队成员组成。

为保证项目成功，项目管理团队应坚持以下基本原则：①以用户为中心；②定义明确的项目目标；③加强指导和培训；④建立公平公正奖励和约束条件；⑤建立有效的沟通渠道和养成召开高效会议的习惯；⑥做到职责分明、分工明确和责任清晰，健全问题处理机制；⑦强化决策机制；⑧及时、高效地反馈项目开发信息；⑨注重软件过程改进；⑩构建学习型组织，与时俱进，持续发展。

IT 项目经理是项目管理团队的核心，要有广泛的业务领域知识、计算机专业知识和项目管理技能；能够对软件项目的范围、进度、成本、质量、干系人、风险、沟通等进行准确的分析、解决项目多目标冲突，并进行卓有成效的管理，使软件项目能够按照预定的计划顺利完成。其主要职责如下。

(1) 基本职责就是领导项目团队确保项目目标的实现。

(2) 与干系人沟通，把握项目的整体需求。即时反馈项目阶段开发信息，及时处理用户提出的合理需求。

(3) 制订项目开发计划，量化任务并合理分配给相应的开发人员。

(4) 及时跟踪项目的进度，协调项目组成员之间的沟通合作。

(5) 与 QA 即时沟通，监督项目各阶段产生的文档，并保证文档的规范性和完整性。

(6) 开发过程中的需求变更，项目经理协同项目成员，和用户一同分析变更需求的合理性和对项目开发的其他需求以及项目计划的影响，并报告变更控制委员会(CCB)批准。

(7) 项目提交测试后，项目经理需了解测试结果，根据测试的 bug 的严重程度来重新更改开发计划。

(8) 及时向上级汇报项目的进展情况、需求变更等所有项目信息。

(9) 项目完成时需要编写项目总结。

项目管理团队建设就是要创造良好的氛围与环境，协调一致，使整个项目管理团队都为实现共同项目目标而持续不断地改进开发过程。

9.6.2 管理项目团队的工具和技术

1. 人际关系技能

IT 项目经理应该综合运用人际关系技能与团队成员有效互动，可充分发挥开发人员的优势。项目经理最常用的人际关系技能包括以下几个方面。

(1) 领导力。成功的项目需要强有力的领导技能。领导力对沟通愿景及鼓舞项目团队高效工作十分重要。

(2) 影响力。在矩阵型项目组织中，项目经理对团队成员通常没有或仅有很小的命令职权，所以项目经理对干系人的影响力，对保证项目成功非常关键。影响力主要表现在：①说服干系人，清晰表达观点和立场的能力；②积极且有效的倾听；③了解并综合考虑各种观点；④收集关键信息，解决重要问题，维护相互信任，达成一致意见；⑤提升开发人员个人素质。

(3) 有效决策。包括谈判能力,以及影响组织与项目管理团队的能力。有效决策需要:①着眼于项目所要达到的目标;②遵循组织决策流程;③研究事业环境因素;④分析信息可用性;⑤管理风险。

2. 观察和交谈

项目经理可通过同开发人员观察和交谈,了解项目开发人员的工作和态度,项目管理团队应该监督项目可交付成果的进展,评价他们的绩效。通过不定期的正式或非正式谈话了解项目进展以及各种人际关系,能够很好地发现团队优势与存在的问题。

3. 项目绩效评价

对正式或非正式项目绩效评估需求,取决于项目工期长短、复杂程度、组织规定、开发合同要求,以及定期沟通的数量和质量。项目经理应该经常对开发人员进行绩效评价,目的包括:了解项目的进展,澄清角色与职责,向开发人员反馈建设性信息,制订培训计划,发现未知或未决问题,以及确立未来目标。

工作绩效报告应能够提供当前项目实际情况与项目计划比较分析。从范围确认、进度控制、成本控制、质量控制中得到的结果,有助于项目团队管理。绩效报告和相关预测报告中的信息,有助于确定未来的资源需求,开展认可与奖励,以及更新人员配备管理计划。

4. 冲突管理

项目冲突源自项目目标之间的不平衡、资源稀缺、进度优先级排序和个人工作风格差异等。采用团队规则、团队规范及成熟的项目管理实践,了解处理冲突的策略和主动管理冲突对项目经理至关重要。

成功的冲突管理可以提高软件开发效率,有助于构建和谐的团队关系。有些冲突是有益的,可以激发开发团队的创造力。有些冲突会带来负面影响,项目经理应该协同项目团队予以解决,以免影响士气和项目成功。

1) 冲突产生的原因

(1) 项目资源的有限性。项目有明确起止时间,成本和资源都是有限的,开发人员在高度紧张的环境下工作,是导致项目冲突不断发生的主要原因。

(2) 项目管理权责不清。国内 IT 项目经理权力有限,受项目团队中技术精英、组织高层、职能部门经理多重制约,导致以很小的权力承担着很大的责任。

(3) 项目团队成员多重领导。项目开发人员源自于各个职能部门,开发人员存在多重报告(领导)关系,一个开发人员向多个领导负责。

(4) 新开发技术和原有开发技术碰撞。IT 行业的特点是新开发技术的发展较快,在项目开发中,项目干系人对采用新技术还是沿用原有技术有着不同的态度和观点。

2) 冲突的类型

不同的软件项目中的主要冲突也不同。PMI 通过统计分析认为项目存在 7 种主要的冲突资源:项目进度、开发活动优先级、可用资源、采用的开发技术和方法、软件管理过程、项目成本和个人沟通冲突。

在项目的不同阶段,冲突也有所不同。①概念阶段:活动优先级,软件管理过程,项目进度。②计划阶段:活动优先级,项目进度,软件管理过程。③执行阶段:项目进度,采用的开发技术和方法,可用资源,项目成本。④收尾阶段:项目进度,可用资源,个人沟通冲突。

3）冲突解决方法

为了有效地管理冲突，避免或者减少冲突对项目的影响，项目经理要积极地处理冲突，冲突的处理方法如下。

（1）合作/问题解决。

收集问题的有关信息，通过分析问题产生的原因，问题的双方一起确定解决方案，合理地解决问题，使双方都满意，有利于项目目标顺利实现，这是解决冲突的最好方法。

（2）妥协/调解。

通过协商，双方都做出一定的让步，寻找一种能够使双方均较为满意的冲突解决方法，但双方没有任何一方完全满意，这是一种常用的解决冲突的方法。

（3）缓和/包容。

双方都关注相互都同意的观点，强调一致而非差异，避免不同的观点。讨论中要求双方保持一种友好气氛，避免冲突的根源，让大家都冷静下来，先把开发工作做完。

（4）撤退/回避。

把眼前的问题冲突搁置下来，留待以后具备条件再解决，或者将问题推给其他人员解决。

（5）强迫/命令。

采纳一方的观点，否定或搁置另一方的观点。除非是在没有任何办法的时候，一般不推荐强迫解决冲突，因为强迫一般会导致另一个冲突的发生。

解决冲突的能力是考验项目经理协调能力和管理项目团队成败的主要因素之一，不同的项目经理可能采用不同的解决冲突方法。影响冲突解决方法的因素包括：冲突的相对重要性与激烈程度；解决冲突的紧迫性；冲突各方的立场；永久或暂时解决冲突的动机。

冲突解决消除了完成项目开发目标的障碍。这些障碍可能包含不同的意见、决策，没有进行调研的一些情况，以及把某些未预料到的职责分配给不适合的项目团队或小组。由于在项目执行的过程中不断产生问题，因此需要记录每个人负责解决的问题以及解决日期，并跟踪解决效果。

案例分析

完成项目任务需要的资源主要包括从事机械、电气、软件开发等专业领域的人力资源，加上设备、零件、材料等方面的物质资源，以及服务、信息、时间等特殊资源。在项目执行过程中，当项目需要的资源超过实际可利用的资源，或者需要的资源水平在数量、质量方面发生变化时，可能会影响项目进度计划、成本预算、质量功能、工作范围等指标，结果导致项目目标无法实现。实际工作中通常用一种称为资源平衡的方法来解决这个问题。一般有两种资源平衡的方法：一种是利用非关键路径上可以灵活使用的浮动时间来安排进度计划；另一种是调整资源的不同配置，避免资源分配不合理或资源的过度分配。通过资源平衡，项目的人力、物力等资源可得到合理、充分、高效的使用。

资源平衡的作用有如下几点：①根据进度计划调整项目所需的人力和物质资源，避免资源不够、资源冗余或资源不均衡等现象的发生；②减少某种或某些资源的过度分配或分配不均，避免资源的浪费，提高资源的使用效率；③充分利用非关键路径上的浮动时间来灵活安排项目资源,确保进度计划的有效实现;④在进度拖期的情况下,调整资源的投入水平,控制项目进度;⑤根据现有的资源情况,优化和合理调整项目进度计划,提高项目管理的效率和效益。在实际项目管理过程中,有两种资源平衡的方法,一种称为时间约束平衡,另一种称为资源约束平衡,这两种方法现在通常依靠项目管理软件来实现。时间约束平衡时,软件会通过可利用的浮动时间来努力避免超负荷资源情况的发生,并且不影响由关键路径法直接计算所确定的项目工期,也就是说,如果一项任务有浮动时间,并且可以推迟至某项资源完成其并列任务中的工作,那么有浮动时间的那项任务将会被拖延,直到另一项任务完成。这种方法表明浮动时间最少的任务首先得到资源,而浮动时间较多的任务将被推迟,这就意味着任何关键路径上的任务将会比那些有浮动时间的任务优先得到资源。资源约束平衡是在不增加资源的情况下,通过对现有资源的优化配置和充分利用,而保证项目进度计划得以实现的方法。

这里用一个简单的例子来说明项目中资源平衡的应用。如图9-6所示的甘特图进度表,在前两周,项目需要4个人,但项目总共才可得到3个人,如果按照这样的进度计划去执行项目,必然会有人在前两周需要身兼多职地超负荷工作,甚至有可能要加班加点延长工作时间。出现这种情况是因为在开始制订进度计划时,遵循的原则通常是,如果两项任务逻辑上能并列进行,在进度表中它们就应该按照开始-开始(SS)的方式并列地显示出来,可是,这种情况总是隐藏一种假设,即项目拥有无限的资源,然而事实却并非如此,那有什么解决办法呢?

图9-7就是一种常用的解决办法。从图中可以注意到,活动B和C在非关键路径上,如果推迟活动C的开始日期,比如推迟两周以后再开始,那么就很容易地解决了项目资源不足而影响项目进度的情况,这就是一种运用资源平衡来解决问题的办法。虽然这只是一个简单的例子,在现实项目实践中可能远比这复杂,但资源平衡的思想却给以启迪:如何根据项目的进度计划去最有效地配置资源,从而达到充分利用项目资源、优化项目进度计划、控制项目进度的目的。

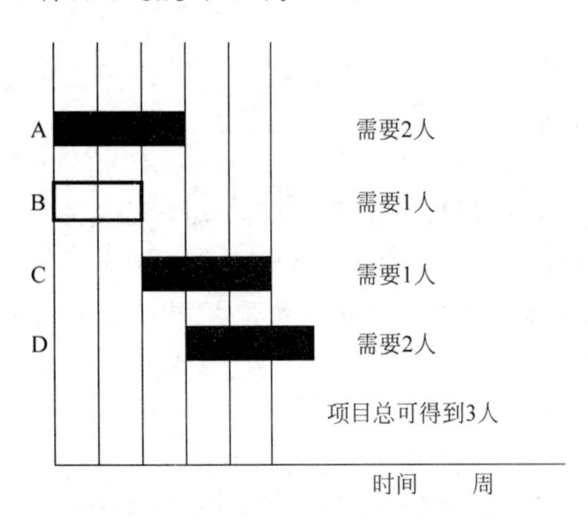

图9-6 资源超负荷情况下的进度计划

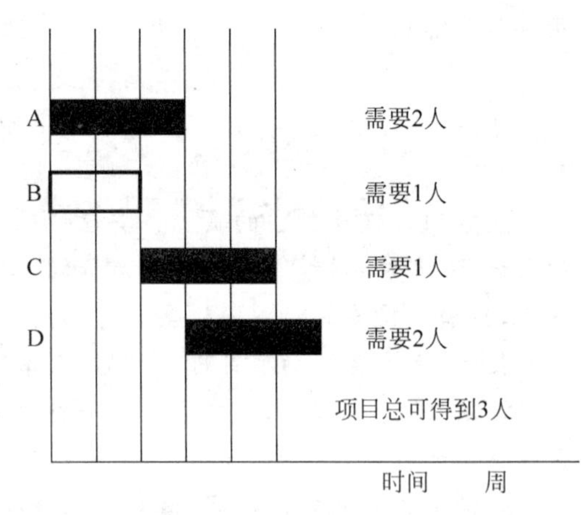

图9-7 利用浮动时间平衡资源的进度计划

思考题:结合本案例,探讨一下资源平衡的作用。

习　题

一、选择题

1. 项目资源管理包括(　　)。

A. 启动、执行、监控　　B. 启动、规划、监控

C. 规划、执行、监控　　D. 规划、执行、收尾

2. (　　)是按照资源种类和形式而划分的资源层级结构。

A. 资源分解结构(RBS)　　B. 组织分解结构(OBS)

C. 工作分解结构(WBS)　　D. 以上都不是

3. 评价项目团队有效性的指标包括(　　)。

A. 项目经理权威加强、团队能力改进、成员离职率下降、团队凝聚力提升

B. 团队能力改进、成员离职率下降、团队凝聚力提升、项目业绩提高

C. 个人技能改进、团队能力改进、团队凝聚力提升、项目业绩提高

D. 个人技能改进、团队能力改进、成员离职率下降、团队凝聚力提升

4. 项目经理最常用的人际关系技能不包括(　　)。

A. 领导力　　B. 表达力

C. 影响力　　D. 有效决策

5. 当一名项目经理说"为什么我们不各方都退让一点儿以解决这个问题"时,采取了(　　)冲突解决方法。

A. 妥协　　B. 强迫

C. 撤退　　D. 解决问题

二、判断题

1. 软件项目资源特征有开发人员绩效容易量化考核、开发人员流动性小、软件项目管理人员管理技能欠缺、软件项目团队强调沟通合作等。(　　)

2. 编制软件项目资源管理计划时,不需要考虑高水平开发人员稀缺性和可用性,只需按开发需要分配项目角色、团队成员及数量即可。(　　)

3. 项目团队组建是以资源管理计划为依据,确认资源的可用情况,并为开展项目开发活动而组建团队的过程。(　　)

4. 资源负荷反映特定资源在项目生命周期过程中的分布状况,即某个时间点某种资源的计划和实际消耗情况。(　　)

5. 资源平衡方法包括时间约束平衡、资源约束平衡和地点约束平衡。(　　)

三、简答题

1. 软件项目资源管理过程包括哪四个过程?

2. 简述工作分解结构(WBS)与组织分解结构(OBS)的区别。

3. 在组建项目团队时,开发人员招聘和任务分配应做好哪些工作?

4. 阐述塔克曼团队5阶梯模型。

5. 分析冲突产生的原因,并简述冲突的解决方法。

第10章 IT项目沟通管理

软件项目计划制订在开发的各个环节中依赖于项目信息沟通，良好的信息沟通有利于改善干系人关系，对于建立项目管理人员的信心以及保持项目发起人的支持都是必不可少的，为项目成功奠定基础。

10.1 IT项目沟通管理概述

10.1.1 项目沟通基本概念

1. 沟通

沟通是为了完成项目目标，将开发活动中的信息、思想、情感在干系人之间传递的过程。沟通的目的是让对方达成行动或理解干系人所传达的信息和情感，即沟通的品质取决于干系人的回应。沟通能力是项目经理一项基本的必备能力。沟通通常是进行计划和决策的基础条件，是组织和控制管理过程的依据和手段，是建立和改善人际关系的主要工具。许多专家认为软件项目成功的最大威胁是沟通失败，项目的其他九个知识领域也涉及许多沟通问题，因此，项目团队和干系人的良好沟通至关重要。研究表明，软件项目经理通常花在沟通上的时间会达到全部项目工作时间的70%以上。

2. 沟通的作用

软件项目是创建无形的可交付物的活动，沟通贯穿于软件项目整个生命周期，沟通的作用如下。

(1) 良好的交流沟通有助于软件开发人员理解需求，也有助于用户全面地反映对软件的期望，提供清晰的需求分析。

(2) 为制定软件项目决策和计划提供依据，只有掌握了各方面信息之后，才能有效地提高组织效能，而沟通正是信息准确、完整和及时传递的重要前提。

(3) 为组织和控制管理过程提供依据和手段以及协调变更等。

(4) 为项目经理的成功领导提供重要手段。如果没有畅通的信息交流，开发人员就不能正确、及时地理解和执行项目经理的指示，项目就不能按经理的意图进行，最终导致项目混乱甚至失败。

(5) 沟通可以使干系人换位思考、逆向思维、解决冲突，增强团队的凝聚力。

10.1.2 IT项目沟通过程与要素

沟通过程就是指发送者（干系人）将信息通过一定的渠道传递给接收者（干系人）的过

程。沟通过程要素包括沟通主体、客体、信息(包含数字、文字、声音、图像等)、沟通渠道等基本要素。沟通过程是信息发送者将信息编码,通过一定的渠道(媒介)传递给信息接收者,解码后掌握信息,并进行反馈的过程。沟通过程中信息有时难免受到噪声或者干系人偏好的影响,导致信息失真或偏差,如图 10-1 所示。

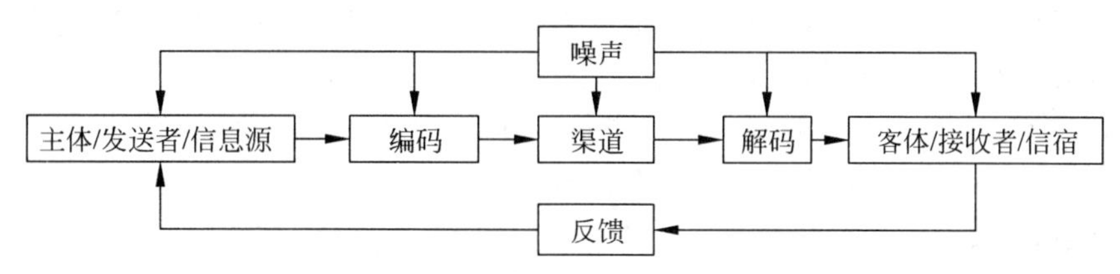

图 10-1　IT 项目沟通过程与要素

软件项目开发过程中,所有沟通都处于一定的环境背景当中,不同的组织背景,沟通效果也会有所区别。

1. 发送者、接收者

沟通的主体是两个或两个以上的人。人们之间的信息交流是双向的互动过程,发送者(信源)的功能是产生、提供用于初始交流的信息,是沟通的初始者,处于主动地位;接收者(信宿)则被告知事实、观点或被迫改变自己的观点、行为方向等,处于被动地位。

2. 信息编码与解码

信息编码是发送者将信息转换成可传输信号的过程。评价编码能力有三个标准:认知、逻辑和修辞。信息解码是接收者将接换的信号翻译成具有某种含义的内容。如果解码错误,信息将会被误解或曲解。沟通的目的是接收者对发送者的信息做出真实的反应及采取正确的行动,如果达不到这个目的,就说明沟通失败。

3. 软件项目信息

软件项目信息是关于项目自身特征以及项目开发过程中产生的各类数据以及项目干系人的需求意愿的描述,信息发送者应对信息内容的必要性和重要性有明确的认识,例如,信息是项目开发过程中的真实数据还是建议观点,信息是积极的还是消极的,信息量有多大等;对于接收者而言,沟通是否缺乏必要的有意义信息,若信息量太小,则会使沟通无意义,甚至浪费时间;如果沟通传递的信息量过大,则会使接收者无法及时、准确接收,无法分清主次及充分理解等。

4. 渠道

渠道是信息从发送者到达接收者所借助的媒介物,是沟通网络的结构形式。沟通渠道按组织系统可划分为正式沟通与非正式沟通;按信息传播的方向可划分为上行沟通、下行沟通、平行沟通、越级沟通。其中,正式沟通有链式、轮式、Y 式、环式和全通道式沟通,非正式沟通有单线型、传播流言型、概率型和群型沟通。

1) 正式沟通

根据组织有关规定进行信息传递与交流。正式沟通具有规范、约束力、传递信息准确、保密性高等优点;但灵活性不足、信息传递速度慢、传递范围受限、有时也会导致失真。正式沟通的 5 种类型如图 10-2 所示,图中圆圈代表开发人员、团队或组织,箭头表示信息传递的方向。

常见的沟通渠道为环式沟通渠道和轮式沟通渠道。环式沟通渠道指不同成员之间按级依次联络沟通,项目经理或组长与项目经理或组长建立联系,开发人员之间与开发小组组长之间建立横向的沟通联系。环式沟通渠道的优点是能提高群体成员的士气,适用于多层次的组织系统;缺点是信息准确性较低和传递速度较慢。轮式沟通渠道是项目经理分别同下属部门发生联系,成为信息的汇集和传递中心;轮式沟通只有项目经理了解项目的全面情况,并由下属发出指令,而开发小组和开发人员之间没有沟通联系,开发人员只了解本小组的情况。轮式沟通渠道的优点是在一定范围内沟通速度快和集中化程度高,适用于项目经理直接管理开发小组;缺点是开发人员士气不高。全通道式沟通是开放式的信息沟通系统,其中每一个开发人员之间都有一定的联系,彼此十分了解;这种模式的优点是民主气氛浓厚、合作精神很强,有利于集思广益,提高沟通的准确性。

2) 非正式沟通

非正式沟通不是以组织为依托,是以私人接触方式进行沟通。非正式沟通不需管理层批准,不受等级结构的限制,包括小道消息的传播。非正式沟通渠道的优点是能满足某些干系人的需要,且速度快、内容多样、形式不拘一格,在一定程度上有助于项目沟通;缺点是随意性强,带有较强的感情色彩,难于控制,信息容易失真,导致小团体影响组织的凝聚力。

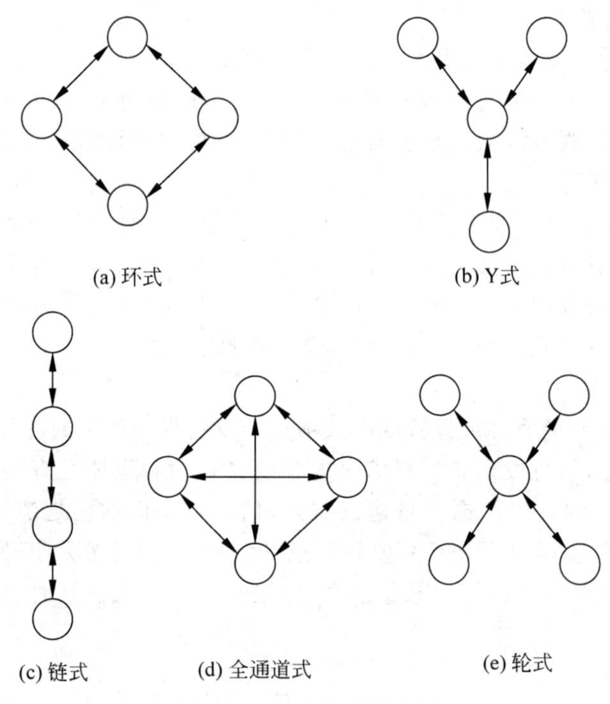

图 10-2　正式沟通的类型

3) 沟通障碍

在信息传递和理解过程中,有一些因素会妨碍沟通的效果,形成沟通障碍,如选择性知觉、信息不对称性、知识经验水平、语言、忽视倾听等。在软件项目过程中,许多开发人员在和用户沟通时容易只站在开发者的立场上,希望用户能够理解自己,忽略了用户内心的想法,经常觉得自己是正确的,或者爱用开发人员的标准去要求用户,不利于项目开发,甚至于危害到项目的成功。常见的沟通障碍中,有信息发送方面的障碍,如个人技能、性格、态度、知识和社会文化等;有信息传递中的障碍,如通道、沟通网络;有信息接收方面的障碍,如个人的技能、性格、态度、知识和社会文化等。例如,过滤是信息发送者故意改变或选择对自身有利的信息；选择性知觉是接收者根据自身的需要、动机、经验、背景等有选择地去获取信息，对接收到的信息进行解释，并称之为事实，在有意无意中造成沟通障碍。

5. 沟通的形式

沟通按传播媒介的形式可划分为语言符号沟通和非语言符号沟通。

（1）语言符号可以有口头和书面两种形式，每一种又可以通过多种多样的载体进行传递，书面语言的载体可以是信件、内部刊物、布告、文件、投影、电子邮件等。

（2）非语言符号通过眼神、表情、动作等来进行信息交流。信息发送者要根据信息的性质选择合适的传递渠道。

6. 背景

背景是沟通的总体环境，包括开发业务背景、知识背景、心理背景、社会背景、文化背景、时空背景。可以是物质环境，也可以是非物质环境。由于软件项目跨领域、跨国、跨组织合作较多，因此应当特别注意文化背景。文化背景会给沟通造成或大或小的干扰和困难。

7. 噪声

噪声是沟通过程中对信息传递和理解产生的干扰因素。噪声分为内部噪声、外部噪声、语义噪声。内部噪声来自沟通主体，比如业务理解偏差、工作态度、知识技能等引发的内部噪声。外部噪声是指来源于组织外的阻碍接收和理解信息的因素，如信息经过沟通渠道时出现信息的损失和破坏。语义噪声是沟通的信息符号系统差异所引发的信息失真，如信息的二义性等。

8. 反馈

反馈是接收者把收到并理解了的信息以及对信息的反应返回给发送者，以便发送者对接收者是否正确理解了信息进行核实，有助于提高沟通的准确性。

10.1.3 有效沟通的特征

有效的沟通能够达到沟通的目的，保证项目的成功，具体特征如下。

1. 准确

IT 项目沟通双方准确地掌握相关信息，如数据翔实、资料无误、对影响项目成功的关键因素分析正确。

2. 清晰

沟通的信息简单易于理解，逻辑清晰，符合行业用语标准。如果发现不能清晰地沟通，那么必须再检查一下结论的逻辑。

3. 简洁

良好的沟通追求简洁，追求以极少的字传递大量的信息。无论是决策层管理者，还是项目开发人员，沟通简洁都是一个基本点。时间都是有价值的，没有干系人喜欢不必要的烦琐的沟通。

4. 活力

活力意味着生动和易于记忆。活力部分来自于准确、清晰、简洁，以及对语言的选择和精妙构思。生动的语言有助于理解，使消息更容易被记住。

10.1.4 IT 项目沟通管理

IT 项目沟通管理包括为了确保软件项目开发信息收集、发布、保存和配置所必需的过程。它提供了保证项目成功所需要的干系人和信息之间的关联关系。PMBOK6 及软件分册定义的项目沟通管理活动包括规划沟通管理、管理沟通、控制沟通等，见表 10-1。

表 10-1 PMBOK6 及软件分册对项目沟通管理活动的描述

活动	启动(Initiating)	规划(Planning) 规划沟通管理	执行(Executing) 管理沟通	监控(Controlling) 控制沟通	收尾(Closing)
输入		1. 项目章程 2. 项目管理计划 3. 项目文件 4. 事业环境因素 5. 组织过程资产 6. 发布和迭代计划(软件分册)	1. 项目管理计划 2. 项目文件 3. 工作绩效报告 4. 事业环境因素 5. 组织过程资产	1. 项目管理计划 2. 项目文件 3. 工作绩效数据 4. 事业环境因素 5. 组织过程资产 6. 已排定优先级的未完项(软件分册) 7. 周转率统计和预测(软件分册)	
工具和技术		1. 专家判断 2. 沟通需求分析 3. 沟通技术 4. 沟通模型 5. 沟通方法 6. 人际关系与团队技能 7. 数据表现 8. 会议	1. 沟通技术 2. 沟通方法 3. 沟通技能 4. 项目管理信息系统 5. 项目报告 6. 人际关系与团队技能 7. 信息发射源(软件分册) 8. 周转率(软件分册) 9. 历史周转率(软件分册) 10. 在线协作工具(软件分册)	1. 专家判断 2. 项目管理信息系统 3. 数据表现 4. 人际关系与团队技能 5. 会议 6. 考虑周到的沟通(软件分册) 7. 自动化系统(软件分册)	
输出		1. 沟通管理计划 2. 项目管理计划更新 3. 项目文件更新	1. 项目沟通记录 2. 项目管理计划更新 3. 项目文件更新 4. 组织过程资产更新 5. 专用沟通工具(软件分册) 6. 在线协作工具(软件分册) 7. 信息发射源更新(软件分册)	1. 工作绩效信息 2. 变更请求 3. 项目管理计划更新 4. 项目文件更新 5. 迭代和发布计划更新(软件分册) 6. 重新排序的未完项(软件分册)	

10.2 规划沟通管理

10.2.1 规划沟通管理的重要性

IT 项目规划沟通管理是根据项目干系人的沟通要求和需求、沟通技术、制约因素和假设、组织过程资产等方面，制定合适的项目沟通方式和计划的过程。

规划项目沟通对软件项目的成功至关重要，在项目组织内部的部门与部门之间，以及组织与外界之间建立沟通渠道，能够快速、准确地传递沟通信息，项目干系人之间达到沟通协调一致；使项目开发人员明确各自工作职责，了解各自的开发工作对实现整个项目目标所做出的贡献；通过大量的信息沟通，找出项目管理的问题，制定措施并控制评价结果。沟通规划不当，可能给项目开发带来各种问题，例如，需求了解不充分、设计有缺陷、范围蔓延等。

软件项目生命周期的各个阶段以及项目管理的各类计划的制订都需要充分的沟通，沟通规划大都在项目早期阶段进行，沟通需求一般是动态变化的，随着项目的进展，可能会发生某些变化，因此在项目的开发过程中，都要对沟通计划结果进行检查，并根据需要进行修改，以保证沟通的持续有效性和适用性。

良好的沟通计划是识别和记录与干系人信息需求的最有效率且最有效果的沟通方式，有助于给沟通活动分配适当的资源，如时间和预算。有效果的沟通是指以正确的形式、在正确的时间把信息提供给项目的干系人，并且使信息产生正确的影响。有效率的沟通是在快速地把信息提供给项目的干系人。

10.2.2 规划沟通管理方法和工具

1. 沟通需求分析

确定项目干系人的信息需求，包括所需信息的类型和格式，以及信息对干系人的价值，确定谁需要何种信息，何时需要，如何向他们传递，以及由谁传递。

确认项目沟通需求的信息一般包括：项目组织和各利益相关者之间的关系；该项目涉及技术知识；项目本身特征决定的信息特点；与项目组织外部的联系等。

项目经理通过潜在沟通渠道或路径的数量，判断项目沟通的复杂程度。全通道模式潜在沟通渠道的总量为 $n(n-1)/2$，其中，n 代表干系人的数量。例如，有 7 个开发人员的项目小组，就有 $7(7-1)/2=21$ 条潜在沟通渠道。

常用于识别和确定项目沟通需求的信息包括：①组织结构图；②项目组织与干系人之间的责任关系；③项目所涉及的学科、部门和专业；④参与项目的人数、地点；⑤内部信息沟通需求（如何时在组织内部沟通）；⑥外部信息沟通需求（如何时与用户、承包商等外部干系人沟通）；⑦干系人登记册的干系人信息和沟通需求。

2. 沟通技术

沟通技术包括正式沟通或非正式沟通，单向沟通或双向沟通，横向沟通或纵向沟通，书面沟通或口头沟通等。选用何种沟通技术以达到有效、快捷地传递信息主要取决于对信息要求的紧迫程度和重要性，技术的可得性，项目环境，制约因素和假设。采用各种技术在项目干系人之间传递信息，从简短的谈话到正式会议，从简单的书面文件到可在线查询的广泛资料（如进度计划、数据库），都是项目团队可以使用的沟通技术。

可能影响沟通技术选择的因素包括：

1）信息需求的紧迫性

考虑信息传递的紧迫性、频率和形式，它们可能因项目或项目阶段而有所差异。

2）技术的可用性

确保沟通技术在整个项目生命周期中，对所有干系人，都具有兼容性、有效性和开放性。

3）易用性

确保沟通技术适合项目干系人，并制订合理的培训计划。

4）项目环境

确认开发人员是面对面工作还是在虚拟环境下工作，使用语言情况，以及是否存在影响沟通的其他环境因素，如文化。

5）信息的敏感性和保密性

确定沟通信息是否属于敏感或机密信息，是否需要采取安全措施，并在此基础上选择最合适的沟通技术。

3. 沟通方法

1）交互式沟通

在两方或多方之间进行多向有关项目信息交换。这是确保全体参与者对特定话题达成共识的最有效的方法，包括会议、电话、即时通信、视频会议等。

2）推式沟通

把信息发送给项目相关干系人或组织。这种方法可以确保信息的发送，但不能确保干系人理解信息。推式沟通包括信件、备忘录、报告、电子邮件、传真、日志等。

3）拉式沟通

用于信息量很大或干系人很多的情况。要求接收者自主自行地访问信息内容。这种方法包括企业内网、电子在线课程、经验教训数据库、知识库等。

项目干系人根据沟通需求、成本和时间限制、相关工具和资源的可用性，以及对相关工具和资源的熟悉程度，对沟通方法的选择展开讨论，确定开发方法。

4. 会议

在项目沟通中，会议是较为广泛的沟通方式。常见会议有几种：启动会、讨论会、碰头会、协调会、动员会、总结会、表彰会。根据不同的沟通需求，举行相应的会议。通过会议，可以发现项目中被忽视的问题，也可以使开发人员产生责任感和约束力，帮助营造民主气氛，最终做出良好的决策。调查发现，至少有 40%的软件项目会议是没有效果的。软件项目会议效率不高，通常由以下原因造成。

(1) 会议时间安排不当，或会议频繁，开发人员不胜其烦。

(2) 会议地点安排不当，或会场环境不好，致使会议时常被干扰。

(3) 参会对象不合适，重要干系人未参加会议。

(4) 作为主持人缺乏影响力，不能很好地把控会议，会议经常跑题。

(5) 会议的准备不充分，致使会议仓促而无成效。

(6) 会议目的和结果不明确，致使会议毫无意义。

(7) 会议组织者缺少会议成本观念，没有考虑会议时间的无形损失。

对于项目管理的会议，应该注意以下事项。

1）会前准备

（1）确定参会的干系人。

根据会议的主题，通知相关干系人参加会议，汇报项目进展和存在问题，有利于提高项目会议的决策效率。

（2）确定会议的时间。

根据会议的紧迫程度和相关干系人商定会议时间。

（3）准备好会议资料。

根据会议主题，会前准备PPT、问题清单、拟提供的解决方案等，并且要检查和确认。

（4）做好会议前相关沟通。

针对可预见性的问题，应在会前与相关人员沟通，确保在会议上大多数人达成一致意见。

（5）安排会议场地与座次。

按照交流方便和一定礼仪的原则安排会议场地与座次。

2）常见的开会思路

（1）总结目前取得的成绩，重点突出项目开发人员和用户在项目进展中投入的精力，概要性地介绍项目的阶段性目标。

（2）分析项目存在问题和风险。

问题分为四类：组织管理类问题，业务规划类问题，操作应用类问题，软件功能问题，以及四类问题引发的风险。

（3）讨论应对措施或解决方案。

针对以上问题与用户分析和探讨对策与方案，分析每个方案的优缺点，让用户做出选择。

（4）落实责任人和完成时间。

为解决方案约定负责人和分配资源，并确定任务完成的起止时间。

（5）会议总结。总结会议成果，以及有待进一步确认的问题。

3）会议过程控制

控制会议节奏，不要讨论与会议无关或没有结果的议题，把握好会议主题和时间。

4）编写会议纪要

记录会议的时间、地点、主持人、参会人、会议内容（问题、方案、责任人、时间等），并分发给与会人员和存档备查。

5）建立会后追踪责任制

建立会议事后跟踪程序，按约定的时间节点，检查记录任务的完成情况，并协调解决引发的相关问题。SAP公司一个著名的开会法则就是"议后速决，决后速行"，决议内容要日清月结，否则会议召集人和主管将受处罚。宝洁公司则开设了"会议档案"，将决议内容、执行人、执行日写得清清楚楚，有的还公布在专门的网站上，接受大家监督。

6）利用现代工具提高会议效率

对于跨地区的项目团队，可以采用网络视频会议或者手机视频会议，实现移动会议、及时转播，节省交通费用，提高会议效率。如联想、海尔等公司会运用多媒体开会，声、图、文并茂，使会议快速、高效。

7）网络沟通

网络沟通是借助通信软件和网络通道实现的干系人沟通方式（如 E-mail、QQ、MSN 等），是沟通效率很高的手段。网络内的资源都可以共享，信息提取、发布和更新速度快，受众人群多，成本优势明显，项目管理基本上可以实现无纸化操作。

5. 项目沟通软件

项目管理技术的发展与计算机技术的发展密不可分，大量项目管理软件提供便于操作的图形界面，帮助用户制定任务、管理资源、进行成本预算、跟踪项目进度等。项目管理软件具备的主要功能如下。

1）成本预算和控制

输入任务、工期，分配资源，自动核算成本、开发人员工资等。并将资源或整个项目的实际成本及预算成本进行分析、比较。

2）制订进度计划

安排任务起止时间、预计工期，明确任务先后顺序以及可用资源。

3）监督和跟踪项目

跟踪项目开发活动，如任务完成情况、费用、消耗资源、工作分配等。根据资源使用状况或项目进展情况，自动生成报表和图表，如资源状况表、任务分配表、进度图表等。

4）报表生成

项目管理软件的主要功能是能在项目数据资料的基础上，快速、简便地生成多种图表，如甘特图、网络图、资源图表、日历等。

5）资料交换

项目管理软件允许开发人员从其他应用程序中获取资料，通过电子邮件发送项目信息，如最新的项目计划、当前任务完成情况以及各种工作报表。

10.2.3 规划沟通管理输出

项目沟通计划是确定干系人的信息交流和沟通要求，是项目管理计划的组成部分。项目干系人必须搞清沟通将会如何影响项目的整体，谁需要什么信息，什么时候需要，如何提供及传递（Who、What、When、How）。项目沟通计划包括沟通时间、沟通内容、沟通目的、沟通渠道、形成的文档、沟通对象以及沟通的负责人，见表 10-2。

表 10-2 * 项目沟通计划表**

填制时间：__________ 制订人：__________ 计划时间段：从__________到__________

沟通时间	沟通内容	沟通目的	沟通渠道	文　档	沟通对象	负责人
每周五下午 3:00	本周工作总结及下周开发工作安排	使项目组内部了解项目进展，统一思想，各小组成员对项目的想法	周例会、视频会议	《会议纪要》《项目周报》	项目小组成员，或项目经理，公司领导	项目经理

续表

沟通时间	沟通内容	沟通目的	沟通渠道	文　档	沟通对象	负责人
*月*日*时	项目启动会议	标志项目启动，动员相关人员进入角色	会议	《会议纪要》《项目会议纪要》	甲方重要领导，项目组主要成员和项目相关业务人员	项目经理
*月*日*时	总体开发方案	汇报方案，听取对方的意见，最终双方确认	邮件、会议	《项目总体方案》《会议纪要》	项目组主要成员、领导小组成员	项目经理
里程碑日	项目阶段性总结	相关小组汇报阶段(里程碑)开发工作	会议	《阶段性/里程碑总结报告》	项目组主要成员，公司领导，有关干系人	项目组长
*月*日*时	系统分析报告、设计报告讲解	模拟实际业务，发现软件和实际之间的问题	会议	《会议纪要》	项目组主要成员	项目组长
需求变更	对用户提出的新需求评估变更影响	将变更通知公司开发经理、项目经理；实施变更存档	邮件	《变更报告》	相关开发人员、用户、开发经理、项目经理	实施经理
每项任务开始前	任务分配及控制	项目经理将任务下发给开发小组或开发人员，并跟踪执行	会议、邮件	《任务分配单》	任务执行人、项目经理、相关干系人	项目经理
每项任务结束	任务完成质量	跟踪下发任务的完成质量，便于保证质量和考核	电话，邮件，谈话	《任务结束报告》	项目经理、项目组长、相关干系人	项目经理
不定期	项目组(组间)交流	了解开发人员对项目想法和建议	谈话	《会议纪要》	项目组成员	
项目发生重要事件	交流会	解决争端，统一思路	专题会议	《备忘录》《会议纪要》	与会人员、管理小组、公司领导	
制订人：		审核人：		项目经理：		

软件项目组织结构对项目沟通要求有较大影响。制订沟通计划时要分析干系人的沟通要求，还要根据具体情况，确定合适的沟通方式。与基本的项目沟通内容相关的信息可从WBS获取，沟通管理计划提供了：

(1) 用于收集和存储不同类型信息的文件归档结构。

(2) 信息分发结构，详细说明信息流向，以及采用什么方法来发送信息。

(3) 传送重要项目信息的格式。

(4) 用于创建信息的日程表。

(5) 随着项目的进展更新和重新定义沟通管理计划的方法。

10.3 管理沟通

管理沟通是根据沟通管理计划,生成、收集、分发、存储、检索及最终处置项目信息的过程,目的是促进项目干系人之间实现有效率且有效果的沟通。

10.3.1 信息分发

信息发布是指在项目生命周期内,收集信息并与项目干系人共享信息,将信息发布给干系人的过程。在信息发布过程中,发送者负责信息清晰、明确和完整,保证接收者可以正确地接收;接收者能得到完整的信息,并理解信息的内涵。信息应该通过不同的渠道为团队开发人员共享,这些渠道包括手工文档、电子数据库、项目管理软件等沟通技能。项目信息可以使用不同的方式进行发布,如项目会议纪要、共享数据库、E-mail、视频会议、网站公告等。

10.3.2 绩效报告

绩效报告汇集了项目绩效和状态信息,可用于促进讨论和建立沟通。报告的全面性、准确性和及时性,对管理沟通非常重要。

绩效信息是为实现项目目标而投入的资源使用效率情况。绩效报告通常包括范围计划、进度计划、成本计划和质量计划方面的信息。绩效报告的内容有:①状态报告,即项目当前状态;②进展报告,即当前任务的进度情况;③项目预测,即根据当前状态,预测未来项目的状态;④变更请求,即在执行项目过程中变更要求的处理情况。

1. 状态报告

描述项目在某一特定阶段时间点项目所处状态。状态报告是从达到范围、时间和成本三项目标上分析项目所处的状态,主要展示完成了多少任务,消耗了多少成本,花费了多少时间,例如,某软件项目需求分析阶段结束时进度指数为20%,成本指数为15%。

2. 进展报告

描述项目团队在某一特定时间段的工作完成情况。在软件项目中,进度报告分为周进展报告、半月进展报告和月进展报告。项目经理根据开发人员提交的进展报告分析工作绩效信息,完成统一的项目进展报告。项目周进展报告见表10-3。

表10-3 项目周进展报告

项目编号		项目名称	
项目状态		项目经理	
报告时间段		报告日期	
项目组成员			
计划工作及成果	实际工作内容及成果	与计划相比新增开发内容及原因	与计划相比未完成工作及原因

续表

下阶段计划工作及成果	存在的问题和对策	配置管理工作概述	质量保证活动概述
项目大事记	用户反馈意见	测试情况	项目负责人陈述项目情况
实际工作量/小时		需要的支持	
成员1：			
成员2：			
成员3：			
成员4：			
总计：			
平均：			
报告期工作评价（五分制）			

3. 项目预测

在组织历史资料和数据的基础上，预测项目的将来状况与进展，根据当前项目的进展情况，预计完成项目还要多长时间，还要花费多少成本。挣值分析是最常用的绩效量度方法，将范围、成本、进度量度综合到一起，以帮助项目经理评估项目绩效，见表10-4。

在软件项目中，绩效报告的常用表格包括条形图、S曲线图、直方图以及挣值(Earned Value)分析。项目状态评审会议在开发团队中定期召开，以通报项目进展情况，找出存在的问题，并变更开发计划。

表10-4 项目绩效报告表

工作分解结构要素	预算	挣值	实际成本	成本偏差		进度偏差		绩效指数	
	PV	EV	AC	EV－AC	CV/EV	EV－PV	SV/PV	CPI	SPI
	¥	¥	¥	¥	%	¥	%	EV/AC	EV/PV
前期调研论证	65 000	61 000	63 700	－2700	－4.43	－4000	－6.15	0.96	0.94
系统规划	96 000	72 000	59 000	13 000	18.06	－24 000	－25.00	1.22	0.75
需求分析	42 000	24 000	29 000	－5000	－20.83	－18 000	－42.86	0.83	0.57
系统设计	75 000	72 000	74 500	2500	－3.47	－3000	－4.00	0.97	0.96
编码阶段	95 000	75 000	60 000	15 000	20.00	－20 000	－21.05	1.25	0.79
测试阶段	20 000	12 000	15 000	－3000	－25.00	－8000	－40.00	0.80	0.60
运行维护	15 000	12 000	18 800	－6800	－56.67	－3000	－20.00	0.64	0.80
总计	408 000	328 000	320 000	8000	2.44	－80 000	－19.61	1.03	0.80

10.4 控制沟通

控制沟通是在整个项目生命周期中对沟通进行监督和控制的过程，以确保满足项目干系人对信息的需求。由于控制沟通过程可能因沟通管理计划或管理过程的改变（项目沟通管理具有动态可变性,如进度、成本和质量等目标的实际与计划产生偏差,将引起沟通计划的改变),项目经理应注意评估和控制项目沟通的影响和对影响的反应,以确保在正确的时间把正确的信息传递给正确的开发人员。

10.4.1 保障软件项目沟通渠道畅通

保证沟通渠道的畅通是项目沟通管理的基本要求,当沟通信息利用沟通渠道传播时要尽力避免各种干扰,使沟通信息在传递中保持原始信息。接收信息后,干系人必须对理解情况做检查和反馈,确保沟通的正确性。

项目经理在沟通管理计划中,应该根据项目实际明确干系人认可的沟通渠道,建立沟通反馈机制,沟通要保证准确无误,并且定期检查项目沟通情况,不断加以调整。在软件项目开发过程中,确保所有沟通参与者之间的信息流动的最优化,通过以下几个方面来保证沟通畅通。

(1) 制度保障,建立有效的项目管理制度保障项目沟通渠道畅通。

(2) 接听电话并做好记录,及时查看电话留言并做回复,随时查收邮箱,处理邮件。

(3) 收到信息后,及时反馈信息。

(4) 网络沟通工具保持在线。

(5) 随时更新相关文档,定期备份重要资料,如沟通记录、项目文档等。

(6) 努力提高沟通技能,发现沟通渠道问题立即整改。

10.4.2 控制沟通的依据

1. 项目管理计划

项目管理计划描述项目执行、监督、控制和收尾过程,为控制沟通过程提供有价值的信息,包括干系人的沟通需求,发布信息的原因,发布所需信息的时限和频率,负责发布信息的个人或小组,接收信息的个人或小组。

2. 项目沟通

在控制沟通过程中,需要开展一系列控制活动来监督干系人沟通情况,并采取相应行动,纠正沟通偏差。项目沟通可有多种来源,可能在形式、详细程度、正式程度和保密等级上有很大的不同。项目沟通包括可交付成果状态、进度进展和成本情况。

3. 问题日志

问题日志用于记录和监督问题的解决。它可用来促进沟通,确保对问题的共同理解。日志记录解决问题的负责人和解决时间,有助于对问题状态的监督。

10.4.3 控制沟通的成果

1. 工作绩效数据

工作绩效信息是对收集到的项目数据的总结和分析,通常根据干系人所要求的详细程度展示与绩效测量基准的比较结果,需要向相关的干系人传递工作绩效信息。

2. 变更请求

根据工作绩效数据,通常要调整项目计划,因此,控制沟通过程也需要进行调整、采取行动和开展干预,而后就会生成变更请求这个输出。如新成本估算、开发活动排序、更新的进度日期、资源需求和风险应对方案；对项目管理计划和文件的变更；提出纠正措施，以使项目预期的未来绩效重新与项目管理计划保持一致；提出预防措施，降低未来出现不良绩效偏差的可能性。

案例分析

王飞是一家软件公司的领导，他是一个非常有才华、有能力的人。最近，公司新接了一个大型通信系统的项目，这个项目比他以往参与的任何一个项目都大得多，复杂得多。这个通信系统项目分为好几个子项目，王飞担任所有这些项目的经理。

由于通信系统市场的不断变化，包括的项目又很多，这些子项目相互关联，许多项目都依赖其他项目的完成，因此，王飞不得不积极去了解和管理这些重要的关系，沟通的灵活性对于王飞来说意义重大。如果项目未能按时完成，公司将遭受巨大损失。王飞和这些子项目的项目经理们经过几次正式和非正式的讨论，为项目制订了一个沟通计划。

然而，他还是不能确定发送信息和管理所有不可避免的变更的最佳方法。他想给这些项目经理规定统一的制订计划和监控执行的方法，但同时又不扼杀他们的自主性和创新性。他的助理建议他考虑一些新的沟通技术，使一些重要的项目信息实时更新。尽管王飞对这个项目的具体内容较为熟悉，但他不是使用信息技术来改善沟通的专家。现在每周都有更多的项目被纳入这个通信系统项目中，因此时间是最关键的。

思考题：王飞真的能够找到一个灵活且易使用的沟通过程吗？请谈谈你的看法。

习　　题

一、单选题

1. 项目沟通管理不涉及(　　)。

   A. 监控过程组　　　　B. 规划过程组

   C. 执行过程组　　　　D. 记录过程组

2. 下列有关项目沟通管理的陈述，不正确的是(　　)。

   A. 项目沟通管理包括为确保项目信息及时且恰当地生成收集、发布、存储、调用并最终处置所需的各个过程

   B. 项目经理几乎所有的时间都用在与组织外部干系人的沟通上

   C. 有效的沟通在各种各样的项目干系人之间架起了一座桥梁

   D. 有效的沟通对于项目的成功有着重要的作用

3. 基本沟通过程的步骤中不包括(　　)。

   A. 编码　　　　B. 发送者

   C. 反馈/反映　　　　D. 传递信息

4. 当发送或接收信息时，沟通障碍可能会影响沟通效果。(　　)不属于沟通障碍。

   A. 偏见　　　　B. 态度和情绪

   C. 人身攻击和兴趣　　　　D. 反馈

5. (　　)是规划沟通管理过程的工作。

A. 沟通管理计划　　B. 干系人分析
C. 沟通需求分析　　D. 干系人登记册

二、判断题

1. 软件项目经理通常花在沟通上的时间少于 30%。(　　)
2. 沟通渠道按组织系统可分为上行沟通和下行沟通。(　　)
3. 反馈是接收者把收到的信息以及对信息的反应返回给发送者。(　　)
4. 视频会议属于拉式沟通。(　　)
5. 项目管理计划可用于控制沟通。(　　)

三、简答题

1. 沟通的作用有哪些?
2. 沟通过程涉及哪些要素?
3. 正式沟通的优缺点有哪些?
4. 拉式沟通和推式沟通的区别是什么?
5. 可以从哪些方面来保持沟通通畅?

第11章 合同(采购)管理

在项目管理中,合同管理是一个较新的管理职能。在国外,从20世纪70年代初开始,随着工程项目管理理论研究和实际经验的积累,人们越来越重视对合同管理的研究。在发达国家,20世纪80年代前人们较多地从法律方面研究合同;在20世纪80年代,人们较多地研究合同事务管理;从20世纪80年代中期以后,人们开始更多地从项目管理的角度研究合同管理问题。近十几年来,合同管理已成为工程项目管理的一个重要的分支领域和研究的热点。它将项目管理的理论研究和实际应用推向新阶段。

企业的经济往来,主要是通过合同形式进行的。一个项目的成败和合同及合同管理有密切关系。项目合同管理是企业对以自身为当事人的合同依法进行订立、履行、变更、解除、转让、终止以及审查、监督、控制等一系列行为的总称。其中,订立、履行、变更、解除、转让、终止是合同管理的内容;审查、监督、控制是合同管理的手段。PMBOK中采购管理过程中的主要活动见表11-1。

表11-1 PMBOK中采购管理过程的主要活动

活动	启动(Initiating)	规划(Planning)	执行(Executing)	监控(Controlling)	收尾(Closing)
		规划沟通管理	实施采购	控制采购	结束采购
输入		1. 项目管理计划 2. 需求文件 3. 风险登记册 4. 活动资源需求 5. 项目进度计划 6. 活动成本估算 7. 干系人登记册 8. 事业环境因素 9. 组织过程资产	1. 采购管理计划 2. 采购文件 3. 供方选择标准 4. 卖方建议书 5. 项目文件 6. 自制或外购决策 7. 采购工作说明书 8. 组织过程资产	1. 项目管理计划 2. 采购文件 3. 协议 4. 批准的变更请求 5. 工作绩效报告 6. 工作绩效数据	1. 项目管理计划 2. 采购文件
工具和技术		1. 自制或外购分析 2. 专家判断 3. 市场调研 4. 会议	1. 投标人会议 2. 建议书评价技术 3. 独立估算 4. 专家判断 5. 广告 6. 分析技术 7. 采购谈判	1. 合同变更控制系统 2. 采购绩效审查 3. 检查与审计 4. 报告绩效 5. 支付系统 6. 索赔管理 7. 记录管理系统	1. 采购审计 2. 采购谈判 3. 记录管理系统

续表

活动	启动(Initiating)	规划(Planning)	执行(Executing)	监控(Controlling)	收尾(Closing)
		规划沟通管理	实施采购	控制采购	结束采购
输出		1. 采购管理计划 2. 采购工作说明书 3. 采购文件 4. 供方选择标准 5. 自制或外购决策 6. 变更请求 7. 项目文件更新	1. 选定的卖方 2. 协议 3. 资源日历 4. 变更请求 5. 项目管理计划更新 6. 项目文件更新	1. 工作绩效信息 2. 变更请求 3. 项目管理计划更新 4. 项目文件更新 5. 组织过程资产更新	1. 结束的采购 2. 组织过程资产更新

由于 IT 项目开发中采购工作量较少,因此本书侧重合同管理内容讲述。合同管理必须是全过程的、系统性的、动态性的。全过程就是由洽谈、草拟、签订、生效开始,直至合同失效为止。不仅要重视签订前的管理,更要重视签订后的管理。系统性就是凡涉及合同条款内容的各部门都要一起来管理。动态性就是注重履约全过程的情况变化,特别要掌握对自己不利的变化,及时对合同进行修改、变更、补充或中止和终止。

本章首先介绍合同的相关知识,之后按项目执行的三个阶段(项目初期、项目计划、项目结束),分别介绍合同管理在不同阶段应完成的任务。

11.1 合　　同

11.1.1 合同的概念

合同是两个或两个以上的当事人之间为实现一定的目的,明确彼此权利和义务的协议,是监督项目执行过程中各方履行其权利和义务、具有法律效力的文件。合同通常是一个软件项目存在的标志。项目合同属于技术合同,技术合同是法人之间、法人和公民之间以技术开发、技术转让、技术咨询和技术服务为内容的合同,是明确相互权利义务关系所达成的协议。

合同所具有的法律特征:首先,合同是一种民事法律行为。《民法通则》第 54 条规定:“民事法律行为是公民或者法人设立、变更、终止民事权利和民事义务的合法行为。”其次,合同以设立、变更、终止民事权利义务为目的。所谓设立,是指当事人订立合同以形成某种法律关系;所谓变更,是指当事人协商一致以使原有的合同关系在内容上发生变化;所谓终止,是指当事人协商一致以消灭原法律关系。

合同双方通常称为甲方、乙方,或者买方、卖方。甲方(买方)一般是指提出目标的一方,在合同拟订过程中主要提出要实现什么目标,对所需要的产品或服务进行“采购”。“采购”一词在这里是广义的,其中包括软件开发委托、设备的采购、技术资源的获取等方面。乙方(卖方)一般是指完成目标的一方,为顾客提供产品或服务。“服务”一词也是广义的,其中包括为客户开发系统、为客户提供技术开发服务及为客户提供技术资源的服务,在合同中主要是提出如何保证实现,并根据完成情况获取收益的一方。

总体来说，在合同过程中，甲方（买方）主要是监督乙方（卖方）是否完全按照要求提供自身需求的产品或服务。在合同执行结束后，买方一般需要付出资金或者其他资源，以获得自身需求所需要的东西。

信息系统工程合同是与信息系统工程策划、咨询、设计、开发、实施、服务及保障有关的各类合同，从合同条件的拟定、协商、签署，到执行情况的检查和分析等环节进行组织管理的工作，以达到通过双方签署的合同实现信息系统工程的目标和任务，同时维护建设单位和承建单位及其他关联方的正当权益。

11.1.2 合同的类型

当决定需要采购时，合同类型的选择成为买卖双方关注的焦点，因为合同类型决定了风险在买方和卖方之间的分配。买方的目标是把最大的实施风险放在卖方，同时维护对项目经济、高效执行的回报；卖方的目标是把风险降到最低，同时使利润最大化。常见的合同可分为以下6种。

1. 成本加成本百分比（CPPC）合同

买方给卖方支付容许的完成任务的成本，加上事先约定的总成本的一定百分比。从买方的角度看，这是最不理想的一种合同，因为卖方没有降低成本的动机。实际上，这会促使卖方增加成本，因为这样做可以使利润按照成本的百分比增加。这种合同所有的风险都由买方来承担，是一个对买方而言很危险的合同类型，很少采用。

2. 成本加固定费用（CPFF）合同

买方向卖方支付容许的完成任务的成本，加上按估算成本一定百分比计算的固定费用。即固定费用不变。如卖方故意拖延工期，虽然固定费用不变，但是合同金额还是增加，所以对买方来说承担的风险较大。

3. 成本加奖励费（CPIF）合同

买方向卖方支付容许的完成任务的成本以及事先决定的费用和激励奖金。如果最终成本小于预期成本，按照事先谈判好的分配公式，买方和卖方都从节省的成本中受益。这种合同类型买方还是承担成本超出的风险，但与CPPC和CPFF相比较，进一步约束了卖方，买方的风险在降低，卖方的风险在增加。合同激励可以协调双方的目标和利益。

4. 固定价格加奖励费用（FPIF）合同

买卖双方就合同产品协商的价格，其中包括对卖方的奖励金，即卖方节约成本有奖励，超出成本的部分自己承担。这样卖方的风险增加，买方的风险降低。

5. 固定总价（FFP）合同

买卖双方就合同产品协商的价格，买方易于控制总成本，风险最小；卖方风险最大，潜在利润可能也最大，因而最常用。

6. 单价合同

要求买方向卖方按单位服务的预定金额支付的合同，合同总价就是完成该项工作所需工作量的函数。这种类型的合同有时称为时间和物料合同。产品不同风险也不同，如果合同中没有明确时间长度，时间将是最大的风险。

11.1.3 买卖双方应注意的事项

任何一种类型的合同都应当包括一些考虑了项目独有问题的具体条款。不同合同类型适用于不同的情形,买方可根据具体情况进行选择。

在签订合同之前买卖双方都应充分考虑,下面是买卖双方应注意的事项。

1. 买方注意事项

(1) 合同双方应明确约定卖方对买方进行项目培训以及培训费用的支付问题。

(2) 合同双方应明确约定开发软件的总价款以及各个部分的价格。

(3) 合同双方应明确约定卖方向买方提供进度报告的方式和时间。

(4) 买方在领受了卖方交付件后,应立即对该交付件进行测试和评估,以确认其是否符合开发软件的功能和规格。

(5) 买方应向卖方提供有关信息与资料,特别是有关对开发软件的功能和目标需求方面的信息和资料,明确质量要求。

(6) 合同双方应明确约定买方拥有对于卖方提交的有关需求说明、资料和信息,所涉及的软件功能、目标、需求构成及相关技术问题向卖方人咨询或征求意见的权利。

(7) 买方应明确约定卖方向买方进行软件维护和支持服务的时间和内容。

2. 卖方注意事项

(1) 卖方在完成软件开发后,需要增加开发费用时,该怎么处理。应与买方进行明确约定。

(2) 应在合同中约定完成软件开发的弹性时间,避免卖方由于计算失误,未能在合同规定的时间内完成软件开发而承担违约责任。

(3) 合同双方应明确约定卖方提交需求说明书、概要设计说明书、详细设计说明书的具体时间。

(4) 合同双方应明确约定买方在卖方提交进度报告后答复的时间和方式。

(5) 明确所开发软件的版权归属。

软件版权的归属有两种处理方法:其一是软件版权归买方;其二是软件版权归卖方。实践中可采取以下办法解决,即软件版权归买方,反过来买方给予卖方在一定范围内使用软件的许可,如允许卖方使用例行程序开发其他软件等,由此双方都能各得所需。

(6) 卖方应约定买方检验软件后出具书面领受文件或递交缺陷报告,以及领受或出具缺陷报告时间。

11.2 项目初期

11.2.1 买方初始过程

买方在初始阶段的主要任务是招标书定义、乙方选择、合同签署。以下分别对这三个构成进行详细介绍。

1. 招标书定义

招标书是招标人向潜在投标人发出并告知项目需求、招标投标活动规则和合同条件等信息的邀请文件,是项目招标投标活动的主要依据,对招标投标活动各方均具有法律约束力。

在招标书中需阐明要采购货物或工程的性质,通报招标程序将依据的规则和程序,告知订立合同的条件。招标书既是投标商编制投标文件的依据,又是采购人与中标商签订合同的基础。因此，招标书在整个采购过程中起着至关重要的作用。招标人应十分重视编制招标书的工作，并本着公平互利的原则，务必使招标书严密、周到、细致、内容正确。编制招标书是一项十分重要而又非常烦琐的工作，应有有关专家参加，必要时还要聘请咨询专家参加。

招标文件的编制要特别注意以下几个方面。

(1) 所有采购的货物、设备或工程的内容，必须详细地一一说明，以构成竞争性招标的基础。

(2) 制定的技术规格和合同条款不应造成对有资格投标的任何供应商或承包商的歧视。

(3) 评标的标准应公开和合理，对偏离招标文件另行提出新技术规格的标书评审标准，更应切合实际，力求公平。

(4) 符合本国政府的有关规定，如有不一致之处要妥善处理。

招标书的目的是通知潜在的投标人所要采购的货物和服务、合同的条款和条件及交货的时间安排。起草的招标文件应该保证所有的投标人具有同等的公平竞争机会。根据单一项目招标文件的范围和内容，文件中一般应包含：项目的概括信息；保证技术规格客观性的设计文件；投标的样本表格；合同的一般和特殊条款；技术规格和数量清单。

招标书一般由标题、正文、结尾三部分组成。

(1) 标题。写在第一行的中间。常见写法有四种。一是由招标单位名称、招标性质及内容、招标形式、文种四元素构成的标题；二是由招标性质及内容、招标形式、文种三元素组成的标题；三是只写文种名称“招标书”；四是广告性标题。

(2) 正文。正文由引言、主体部分组成。引言部分要求写清楚招标依据、原因。主体部分要翔实交代招标方式(公开招标、内部招标、邀请招标)、招标范围、招标程序、招标内容的具体要求、双方签订合同的原则、招标过程中的权利和义务、组织领导、其他注意事项等内容。

(3) 结尾。招标书的结尾应签具招标单位的名称、地址、电话、电报挂号等，以便投标者参与。

招标书写作是一种严肃的工作，要求注意：

(1) 周密严谨。招标书是签订合同的依据，是一种具有法律效应的文件，内容和措辞都要周密严谨。

(2) 简洁清晰。招标书没有必要长篇大论，只要把所要讲的内容简要介绍，突出重点即可，切忌没完没了地胡乱罗列、堆砌。

(3) 注意礼貌。这时涉及的是交易贸易活动，要遵守平等、诚恳的原则，切忌盛气凌人，更反对低声下气。

2. 乙方选择

这个阶段根据既定的评价标准选择一个承包商。评价方法有以下 4 种。

(1) 合同谈判：双方澄清见解，达成协议。这种方式也叫作“议标”。

(2) 加权方法：把定性数据量化，将人的偏见影响降至最低程度。这种方式也叫作“综合评标法”。

(3) 筛选方法：为一个或多个评价标准确定最低限度履行要求，如最低价格法。

(4) 独立估算：采购组织自己编制“标底”，作为与卖方的建议比较的参考点。

招标方式按竞争开放程度，分为公开招标和邀请招标两种方式。

(1) 公开招标。属于非限制性竞争招标，这是一种充分体现招标信息公开性、招标程序规范性、投标竞争公平性，大大降低串标、抬标和其他不正当交易的可能性，最符合招标投标优胜劣汰和三公原则的招标方式，公开招标的投标人应不少于 7 家。

(2) 邀请招标。属于有限竞争性招标，也称为选择性招标。邀请招标适用于因涉及国家安全、国家秘密、商业机密、施工工期或货物供应周期紧迫、受自然地域环境限制只有少量几家潜在投标人可供选择等条件限制而无法公开招标的项目，或者受项目技术复杂和特殊要求限制，且事先已经明确知道只有少数特定的潜在投标人可以响应投标的项目，或者招标项目较小，采用公开招标方式的招标费用占招标项目价值比例过大的项目。邀请招标的投标人应不少于 3 家。

招标方式按标的物来源地划分可以分为国内招标和国际招标两种方式。

(1) 国内招标，包括国内公开招标、国内邀请招标。

(2) 国际招标，包括国际公开招标、国际邀请招标。国际招标文件的编制应遵循国际贸易准则、惯例。

招标方法和手段一般可以有以下 3 种形式。

(1) 两阶段招标。适用于一些技术设计方案、技术要求不确定或一些技术标准、规格要求难以描述确定的招标项目。第一阶段招标，从投标方案中优选技术设计方案，统一技术标准、规格和要求；第二阶段按照统一确定的设计方案或技术标准，组织项目最终招标和投标报价。

(2) 框架协议招标。适合于重复使用规格、型号、技术标准与要求相同的货物或服务，特别适合于一个招标人下属多个实施主体采用集中统一招标的项目。招标人通过招标对货物或服务形成统一采购框架协议，一般只约定采购单价，而不约定标的数量和总价，各采购实施主体按照采购框架协议分别与中标人分批签订和履行采购合同协议。

(3) 电子招标。与纸质招标相比，将极大提高招标投标效率，符合节能减排要求，降低招标投标费用，有效贯彻三公原则，有利于突破传统的招标投标组织实施和管理模式，促进招标投标监督方式的改革完善，规范招标投标秩序，预防和治理腐败交易现象。

选定供方后，买卖双方经过谈判签订合同。

3. 合同签署

当谈判双方就交易的主要条款达成一致意见后，就进入合同签署阶段，签署版合同是合同双方已经敲定签署的合同。合同又称为契约、协议，是平等的当事人之间设立、变更、终止民事权利义务关系的协议。合同作为一种民事法律行为，是当事人协商一致的产物。只有当事人所做出的协议合法，合同才具有法律约束力。依法成立的合同从成立之日起生效，具有法律约束力，买方合同签署过程见图 11-1。

为了更好地管理和约束双方的权利和义务，以便更好地完成软件项目，甲方应该与乙方签订一个具有法律效力的合同。签署之前需要起草一个合同文本，双方就合同的主要条款进行协商，达成共识。然后按指定模板共同起草合同，双方仔细审查合同条款，确保没有错误和隐患，双方代表签字，合同生效。

甲方在合同签署过程中的具体活动描述如下。

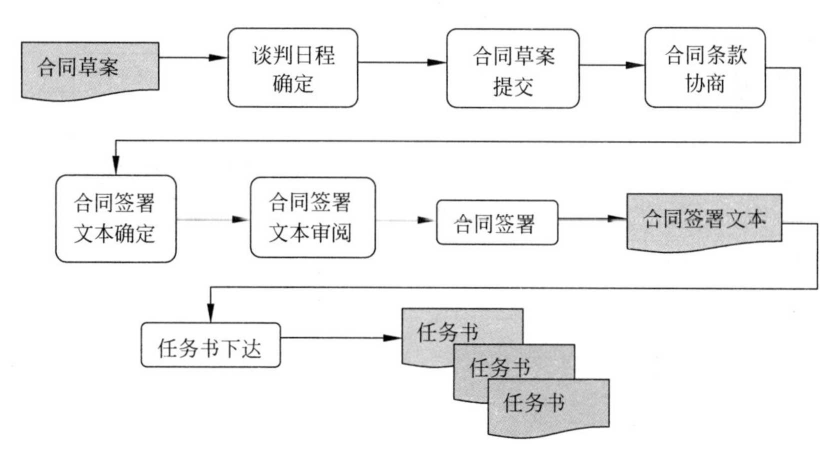

图 11-1　买方合同签署过程

(1) 制订合同草案。

(2) 确定项目定义,确定甲乙双方权利和义务,并将结果反映到合同条款中。

(3) 确定项目的验收和提交方式,并将结果反映到合同条款中。

(4) 确定合同其他有关条款,并将结果反映到合同条款中。

(5) 对制订的采购合同草案进行评审。

(6) 根据评审结果对合同草案进行修改并确认,形成最终合同草案。

(7) 确定谈判日程和所涉及的人员。

(8) 在谈判日程所规定的谈判时间前向乙方提供合同草案。

(9) 按谈判日程和谈判要点与乙方讨论并形成合同签署文本。

(10) 项目决策者审阅合同签署文本。

(11) 根据甲方项目决策者审阅意见签署或终止合同谈判。

(12) 将合同签署文本(无论是否经双方签署)及合同相关文档存档保存。

(13) 根据合同条款,分解出甲方所需执行的活动或任务,编写任务书,确定项目经理。

(14) 项目经理对任务书进行确认。

在签署合同时,甲方会同时将工作任务书说明作为合同附件提交给乙方。工作任务书说明是乙方描述的实现开发约定所要执行的所有任务。

11.2.2 卖方初始过程

项目的选择是项目型企业业务能力的核心。项目选择过程,是指从市场上获得商机到与客户签订项目合同的过程。过程开始于收集项目商机,进行简单评估,确定可能的目标项目,初步选择适合本企业的项目,然后对项目进一步分析,与客户进行沟通,制定项目方案和计划,通常还需要与客户进行反复交流,参加竞标,直到签订合同才算完成项目的选择过程。

卖方在初始阶段的主要任务是项目分析、竞标、合同签署。以下分别对这三个过程进行详细介绍。

1. 项目分析

这里说的项目分析是卖方分析用户的项目需求,并据此开发出一个初步的项目规划的过程,作为下一步能力评估和可行性分析之用,如图 11-2 所示。

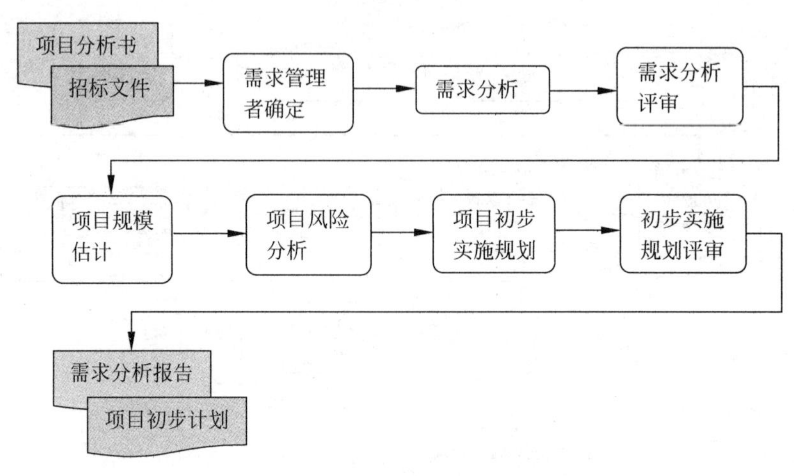

图 11-2　卖方项目分析过程

2. 竞标

竞标方是响应招标、参加投标竞争的法人或其他组织，是符合招标项目能力的施工单位。竞标方是有意向买方(甲方)提供货物、工程或服务，以取得相应的贷款、工程款或服务报酬的卖方(乙方)。

卖方在竞标过程中要做到的工作如下。

(1) 前期工作。需要对所投项目进行前期调查，包括工程内容、工期、资金到位情况等，对照调查情况结合自身实际，看是否适合投标。也就是根据项目需求分析报告，从技术、人力资源、资金、环境等方面进行自我评估。

(2) 报名阶段。对照招标公告，认真准备报名资料，如果是资格预审，需要带全所要证书证件(注意是否需要复印件)；如果资格候审，则要按资格候审的要求办理；注意投标保证金和工本费的缴纳要求。

(3) 投标准备。报名完成取得招标文件后，需要对招标文件认真研究、熟悉招标文件内容及相关要求，要注意招标文件时间安排并按要求办理；按要求制定标书，一定要注意标书内容齐全，签字盖章不能遗漏。

(4) 投标。相关人员要按时间要求签到，相关证件要齐全，遵守现场纪律，按要求唱标，听候安排，认真记录开标情况，做到知彼知己，等候投标结果。

(5) 投标总结。每次投标完成，无论是否中标，都要总结一下，看有没有失误、有没有好的做法以备以后投标参考。如果中标的话，要按招标文件要求办理中标通知书、签订合同、组织施工(或供货)。不中标按要求退还投标保证金。

在竞标过程中，投标书是比较重要的文件，投标书是指投标单位按照招标书的条件和要求，向招标单位提交的报价并填具标单的文书，是招标工作时买卖双方都要承认遵守的具有法律效应的文件，因此逻辑性要强，不能前后矛盾，模棱两可，用语要简短、精练。

3. 合同签署

作为卖方的合同签署过程与买方的合同签署过程是一致的，但是这个阶段对于卖方的意义是重大的，它标志着一个软件项目的有效开始。根据签署的合同，分解出合同中各方的任务，并下达项目章程(任务书)，指派相应的项目经理。这里需要说明的是项目章程，它明确项目的目标、必要的约束，同时授权项目经理。这个项目章程是项目正式开始的标志，同时也是项目经理的有效授权过程。项目经理需要对这个章程进行确认。

11.3 项目计划

合同是规定项目执行各方行使其权利和义务、具有法律效力的文件。合同应该是一个项目合法存在的标志，前面已经讲述了在合同签署前应该完成的工作，在本节中将讲述合同签署后的工作，涉及合同管理和项目采购。这里主要介绍合同管理相关的问题。

企业的经济往来，主要是通过合同形式进行的。一个企业的经营成败与否和合同及合同管理有密切关系。企业合同管理是指企业对以自身为当事人的合同依法进行订立、履行、变更、解除、转让、终止以及审查、监督、控制等一系列行为的总称。其中，订立、履行、变更、解除、转让、终止是合同管理的内容；审查、监督、控制是合同管理的手段。合同管理必须是全过程的、系统性的、动态性的。

对于大型的工程项目，设立项目的合同管理小组，专门负责与该项目有关的合同管理工作。对于一般的项目和较小的工程，可设合同管理员，其在项目经理领导下进行合同管理工作。

加强合同管理对于提高合同水平、减少合同纠纷、进而加强和改善建设单位和承建单位的经营管理、提高经济效益，都具有十分重要的意义。在项目计划阶段合同管理主要涉及合同执行、合同纠纷处理、合同变更管理和合同档案管理。作为一个重要的管理过程，合同管理有自己的依据、工具和技术以及交付物。

11.3.1 合同执行

我国《合同法》第 8 条规定：“依法成立的合同，对当事人具有法律约束力。当事人应当按照约定履行自己的义务，不得私自变更或者解除合同。依法成立的合同，受法律保护。”有效的合同是当事人遵守的行为准则和合法性根据。对于执行过程中出现的问题，本着合同签署前的谈判精神和客观情况，按照共赢和互利的原则尽快解决。

11.3.2 合同纠纷处理

由于客观情况的变化和理解沟通等方面的原因，出现合同纠纷是正常的现象。当合同纠纷出现后，一定要对纠纷性质进行客观和全面的评价，纠纷产生的原因、现状、后果和影响都要考虑。对于缺乏诚信的欺诈，一定要义正词严地予以反击，需要进行仲裁和诉讼，要尽快收集资料进入法律程序。对于合同诈骗，尽早报案是维护权利的关键。对于能补救的纠纷，要采取积极的应对措施。变更合同、终止合同都是法律赋予合同当事人的权利。

11.3.3 合同变更管理

在大量的工程实践中，由于合同双方现实环境和相关条件的变化，往往会出现合同变更，而这些变更必须根据合同的相关条款适当地加以处理。如果某一方不理解合同条款，或不严格执行合同条款，那么该方会发生额外的代价以完成额外的工作任务。

合同变更的处理由合同变更控制系统来完成。合同变更控制系统包括文书记录工作、跟踪系统、争端解决程序和授权变更所需的批准级别。合同变更控制系统是项目整体管理控制变更的一部分。任何合同的变更都是以一定的法律事实为依据来改变合同内容的法律行为。

有多种因素会导致合同变更,例如,范围变更、成本变更、进度变更、质量要求的变更甚至人员变更都可能会引起合同的变更,乃至重新修订。对于任何变更的评估都应该有变更影响分析。例如,变更将如何影响所采购产品及服务的范围、进度、质量等,这些影响是否会传递到项目的其他部分。变更申请、变更评估和变更执行等必须以书面形式出现。

合同变更在某种意义上,还应该包括合同的转让和解除,这要视合同实际执行情况而定。这两种变更需要合同双方当事人协商一致,才可以协议执行。如有重大争议,可以通过法律或仲裁手段解决。

按照合同签约双方的约定,合同变更控制系统的一般处理程序如下。

(1) 变更的提出。合同签约各方都可以向监理单位(或变更管理委员会)提出书面的合同变更请求。

(2) 变更请求的审查。合同签约各方提出的合同变更要求和建议,必须首先交由监理单位(或变更管理委员会)审查后,提出合同变更请求的审查意见,并报项目干系人。

(3) 变更的批准。监理单位(或变更管理委员会)批准或拒绝变更。

(4) 变更的实施。在组织业主与承包人就合同变更及其他有关问题协商达成一致意见后,由监理单位(或变更管理委员会)正式下达合同变更指令,承包人组织实施。

“公平合理”是合同变更的处理原则,变更合同价款按下列方法进行。

(1) 首先确定合同变更量清单,然后确定变更价款。

(2) 合同中已有适用于项目变更的价格,按合同已有的价格变更合同价款。

(3) 合同中有类似于项目变更的价格,可以参照类似价格变更合同价款。

(4) 合同中没有适用或类似项目变更的价格,由承包人提出适当的变更价格,经监理工程师和甲方确认后执行。

11.3.4 合同档案管理

合同档案的管理,即合同文件管理,是整个合同管理的基础。它作为信息系统项目管理的组成部分,被统一整合为一套具体的过程、相关的控制职能和自动化工具。项目经理使用合同档案管理系统对合同文件和记录进行管理。该系统用于维持合同文件和通信往来的索引记录,并协助相关的检索和归档,合同文本是合同内容的载体。

11.4 项目结束

项目结束是合同收尾的工作,合同收尾类似于管理收尾,它涉及产品的核实和管理的收尾,合同条款可以对合同收尾规定具体的程序。合同收尾内容,如图11-3所示。

1. 合同收尾的输入

合同收尾输入的主要内容为合同文档,其内容包括合同本身以及附带的所有支持性进度计划、申请和批准的合同变更、任何卖方编制的技术文档、卖方绩效报告、发票和支付记录等财务文档以及任何与合同有关的检查结果。

2. 合同收尾的工具和技术

合同收尾的工具和技术主要是采购审计,它是对采购规划编制到合同管理的采购过程的结构性审计，其目的是识别成功和失败事项。

3. 合同收尾的输出

（1）合同归档。对最终项目记录应做出一套完整的索引记录。

（2）正式验收和收尾。负责合同管理的人员和组织应给卖方发出合同已完成的正式书面通知。正式验收和收尾的要求，通常在合同中定义。

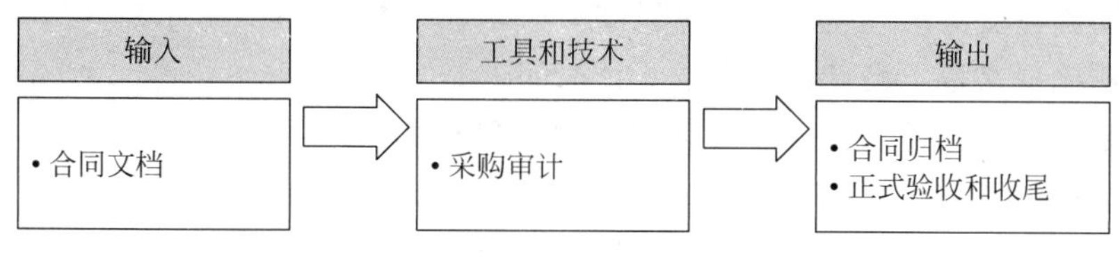

图 11-3　项目合同收尾内容

案例分析

李明所在的公司为了完成一个重要的项目，给咨询公司付了很多的钱。该咨询公司的建议书中写道：他们将提供做过类似项目的富有经验的专业人员，并且这个项目要配备 4 个全职的咨询师，花 6 个月或者更少的时间完成项目。9 个月过去了，李明的公司依然承担着高昂的咨询费，而该项目原有的咨询师有一个已被新人所替换。李明的员工抱怨他们总是把时间浪费在培训这些所谓的"富有经验的专业人士"上，李明就一些与他们面临的问题的相关的合同、费用、特殊条款，与公司的采购经理谈了谈。

解释一份合同居然这么困难，李明对此感到很沮丧。合同条款很长，很显然合同是具备一定法律背景的人写的。李明问，咨询公司没有按建议书中说的去做，本公司应该如何处理这件事情？采购经理说该建议书并不是正式的合同。李明的公司付出的是时间和物资，而不是具体的可交付成果。条款中并没有写明咨询师所应具备的最低工作年限，也没有规定未按时完成任务时所应采取的处罚措施。事实上，合同中有一则终止条款，表明该公司可终止该合同。李明不禁要问，公司怎么签了这么一个糟糕的合同。难道没有更好的办法处理从其他公司采购服务的问题吗？

经过商讨，李明和采购部门一起终止了原先的合同，并与一家更有声誉、收费更低的咨询公司签订合同。这次，他确保合同中包括工作说明书、具体可交付成果、所用咨询师最低工作年限的要求等。通过这次事件，李明了解了合同管理的重要性。

来源：杨律青. 软件项目管理. 北京：电子工业出版社，2012.

思考题：请你谈谈如何做好合同管理。

习　　题

一、单选题

1. 通常一个软件项目存在的标志是(　　)。

A. 合同　　　　　　　　B. 项目范围说明书

C. 项目管理计划　　　　D. 项目经理

2.(　　)对于卖方来说风险最大。

A. 成本加奖励费合同 CPIF　　B. 成本加固定费用合同 CPFF

C. 单价合同　　D. 固定总价合同 FFP

3.(　　)不是签订合同前卖方应注意的事项。

A. 明确所开发软件的版权归属

B. 明确提交需求说明书的具体时间

C. 明确提交概要设计说明书的具体时间

D. 确认交付件是否符合开发软件的功能和规格

4.(　　)不是招标书的书写要求。

A. 周密严谨　　B. 简洁清晰

C. 低声下气　　D. 注意礼貌

5. 合同收尾的输入主要是(　　)。

A. 合同文档　　B. 合同归档

C. 合同签订　　D. 合同变更

二、判断题

1. 合同是一种民事法律行为。(　　)
2. 合同类型决定了风险在买卖双方之间的分配。(　　)
3. 卖方在初始阶段的主要任务是招标书定义、合同签署。(　　)
4. 合同变更不包括合同的转让和解除。(　　)
5. 正式验收和收尾的要求通常不在合同中定义。(　　)

三、简答题

1. 合同所具有的法律特征有哪些?
2. 常见的合同类型有哪些?哪一种类型对买方来说风险最大?
3. 卖方在初始阶段主要的任务是什么?
4. 当出现合同纠纷时应该怎么做?
5. 合同变更控制系统一般的处理程序是什么?

第12章 项目干系人管理

干系人管理是项目管理的重要组成部分，软件产品是无形产品，很难可视化；用户对需求的描述和开发人员的理解具有不对称性，与干系人的期望不一致是软件项目成功的主要风险之一，因此，干系人管理对软件项目能否成功完成是至关重要的。因此，2012 年 PMI 在 PMBOK 第 5 版中增加了项目干系人管理这个知识域。

12.1 项目干系人管理概述

12.1.1 项目干系人

项目干系人（又称相关利益者）是指积极参与项目，或能影响项目决策、活动或结果的个人、群体或组织，以及被项目决策、活动或结果所影响的个人、群体或组织。项目干系人对项目目标和结果施加影响，可以对项目提出具体要求、批准项目、拒绝项目、支持项目、反对项目。

软件项目干系人是影响软件项目，或受软件项目影响，或开发软件产品的个人或组织。项目经理必须准确地识别项目干系人，确定他们的需求和期望，尽最大可能地管理干系人的相关影响，以获得项目成功。

干系人管理的目的是识别项目中的所有人员或组织、分析项目干系人的期望、有效地吸引干系人参与项目的开发工作。在项目开发的需求调查、计划制订、设计评审、测试评审以及项目验收阶段，干系人是高度参与的。干系人包括内部干系人和外部干系人。

（1）内部干系人包括项目发起人、项目团队、支持人员以及组织内部其他相关人员。组织内部干系人包含高层管理人员、项目经理、项目团队、市场营销部门、人力资源管理部门或合同管理部门。

（2）外部干系人包含项目用户、项目的竞争对手、供应商和其他外部小组等，还包括监管机构或政策制定机构。

由于软件项目的知识性特征，和传统的工程项目相比，软件项目的可交付物容易受到干系人的影响，因此，积极管理软件项目干系人的需求和成果期望是非常重要的。所有的软件项目都是以核心项目干系人开始的。当然还有与项目有关的其他项目干系人，但这个核心团体在所有项目中是基本相同的，常见的项目干系人如下。

1. 项目经理

项目经理是领导、计划和控制项目的人，职责包括组织项目、制订计划、监控、记录、报告和解决出现的问题。项目经理是项目干系人的主要联系人，并提供所需的状态报告。

2. 项目发起人

项目发起人是批准该项目的人。发起人提供权限、财务支持和建议等。项目发起人和项目经理共同为项目的成功进行负责,最大限度地减少其他管理人员的行政干预。

3. 用户

用户是支付项目开发费用或使用该项目成果的个人或组织。用户细分为使用成果的人和批准接受成果的人。批准最终产品的客户是关键项目干系人。

4. 团队成员

团队成员是项目开发小组成员,负责将用户需求付诸实践。他们对项目的所有方面都十分感兴趣。

5. 信息安全工作者

这些人负责保障项目创建或者使用的数据是安全的。对于他们给出的关于数据安全的建议,必须仔细考虑。

6. 经营管理部门

从某种意义上说,所有的软件项目都要涉及公司的业务部门,如开发部门、销售部门、设计部门、后勤部门或订单处理部门。即使这些部门对项目漠不关心,也要让他们了解项目的进展和成果。

7. 会计/财务人员

会计/财务人员是负责项目预算和所有开支要求的会计部门的职员。与此项目干系人建立良好的关系,能够保证项目工作的顺利进行。

8. 人力资源部门

本部门为项目团队提供人才,其中包括长期工作的和临时工。人力资源部门还负责整个项目的人事问题以及项目不再需要的员工的人事调动。

大型项目还要尽可能地考虑下列各类项目干系人。

9. 主管督导委员会

这是由高级行政人员组成的“超级项目发起人”。他们监管对组织有重大影响或其预算占组织很大一部分开支的项目进展。

10. 股东

他们期望项目的结果与公司负责人向他们承诺的一致。他们更关心的是结果,但是如果预算和进度明显偏离计划,他们也会干涉。

11. 项目管理办公室

如果在执行组织中存在,并对项目的结果负有直接或间接的责任,则项目管理办公室(PMO)可能也是项目干系人之一。

12. 政府监管机构

如职业安全管理部门、科技管理机构等。

常见的项目干系人还包括项目群主管、项目群经理、组织的其他员工、项目开发单位、项目管理办公室、供应商、竞争对手、对项目感兴趣的潜在用户。

项目管理的最终目标是满足或超过干系人对项目的需求和期望。因此,组织必须先确定项目特定的干系人。有些项目干系人容易识别,有些识别比较难。例如,项目组织内部或外部竞争对手可能会反对这个项目;干系人也可能会由于项目员工流动、伙伴关系和其他事件发生而改变。用正式的和非正式的方法确保识别出所有的关键干系人是很重要的。

12.1.2 项目干系人管理过程

项目干系人管理过程包括识别干系人、规划干系人管理、管理干系人参与以及控制干系人参与四个过程。

1. 识别干系人

包括识别项目中或受项目影响的所有人，确定最好的方法管理他们。这一过程的主要输出是干系人登记表。

2. 规划干系人管理

在项目决策和活动中规划出有效吸引干系人的策略，要满足他们的需求、兴趣和潜在的影响。这一过程的输出是干系人管理计划和项目文档更新。

3. 管理干系人参与

项目经理要与项目干系人交流和沟通，及时了解和满足他们的需求和期望、解决存在的问题并引导他们参与项目决策活动。这一过程的输出是项目问题日志、变更请求、项目管理计划更新、项目文档更新和组织过程资产更新。

4. 控制干系人参与

对干系人进行监察，根据干系人需要调整计划和策略。这一过程的输出是工作绩效信息、变更申请、项目文档更新和组织过程资产更新。

PMBOK6 及软件分册干系人管理活动描述，见表 12-1。

表 12-1 PMBOK6 及软件分册干系人管理活动

活动	启动(Initiating)	规划(Planning)	执行(Executing)	监控(Controlling)	收尾(Closing)
	识别干系人	规划干系人管理	管理干系人参与	控制干系人参与	
输入	1. 项目章程 2. 采购文件 3. 事业环境因素 4. 组织过程资产	1. 项目管理计划 2. 干系人登记册 3. 事业环境因素 4. 组织过程资产	1. 干系人管理计划 2. 沟通管理计划 3. 变更日志 4. 组织过程资产 5. 审查、会议和计划	1. 项目管理计划 2. 问题日志 3. 工作绩效数据 4. 项目文件	
工具和技术	1. 干系人分析 2. 专家判断 3. 会议 4. 角色建模(软件分册)	1. 专家判断 2. 会议 3. 分析技术	1. 沟通方法 2. 人际关系技能 3. 管理技能 4. 信息发射源 5. 周转率度量和历史周转率也称“昨日天气”(软件分册) 6. 沟通工具(软件分册)	1. 信息管理系统 2. 专家判断 3. 会议	

续表

活动	启动(Initiating)	规划(Planning)	执行(Executing)	监控(Controlling)	收尾(Closing)
	识别干系人	规划干系人管理	管理干系人参与	控制干系人参与	
输出	1. 干系人登记册	1. 干系人管理计划 2. 项目文件更新 3. 里程碑审查和迭代计划(软件分册)	1. 问题日志 2. 变更请求 3. 项目管理计划更新 4. 项目文件更新 5. 组织过程资产更新	1. 工作绩效信息 2. 变更请求 3. 项目管理计划更新 4. 项目文件更新 5. 组织过程资产更新	

12.2 识别项目干系人

识别项目干系人是识别并分析和记录其相关信息的过程。项目干系人信息的一个主要来源是项目章程。有些章程包括项目的组织结构图和(或)项目指导委员会的人员名单。在章程中列出的每个人都是一个项目干系人。

12.2.1 识别干系人

可以通过回答一些简单的问题识别出许多的项目干系人。

(1) 谁将获得该项目的成果或效益?

(2) 在项目组织和客户中谁将从事项目工作?项目中是否会触及公众?

(3) 谁是项目各个方面的专家或解决方案的专家?

(4) 项目是否涉及政府监管机构的任何监督?

(5) 谁在客户的组织机构中是该项目的拥护者?

(6) 谁为项目提供经费支持?

(7) 谁将使用该项目的成果?

另一个有效的项目干系人的识别工具是公司明确的职位权利大小的组织结构图。职位名称一般表明其在公司内部承担的工作。组织结构图也标示了谁向谁报告,这有助于定位对项目有负面影响的项目干系人。然而,组织结构图只展现了正式的权威组织结构,它不能标示出对项目有重要影响的非正式方面的内容。这些非正式方面干系人像正规的项目干系人一样有重大意义。未能识别关键项目干系人会给项目造成大问题。例如,在一个软件千年虫升级项目中,过晚意识到法律部门是一个项目关键干系人,会引起项目需求增加,带来额外的文档工作量。

如果该项目是为第三方客户服务(如一些政府项目,出资人是政府,成果服务对象有可能是广大民众),那么同样需要信息来确定第三方客户中的项目干系人。调查客户的时事通讯、公告、出版的会议记录,客户工作人员的作用和责任以及他们的报告方法、动机、面临的挑战以及其他方面信息,这些信息可以洞察客户的组织结构。

12.2.2 记录分析干系人

1. 记录干系人信息

根据干系人的定义甄别与项目有关联的个人和组织，按一定要求对项目干系人进行命名和分组。项目干系人的角色和责任可以重合，例如，一个软件公司为自己公司设计开发软件提供资助。为了有效地管理干系人，要记录干系人的基本信息，包括以下内容。

(1) 干系人基本信息：包括干系人的名字、职务、在项目中的角色和联系方式、是外部干系人还是内部干系人等。

(2) 干系人的影响：主要需求和期望、潜在的影响和干系人最感兴趣的项目阶段。

(3) 干系人分类：干系人是组织内部的还是外部的。

(4) 干系人对项目的态度：干系人支持项目还是反对项目。

在记录干系人信息时要注意其隐私信息，表 12-2 只包含干系人的基本信息，如名称、工作地点、是组织内部还是组织外部、在项目中的角色和联系信息。由于这个文件是对组织中其他人公开的，项目经理必须小心其中不能包含敏感信息，例如，干系人对项目的支持强度或者干系人拥有怎样的权利。同时要注意到部分干系人，例如项目经理的配偶和孩子，即使他们对干系人很重要，也不能包含在这个列表中。

表 12-2 干系人基本信息

姓名	职 位	内部/外部	项目角色	联系方式
张东风	经营副总经理	内部	项目发起人	
刘荣	财务总监	内部	高级经理，资金支持	
罗西铭	首席信息官	内部	高级经理，项目经理的直接领导	
张悦	系统分析员	内部	团队成员	
刘东明	系统构架师	内部	项目经理	
刘利德	总经理	外部	负责人	
张瑞	客房部经理	外部	业务负责人	
满中山	信息中心主任	外部	技术需求负责人	

2. 分析项目干系人的影响

(1) 不同干系人的权责不同，其参与项目程度和对项目开发的影响也不同。有的干系人只是偶尔参与项目的调查或讨论，有的干系人要进入项目的管理小组，有的干系人是项目的发起人或投资方，忽略这些干系人会给项目目标造成毁灭性的影响，同时忽略项目干系人的项目经理会严重影响项目成果。

(2) 不同干系人对项目的影响不同

干系人对项目的影响可能积极，也可能消极。积极的项目干系人，指那些会从项目成功中获益的利害相关人，而消极的项目干系人是指那些在项目成功中看到负面结果的利害相关人。

对于项目的积极干系人，他们的利益会因为项目的成功而更好地达成，因此他们会提供支持。项目的消极干系人则会通过提出更多的、更大范围的需求来影响项目的顺利推进。项目的消极干系人经常被项目团队忽略，这会增加项目失败的风险。

3. 干系人分析

在项目开始时,应分别与项目干系人单独面谈以了解他们对这个项目的态度。利用这一机会与每位项目干系人建立积极的工作关系。这包括根据项目可行性和项目的目标确定项目干系人的意见,以及他们对于这个项目将如何影响自己的工作环境的看法。将这一获得关键项目干系人支持的信息加入项目的定义中。

通常情况下,项目干系人对项目的抱怨有两个:“没有人告诉我”和“没有人询问我”,因此应将项目告知每一个项目干系人,并询问他们的意见。参加讨论会,可以透露出项目干系人对项目感兴趣的层次。他的兴趣是否是从项目产出中获得预期收益驱动的结果?是否有项目干系人必须提供给项目的资源?当需要时这些资源是可得到的吗?

夹杂在项目干系人意见当中的,是他们没有说出来的对项目的看法,这是讨论的一个必要部分。如果一个项目干系人有需要解决的问题,现在正是提出来的时候。可以采取多种形式。该项目干系人是否与其他项目干系人有冲突?这个项目将削弱该项目干系人在公司的地位吗?这个项目将使某些项目干系人的数据系统面临危险吗?

在面谈中,项目干系人应说明他们认为项目的哪些方面需要调整。这些讨论是有益的,因为它们有助于改善项目的范围和定义。需要当心的是这种做法会提高他们内心错误的期望。不对改变范围做出承诺,只能通过正式的项目范围改变流程向项目发起人提交请求。

将这些信息组织成一份项目干系人分析报告。这些信息将为项目的战略、流程以及贯穿项目管理全过程的活动提供服务。其最终目标是促进项目干系人的支持,减少负面影响,以确保项目的成功。

干系人沟通通过面谈或者调查问卷的方式进行。

(1) 面谈。了解干系人对于这个项目的一些想法。注意干系人的态度和语气,这些因素可能会暗示某些需要进一步探讨的潜在问题。回应一些简短的、有诱导性的后续问题。访谈过程需要达到的目标:确定受访者是赞成还是反对该项目;为什么他有这种感觉,这一意见有何重要因素;需要做什么以使此人成为团队的一名积极、有贡献的干系人;发现其他项目干系人,并与他们见面;发现非正式的权力系统。

(2) 调查问卷。通过调查问卷确保能收集到同一关键问题的数据。问卷中的每个问题应该在一个分析序列上,可以针对新出现的问题来修改问卷。

两个工具使分析项目干系人变得容易。可以建立一个电子表格,用于存放访谈中收集到的数据。使用调查问卷确保了从每个访谈对象那里收集到了分析所需的信息。

1. 项目干系人评估

根据访谈总结建立项目干系人评估表,见表12-3。项目干系人评估目标如下。

(1) 确保每个人都包括在内。

(2) 以兴趣、影响力、赞同态度三个标准为基础提供干系人重要程度的粗略分值,用于区分极为少数的关键项目干系人。

(3) 为风险分析识别重要的问题。这个表将风险与个人相关联,以此帮助团队缓解风险。

(4) 将最重要的领域包括在项目计划当中。

表中各列分别是:

(1) 角色:干系人在项目中扮演什么样的角色?典型的角色有项目发起人、项目经理、部门经理团队成员、最终产品用户、采购经理、维修经理、政府机关、公共供应商等。

(2) 项目干系人名字：如果项目内容发生了变化，应做好记录，但是不能把第一条消除。

(3) 评估项目干系人对项目的综合重要性。

① 兴趣：干系人对项目结果感兴趣的程度如何？用1～10记录得分，1表示最低。

② 影响力：干系人在公司中或在项目上的影响力有多大？他使项目产生变化或取消的能力有多大？用1～10记录得分，1表示最低。

③ 赞同态度：干系人如何支持项目的目标、项目自身的努力、项目的整体管理？用1～10记录得分，1表示最低。

④ 综合影响得分：记录的兴趣、影响力、赞同态度等级可以得到一个整体的影响得分。这个分数将关键项目干系人与普通干系人区分开。这些得分可以相乘或加总。将最后得分按降序排列，并设置一个临界值，低于该值的项目干系人将得不到积极的处理。

(4) 关键需求：干系人在宣布项目成功之前一直在寻找的极少数重要的需求是什么？能否包含在项目定义之中？

(5) 关键顾虑：干系人在项目中所面临的极少数关键的障碍是什么？它们能否列入风险评估当中？

(6) 风险忍耐力：干系人容忍风险的水平如何？在不确定环境中工作的舒适程度怎样？

(7) 双赢策略：应该采取什么样的行动来确保干系人的关键需求包含在项目范围之内、关键顾虑列入到风险管理计划之中，以确保此人成为项目的盟友？

表12-3　干系人评估表

角　　色	干系人名字	兴趣	影响力	赞同态度	综合影响得分	关键需求	关键顾虑	风险忍耐力	双赢策略
项目发起人									

2. 项目干系人分析

在分析项目干系人的过程中，许多观察是关于不同项目干系人的动机、个性品质和工作态度的。记录干系人给项目带来潜在的威胁或机会。

通过项目干系人支持矩阵来说明干系人对于项目的作用，如图12-1所示为干系人支持矩阵，Y轴表示干系人的影响力得分，X轴表示项目干系人的赞成态度得分。在两点交汇处，将干系人名字写在图中相应的位置上。例如，如果某干系人影响力得分为7而赞成态度得分为8，那么将他的名字写在矩阵中相应的一点上。该干系人应该位于"强有力的支持者"象限。

干系人支持矩阵不能对所有人员发布，因为人们有可能会对自己所处的等级有意见。然而，对于项目经理而言，它则是一个方便快捷的参考。我们的目标是建立一个行动计划，那就是使所有的关键项目干系人朝着正确(更加有利)的态度迈进。干系人在该图中的位置

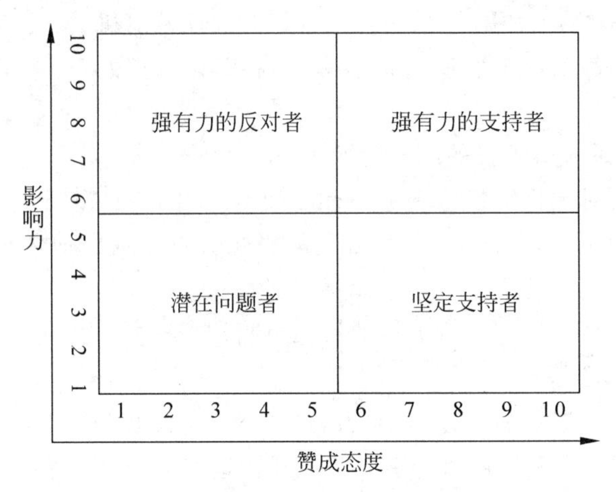

图12-1 项目干系人支持矩阵

为项目经理管理干系人提供参考。

(1) 强有力的支持者。影响力高,赞成态度高,会全力投入到项目中,并将尽最大努力做到满意。

(2) 强有力的反对者。影响力高,赞成态度低:找到说服他们的方法以增加对项目的支持。

(3) 坚定支持者。影响力低,赞成态度高:让这部分干系人充分了解情况,与他们谈话确保没有关键问题出现。这部分人常常对项目的细节会有所帮助。

(4) 潜在问题者。影响力低,赞成态度低:监视这部分人士,但是不能过度交流使其厌烦。他们的态度往往会向主流方向转变。

12.3 干系人管理计划

规划干系人管理是基于对项目干系人需要、利益及对项目成功的潜在影响的分析,制定合适的管理策略,有效调动干系人参与整个项目生命周期的过程。规划干系人管理的目的是为与项目干系人的互动提供清晰且可操作的计划,以支持项目利益。

在分析项目将如何影响干系人的基础上,规划干系人管理过程帮助项目经理制定不同方法,来有效调动干系人参与项目,管理干系人的期望,从而最终实现项目目标。干系人管理的内容比改善沟通更多,也比管理团队更多。干系人管理是在项目团队和干系人之间建立并维护良好关系,以期在项目边界内满足干系人的各种需要和需求。

12.3.1 干系人管理计划概述

识别和分析干系人后,项目经理应该制订一个干系人管理计划,帮助他们有效地吸引干系人参与并确保整个项目生命周期做出良好决策。干系人管理计划基于项目需求,可以是正式的或非正式的,非常详细的或高度概括的。除了干系人识别信息、评价信息、分类等干系人信息外,干系人管理计划还包括以下内容。

(1) 关键干系人的所需参与程度和当前参与程度,项目经理有义务使之平衡。

(2) 干系人变更的范围和影响。

(3) 干系人之间的相互关系和潜在交叉关系。

(4) 项目现阶段的干系人沟通需求,依据特定人的特别需求进行扩充。

(5) 需要分发给干系人的信息,包括内容、格式和详细程度。

(6) 分发相关信息的理由,以及可能对干系人参与所产生的影响。

(7) 向干系人分发所需信息的时限和频率。

(8) 随着项目的进展,项目干系人变化时,更新和优化干系人管理计划的方法。

因为干系人管理计划通常包括项目的敏感信息,不应该属于正式的项目文档,通常用于干系人审查。在许多情况下,只有项目经理和团队部分成员参与干系人管理计划制订。部分敏感的干系人管理计划并不形成书面材料,如果形成书面材料,是具有严格限制的。有关那些抵制项目的干系人的信息,可能具有潜在的破坏作用,因此对于这类信息的发布必须特别谨慎。更新干系人管理计划时,应审查所依据的假设条件的有效性,以确保该计划的准确性和相关性。

干系人管理计划是关于如何实现干系人有效管理的详细计划。随着项目的进展,干系人及其参与项目的程度可能发生变化,因此,规划干系人管理是一个反复的过程,应由项目经理定期开展。

12.3.2 制订干系人管理计划的方法

1. 专家判断

基于项目目标识别项目干系人,应使用专家判断方法,来确定干系人在项目各阶段的参与程度。例如,在项目初期,需要处于高级职位的干系人的高度参与,来为项目成功扫清障碍,然后高级干系人从领导项目转为支持项目,而其他干系人(如最终用户)可能变得越来越重要。

为了创建干系人管理计划,可通过单独咨询或小组对话,向受过专门培训、具有专业知识或深入了解组织内部关系的小组或个人寻求专家判断和专业意见,例如,项目经理、组织高级管理人员、团队成员、组织中的其他部门经理、已识别的关键干系人等。

2. 分析技术

在项目生命周期中,干系人参与对项目的成功至关重要。应该比较所有干系人的当前参与程度与计划参与程度。干系人的参与程度分为:①不了解,对项目和潜在影响不了解;②抵制,了解项目和潜在影响,抵制变更;③中立,知晓项目,既不支持也不反对;④支持,知晓项目和潜在影响,支持变更;⑤领导,知晓项目和潜在影响,积极致力于保证项目成功。

干系人参与评估矩阵中记录干系人的当前参与程度,如表12-4所示。其中,"√"表示当前参与程度,"☆"表示项目所需参与程度。项目团队应该基于可获取的信息,确定项目当前阶段所需要的干系人参与程度。

表 12-4 干系人参与评估矩阵

干系人	不了解	抵　制	中　立	支　持	领　导	备　注
张东风				√	☆	
刘荣				√☆		

续表

干系人	不了解	抵　　制	中　　立	支　　持	领　　导	备　　注
罗西铭	√		☆			
张悦		√		☆		
…						

在表 12-4 的例子中,刘荣已处于所需的参与程度,而对于张东风、张悦和罗西铭,则需要做进一步沟通,采取进一步行动,使他们达到所需的参与程度。

12.4 管理干系人参与

管理干系人参与是在整个项目生命周期中,项目经理必须理解各种干系人并与他们一起沟通和协作,以满足其需要与期望,解决项目开发中出现的问题,并促进干系人合理参与项目活动的过程。管理干系人参与的目的是帮助项目经理提升来自干系人的支持,把干系人的抵制降到最低,从而显著增加项目成功的机会。

在干系人管理计划中列出干系人应参与的活动,并在项目生命周期中加以执行,并根据需要进行持续调整和控制。

12.4.1 管理干系人参与的依据

(1) 干系人管理计划为调动干系人有效地参与项目开发活动提供指导和安排的方案。明确各干系人参与项目的程度和干系人之间的互动程度。

(2) 沟通管理计划为管理干系人期望提供指导和信息,具体信息包括：干系人沟通需求、需要沟通的信息及详细程度、发布信息的原因、将要接收信息的个人或群体。

(3) 变更日志用于记录项目开发期间发生的变更,与相关的干系人就项目变更及其对项目范围、时间、成本和质量等影响进行沟通。

12.4.2 管理干系人参与的方法

(1) 沟通方法：在管理干系人参与时,应该使用在沟通管理计划中确定的针对每个干系人的沟通方法。基于干系人的沟通需求,项目经理决定在项目中如何使用、何时使用及使用哪种沟通方法。

(2) 人际关系技能：项目经理应用人际关系技能来管理干系人的期望。例如,建立信任、解决冲突、积极倾听、克服变更阻力。

(3) 管理技能：项目经理应用管理技能来协调干系人以实现项目目标。例如,引导干系人对项目目标达成共识；对干系人施加影响,使他们支持项目；通过谈判达成共识,以满足项目要求；调整组织行为,以接受项目成果。

12.4.3 管理干系人参与的成果

(1)问题日志。在管理干系人参与过程中,可以编制问题日志。问题日志应随新问题的出现和老问题的解决而动态更新,见表 12-5。

(2) 变更请求。在管理干系人参与过程中,可能对软件开发提出变更请求。变更请求可能包括针对项目本身的纠正或预防措施,以及与相关干系人的互动的纠正或预防措施。

(3) 项目管理计划更新。内容包括项目的相关计划(含干系人管理计划)。当识别出干系人的新需求,或者对干系人需求进行修改时,就需要更新该计划。

表 12-5　问题日志

问题	描述	影响	报告日期	报告人	指定给	优先级(高/中/低)	截止日期	状态	备　注
1	需求规格说明中需求描述不完成	系统设计不能正常进行	1月9日	王斌	张悦	高	3月1日	关闭	需求补充完善项目需求
2	部分源程序代码有缺陷	软件部分功能运行不正常	5月12日	曹国彬	李晓	高	5月26日	开放	修改程序代码,更正缺陷

(4) 项目文件更新。干系人信息变化、识别出新干系人、原有干系人不再参与项目、原有干系人不再受项目影响或者特定干系人的其他情况变化,需要更新项目相关文件。干系人分析案例见表 12-6。

表 12-6　干系人分析案例

姓　名	影响力/赞成态度	现在的状态	潜在的管理策略
张东风	高/高	支持	由于他的体格和低沉的声音,他曾在一个软件公司领导过一个类似的软件项目,知道自己想要什么。征求他的意见是很有必要的。他个人喜欢简短、频繁的更新
张悦	高/低	抵制	一个非常有组织且脚踏实地的人。他推动公司的软件标准,然而项目经理和发起人不支持这些标准,尽管对于这个项目它是最好的解决方案。让人们依然很尊重他
罗西铭	中/高	支持	在公司已经有好几年了,很受尊敬,但他觉得受到张东风的威胁。他还讨厌张东风得到的报酬超过自己。他想首先也是最重要的是取悦老板,需要向他的老板提出建议,给予每个人最佳利益
刘荣	高/低	中性	非常专业,逻辑性强。与人相处融洽。她还参与过许多大型软件项目的投标工作。应提供详细建议的解决方案让她满意

12.5　控制干系人参与

随着项目进展和环境变化,为了维持并提升干系人参与活动的效率和效果,控制干系人参与是全面监督项目干系人之间的关系,调整参与策略和计划,以调动干系人积极参与项目开发的过程。

12.5.1　控制干系人参与的依据

(1) 项目管理计划用于制订干系人管理计划。可用于控制干系人参与的信息包括:项目所选用的生命周期模型；执行项目实现项目目标的描述；对如何满足人力资源需求，如何定义和安排项目角色与职责、报告关系等描述；变更管理计划，规定将如何监控变更；干系人之间的沟通需要和沟通技术。

(2) 问题日志。随着新问题的出现和老问题的解决而更新的问题日志。

(3) 工作绩效数据。在执行项目工作的过程中收集到的项目活动和可交付成果的各种测量值。例如，工作绩效数据包括开发任务完成百分比、技术绩效测量结果、进度活动的起止时间、变更请求数量、缺陷数量、成本情况等。

(4) 项目文件。来自启动、规划、执行、控制或收尾过程的各类文件，可用作控制干系人参与的支持性输入。这些文件包括项目进度和成本计划、干系人信息、问题日志、变更日志和项目沟通文件等。

12.5.2 控制干系人参与的工具和技术

(1) 项目信息系统。为项目经理获取、存储和向干系人发布有关项目范围、进度、成本、质量和绩效等方面的信息提供了自动化工具，也可以帮助项目经理整合来自多个系统的报告，便于向项目干系人分发报告。

(2) 专家判断。评价干系人的参与程度以及有效性，以及识别新的项目干系人。

12.5.3 控制干系人参与的输出

(1) 工作绩效信息。从各项目控制过程收集，结合相关背景和跨领域知识进行分析，而得到的项目绩效信息，作为项目决策的基础，包括可交付成果状态、变更请求落实情况，通过沟通过程进行传递。

(2) 变更请求。在分析项目绩效和干系人互动过程中提出的变更请求，需要通过实施集成变更控制过程对变更请求进行处理，包括纠正措施和预防措施，其中，纠正措施为使项目工作绩效与计划保持一致而提出的变更；预防措施可以在未来开发过程中降低项目绩效的可能性。

(3) 更新项目管理计划。随着项目开发工作进行，要评估干系人管理策略的整体有效性。如果发现需要更新干系人参与的方法或策略，同时更新项目管理的其他计划的相应部分。

(4) 更新组织过程资产。

① 给干系人的通知。可向干系人提供有关已解决的问题、已批准的变更或者拒绝变更、项目总体进展的信息。

② 项目报告。采用正式和非正式的项目报告来描述项目进展，包括最佳实践、问题日志、项目收尾报告和其他知识领域的报告。

③ 项目记录。包括备忘录、会议纪要及描述项目情况的其他文件。

④ 干系人的反馈意见。更新干系人对项目工作的意见，用于调整或提高项目开发过程。

⑤ 经验教训文档。包括对项目问题的根本原因分析、选择纠正措施理由。

⑥ 期望管理矩阵。记录干系人对项目的期望，见表12-7。

表 12-7　期望管理矩阵

衡量成功	优先级	期　望	指导方针
范围	1	范围声明，明确定义了强制要求和可选的需求	在考虑可选的要求之前着眼于满足强制性需求。在这种情况下，以下的公司 IT 标准可选
成本	2	这个项目是至关重要的。如果能够清楚地证明需要更多的资金，就可以提供	有严格项目支出和升级过程的规则。成本是非常重要的，但它位于进度前、范围之后
进度	3	项目完工日期几乎无可商量，日程是非常现实的	如果有任何问题可能影响会议进度目标，项目发起人必须做出提醒
质量	4	软件功能基本能够运行，修改较为容易，界面较友好	虽然企业 IT 标准很重要，但在这种情况下，有例外也是合理的

案例分析

金保工程软件开发项目的建设核心是软件系统的建设，项目中所涉及的软件系统和软件子系统数量众多，软件系统开发项目的质量保证和质量控制活动非常复杂，如果不能对项目进行有效的质量管理，会给项目建设带来很大的风险。

对此，需要对金保工程软件开发项目质量管理体系进行调整，其中一个方面便是要设计组织机构和职责。

首先，要建立相应的责任组。在金保工程软件开发项目改进后的项目组织结构中，将项目的业务部门、项目的开发团队以及项目监理方的管理资源进行整合，共同为项目质量的提升和改进服务。要召开三方共同参加的质量管理问题分析讨论会，明确项目质量管理机构的组成并发布项目管理文件来通告所有的项目干系人，将项目的调整活动贯彻执行。

在项目中需要建立六个小组，分别是软件开发小组、软件测试小组、变更管理小组、配置管理小组、技术评审小组和质量保证小组。其中，软件开发小组成员由项目开发单位的技术人员组成、软件测试小组成员由项目开发单位的技术人员和项目业务单位的业务专家共同组成，变更管理小组成员由项目开发单位的技术人员和项目业务单位的业务专家共同组成，配置管理小组成员由项目开发单位的技术人员组成，技术评审小组成员由项目开发单位的技术人员、项目业务单位的业务专家及项目监理单位的技术人员组成，质量保证小组成员由项目开发单位的技术人员、项目业务单位的业务专家及项目监理单位的技术人员组成。

在新的项目组织机构中，在每个项目组中都强调项目质量的管理，在软件测试、软件变更、软件配置、技术评审和质量保证等各个环节都配备了专职的人员，这些人员根据职能的不同分别由项目的三个单位抽调相应的人员组成。

在各个责任小组确认后，下一步的工作就是分配各小组的具体的工作职责，约定各小组人员在进行金保工程软件开发项目实施过程中要行使的管理活动。具体分配情况如下。

1. 开发小组职责

贯彻项目的质量方针、质量目标，执行项目质量体系文件，协助项目管理者及业务项目负责人做好具体技术质量工作，按照工程项目有关的技术质量文件作业并做好相关记录，执行项目制订的纠正和预防措施计划。

2. 测试小组职责

测试小组作为质量控制的主要手段,负责软件的测试设计和执行工作。测试人员根据详细设计对软件要实现的功能进行一一测试,保证软件能够正确实现设计要求,在正确性测试完成之后,需要测试软件的性能。

3. 变更管理小组职责

变更管理小组行使变更管理委员会的权利,要保证每一个变更活动都在管理规范中进行。要对变更的过程进行有效的记录,将变更的结果反馈到开发小组和配置小组的工作流程中。

4. 配置管理小组职责

配置管理小组在保证项目开发完毕的同时,内部文档和外部文档都同时完成。配置管理小组的主要职责包括完善各个部门发送需要存档和进行版本控制的代码,文档包括外来文件和阶段性成果对代码,文档等进行单向出入的控制,对所有存档的文档进行版本控制,提供文档规范,并传达到开发组中。

5. 技术评审小组职责

技术评审小组在项目评审过程中要制定审查计划,明确项目目标和审查目标。使用严格的、定量的准入和准出条件,首先审查上游的文档。在文档生成的初始阶段就开始对其进行审查,核对源代码和相关的文档,在最适当的时机进行准备和审查。把焦点放在主要缺陷上,测量审查的投资回报率,重视缺陷预防和过程改进。

6. 质量保证小组职责

质量保证小组作为质量保证的实施小组,主要职责是保证软件透明开发的主要环节。在项目进度被延滞或质量保证小组认为某阶段开发质量有问题时,提请项目经理、项目负责人等必要的相关人员举行质量会议,解决当前存在的和潜在的问题。

思考题:结合案例,谈谈你对项目管理中的干系人管理的看法。

习　题

一、单选题

1. 为了有效地识别干系人,需要进行以下活动:①对干系人进行分类;②识别干系人及其信息;③评估关键干系人的反应。正确的步骤是(　　)。

A. ①—②—③　　B. ②—①—③

C. ③—②—①　　D. 以上都不对

2. 识别干系人,最好采用(　　)。

A. 启动项目时识别所有的干系人

B. 与干系人一起解决问题

C. 对已识别的干系人进行访谈,识别出更多的干系人

D. 对干系人的技能进行评估

3. (　　)不是管理干系人参与的工具与技术。

A. 沟通方法　　B. 人际关系技能

C. 管理技能　　D. 问题日志

4. 寻求项目计划获得批准之前，项目经理准备了一份干系人分析。项目经理应该(　　)。

A. 传达项目计划的方法或计划

B. 了解每位识别的干系人参与度

C. 根据判断和专业知识识别干系人

D. 识别干系人的角色、兴趣、期望和影响力

5. 项目经理与干系人讨论，识别出其利益、期望和影响，并把它们与项目的目的联系起来，这是(　　)。

A. 干系人分析　　B. 制订范围管理计划

C. 制定范围说明书　　D. 制订沟通计划

二、判断题

1. 项目干系人的影响在整个项目期间是相同的。(　　)

2. 识别干系人应该在项目的规划阶段。(　　)

3. 干系人支持矩阵要对所有成员公开，以确保公平公正。(　　)

4. 为了进行干系人分析，首先应当识别全部潜在的项目干系人及其相关信息。(　　)

5. 控制干系人参与过程需要输入工作绩效信息、问题日志等。(　　)

三、简答题

1. 列举五个常见的项目干系人，并说明他们的职责。

2. 简述项目干系人管理的过程。

3. 简述项目干系人支持矩阵的原理。

第13章 配 置 管 理

13.1 软件配置管理概述

在软件开发过程中会产生许多信息，例如，可行性分析报告、需求分析说明书、总体设计说明书、详细设计说明书、编码设计说明书、源代码、可执行码、用户手册、测试计划、测试用例、测试结果、在线帮助等技术文档，以及合同、计划、会议记录、报告等管理文档。而且，经常需要对这些过程信息或数据进行变更。为了使如此庞大且不断变动的信息集合可以有序、高效地存放、查找和利用，引入了软件配置管理的概念。软件配置管理为软件开发提供了一套管理办法和活动原则，成为贯穿软件开发始终的重要质量保证活动，在软件开发过程中占据着非常重要的地位。

13.1.1 配置管理的必要性

随着计算机应用的深入，软件项目的需求日益复杂且变更频繁，传统的几个人做完一个项目的情况越来越少，稍大一点的项目已经不再能靠某个“高手”从头到尾包办。从整个公司的发展战略来说，如何在技术日新月异、人员流动频繁的情况下，建立本公司的知识库及经验库，把个人的知识及经验转变为公司的知识和经验，对于提高工作效率、缩短产品周期、加强公司的竞争力具有至关重要的作用。

软件工程使软件开发从手工作坊上升到团队开发模式，其开发工作围绕着软件生命周期的分析、设计、开发、测试、运行维护五个阶段进行。通过使用软件工程的方法与工具，可以避免开发过程中许多可能出现的错误，提高软件的可重用性，降低软件测试和维护中的工作量，从而大大提高软件产品的质量，缩短开发周期。但是，即便如此，开发中通常会遇到下面的问题。

- 找不到文档：记得已经写好了，但是不知道放哪儿了。
- 相互覆盖代码：开发人员对相同的代码做了不同的修改，互相覆盖。
- 版本无法回滚：新的修改比原来的更差，但是无法回滚到原来的状态。
- 无法共享：项目组内成员无法及时快速地查看项目最新文档，需要来回传递。
- 文档标识不规范：文档标题类似，没有日期及版本区分，哪一份是最新的版本？
- 版本混乱：客户报告了错误，该给他哪个补丁呢？产品版本与需求对不上。
- 无法继承：员工离职，下一个接手该项工作的员工得不到相关的详细资料等。

由此造成的后果是数据丢失、开发周期漫长、产品可靠性差、软件维护困难、用户抱怨使用不便、项目风险增加。

产生此类问题的主要原因包括：没有很好地理解项目质量控制的含义；对项目所产生的过程文档不加以重视；缺乏版本管理与跟踪，缺少相关流程标准；项目变更不受控，缺少相关度量审计标准或行为；开发过程中人员流动经常发生等。面临此类问题需要一种有效的管理办法来解决，而软件配置管理正是解决此类问题的有效解决办法。

13.1.2 配置管理的定义

配置管理的概念源于美国空军，为了规范设备的设计与制造，美国空军于1962年制定并发布了第一个配置管理的标准"AFSCM375-1, CM During the Development & Acquisition Phases"。而软件配置管理概念的提出则在20世纪60年代末至20世纪70年代初。当时加利福尼亚大学圣芭芭拉分校的Leon Presser教授在承担美国海军的航空发动机研制合同期间，撰写了一篇名为*Change and Configuration Control*的论文，提出控制变更和配置的概念，这篇论文同时也是他在管理该项目(这个过程进行过近一千四百万次修改)的一个经验总结。

Leon Presser在1975年成立了一家名为SoftTool的公司，并发了配置管理工具Change and Configuration Control(CCC)，这是最早的配置管理工具之一。

随着软件工程的发展，软件配置管理越来越成熟，从最初的仅实现版本控制，发展到现在的提供工作空间管理、并行开发支持、过程管理、权限控制、变更管理等一系列全面的管理能力，已经形成了一个完整的理论体系。同时，在软件配置管理的工具方面，也出现了大批的产品，如最著名的ClearCase、开源产品CVS、入门级工具Microsoft VSS、新秀Hansky Firefly等。

软件配置管理的英文为Software Configuration Management(SCM)。国内外不少组织和专家都对配置管理的含义进行了描述，主要定义如下。

(1) ISO/IEC 11207(1995)中的定义：配置管理过程是在整个软件生命周期中实施管理和技术规程的过程，它标识、定义系统中的软件项并制定基线，控制软件项的修改和发行，记录和报告软件项的状态和修改申请，保证软件项的完整性、协调性和正确性，以及控制软件的储存、装载和交付。

(2) ISO 9000—3(1997)质量管理和质量保证标准中的定义：软件配置管理是一个管理学科，它对配置项(包括软件项)的开发和支持生存期给予技术上和管理上的指导。配置管理的应用取决于项目的规模、复杂程度和风险大小。

(3) Wayne Babich的定义：配置管理能协调软件开发，使得混乱减少到最小。软件配置管理是一种标识、组织和控制修改的技术，目的是有效地提高生产率。

(4) GB/T 11457(1995)软件工程术语中认为：软件配置管理是标识和确定系统中配置项的过程，在系统整个生命周期内控制这些项的投放和变动，记录并报告配置的状态和变动要求，验证配置项的完整性和正确性。

(5) 在IEEE 729—1983中，软件配置管理定义包括以下内容。

① 标识：识别产品的结构、产品的构件及其类型，为其分配唯一的标识符，并以某种形式提供对它们的存取。

② 控制：通过建立产品基线，控制软件产品的发布以及在整个软件生命周期中对软件产品的修改。

③ 状态统计：记录并报告构件修改请求的状态，并收集关于产品构件的重要统计信息。

④ 审计和审查：确认产品的完整性并维护构件间的一致性，即确保产品是一个严格的构件集合。

⑤ 生产：对产品的生产进行优化管理。它将解决最新发布的产品应由哪些版本的文件和工具来生成的问题。

⑥ 过程管理：确保软件组织的规程、方针和软件周期得以正确贯彻执行。它将解决要交付给用户的产品是否经过测试和质量检查的问题。

⑦ 小组协作：控制开发同一产品的多个开发人员之间的协作。

13.1.3 配置管理的目的

软件配置管理的目的是建立和维护整个软件生存周期中软件项目产品的完整性。在给定时间点标识软件的配置，系统地控制对配置的更改并维护在整个软件生存周期中配置的完整性和可跟踪性。

软件配置管理贯穿于软件开发活动的始终，覆盖了开发活动的各个环节，是一套规范、高效的软件开发基础结构。它可以系统地管理软件系统中的多重版本，全面记载系统开发的历史过程(包括为什么修改，谁做了修改，修改了什么)，管理和追踪开发过程中危害软件质量以及影响开发周期的缺陷和变化。对开发过程进行有效的管理和控制，完整、明确地记载开发过程中的历史变更，形成规范化的文档，不仅使日后的维护和升级得到保证，更重要的是，这还会保护宝贵的代码资源。有助于维护产品的完整性，配置管理可以大大降低软件开发的成本，在特定的生命周期内成本的节约依赖于应用配置管理的深入程度。

13.1.4 配置管理在 CMMI 模型中的描述

配置管理过程作为 CMMI2 级的关键过程域，是成熟度达到第二级和第三级的关键因素，用于建立和维护整个项目软件生命周期中工作产品的完整性。SCM 可以加强组织的政策和过程的实施，同时可以追踪工作的执行过程看它进行得如何，更为主要的是 SCM 在支持组织的过程时，可以获得和维护开发过程的信息，这是 CMMI 进行过程度量和优化的基础。

在 CMMI 中，每个成熟度等级都是由一组过程域组成的，每个过程域包含特定目标和通用目标，每个特定目标均含有一个或几个特定实践，而每个通用目标均包含若干个通用实践。下面列出了 CMMI2 级过程域中配置管理的特定目标和特定实践，包括：

1. SG1 建立基线

SP1.1 识别配置项

SP1.2 建立配置管理系统

SP1.3 创建或发布基线

2. SG2 跟踪和控制变更

SP2.1 跟踪变更请求

SP2.2 控制配置项

3. SG3 建立完整性

SP3.1 建立配置管理记录

SP3.2 执行配置审计

图 13-1 描述了 CMMI2 级过程域中配置管理的特定目标和特定实践的关系。

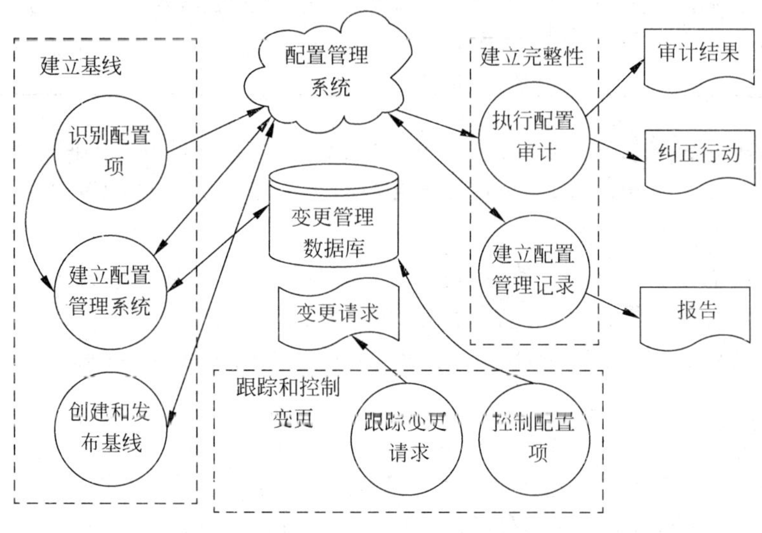

图 13-1 配置管理的特定目标和特定实践的关系

13.2 软件配置管理的概念

13.2.1 软件配置项

软件项目开发和管理工作中产生了大量有价值的成果，例如，源代码、数据和各种文档等工作产品。在标识、控制和管理软件开发产品的过程中，首先要确定在项目中哪些是变化的和需要管理的。当它们被标出后，就要制订计划来控制和管理。在软件配置管理的术语中，这些项被称为软件配置项(Software Configuration Item，SCI)，简称配置项。它一般由一个或多个文件组成，是软件配置管理的最小单元，是进行软件配置管理的基本单位，它置于软件配置之下并作为单个实体予以处理。ISO 9000—3 指出配置项可以是：

(1) 与合同、过程、计划和产品有关的文档及数据。

(2) 源代码、目标代码和执行代码。

(3) 相关产品，包括软件工具、库内可复用软件、外购软件及客户提供的第三方软件等。

可以纳入的软件配置项如表 13-1 所示。

表 13-1 软件配置项

软件开发阶段	软件配置项举例	类 型
软件开发环境搭建	数据库管理系统、开发工具、项目管理工具、文档编制工具	环境类
需求分析与定义阶段	需求分析说明书、项目开发计划、设计标准或设计准则、验收测试计划	定义类

续表

软件开发阶段	软件配置项举例	类　型
设计阶段	系统设计说明书、程序规格说明书、数据库设计、编码标准、用户界面标准、测试标准、系统测试计划、用户手册	设计类
编码及单元测试阶段	源代码、目标代码、单元测试数据及单元测试结果	编码类
系统测试阶段	系统测试数据、系统测试结果、操作手册、安装手册	测试类
维护阶段	以上任何需要变更的软件配置项	维护类

软件配置项是置于软件配置管理下的实体元素，它们在软件开发期间逐步形成，在开发和维护过程中会发生多次修改，并经过评审和检查通过后进入软件配置管理。随着软件开发过程的进展，软件配置项迅速增长。

软件配置项的命名要有唯一性、可追溯性。软件配置管理的目的就是要在软件项目的整个生存周期内建立和标识软件配置项，并对其进行管理和控制，维护其完整性、一致性和可跟踪性。保持软件配置的正确性和完整性是一件复杂而又重要的工作。

13.2.2　基线

在软件配置管理过程中，一个 SCI 或一组 SCIs 在其生命周期的不同时间点上，通过正式评审而进入正式受控的一种状态，就是基线(Baseline)，也称为里程碑(Milestone)。因此，软件配置项可以分为基线软件配置项和非基线软件配置项。基线确定了软件配置项的一个版本，而且只确定了一个版本。图 13-2 给出了基线的示意图。

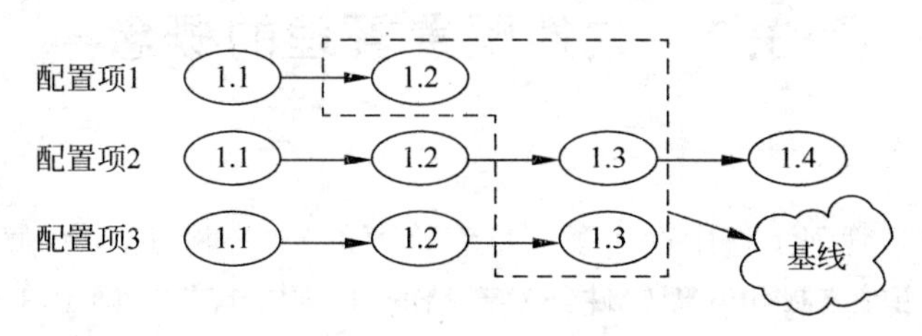

图 13-2　基线示意图

IEEE 对基线的定义是："已经通过正式评审和批准的某规约或产品，因此它可以作为进一步开发的基础，并且只能通过正式的变更控制过程进行改变。"例如，撰写完毕的设计文档初稿、编写到某一阶段的程序代码、编写完毕的用户手册等。当一个配置项被完成或者到达一定的阶段后，将被移交给配置管理员妥善保存。配置管理员要检查交来的配置项是否完整(是否包含所有必需的组件)，并将它作为一个基线。基线在管理变更中扮演着非常重要的角色，是对上一阶段工作的认定，也是下一阶段工作的起点。

基线具有以下属性。

(1) 通过正式的评审过程建立。

(2) 变更要接受高级别权限的控制。

(3) 它是进一步开发和修改的基准和出发点。

(4) 进入基线前，不对变化进行管理或者较少管理。

(5) 进入基线后，对变化进行有效管理，而且这个基线作为后续工作的基础。

建立基线的主要原因是为了提升重现能力、可追踪性和报告能力。

重现能力是指返回并重新生成软件系统给定发布版本的能力。可追踪性是指建立项目各种类型配置项(需求、设计、实现、测试等)之间的横行依赖关系,其目的在于确保设计满足需求、代码实施设计以及使用正确代码编译生成可执行文件。报告能力来源于一个基线内容同另一个基线内容的比较,基线比较有助于程序调试并生成发布说明。

基线是软件生命周期各阶段末尾的特定点,其作用是把各阶段的工作划分得更加明确,使得本来连续的工作在这些点上断开,使之便于检验和确认阶段开发成果。在开发过程中,需要定期建立基线以确保团队开发人员的工作保持同步。基线虽然可以在任何级别上定义,但常见的基线划分往往以软件生命周期的各个阶段的结束点来进行,一般包括需求基线、设计基线、实现基线、测试基线和产品基线,标志软件开发过程中的各个里程碑。表 13-2 是各基线包含的内容、建立的时机以及控制者。

表 13-2　基线内容、建立的时机及控制者

基线内容	基 线 内 容	建 立 时 间
需求基线	客户的原始需求(如合同)、业务过程说明书、需求分析说明书或系统原型	通过评审即形成基线
设计基线	概要设计文档、详细设计文档	概要设计、详细设计批准后建立
实现基线	源代码、可执行代码	检查和进行单元测试后建立
测试基线	测试计划、测试用例、测试报告等	软件发放给测试时建立
产品基线	合同规定的交付产品,包括运行程序、安装程序、用户手册、源代码等	系统发布时建立

13.2.3　版本

版本是配置项具有唯一标识的某个状态,是某一配置项的已标识了的实例。版本定义了一个具体实例应该具有什么样的内容和属性。在配置项成为基线之前可能要做多次变更,在成为基线之后也可能需要频繁的变更,这样对于每一个配置项可以建立一个演变图,这个演变图记述了软件配置项的演变历史。

众多的版本如果以无结构简单的形式进行存储,就难以高效地检索到需要的版本,也无法判断版本间的相互关系。为此,需要一种数据结构将版本有效地组织起来,这种结构要求既能快速地检索版本又能准确地反映版本间的相互关系。常用的版本关系模型包括线性版本关系模型、树形版本关系模型和有向无环图版本关系模型。

1. 线性版本关系模型

在线性版本关系模型中,同一设计对象的版本呈现继承的关系,每个版本都是前一个版本的派生,形成一条链式的结构,每个版本都只有一个父版本也只有一个子版本。如图 13-3 所示。这种模型反映了版本在时间上的多样性,版本链中的每个节点都是以时间的先后顺序添加的。虽然线性版本关系模型能够反映版本随着时间的演变,但该模型太过简单,无法表示更复杂的版本关系。

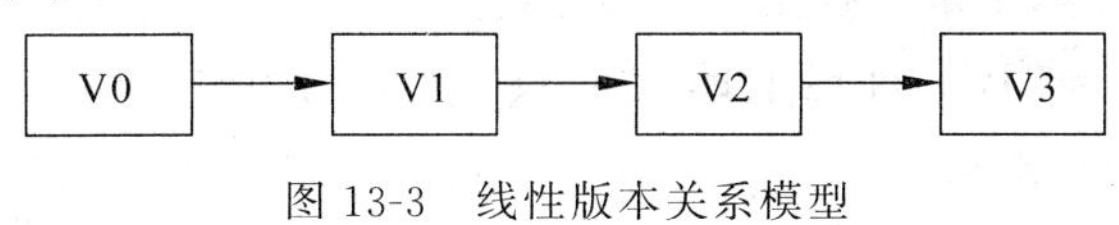

图 13-3　线性版本关系模型

2. 树形版本关系模型

树形版本关系模型不仅能够表示版本随着时间的演化关系,还能表示版本在空间上的多样性。在产品设计过程中,不同用户因为对产品的不同理解,或者有不同的设计方案需求,就会对某一版本展开分支,形成并行开发版本。参照版本对应着版本树的父节点,形成的分支版本对应着该父节点的子节点。在版本树中的任一节点都可以根据设计需要,形成新的分支、新的子节点。版本树虽然能够正确表达版本的空间关系,但该模型最大的缺点是不能表示版本的合并。树形版本关系模型如图 13-4 所示。

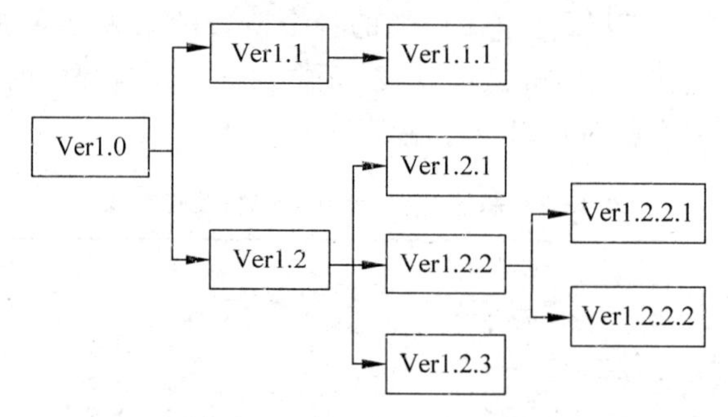

图 13-4 树形版本关系模型

3. 有向无环图版本关系模型

为了解决树形版本关系模型无法表示版本合并的缺点,产生了有向无环图版本关系模型,它是三种关系模型中最复杂也是功能最强大的一个。在树形版本关系模型中,每个节点有且只有一个父节点,这意味着每个版本只能有一个父版本,所以只能完成版本的分支而无法表示多个版本的合并。在有向无环图中,任意一个节点都可以有任意多个父节点,这意味着任意一个版本都可以由任意多个父版本合并。有向无环图版本关系模型如图 13-5 所示。

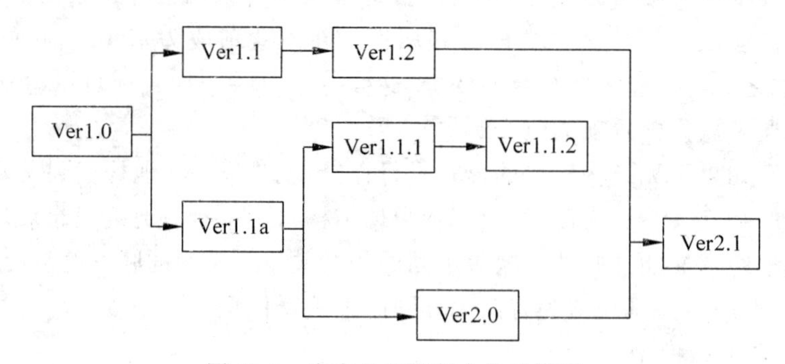

图 13-5 有向无环图版本关系模型

版本标识由版本的命名规则决定。由于前后版本之间存在着传递关系,因此,如何正确地反映这一传递关系,就应当体现在其命名规则中。常用的版本命名方法有数字顺序型版本标识法、符号命名版本标识法和属性版本标识法。

数字顺序型版本标识法是一种基本的版本标识方法,配置项的版本号由若干数字组成,数字之间用“.”分隔。例如,一种典型的数字顺序型版本编号策略为 $x.y.z$,x 为主版本号,y 为次版本号,z 为缺陷修复版本号。数字的增加代表对配置项的修改带来版本的递增变化,x、y、z 代表修改的幅度级别大小。

符号命名版本标识法用符号来表达版本间的传递关系。例如，采用 X86/WinNT/DBServer 来表示一个基于 X86 平台在 Windows NT 操作系统上运行的数据库服务器版本。

属性版本标识是把有关版本的重要性反映在标识中，可以包括的属性有客户名、开发语言、硬件平台、生成日期等，每个版本都由唯一的一组属性标识。例如，"J2SDK. V. 1. 1. 2：8/15/2016-09：00，native threads，jit_122"。这种版本标识包含的信息丰富，版本间的关系易于保持，易于检索和管理，但缺点是命名过于复杂，一般只用于软件组织内部的管理。

13.2.4 软件配置库

软件配置库的概念是配置管理系统的根本，简称配置库。配置库是集中控制的文件库，并提供对配置库中所存储文件的版本控制。任何配置库中的文件均在配置管理之下，配置库的文件是不能被更改的，任何更改都被视为创建了一个新版本的文件。文件所有的配置管理信息和文件的内容都存储在配置库中。因此，任何配置管理和控制都与配置库中的文件相关联。当修改一个文件时，用户将某个版本的文件检出工作目录，然后开始修改工作，完成后再将此文件检入配置库中，这样就生成了这个文件的新版本。所以，用户不可能检出一个文件并同时在配置库中修改源文件。

从配置库的角度看，一个版本号自动与新版本文件相关联。这样一来，用户可以随时根据特定的版本号来检出任何文件（默认的是最新的版本）。对最新版本修改的结果是产生一个新的、顺序递增的版本，而对更老版本修改的结果是产生一个分支版本。

配置库中不但存储了文件的不同版本、更改的原因，而且存储了谁在什么时候替换了某个版本的文件等文件历史信息。配置库可以采取增量存储方式，不是将不同版本的整个文件存储起来，而是存储不同版本间的不同部分，这种方法有利于节省空间和节省对最新文件版本的访问时间。

在实际软件开发中，可建立以下三种软件配置库。

（1）开发库：存储开发过程中需要保留的各种信息，如文档、代码等，供开发人员个人专用。库中的信息可能有较为频繁的修改，只要开发库的使用者认为有必要，无须对其做任何限制，因为通常不会影响到项目的其他部分。

（2）受控库：存储整个开发过程各个里程碑点上的文档、代码、数据库类等信息。在软件开发的某个阶段工作结束时，将阶段产品或与前一阶段相关的文档存入。

（3）产品库：主要是存储发布后的版本及匹配的文档。所开发的软件产品完成系统测试后，作为最终产品存入库内。等待交付用户或现场安装，安装后可正常运行。

软件配置库的访问是通过对配置库进行的相关操作，如检入/检出操作。对软件配置管理库的操作是软件配置管理中的核心内容，包括以下几种。

（1）检入（Checkin）：把在本地工作区已修改的工作文件放回服务器的用户环境中的过程。服务器端以增量式进行存储，仅保留版本间的差别。

（2）检出（Checkout）：将服务器用户环境中的文件取到本地工作区形成工作文件的过程。

（3）分支（Branching）：由于测试、修改 Bug 或发布等其他原因，建立与当前版本并行的另一新版本的过程。分支是软件开发时由当前开发轨迹切换到另一开发轨迹的方法。

(4) 合并(Merge):将多个分支上的代码合并到主干,形成新版本的过程,有水平合并和垂直合并两种形式。

(5) 提交(Promote):将一个具有较为成熟的、性能稳定的程序包从生命周期中的一个状态推进到一个新的状态,以执行新的过程。例如,从开发状态提交到测试状态,进入产品的测试阶段;从测试状态提交到发布状态,进入产品的发布阶段。

(6) 版本比较(VersionCompare):此种比较仅限于文本文件的版本比较。

(7) 版本标签(VersionTag):为某个文件的修订版打上有意义的文本字符标签。

13.3 软件配置管理的主要活动

在软件配置管理过程中,需要考虑的问题有:

- 采用什么方式来标识和管理已存在程序和它们各种版本的文档?
- 在软件交付用户之前和之后如何控制变更?
- 谁有权批准变更和对变更安排优先级?
- 如何保证变更得以实施?
- 利用什么办法来估计变更可能引起的其他问题?

……

这些问题可归结到软件配置管理过程的如下几项活动中,包括配置标识、版本控制、变更管理、配置状态统计、配置审计等,它们贯穿于整个软件生命周期,如图 13-6 所示。

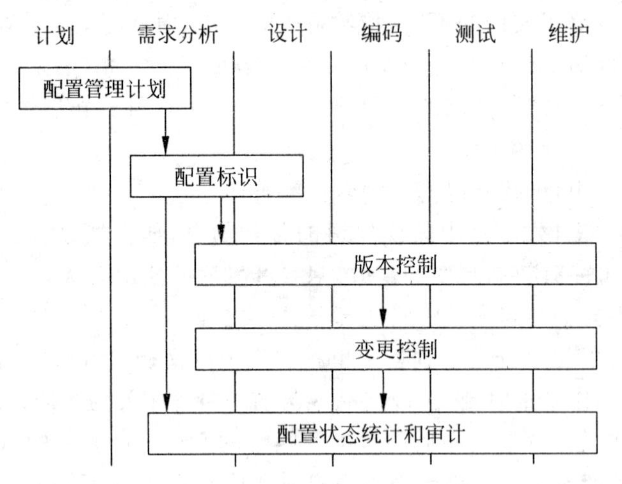

图 13-6 软件开发生命周期中的配置管理活动

配置标识是配置管理的基础,任何纳入配置管理范围的配置项,首先要被唯一标识。只有在标识的前提下,才能对被标识内容做进一步的处理。

版本控制主要是对变更配置项的软件开发行为及开发结果提供一个可跟踪的手段,避免软件开发行为在不受控的情况下进行产生混乱。

变更管理主要是控制和协调不同责任的软件开发人员之间的交流,避免软件开发相关人员在无序的环境下各自为政,导致团队开发效率出现不可逾越的瓶颈。

配置状态统计是通过记录配置管理状态信息并发布,保证开发人员及时了解配置项的历史及当前状态，保证软件开发产品版本的一致性。

配置审计用于保证软件开发过程中所进行的各项配置管理活动，遵循了组织制定的软件配置管理方针和规程。配置审核的具体内容包括功能审核和物理审核，用于保证发布产品的完整性。

13.3.1 配置标识

配置项是与项目相关的文档或数据。它置于软件配置之下并作为单个实体予以处理，包括项目的工作产品、项目所采用的标准和规范、环境和数据以及各类参考文档，可分为两个主要类别：①描述计算机程序的文档（针对技术开发者和用户）；②计算机程序（如源代码和可执行程序）。

配置标识是对软件系统中的配置项的特性进行记录的过程，是软件配置管理的核心和基础，是实施软件配置管理的关键。确定置于配置管理下的配置项，确保已确定的每个配置项有唯一标识，用于跟踪和管理。在选定配置项时应遵循下列准则之一。

（1）两个或两个以上的组共同使用的工作产品。

（2）可能因需求的差错或变更而做相应变化的工作产品。

（3）彼此相关并且其中之一发生变更将会使得其他工作产品发生变更的工作产品。

（4）对整个项目至关重要的工作产品。

配置项由配置管理员在配置管理计划中确定。在标识配置项的过程中，要让整个项目组成员都能够理解配置项的命名规则和配置项之间的对应关系，确保在组织一级的标识规则具有一致性，同时保证在使用配置管理工具时便于查询和统计等。

1. 配置项的命名规则

1）文档类

软件系统开发中的文档主要包括技术类文档和项目管理类文档两类。

对于技术类文档，一般可以这样命名：项目名称或编号＋文档用途名称，如 W15063 需求分析说明书。

项目管理类文档的命名规则可以根据文档的具体类别进行适当调整，具体如下。

（1）评审报告：项目编号＋工作产品名称＋版本＋评审报告，如 W15063 评审报告 V1.0 评审报告。

（2）项目经理周报：项目编号＋项目经理周报＋提交日期，如 W15063 项目经理周报 20150807。

（3）会议记录：项目编号＋会议主题＋会议记录＋会议日期，如 W15063 项目周例会会议记录 20150807。

（4）项目变更：项目编号＋变更申请表＋提交日期，如 W15063 变更申请表 20150807。

（5）其他管理类文档配置项的命名规则，可参考以上规则。

2）程序类

源程序、可执行程序的命名规则，可采取如下命名规则：项目名称或编号＋子系统名称＋代码名称。代码名称可由项目组自行定义，但要遵照组织的命名规程，如 W15063-子系统 A-代码 a。

2. 配置项的版本号规则

配置项在每次修改后都会发生变化，为了区分配置项在两次修改之间的差别，需要给每个配置项增加一个版本标识。而配置项版本标识规则往往与配置项的状态紧密相关。在开发过程中，配置项的状态主要包括三种："草稿""正式发布"和"正在修改"。配置项状态变迁如图 13-7 所示。

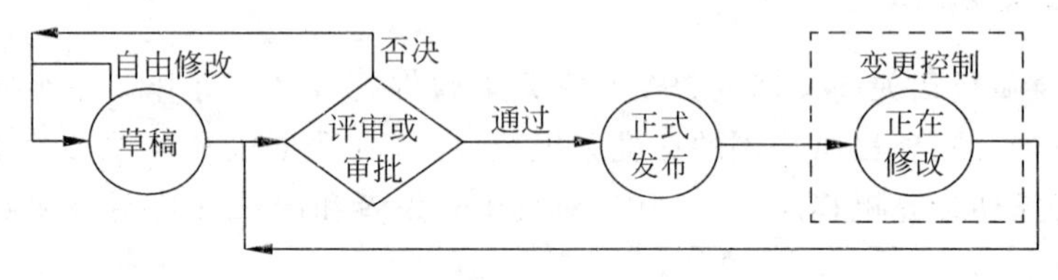

图 13-7 配置项状态变迁图

配置项刚建立时其状态为"草稿"。配置项通过评审(或审批)后，其状态变为"正式发布"。此后若更改配置项，必须依照"变更控制规程"执行，其状态变为"正在修改"。当配置项修改完毕并重新通过评审(或审批)时，其状态又变为"正式发布"，如此循环。

处于"草稿"状态的配置项的版本号格式可定义为 0.YZ，其中，YZ 数字范围为 01～99。随着草稿的不断完善，YZ 的取值应递增。YZ 的初值和增幅由用户自己把握。处于"正式发布"状态的配置项的版本号格式为 $X.Y$，其中，X 为主版本号，Y 为次版本号，取值范围均为 1～9。配置项第一次"正式发布"时，版本号为 1.0。若配置项的版本升级幅度较小，一般只增大 Y 值；只有当配置项版本升级幅度比较大时，才允许增大 X 值。处于"正在修改"状态的配置项的版本号格式为 $X.Y.Z$，配置项正在修改时，一般只增大 Z 值，$X.Y$ 值保持不变。当配置项修改完毕，状态重新成为"正式发布"时，将 Z 值设置为 0，增加 $X.Y$ 值。

1) 文档类

有些项目文档，一旦生成，就不会发生变化，如会议记录、评审报告、测试记录等。对于这些文档，可以不用版本号管理。有些文档，将会随着项目进展而不断修订，如项目计划、需求文档、设计文档、测试用例等。每次修订，将产生一个新的版本。对于这些文档，必须使用版本号进行区分。如上所述，文档的版本号可采取如下规则：文档的版本号为 $X.Y.Z$。X、Y、Z 均为 0～9 的正整数。正式文档的版本号为 $X.Y$；修订中文档的版本号为 $X.Y.Z$。具体规则参见表 13-3。

表 13-3 文档类版本号规则

文档所处阶段	状 态	版本号说明	实 例
第一次评审前	草稿	0.Y	0.5；0.6
第一次评审通过后	正式	1.0	
每次修改中，评审/审核前	草稿	在原来的基础上，修改 Z 值	1.0.1；1.0.2
修订并完成评审/审核后	正式	大的修改，增加 X 值	2.0；3.0
	正式	小的修改，增加 Y 值，不改 X 的值	1.1；1.2

文档版本号定义时要注意如下问题。

(1) 文档入配置库时，可使用 Label 功能标注版本号。

(2) 对于 Word 文档，还要在文档的修订记录中体现，而且两个版本号应该保持一致。

(3) 要想查找某个版本的文档,只要通过 Label 就可以定位。

(4) 不提倡在文档名中体现版本号,如需求分析 1.1、需求分析 1.2 等。否则,配置库中将保存多个类似的文档,不便于文档的查找和使用,也会占用大量的资源。

2) 程序类

对于中小项目,建议将整个项目的所有源程序作为一个配置项。如果项目较大,被分成多个开发小组,可以将每个小组的源程序当作一个配置项。项目配置管理员每次编译前,将整个源代码或每个小组的源代码目录打上 Label,写上 build 号,可以直接用日期作 build 号。项目可执行程序的版本号与文档版本号类似,采用 $X.Y.Z$ 的版本规则,X、Y、Z 均为 0~99 的正整数。初次上线,版本号为 1.0.0;大的功能调整,增加 X 值;小的功能变更,增加 Y 值;修改程序 Bug 或功能细小调整等,增加 Z 值。

13.3.2 版本控制

版本控制是对软件不同版本进行标识和跟踪的过程。它是全面实施软件配置管理的基础,可以保证软件技术状态的一致性。对版本的控制就是对版本的各种操作控制,主要包括检入/检出控制、版本的分支和合并、版本的历史记录等。

版本控制,有时也叫作源码控制。编码过程是软件工程的重要一环,这一部分工作的好坏直接关系到软件产品的质量。高效率的多人协作开发,依赖于团队精神、设计师对于软件架构的整体把握、好的并行版本控制技术,以及制度化的每日构建和最后阶段的交付工程。版本控制系统允许人们回到先前的版本,并比较任何两个版本来看它们之间有什么不同。这样,版本控制就保持了一个历史的、正确的、文件进化的日志。更重要的是,版本控制系统能让几个人甚至是处于完全不同的地理位置的人通过因特网或者私有网络来对相同的文件进行修改,从而在一个开发项目上共同工作。版本控制是工作组软件开发中的重要方面,它能防止意外的文件丢失,允许反追踪到早期版本,并能对版本进行分支、合并和管理。在软件开发需要比较两种版本的文件或找回早期版本的文件时,源代码的控制是非常有用的。

版本控制作为配置管理系统的核心,它所控制的对象是软件开发过程中涉及的所有软件配置项,包括文件、目录和链接。其中,文件包括源代码、可执行文件、位图文件、需求文档、设计说明和测试计划等。目录的版本记录了目录的变化历史,包括新文件的建立、新的子目录的创建、已有文件或子目录的重新命名、已有文件或子目录的删除等。

版本控制的目的在于对软件开发进程中文件、目录的发展过程提供有效的追踪手段,保证在需要时可回到旧版本,避免文件丢失和相互覆盖,通过对版本库的访问控制避免未经授权的访问和修改,达到有效保护软件资产和知识产权的目的。另外,版本控制是实现团队并行开发、提高开发效率的基础。

常用的版本控制模型包括锁定修改解锁模型和复制修改合并模型。

1. 锁定修改解锁(Lock-Modify-Unlock)模型

锁定修改解锁模型只能同时允许一个用户对数据进行读写。在这种模型中,对于共享数据的访问采用锁的机制。假设一个用户要访问一个共享资源,先检测该共享资源是否有锁,如果没有,则先对该共享数据加锁,然后进行读写,在所有操作完成后解锁。如果一个用户在检测到他想读写的共享数据已被加锁时,则等待,直到该共享数据解锁,才能访问文件。使用锁定修改解锁模型以牺牲效率,强制同一时刻只能有一个开发者访问共享数据的形式保证数据一致性,虽然这种模型简单易行,但是代价太大,不适合多用户并行访问的情况。

2. 复制修改合并(Copy-Modify-Merge)模型

复制修改合并模型是对锁定修改解锁模型的改进,在这种模型下,多用户可以高效地并行工作。复制修改合并模型中,用户并不对其想要访问的共享数据直接进行操作,而是将该数据复制到本地的工作目录中。用户对复制到本地工作目录的共享数据备份进行编辑,在工作完成后重新提交给版本库。用户提交数据到版本库后,版本库会对用户提交的数据进行版本检测,如果提交数据的版本是最新的版本,则允许用户的提交,并将用户提交的版本作为一个新的版本。如果用户提交的版本不是最新的版本,则说明已经有并行工作的其他用户提交过版本了,可能存在冲突。在这种情况下,版本库会将最新的版本、最新版本的父版本以及用户提交的版本一起返回给用户,要求用户手动进行新旧版本的合并。在复制修改合并模型的控制下,多用户可以高效地并行工作,而不必担心自己的操作会对其他用户产生影响,只需要在提交的时候与其他用户沟通,手动合并解决冲突就可以了。

13.3.3 变更管理

变更管理是指在软件开发的整个周期中对软件的变化进行控制和跟踪。从 IEEE 对基线的定义中可以发现,基线是和变更控制紧密相连的。也就是说,在对各个配置项做出了识别,并且利用工具对它们进行了版本管理之后,如何保证它们在复杂多变的开发过程中真正地处于受控的状态,并在任何情况下都能迅速地恢复到任一历史状态就成为软件配置管理的另一重要任务。因此,变更控制就是通过结合人的规程和自动化工具,以提供一个变化控制的机制。

在软件开发过程中,变更是不可避免的。而不受控的变更将迅速导致整个开发过程的混乱。开发人员、测试人员、维护人员以及用户等都可以根据实际情况对基线提出变更申请,但无论是哪一种情况,基线一旦划定,由该基线控制的各配置项的历史版本均处于锁定或严格受控状态,任何对基线的变更都必须严格按变更控制流程来进行。

软件的变更通常有两种不同的类型:功能变更和错误修补变更。功能变更是为了增加或者删除某些功能,或者为了改变已完成的某个功能方法而需要的变更。这类变更必须经过某种正式的变更评价过程,以估计变更需要的成本和其对软件系统其他部分的影响。错误修补变更是为了修复漏洞而进行的变更。它是必须进行的,通常不需要从管理角度对这类变更进行审查和批准。但是,如果发现错误的阶段在造成错误的阶段的后面(如在实现阶段发现了设计错误),则必须遵照标准的变更控制过程。

一般来说,变更管理的控制流程包括变更申请、变更请求评审、变更批准和变更实施等环节,如图 13-8 所示。

1. 变更请求

每个软件开发组织都要事先按有关规定以及结合软件本身的特点,设计一份标准格式的更改申请单(CR),并安排配置管理员(CMO)负责接收 CR。CMO 要审查申请单的清晰性和完整性,不符合要求的,及时退还申请人。符合要求的,打上跟踪标记,并登记在更改申请数据库中,然后在规定时间交由软件配置控制委员会(SCCB)讨论,由 SCCB 负责作出是否更改的决定,并制订更改计划。

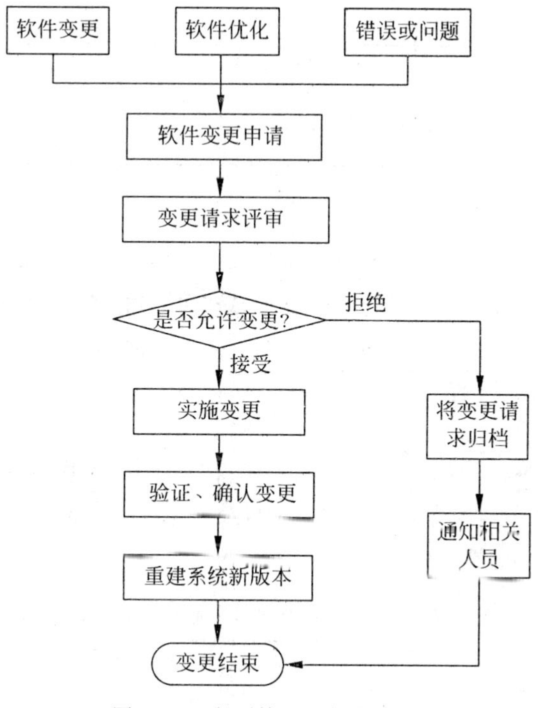

图 13-8　变更管理的控制流程

2. 变更请求评审

CMO 完成 CR 分类和标识后，提交给 SCCB 讨论。SCCB 收到 CR 后，分析此更改的必要性、技术可行性，并权衡其他的更改策略和方法、所涉及的有关软件配置项、对系统功能和性能的影响、更改所需的资源是否合理充分，以及对整个开发进度和经费的影响等，最后决策是否实施此项变更。

为了更好地指导变更范围的影响分析，可以通过以下两种表格来发现受到变更影响的内容，一是需求跟踪表，参见表 13-4；二是配置项依赖关系矩阵表，参见表 13-5。

表 13-4　需求跟踪表

需　　求	设　　计	编　　码	程　　序
需求 1	系统设计 1 系统设计 2	模块 1 模块 2	子系统程序 1
需求 2	系统设计 3 系统设计 4	模块 3	子系统程序 2
…	…	…	…
需求 n	系统设计 $2n-1$ 系统设计 $2n$	模块 $n-1$ 模块 n	子系统程序 n

表 13-5　配置项依赖关系矩阵表

	配置项 1	配置项 2	…	配置项 m
配置项 1				√
配置项 2	√			

续表

	配置项 1	配置项 2	…	配置项 m
…				
配置项 m		√		

3. 变更批准

SCCB 可以做出批准、不批准或推迟变更请求的决定,也可要求申请人提供更充分的信息或进一步的分析。对已批准变更的 CR 要形成变更实施意见,并由相应领导签字后通知相关人员执行;对被拒绝的 CR 要连同拒绝理由一并退回给变更申请人;需要延期的则由 CMO 存档,在适当的时候再提交 SCCB 讨论。

4. 变更实施

CMO 要及时将获得批准的 CR 送交相关项目负责人,由其负责安排相应的资源,根据变更需求从配置库中提出目标基线配置项或引出分支来实施变更。

表 13-6 给出了一个配置项变更控制报告模板。

表 13-6 配置项变更控制报告模板

<table>
<tr><td colspan="4">1. 变更申请</td></tr>
<tr><td>申请变更的配置项</td><td colspan="3">输入名称,版本,日期等信息</td></tr>
<tr><td>变更的内容及其理由</td><td colspan="3"></td></tr>
<tr><td>估计配置项变更将对项目造成的影响</td><td colspan="3"></td></tr>
<tr><td>变更申请人签字</td><td colspan="3"></td></tr>
<tr><td colspan="4">2. 审批变更申请</td></tr>
<tr><td>SCCB 审批意见</td><td colspan="3">审批意见
SCCB 负责人签字
日期:</td></tr>
<tr><td>批准变更的配置项</td><td>变更执行人</td><td colspan="2">时间限制</td></tr>
<tr><td></td><td></td><td colspan="2"></td></tr>
<tr><td></td><td></td><td colspan="2"></td></tr>
<tr><td></td><td></td><td colspan="2"></td></tr>
<tr><td colspan="4">3. 变更配置项</td></tr>
<tr><td>变更后的配置项</td><td>重新评审结论</td><td>完成日期</td><td>责任人</td></tr>
<tr><td></td><td></td><td></td><td></td></tr>
<tr><td></td><td></td><td></td><td></td></tr>
<tr><td colspan="4">4. 结束变更</td></tr>
<tr><td>SCCB 签字</td><td colspan="3">SCCB 负责人签字
日期:</td></tr>
</table>

在实施变更时,要注意按照 CR 及 SCCB 实施意见上的内容,严格按设计、编码、测试的流程进行;与程序相关的文档也必须做出相应修改,以保证一致性;一旦完成更改并通过了单元测试(有时还必须有集成测试),还必须有反复的回归测试来保证变更已达到优化的目的,并且不会导致其他功能的失效。

修改后的配置项连同相应的回归测试报告经审批后一并提交给 CMO,重新履行入库手续，新版本基线即替代旧版本，打好标签；CMO 还要生成变更报告并通知给所有相关人员。只有当完成对代码和数据更改的测试，相关文档也做了相应更改，并且对全部更改进行了检测之后，才算完成了基线更改任务。

CR 在变更管理的控制流程中会在以下几种状态中切换。

(1) 已提交(Submitted)：变更申请人将 CR 提交给 CMO 并已登记到更改申请数据库中。

(2) 已拒绝(Rejected)：提交的 CR 经 SCCB 分析后认为符合开发需求不必做修改，并给出了合理的理由。

(3) 已推迟(Postponed)：提交的 CR 经 SCCB 分析，无法按时解决或项目风险较大，暂做延迟处理，并给出预估完成时间和需要的人力资源。

(4) 已分派(Assigned)：开发经理或项目经理已将变更任务分配给开发人员解决。

(5) 已打开(Opened)：开发人员正在实施该变更中。

(6) 已修复(Fixed)：完成对该 CR 的修改，并将 Checkin 代码或文档存到配置库中。

(7) 已审查(Checked)：开发经理对修改后的代码、文档及测试结果进行审查。

(8) 未通过(NotPassed)：修改后的结果经开发经理或 SCCB 审查后未通过。

(9) 已解决(Resolved)：测试者/文档验证人员/客户/第三方测试团队确认变更结果通过。

(10) 已关闭(Closed)：测试主管/实施人员/CMO 确认该变更已通过验证。

13.3.4 配置状态统计

配置状态统计也称配置状态报告，其任务是有效地记录和报告整个生存期中软件的状态，目的是及时、准确地给出软件配置项的当前状况，用以跟踪对已建立基线的需求、源代码、数据以及相关文档的更改，以文件的形式表明每一个软件版本的内容，以及形成该版本的所有更改，供相关人员了解，以加强配置管理工作。

配置状态统计涉及记录和报告变更过程的状态，包括配置项的状态、变更请求或问题报告的状态、已获准变更的状态。其目的是为了持续地记录配置状态以及保持基线产品和其变更建议的历史，并使相关人员了解配置和基线状态。当一个软件配置项标识更改，或变更控制审核人批准一次变更，则生成一个配置状态报告。它包含在整个软件生命周期中对基线所有变更的可跟踪性报告，主要描述配置项的状态、变更的执行者、变更时间和有何影响。

配置状态统计通过创建修改记录、管理报告软件配置项的状态或需求变化来实现，它可以跟踪任意模式的配置项，提供完整的各种变更的历史版本和汇总信息。配置状态统计的结果存入数据库，管理者和开发者可以查询变化信息，也可以评价变更；软件工程师可以看到都做了哪些修改或者每个文件都包含在哪个基线中；项目经理可以跟踪详细的问题报告和各种其他维护活动产生的报告(如事务日志、变更日志、配置项增量报告等)。

配置状态统计对于大型软件开发项目的成功起着至关重要的作用，它提高了所有开发人员之间的通信能力，避免了可能出现的不一致和冲突。

13.3.5 配置审计

配置审计确认软件产品是根据需求、标准或合同而建立的，其目标是验证产品的功能是否已经完成,已被正确标识和描述,所有变更请求是否都已按变更管理控制流程和程序解决。

配置审计一般包括两部分审核内容：配置管理活动审核和基线审核。其中,配置管理活动审核是确保项目成员的所有配置管理活动都遵循已批准的软件配置管理方针和规程进行。基线审核是保证基线化软件工作产品的完整性和统一性,满足其功能的要求。通常在每次产品发布之前(即在里程碑评审后)实施两种方式的配置审核：功能审核和物理审核。功能审核检验软件基准库内容是否一致,即验证配置项的实际功能是否与软件需求相一致,以及是否符合基线文档要求(通常要审查测试方法、流程、报告和设计文档等)。物理审核则检验软件基准库内容是否完整,如正确版本的源代码、资源、文档、安装说明等。

配置审核通常在以下几种情况下进行：①软件产品交付或是软件产品正式发行前；②软件开发的阶段工作结束后；③在产品维护工作中定期地进行。执行配置审核的主要步骤和活动如下。

(1) 组成审核小组,并明确各自的职责。

(2) 收集审核材料,确定审核内容和日程安排。

(3) 配置管理活动审核,确认所有SCM活动依照配置管理计划执行。

(4) 功能审核：验证配置项的实际性能与软件需求规格说明的一致性,确认当前基线配置项的正确性、完整性和完备性。

(5) 物理审核：包括配置项是否被正确地标识；确认已受控配置项的变更是受到控制的；确认配置库存储与备份是安全、有效、一致的；验证配置管理活动与相应记录之间的一致性；验证项目的配置管理工作是否符合适用的标准和规程；验证要交付的产品是否存在；验证交付的产品确实包含所有必需的项目,如正确版本的源代码、资源、文档、安装说明等。

(6) 形成配置审核报告,并上报相关人员。

(7) 跟踪审核发现的问题及纠正措施直至问题解决,纠正情况记录于《审核问题跟踪记录》中。

对于审核中存在的问题,需要结合实际的配置管理工作,分类制定相应的解决方案,并指定具体的负责人来监控问题落实情况。具体参见表13-7。

表13-7 基线审核问题及措施建议

类型	主要问题举例	解决措施建议	主要负责人
SCM过程执行方面	文档未及时入库	加强对项目组人员的培训	配置管理员
	Checkout/Checktin未进行注释	制定规范化的要求并监督,尤其对于已发布的配置项	配置管理员
	变更未进行规范的变更分析,未及时录入变更跟踪库中进行管理	需完善变更分析流程,加强监督	所有项目组成员
	未根据组内审查的意见对文档进行更新	负责人根据评审意见在两天内修改完成	文档作者
	配置项命名不符合规范	加强对项目组人员的培训	配置管理员
	工作空间命名不规范	加强对项目组人员的培训	配置管理员

续表

类　型	主要问题举例	解决措施建议	主要负责人
需求方面	与项目开发任务书或合同中分配的需求不一致，或者已发布的需求项不够明确	加强对需求评审过程的审查	需求分析员
	缺少部分需求定义文档	及时完善补充文档	项目经理/需求分析员
	需求变更后未及时更新原需求配置项的状态	加大软件质量保证员（SQA）审查力度，参照需求变更的内容，更新现有的需求配置项	需求分析员/配置管理员
设计方面	需求中提到的功能项未在设计中体现出来	加大对设计评审环节的审查力度，需求分析员要对开发进度进行跟踪	项目经理/需求分析员/开发经理
	设计描述不详细，关键的类及接口无说明	前期制定详细的设计规范及要求，项目中期要进行跟踪检查	项目经理
	未记录设计变更	加大评审的执行力度，完善变更控制流程	开发经理/配置管理员
代码方面	代码实现不符合编码规范要求，没有注释或变更记录	加大项目组的代码评审力度及开发主管的审查力度	开发经理/开发工程师
	未去除冗余代码	加大代码评审力度	软件架构师/开发工程师/开发经理
产品方面	部分已实现的功能未在产品需求、设计文档中进行任何描述	根据产品功能完善需求、设计，并控制后期的产品修改	SCCB、项目经理
	部分产品功能未实现	增加系统测试案例，提高测试覆盖率	开发工程师/测试团队
	产品用户手册、帮助文档不完整	文档管理人员需要及时更新	文档管理人员

配置管理员要积极地跟踪在审查中发现的问题及处理进度，对于已修复的问题及时验证并关闭。只有在所有的不符合项报告均关闭后，才能发布新版本。但是，在很多公司的实际操作过程中，认为审核是要等到开发完成后才去执行的一个动作，而且很容易被忽视。如果项目能在事前就进行审核，尽早地发现问题或缺陷，对项目后期的开发将有很大的帮助和参考价值。

13.4　软件配置管理的组织

1. 配置管理的组织角色与职责

为满足配置管理工作的需要，首先必须要建立相应的配置管理组织结构，并确定与配置管理相关的所有角色，包括它们的相应活动。在软件开发过程中，一个开发人员可能兼任多种角色，但一项任务在同一时刻只能由一个角色来执行。特别是在引入了软件配置管理的工具之后，组织内的所有人员按照不同的角色要求将被赋予不同的系统权限，他们只能在规定的权限内执行相应的动作。软件配置管理过程中主要涉及以下角色和分工。

（1）软件配置控制委员会（Software Configuration Control Board，SCCB）。

软件配置控制委员会负责指导和控制配置管理的各项具体活动的进行，为项目经理的决策提供建议。其具体职责包括以下几项。

① 制定和修改项目的组织结构、配置管理策略。

② 审核配置管理计划。

③ 建立、更改基线的设置，审核变更申请。

④ 根据配置管理员的报告决定相应的对策。

(2) 项目经理(Project Manager,PM)

项目经理是整个软件开发活动的负责人，他根据软件配置控制委员会的建议批准配置管理的各项活动并控制它们的进程。其具体职责包括以下几项。

① 提出配置管理的建议和要求。

② 与 SCCB 协商确定项目起始基线和开发里程碑。

③ 批准、发布配置管理计划，并按相关规定贯彻执行。

④ 接受配置控制委员会的报告。

(3) 配置管理员(Configuration Management Officer,CMO)。

配置管理员根据配置管理计划执行各项管理任务，定期向 SCCB 提交报告，并列席 SCCB 的例会。其具体职责包括以下几项。

① 软件配置管理工具的日常管理与维护。

② 提交配置管理计划。

③ 各配置项的管理与维护。

④ 执行版本控制和变更控制方案。

⑤ 完成配置审计并提交报告。

⑥ 对开发人员进行相关的培训。

⑦ 识别软件开发过程中存在的问题并拟定解决方案。

(4) 系统集成员(System Integration Officer,SIO)。

系统集成员负责生成和管理项目的内部和外部发布版本，其具体职责包括以下几项。

① 集成修改。

② 构建系统。

③ 完成对版本的日常维护。

④ 建立外部发布版本。

(5) 开发人员(Developer)。

软件开发人员依据项目的开发和配置管理策略、配置管理计划，提交配置项和基线，完成开发任务。

(6) 软件质量保证员(Software Quality Assurance,SQA)。

软件质量保证员负责配置审核并提交报告。对配置审核中发现的不符合项，要求相关责任人进行纠正。

2. 配置管理员所具备的素质

(1) 职业道德是第一位的。因为配置管理人员负责管理软件公司最为重要的资产。

(2) 软件配置管理的专业知识。配置管理员最好要精通一种配置管理工具，没有工具是不可能实施软件配置管理的，否则只能是效率极其低下的纸上谈兵。

(3) 具备项目管理的知识，对于软件开发流程要非常熟悉。

一般而言，配置管理员最好要经历几个软件项目的开发管理过程，或者担任过项目经理，对软件开发的全过程有比较清晰的了解。有软件开发经验可以增强说服力，降低实施的难度，并且能够以开发人员的身份去体会配置管理，才能改进配置管理过程。

(4) 有一定的大局观，有一定的IT背景知识，对系统(操作系统、网络、数据库等方面)比较熟悉。

除了个人素质上的要求，在性格上也有一些共性的要求。例如，①沟通技巧。在部署和实施配置管理的时候，肯定会遇到一些抵触。对于程序员而言，使用配置管理之前，没有什么约束，但是在实施后，会有一些约束，认为这并不是自己的工作。如果在使用中出现了问题，就需要配置管理员进行沟通，并且能够解决问题。②稳重、细心、有耐心。配置管理工作需要和开发人员、测试人员、项目经理打交道，但是他们对于遵循配置管理流程和工具不会非常热心，因此需要配置管理人员能够稳重、有耐心。

3. 配置管理员的设置

配置管理员在软件开发过程中的地位是举足轻重的。对于大中型软件公司来说，配置管理部门可以设置三个职位：一是配置管理经理，负责公司全面的配置管理方面的工作；二是创建发布工程师，主要负责创建、发布和部署产品；三是工具管理工程师，主要负责开发、维护配置管理工具，对工具的使用进行培训。

但对很多软件公司来说，设置上述三种职位是不现实的，而且为每个项目专门设置一个配置管理员也很困难。考虑到我国多数软件公司的实际情况，配置管理员的设置可以采用"兼职＋专职"的形式来进行，具体安排如下。

(1) 软件公司在公司级上必须有一个整体的配置管理解决方案和策略，对于各个具体开发项目也有一个适合项目需要的配置管理策略。

(2) 在公司级的SCM策略上，设置专职的配置管理员。一般由水平较高的人员担任，符合上面提到的配置管理员的素质要求。在项目级的SCM策略上，设置兼职的配置管理员。一般可由开发人员或者质量人员来兼任。

(3) 专职和兼职配置管理员之间要做好沟通协调。如果公司使用SCM工具，一般在项目前期部署时任务比较紧张，实施以后操作比较简单，只需要一个兼职人员就可以了。

13.5 软件配置管理计划

软件配置管理计划是软件开发计划的一部分，它设立了项目的配置管理策略及实践，描述了预期要在项目生命周期中开展的SCM活动，批准的软件配置管理计划用来指导项目整个配置管理活动的开展。

软件配置管理计划应在项目总体策划的初期制订，与软件项目策划同步进行。如果不在项目初期制订配置管理计划，配置管理将是无的放矢，许多关键活动无法及时有效地开展，最终造成项目开发状况的混乱。因此，及早制订一份软件配置管理计划在一定程度上是项目成功的重要保证。

软件配置管理计划应该包括以下主要内容：SCM需要开展的配置管理活动及其进度安排；所需的资源(包括人员、工具和计算机设备)；实施配置管理的责任人、组织及其职责;项目成员所应遵循的SCM程序等。

制订软件配置管理计划的流程如下。

(1) 建立并维护配置管理的组织方针。

(2) 确定配置管理需要使用的资源。包括软件和硬件资源,如配置管理工具、数据管理工具、归档和复制工具、数据库程序等。

(3) 分配责任。确定配置管理的总负责人及其责任和权限,确定其他人员的责任和权限。

(4) 制订培训计划。包括过程和产品质量保证的专题培训。

(5) 确定配置管理的项目干系人,并确定其介入时机。

(6) 制定识别配置项的准则。

(7) 制定配置项管理表。包括标识号、配置管理名称、重要特征、预计进入配置管理的时间、实际进入配置管理的时间、拥有者及责任。拥有者的责任通常有保证配置项的正确性、遵守关于配置项的安全保密规定、保证配置项的完整性等。

(8) 制订基线计划。确定每个基线的名称及主要配置项,估计每个基线建立的时间。

(9) 制订配置库备份计划。指明何人在何时将配置库备份到何处。

(10) 制定变更控制规程。

(11) 制订审批计划。

下面给出《软件配置管理计划》的参照模板。在编制计划时,可考虑项目的实际情况,进行适当裁剪。

1. 引言

1.1 编写目的

针对具体软件项目说明编制软件配置管理计划的目的,描述该软件项目的概况。

1.2 适用范围

阐述软件配置管理计划的适用范围。例如,本计划所针对的软件项目,适用的研制部门和软件开发阶段等。

1.3 定义与缩写词

列出在本文档中需要解释的术语定义和缩写词。

1.4 参考文件

详细说明所参考的文献的缩写名、全名、版本号、释放号、日期、出版单位、文档编号或文档的其他唯一标识。

2. 管理

2.1 机构

描述在软件生存周期各阶段中负责软件配置管理的机构,并明确如下:

1. 配置管理小组的组成人员及其相互关系;

2. 配置管理小组在研制单位中的隶属关系;

3. 配置管理小组同其他部门间的关系。

2.2 任务

描述在软件生存周期各阶段中的软件配置管理任务以及要进行的评审与检查工作,并指出各阶段产品应存放在哪一类配置库(开发库、受控库和产品库)中。

2.3 职责

描述与软件配置管理有关的各类机构或成员的职责，并指出这些机构或成员之间的关系。

2.4 实施

描述实现软件配置管理计划的主要里程碑。例如，建立软件配置管理组织，确定配置基线，制定、评审与检查软件配置管理计划和规程等。

2.5 适用的标准、规定和约定

描述适用于该软件项目的软件配置管理标准、规定和约定。

3. 软件配置管理活动

3.1 配置标识

详细描述软件项目的各种基线以及这些基线与在生存周期内各个阶段之间的联系；描述本软件项目所有代码和文档的标题、代号、编号及分类规程。

3.2 配置控制

详细描述在软件生存周期内各个阶段的软件配置控制方法和要求，其中包括：

1. 更改控制；

2. 版本控制；

3. 在软件生存周期各个阶段软件更改的批准权限。

3.3 配置状态的记录和报告

详细描述如何收集、验证、存储、处理和报告配置项的状态信息，说明应定期提供的报告及其分发办法等。

3.4 配置的审计和评审

说明在软件生存周期的特定点上要执行的审计和评审，规定每次审计和评审所包含的配置项，指出标识和解决在审计和评审期间发现的问题的工作规程。

4. 工具和方法

描述为支持软件项目配置管理所使用的软件工具、技术和方法，并描述它们的使用方法。

5. 记录的收集、维护和保存

指明要保存的软件配置管理文档，指明用于汇总、保护和维护这些文档的方法和设施，并指明其保存期限。

13.6 软件配置管理工具

1. 常见的配置管理工具介绍

由于软件配置管理过程十分繁杂，管理对象错综复杂，如果是采用人工的办法不仅费时费力，还容易出错，产生大量的废品。因此，引入一些自动化工具是十分有益的，这也是做好配置管理的必要条件。

正是因为如此，市场上出现了大量的自动化配置管理工具。这些工具的实现原理与基本机制十分接近，但由于其定位不同，因此各有特点。下面对一些常见的配置管理工具做简单的介绍。

1) CCC、SCCS和RCS

20世纪70年代初期,加利福尼亚大学的Leon Presser教授提出控制变更和配置的概念,之后在1975年,他成立了一家名为Soft Tool的公司,开发了自己的配置管理工具(Change and Configuration Control,CCC),这是最早的配置管理工具之一。在软件配置管理工具发展史上,继CCC之后,最具有里程碑式的是两个自由软件:Marc Rochkind的SCCS(Source Code Control System)和Walter Tichy的RCS(Revision Control System)。他们对配置管理工具的发展做出了重大的贡献,直到现在绝大多数配置管理工具基本上都源于他们的设计思想和体系架构。

2) ClearCase

Rational公司的ClearCase是软件配置领域的先导,它主要基于Windows和UNIX的开发环境。它提供了全面的配置管理,包括版本控制、工作空间管理、建立管理和过程控制,它可以与Windows资源管理器和很多开发工具集成在一起使用,而且无须软件开发者改变他们现有的环境、工具和工作方式。但是,它对配置管理员的要求比较高。

(1) 版本控制。

ClearCase自动追踪每一个文件和目录的变更情况,通过分支和归并功能支持并行开发。在软件开发环境中,ClearCase可以对每一种对象类型(包括源代码、二进制文件、目录内容、可执行文件、文档、测试包、编译器、库文件等)实现版本控制。

(2) 工作空间管理。

ClearCase给每一位开发者提供了一致性、灵活性、可重用的工作空间域。它采用了一种称为View的创新技术,可以选择所指定任务的每一个文件或目录的适当版本,并呈现它们。

(3) 建立管理。

ClearCase自动产生软件系统构造文档信息清单,而且可以完全、可靠地重建任何构造环境,也可以通过共享二进制文件和并发执行多个建立脚本的方式支持有效的软件构造。

(4) 过程控制。

ClearCase有一个灵活、强大的功能,可以明确项目设计的流程。自动的常规日志可以监控软件被谁修改、修改了什么内容以及执行政策。例如,可以通过对全体人员的不同授权来阻止某些修改的发生,无论任何时刻某一事件发生应立刻通知团队成员,对开发的进程建立一个永久记录并不断维护它。

3) Firefly

作为Hansky公司软件开发管理套件中重要一员的Firefly,可以轻松管理、维护整个企业的软件资产,包括程序代码和相关文档。Firefly是一个功能完善、运行速度极快的软件配置管理系统,可以支持不同的操作系统和多种集成开发环境,因此它能在整个企业中的不同团队、不同项目中得以应用。

Firefly基于客户机/服务器体系结构,不依赖于任何特殊的网络文件系统,可以平滑地运行在不同的LAN、WAN环境中。它的安装配置过程简单易用,可以自动、安全地保存代码的每一次变化内容,避免代码在无意中被覆盖、修改。项目管理人员使用Firefly可以有效地组织开发力量进行并行开发和管理项目中各阶段点的各种资源,使得产品发布易于管理,并可以快速地回溯到任意历史版本。

另外，系统管理员使用 Firefly 的内置工具可以方便地进行存储库的备份和恢复，而不依赖于任何第三方工具。

4）CVS

CVS 是并发版本系统(Concurrent Versions System)的意思，是一种开源的版本控制系统。CVS 基于客户机/服务器，多个开发人员通过一个中心版本控制系统来记录文件版本，从而达到保证文件同步的目的。它可以维护任意文档的开发和使用，而不仅局限于程序设计。它将源文件的存储和用户的工作空间独立开来，采用 Copy-Modify-Merge 的版本控制模型支持对文件的并行访问和修改操作。

CVS 被广泛应用于流行的开源工程中，如 Mozilla、GIMP、XEmacs、KDE 和 GNOME 等。但是由于之前 CVS 编码的问题，现在大多数软件开发公司都使用 SVN 替代了 CVS。

5）SVN

SVN 是 Subversion 的简称，也是一种自由开源的版本控制系统，可以将数据恢复到早期版本，或者检查数据修改的历史，这些数据可以是源代码或其他类型的文件。SVN 最初的设计团队给 SVN 定下了几个简单目标，"它必须在功能上可取代 CVS，也就是说，所有 CVS 可做到的事，它都要能够做到；在修正 CVS 最明显的瑕疵的同时，还要保留相同的开发模式；SVN 应该要和 CVS 很相像，任何 CVS 使用者只要花费少许的力气，就可以很快地上手"。目前，互联网上很多版本控制服务已从 CVS 迁移到 SVN。

SVN 修正并添加了一些 CVS 并不拥有的功能。例如，创建标志和分支，可以根据文件修改的次数自动增加版本号以便找回历史文件，防止多人同时修改一类文件导致文件覆盖或被删除。开发者可以及时更新和获取其他开发者的最新数据和文件。同时，SVN 支持 VPN，可以为公司内部网络、远程和移动用户、分支机构和合作伙伴提供基于因特网的安全连接。

6）PVCS

PVCS 系列软件是 Merant 公司出品的实现配置管理的 CASE 工具，可以为配置管理提供良好的自动化支持。其中，PVCS 的 Version Manager 是用来实现文件版本管理的，它是整个套件的核心。在软件开发过程中可以完善地管理软件系统中的多种版本；自动创建完整的文档，保障软件的维护；全面记载系统开发的历史过程，包括谁做了修改、修改了什么、为什么修改；管理和追踪开发过程中危害软件质量以及影响开发周期的缺陷和变化；管理需求分析等。

PVCS 能够提供对软件配置管理的基本支持，通过使用其图形界面或类似 SCCS 的命令，基本满足小型项目开发的配置管理需求，属于小工作组、项目级的配置管理工具。

7）VSS

VSS(Visual Source Safe)是微软公司为 Visual Studio 配套开发的一个小型的配置管理工具，准确地说，它仅能够称得上是一个小型的版本控制软件。VSS 的优点在于其与 Visual Studio 实现了无缝集成，使用简单。它提供了历史版本记录、修改控制、文件比较、日志等基本功能。

但 VSS 使用过程中要遵循的是 Lock-Modify-Unlock 版本控制模型，即开发人员首先将自己要修改的源代码和文档从 VSS 服务器主备份文件上 Checkout 到本地，同时锁定服务器上的源代码和文档(Multi-Checkout 情况除外)；修改完成后再 Checkin 到服务器上，同时解除服务器上文件的锁定。因此,服务器集中控制所有的源程序和文档,不支持并行开发。而且,VSS也只支持 Windows 平台。

2. 选择配置管理工具的标准

面对这些形形色色、各有千秋的配置管理工具,如何根据组织特点、开发团队需要,选择切合适用的工具呢？一般来说,配置管理工具选择需要考虑的因素包括功能、性能、费用和售后等几方面。具体如下。

(1) 功能是否符合实际需求,是否符合团队特点。

目前,大多数主流配置管理工具的功能都能基本满足组织的需要,选择时重点考虑开发团队是否对工具有以下几个方面的需求,包括并行开发、异地开发、跨平台性以及与开发工具的集成性。

① 并行开发。

在团队协作开发过程中,有两种主要的模式：集体代码权和个体代码权。采用集体代码权模式进行开发时,一段代码可能同时会被多个开发人员同时修改;而采用个体代码权模式进行开发时,每一段代码都始终被一个开发人员独享,别人需要修改时也会通过该开发人员完成。

而配置管理工具针对这一情况,采用了不同的策略,包括 Copy-Modify-Merge 的并行开发模式和 Lock-Modify-Unlock 的独占开发模式。在并行开发模式下,开发人员可以并行开发、更改代码。在以上常用工具中,ClearCase、Firefly 和 CVS 采用的是 Copy-Modify-Merge 模式,而 PVCS 和 VSS 使用的是 Lock-Modify-Unlock 模式。

② 异地开发。

如果开发团队分布在不同的开发地点,就需要对工具的异地开发功能进行仔细的评估。大多数工具都提供了基于 Web 的界面,用户可以通过浏览器执行配置管理的相关操作,而且有些工具就是通过此方法来实现对异地开发的支持。但是,这种实现方法有很多的局限性,例如,网络连接带宽的限制、防火墙以及安全问题等。真正意义上的异地开发支持,是指在不同的开发地点建立各自的存储库,通过工具实现自动或手动同步。该方法的优点是与网络无关,即使各个开发地点之间没有实时连通的网络,也可以通过 E-mail 附件等其他方式将同步包发给对方,实现手动同步。在上述软件中,ClearCase 和 Firefly 就是通过此方法来支持异地开发的。

③ 跨平台性。

如果企业需要从事多个不同平台下的开发工作,就需要配置管理工具能够对跨平台开发提供支持,否则势必会给开发、测试、发布等各个环节带来不便,大量的时间将被浪费在代码的手工上传、下载上。在上述软件中,VSS 仅支持 Windows 操作系统,而 ClearCase、Firefly、CVS 等平台移植性比较好,能够支持常见的平台。

④ 与开发工具的集成性。

配置管理工具与开发工具是编码过程中最常用的两种工具,因此它们之间的集成性直接影响开发人员的便利性。如果无法良好集成,开发人员将不可避免地在配置管理工具与开发工具之间来回切换。在上述软件中,ClearCase 直接与资源管理器集成,非常方便易用;Firefly 与开发工具的集成性较好,与常见的开发工具都能无缝集成;CVS、VSS 等与其他开发工具的集成性较差。

(2) 性能是否满意。

配置管理软件的一些性能指标对于最终的选择也有着至关重要的影响。

① 运行性能。

如果项目规模比较大,团队成员逐渐增多,其运行性能就会带来很大的影响。在上述软件中,ClearCase 和 Firefly 服务器采用多进程或多线程机制,性能表现优秀,都适用于大型开发团队,但 ClearCase 使用自带的多版本文件系统 MVFS,对性能有较大负面影响。CVS 具有较高的运行性能,可用于各种级别的开发团队。VSS 相对功能单一、简陋,适用于几个人的小型团队,在数据量不大的情况下,性能可以接受。

② 易用性。

从用户界面与开发工具的集成性角度来说,这几款主流的配置管理软件均有较好的设计,均有较好的易用性。ClearCase 的安装、配置、使用相对较复杂,需要进行团队培训。CVS 的安装、配置较复杂,但使用比较简单,只需对配置管理做简单培训即可。

③ 安全性。

ClearCase 采用 C/S 模式,需要共享服务器上的存储目录以供客户端访问,带来一定的安全隐患。而 Firefly 服务器上的存储目录不用共享,对客户端不透明,客户端不可直接访问存储目录,使系统更具安全可靠。VSS 基于文件系统共享实现对服务器的访问,也需要共享存储目录。

(3) 费用是否可以接受。

ClearCase、Firefly 均属于企业级配置管理工具软件,ClearCase 价格较高,Firefly 性价比较高。PVCS 其价格是每客户端几百美元,对于国内企业来说,性价比不高。VSS 是微软打包在 Visual Studio 开发工具包之中的,价格比较低,可以作为个人、小项目团队版本控制之用。而 CVS、SVN 都是完全免费的开源软件,性能较之企业级配置管理工具差距不大,也是不错的选择。

(4) 售后服务如何。

售后服务与产品支持也是一个很重要的考察点,工具在使用过程中出现这样那样的问题是很平常的事,有些是因为使用不当,有些则是工具本身的缺陷。这些问题都会直接影响开发团队的使用,因此随时能够找到专业技术人员解决这些问题就变得十分重要。

3. 正确实施配置管理工具

配置管理工具的实施必须要和公司的开发管理流程结合起来,这是目前软件公司在使用各种工具时一个最大的难点。

一个不规范的公司实施软件配置管理工具,只是将它书面的东西电子化的过程。而一个规范的公司,先要对流程进行规范化,然后才是电子化的过程。工具和管理流程之间的关系是辩证的,其实更应该看重公司是否形成了一套有效的管理规范,是否有一个配置管理的流程和思想。工具只起到辅助作用,当规范建立起来以后,采用工具才能够事半功倍。没有规范,使用什么工具都是没有用的。工具提供商一般除了提供工具实施服务外,还会提供相应的咨询服务,帮助企业首先规范化流程。如果不这样做,在一个不规范的企业中强制性地实施配置管理工具,对于企业流程、企业的员工都是非常大的考验,而且很难有效地实施下去。

此外还要注意,在工具实施一段时间后,软件开发的流程会有一个震动,质量会大幅下滑,这个时期是非常关键并且重要的。一般在公司中实施配置管理工具时,可以采取先试点再推广的方法,即先对一两个项目或者一两个开发模块实施配置管理工具,为公司规范配置过程,培养配置管理人才,然后再推广到整个公司的开发过程中。

案例分析

金保工程软件开发项目在项目质量体系调整的基础上,基于新的软件开发过程建立项目的质量控制系统,并在此基础上建立了配置管理子系统。配置管理是软件项目质量管理的一个比较特别的质量管理工作,在软件开发的项目管理中越来越重要,建立配置管理子系统是项目以往经验教训的总结。在软件业产业化发展的情况下,个人的力量已经不能主导一个项目的成功,团队合作成为软件开发项目的主要解决方案。尤其是像金保工程软件开发项目这样大型的开发项目更离不开对团队开发的管理,这时配置管理系统尤为重要。

目前,解决金保工程软件开发项目配置管理工作的问题的具体措施主要有以下几个方面。

1. 确定配置管理在金保工程软件开发项目管理中的重要地位

软件开发人员大都喜欢方便、快捷和无拘无束的开发工作环境,对于额外的管理或限制从主观上或多或少都有些抵触的情绪,从目前的情况来看,在金保工程软件开发项目中,这种情绪也是普遍存在的。但是自由的另一个含义就是缺乏管理,尤其在项目的人员达到一定的程度后,自由所带来的对项目质量的威胁和影响就尤为突出。金保工程软件开发项目是一个大集中式的大型软件开发项目,项目开发人员众多,业务系统越来越庞大和复杂,需求的变更时有发生,目前的配置管理工作的缺点和不足已经越来越明显。突出的问题主要有以下几点。

(1) 新的版本经常被旧的文件覆盖,导致版本丢失。

(2) 在共同开发的代码中,对于需求回溯难以做到。

(3) 众多的拷贝导致经常无法确认最新的版本。

(4) 编译后的构件无从管理。

基于以上问题的存在,必须要在项目中明确进行配置管理的必要性和重要地位,消除项目开发人员的抵触情绪,确认进行配置管理的共识。

2. 组织金保工程软件开发项目的配置管理团队

在项目组织中确定专门的配置管理团队,至少有一个专职的配置管理专家统一管理项目的配置管理工作。组织金保工程软件开发项目的配置管理团队时,可参照下面的参与配置管理工作的项目人员构成及各自的职责。

(1) 项目经理(至少一个专人):对项目配置管理工作承担主要职责,负责监督、沟通和管理配置工作参与人员的各项活动。

(2) 配置管理专业人员(至少一个专人):管理配置环境,对其他项目人员的配置管理工作进行技术支持。

(3) 开发人员(所有):按照配置管理的工作要求将各自负责的软件版本纳入到配置管理工作中。

(4) 部署人员(至少一个专人):将发布的软件版本纳入到配置管理工作中,在软件配置管理小组中，各类人员要互相配合、分工协作，共同担负起整个项目的软件配置管理工作。

3. 规范配置管理的内容、程度和流程

按照金保工程软件开发项目的实际情况和目前软件工程方面的实践经验，不宜采用比较复杂的配置管理流程和管理模式，而是应该在能满足确定的质量目标的前提下，根据项目实际情况尽量选择低投入、低成本、方便快捷、易于采用的配置管理内容和工作流程。基于这一个配置管理的原则，项目组现在配置管理工作内容主要包括规范配置管理标识、搭建配置管理环境和确定配置管理流程三个方面。

1）规范配置管理标识

目前需要加入到配置管理系统中的标识项应该包括项目文档、项目工程文件和项目部署文件三部分。其中，项目文档应该包含质量体系调整后所包含的各种类型的质量文件，还要包含业务部门提供的各项管理文件；而项目工程文件包括所有属于本项目的程序、模块、程序单元、各项资源以及项目的工程环境；项目部署文件包括金保工程软件开发项目中用户可由网络访问并使用的系统单元。以上内容都要由项目中配置专业人员确定标识，经项目经理确认后纳入配置管理环境中。

2）搭建配置管理环境

配置管理工作要有专门的配置管理环境，项目中的配置专业人员在项目人员进行具体的开发工作前要将这个环境搭建好并指导项目的其他人员具体的使用方法。项目组要为配置环境的搭建提供必要的软、硬件资源和网络环境。

3）确定配置管理流程

在金保工程软件开发项目中，配置管理的流程可简化为三个管理内容：一是建立软件配置管理小组。二是建立各阶段的配置基线；随着金保工程软件开发项目系统及其所属各子系统的任务书的评审和批准，建立起功能基线；随着总体组编写的《金保工程软件开发项目需求规格说明书》的批准，建立起指派基线；随着金保工程软件开发项目工程化软件系统的集成与系统测试的完成，建立起产品基线。三是建立软件库，在本项目所属的各个子系统的研制工作的开始，就建立起各个子系统的软件开发库，并在本项目配置管理小组的计算机上建立起有关该系统及其子系统的软件受控库。以后在每个开发阶段的结束，建立各个子系统的新的开发库，同时把这个阶段的产品送入到总的软件受控库，并在各个子系统的计算机上建立软件受控库的副本。软件受控库必须以主软件受控库为准。当全部开发工作结束，在配置管理小组的计算机上建立起软件产品库，并在各子系统的计算机上建立软件产品库的副本。

4. 对配置管理过程进行周期性检查

为了保证金保工程软件开发项目配置管理工作落到实处、发挥管理的作用并提高项目的质量服务，必须要建立一套监督和检查的机制，使得配置管理工作在一定的指导下有序地进行。金保工程软件开发项目确定的软件配置管理小组要对所有由第三方提供的软件进行物理配置检查，对本项目及其各个子系统的每一个新的释放进行功能配置检查和物理配置检查，对宿主计算机系统所提供的软件和硬件配置要每隔半年检查一次，在软件验收前要对宿主计算机系统、各个子系统及其专用支持软件的配置进行综合检查。在软件开发周期各阶段的评审与检查工作中，要对该阶段所进行的配置管理工作进行必要的评审和检查。应该进行评审与检查的内容与次数，可以根据系统的规模和重要程度由项目经理确定。

5. 加强配置管理的培训工作

对金保工程软件开发项目的所有参与人员进行配置管理方面的培训是一项低投入高产出的管理实践。开展灵活多样的配置管理方面的培训,可以提高项目人员参与配置管理工作的热情,促进配置管理工作的实效,应该将这种培训形成惯例,在项目的各个周期内开展。

6. 使用配置管理工具,提高配置管理能力

如果要把配置管理做好,必然要实现配置管理的自动化,而这一定离不开成型的配置管理系统软件。目前配置管理的软件很多,大的有 Rational 公司的 ClearCase,小的有开源开发领域的 CVS,但从各个方面衡量,在金保工程软件开发项目中采用 SVN 进行配置管理都是一个非常经济而且有效的选择。

SVN 的优点有三个。一是 SVN 中文件目录可以方便地改名,这是 CVS 中完全缺失的特性。二是它基于数据库的仓库。SVN 存储引擎使用 BerkeleyDB 时,添加到仓库的文件会被分析后加到单一数据库文件中,因此不会产生额外的文件,数据备份会明显快得多;当存储引擎使用 FSFS 时,也只是每次提交产生一个新文件。三是速度快。它的很多本地操作都比 CVS 速度快,如 Checkout 或 Update 一个成千上万个文件的项目,这是它的存储引擎带来的好处。另外,SVN 本地存储了足够的信息也能保证它可以尽可能少地访问网络。最为重要的是,SVN 也是一个免费的产品,使用它可以在满足质量管理的同时还能节约质量成本。

思考题:结合案例,谈谈你对软件项目中配置管理的看法。

习　　题

一、单选题

1. 项目的基线变更应该经过(　　)授权执行。

A. 项目管理者　　B. 质量保证人员

C. 配置管理人员　　D. SCCB

2. 软件配置管理(SCM)是一组用于在软件(　　)管理变化的活动。

A. 交付使用后　　B. 开发过程中

C. 整个生命周期内　　D. 测试过程中

3. (　　)可以作为软件生存期中各开发阶段的一个质量检查点。

A. 配置项　　B. 程序

C. 基线　　D. 过程

4. 某软件项目的需求规格说明书第一次正式发布,命名为《需求规格说明说 V1. 0》,之后经过两次较小的升级,版本号升至 V1. 2,此时客户提出一次需求变更,项目组接受了变更,按客户的要求对需求规格说明说进行了较大的改动并通过评审,此时版本号应升级为(　　)。

A. V1. 3　　B. V1. 5　　C. V2. 0　　D. V3. 0

5. 某个配置项的版本号是 2. 01,按照配置项版本号规则表明(　　)。

A. 目前配置项处于"不可变更"状态

B. 目前配置项处于"正式发布"状态

C. 目前配置项处于"草稿"状态

D. 目前配置项处于“正在修改”状态

二、判断题

1. 软件配置管理的目的是建立和维护整个生存期中软件项目产品的完整性和可追溯性。( )

2. 基线是不可以变化的。( )

3. 配置项是软件配置管理的最小单元,是进行软件配置管理的基本单位。( )

4. 对配置项的任何修改都将产生新的版本。( )

5. 已发布的配置项通过了SCCB的审批同意修改,此时其状态变为“正式修改”。( )

三、简答题

1. 软件配置管理有什么作用?

2. 基线是什么?它在配置管理中有什么作用?

3. 举例说明三个常见的配置管理的组织角色和他们相应的职责。

4. 举例说明三个常见的配置管理工具和它们的特点。

参 考 文 献

[1] 文俊浩,曾骏,熊庆宇,等.软件工程实训项目案例[M].重庆：重庆大学出版社，2019.

[2] 李鹏.面向开发过程的MIS项目风险管理模型研究[D].济南：山东师范大学，2013.

[3] 于本海,张金隆,吴恒亮,等.基于FNN的软件项目绩效评价模型研究[J].管理学报,2011,8(10)：1517-1523.

[4] 龚少文,陈和兰.PMP过关1000题：针对第五版《PMBOK指南》[M].福州：福建教育出版社，2014.

[5] 王翠敏,谢华.Project 2013中文版项目管理从新手到高手[M].北京：清华大学出版社，2014.

[6] 于本海,秦晋,邵良杉,等.基于全生命周期的可信软件评价研究述评[J].辽宁工程技术大学学报(自然科学版),2017,36(09)：996-1003.

[7] 段美美,于本海,朱萌.基于CBR的软件项目成本估算方法[J].计算机工程与设计,2014,35(11)：3837-3844,3902.

[8] Webber L，Webber F，于本海，等.世界著名计算机教材精选——IT项目管理基础[J].计算机教育，2012,(18)：48.

[9] 李晓宇.YDXX公司IT项目管理案例研究[D].大连：大连理工大学,2018.

[10] 施瓦尔贝.IT项目管理(原书第7版)[M].北京：机械工业出版社，2017.

[11] 蒋国瑞.IT项目管理[M].北京：电子工业出版社,2011.

[12] Mike B H.软件项目管理[M].周卫华,译.北京：机械工业出版社，2013.

[13] 美国电气与电子工程师协会.项目管理知识体系指南——PMBOK指南[M].6版.北京：人民邮电出版社，2020.

[14] 房芳,于本海,智荣腾,等.基于关键链技术的项目缓冲时间算法研究综述[J].项目管理技术,2017,15(10)：16-22.

[15] 吴吉义.软件项目管理理论与案例分析[M].北京：中国电力出版社，2007.

[16] 温全平.IT项目管理中业务和技术的闭环管理研究[D].北京：北京交通大学,2020.

[17] 贺光成,张斌.题解《PMBOK指南》PMP备考指南[M].3版.北京：电子工业出版社，2014.

[18] 朱鸣宇.S公司银税平台IT项目管理体系优化研究[D].济南：山东大学,2018.

[19] 美国电气与电子工程师协会.项目管理知识体系指南(第5版)软件分册[M].北京：电子工业出版社，2015.

[20] 安巴里.项目管理知识体系指南疑难解答[M].5版.北京：电子工业出版社，2015.

[21] 韩万江,姜立新.软件项目管理案例教程.4版.北京：机械工业出版社,2019.

[22] 杨善林,丁帅,褚伟.一种基于效用和证据理论的可信软件评估方法[J].计算机研究与发展,2009,(07)：1152-1159.

[23] 熊伟,王晓暾.基于质量功能展开的可信软件需求映射方法[J].浙江大学学报(工学版)，2010,(05)：881-886.